José Díaz Herrera e Isabel Durán

PACTO DE SILENCIO

LA HERENCIA SOCIALISTA QUE AZNAR OCULTA

temas'de hoy.

Colección: Grandes Temas

Paseo de la Castellana, 95. 28046 Madrid
Diseño de cubierta: Nacho Soriano
Fotografía de cubierta: Abilio Lope
Primera edición: noviembre de 1996
Depósito legal: M. 36.808-1996
ISBN: 84-7880-709-8
Compuesto en Puntographic, S. L.
Impreso en Printing 10, S. A.
Printed in Spain - Impreso en España

INDICE

INTRODUCCION

Aconsejado por su equipo de asesores, en septiembre de 1996, José María Aznar, madrileño, cuarenta y tres años, inspector de Finanzas del Estado y desde el 5 de mayo pasado cuarto presidente constitucional de España, ofreció un mitin en el Palacio de los Deportes de Madrid. Allí, envuelto en el fervor de sus seguidores, señaló que «la regeneración de la vida política no es ajustar cuentas con el pasado».

El presidente Aznar puede, obviamente, tener sus opiniones. Los autores pensamos que ninguna institución, por muy importante que sea, ni ningún pacto o compromiso político, por relevante que parezca, tienen la solidez suficiente para sustraer a la sociedad el conocimiento de los acontecimientos que han conmovido a la opinión pública en los últimos años.

Con ese objetivo, meses antes de que el Presidente confirmase su intención de «pasar página», empezamos a escribir este libro. No nos movió otro interés que el convencimiento propio, compartido por la editorial Temas de Hoy, de que muchos españoles querían saber en qué situación se encontraba el país que Felipe González legaba a sus sucesores, qué se escondía tras los muros de La Moncloa, qué esqueletos se ocultaban en los armarios, qué había bajo las alfombras del poder.

Después de nuestro anterior libro *El saqueo de España*, en el que se cuenta cómo durante el régimen felipista el país se ha visto «asaltado» por la corrupción, el amiguismo, los favoritismos y el tráfico de influencias, el reto resultaba muy duro.

Pero la tentación era grande. Así que durante meses nos hemos dedicado a bucear en las intimidades del Gobierno, a escudriñar en los entresijos de la política y a averiguar cuáles han sido las actividades de Felipe González en sus trece años largos en La Moncloa, hasta acabar investigando en el último organismo oficial del Estado para encontrar respuestas.

El resultado es este libro, *Pacto de silencio*, donde nuestros lectores pueden hallar los que han sido, a nuestro juicio, los grandes tabúes de la vida española, convertida en los últimos años en paraíso de especuladores y, al mismo tiempo, en la nación con mayor índice de paro y de desindustrialización de Europa.

Nuestro principal objetivo se ha centrado en profundizar, además, en aquellos episodios oscuros de la anterior clase dirigente que no se hubieran contado nunca ni hubieran llegado a conocimiento de los lectores por la carencia de un trabajo de investigación realizado desde dentro de las propias instituciones.

Después de patear el palacio de La Moncloa por lo menos dos docenas de veces en los meses de junio, julio y agosto, hemos descubierto el secreto mejor guardado por el PSOE: por qué González y los ministros del entorno de La Moncloa no censuraron nunca el uso de los fondos reservados, que constituyó el mayor «saqueo» institucionalizado a las arcas del Estado. La respuesta es sencilla: muchas de las personas que estaban a su lado disfrutaban también de esas prebendas y cobraban igualmente sobresueldos procedentes de «partidas secretas».

También pudimos averiguar que, en los últimos años, Felipe González vivía físicamente recluido en su casa-palacio de La Moncloa, convertido en una especie de «señor feudal» y aislado de sus íntimos colaboradores, sin hablar personalmente ni ver a nadie. Tenía a su servicio doce coches, nueve cocineros, siete camareros, doce jardineros, una docena de secretarias y centenares de asesores, a los que no recibía, y con los que se comunicaba por teléfono, a pesar de estar a menos de un centenar de metros de su despacho.

El «otoño del señor de La Moncloa» lo contamos en los capítulos tres y cuatro del libro. Las páginas siguientes están dedicadas a narrar con todo tipo de detalles cómo vivían los ministros; cómo ha afectado a muchos de ellos el llamado «mal de la piedra», es decir, esa afición aparentemente congénita al poder a vivir en casas fastuosas, aislados del resto de los mortales, rodeados de todo tipo de lujos; esos hábitos de nuevos ricos de viajar en helicóptero y avión privado a todas partes, cuando, en etapas de crisis, ni siquiera los multimillonarios se lo permiten, o de gastarse miles de millones de pesetas en comprar informes inservibles para favorecer a sus amigos [1].

Los autores compartimos la tesis del filósofo francés Charles-Louis de Secondat, Montesquieu, uno de los padres de la democracia moderna, de que «la corrupción de los Gobiernos empieza siempre por las normas y los principios» [2]. Por eso, al tiempo que abogamos por la necesidad de una regeneración de las instituciones, decidimos poner especial énfasis en contar los últimos datos e informes desconocidos sobre los principales casos de corrupción en España; por qué el año de los «fastos del 92» supusieron un endeudamiento al país de 2,8 billones de pesetas; de qué forma se impidió que la opinión pública averiguara la realidad sobre el expolio de la Expo-92, o por qué las constructoras aparecen implicadas en todos los sumarios judiciales y constituyen probablemente la madre de todas las tramas de corrupción.

En un libro dedicado a relatar qué había bajo las alfombras del poder no se podía pasar por alto la forma en que el Gobierno socialista ha repartido las ayudas y subvenciones oficiales para favorecer el clientelismo político. El asunto aparece en los dos capítulos siguientes («La cultura del *convoluto*» y «El control de la sociedad civil»), donde pretendemos narrar cómo desde el Ministerio de Asuntos Sociales y desde el de Cultura se han repartido más de 3,5 billones de pesetas entre

---

[1] Algunos ministros disponían de hasta diecinueve bedeles, cuatro ascensoristas, dos cámaras de televisión, un fotógrafo y sesenta y nueve periodistas.

[2] *Del espíritu de las leyes.*

entidades ligadas al PSOE y algo más de un centenar de intelectuales y artistas, curiosamente siempre los mismos.

Más de sesenta de cada cien pesetas que pagan los españoles se dedican a sostener el llamado «Estado del bienestar», una de las grandes conquistas de los países europeos, cuestionada en los últimos años. Nuestro trabajo, centrado en verificar si ese dinero se administra bien, revela el caos reinante en el sistema: la Tesorería de la Seguridad Social ha malversado dos billones de pesetas en pagar jubilaciones anticipadas, un grupo de hospitales no ha justificado el destino de quinientos mil millones de pesetas y existen 1.200.000 españoles que cobran más de una pensión, sin que nadie se haya preocupado de averiguar si tienen derecho o no a ella.

El panorama, en el aspecto formativo, no es mejor: la socialización de la educación no sólo no ha contribuido a mejorar el nivel de la enseñanza y la igualdad de oportunidades a la hora de encontrar empleo. Por el contrario, la tasa de paro juvenil en España representa más del doble en relación con el segundo país con mayor nivel de desempleo de la Unión Europea.

El libro aborda también los principales fracasos del Gobierno de González: durante la etapa socialista el coste de la vivienda se ha situado entre los más caros no de Europa sino del mundo, la flota mercante se ha reducido a más de un tercio y la alegría con la que se ha despilfarrado el dinero público imposibilitará la creación de un ejército profesional en el año 2000. Mientras, el mastodóntico sector público fomentado desde el poder, con departamentos duplicados y hasta triplicados, drena centenares de miles de millones de las arcas públicas y las empresas estatales, en su conjunto, han pasado a deber más de 13 billones de pesetas a los bancos en los diez últimos años.

Contar todos estos y otros muchos hechos con información de primera mano, de forma amena y atractiva, a lo largo de dieciséis capítulos, nos ha obligado a pasar casi dos meses delante del ordenador, prácticamente sin un minuto para el descanso. El mejor pago a nuestro esfuerzo radicaría en que el resultado sea del agrado de la mayoría de los lectores.

CAPITULO UNO

LA TENTACION TOTALITARIA

Desde mucho antes de la dictadura de Miguel Primo de Rivera, la derecha política española ha sido considerada como el enemigo tradicional del régimen de libertades en España. José María Aznar, que asumió el poder el 5 de mayo de 1996, tenía la oportunidad histórica de romper con la ancestral maldición que persigue como un fantasma a los dirigentes de centro-derecha desde hace casi un siglo. Sus indudables éxitos en materia económica, al conseguir un pacto con los sindicatos y presentar unos presupuestos capaces de encauzar al país en la senda de Maastricht, se han visto empañados por los intentos de su Gobierno de restringir (con dos proyectos de ley más propios de una dictadura que de un régimen de libertades) el sacrosanto derecho de expresión de los españoles, y de anteponer los oscuros intereses del anterior Gobierno a ocultar sus presuntos delitos terroristas al legítimo derecho de la Justicia a perseguir el crimen. La tentación totalitaria de muchos de los dirigentes del Partido Popular, su pacto de Gobierno con Convergència i Unió y una no disimulada obsesión por mantenerse en el poder a cualquier precio le han llevado a prescindir de varias de las personas más valiosas de su formación política. Olvidados han quedado los propósitos de combatir la corrupción y de promover un conjunto de medidas legislativas para fomentar la regeneración democrática del sistema, una de las principales metas que llevaron a José María Aznar a La Moncloa, e impedir que en el futuro el poder pueda ser monopolizado en exclusiva por unos pocos.

Luis Ramallo García, cincuenta y ocho años, extremeño, está considerado como uno de los políticos españoles más valiosos de los últimos veinte años. Licenciado en Derecho y corredor de Comercio, en 1976 dejó su actividad profesional y renunció a una vida llena de comodidades para consagrarse en cuerpo y alma a la política.

Senador por la UCD durante la transición, en 1981 abandonó el partido de Adolfo Suárez para integrarse en las filas de Alianza Popular. Trabajador infatigable, honrado y batallador, en las décadas de los ochenta y de los noventa se convirtió en uno de los látigos de la corrupción y en una de las personas que más se significaron en la lucha por la regeneración de la vida política.

El 3 de marzo de 1996, el día en que el Partido Popular ganó las elecciones generales, Ramallo las perdió. Pero no fue sólo él. Otros muchos parlamentarios del Partido Popular y centenares de miles de españoles que malgastaron sus energías e invirtieron su tiempo desde distintos puestos, públicos y privados, para desalojar a los socialistas del poder, creyeron perderlas también.

Ramallo, aquel hombre íntegro que en 1976 cerró su despacho de corredor de Comercio y renunció a ganar los treinta millones de pesetas que ingresaba al año para dedicarse a la defensa del bien común, en noviembre de 1996 está considerado poco menos que un apestado, un personaje incómodo para muchos de sus compañeros que disfrutan de las mieles del poder.

Muchos de sus antiguos compañeros le esquivan en los pasillos del Congreso de los Diputados y otros han llegado incluso a pedir su cabeza a Aznar. Durante meses, Ramallo sintió cómo hasta su mejor amigo, Federico Trillo, le daba la espalda. Luego ha comprobado cómo en su propio partido, donde siempre jalearon sus, a veces, intempestivas denuncias al Gobierno del PSOE, han tratado de acallar su conciencia crítica ofreciéndole cargos y prebendas.

Ramallo renunció sistemáticamente a todos ellos. Hasta que a finales de septiembre le llamó el Presidente del Gobierno a La Moncloa.

—Luis, quiero pedirte el mayor sacrificio que se le puede exigir a un político: acepta la vicepresidencia de la Comisión Nacional del Mercado de Valores [1].

Acosado por los problemas familiares y cansado ante las zancadillas de sus compañeros en Madrid y Extremadura pensó que no valía la pena seguir luchando.

—De acuerdo, acepto.

—Entonces, como el cargo es incompatible con el escaño, ¿estás dispuesto a renunciar al acta de diputado? —le soltó Aznar, a bocajarro.

Al parlamentario extremeño le dio un vuelco el corazón. A comienzos de 1997 se cumplirían veinte años desde que pisó por primera vez el palacio de la carrera de San Jerónimo. Por razones sentimentales, le hubiera gustado permanecer en el escaño al menos hasta esa fecha. Pero hizo un sacrificio más y renunció a continuar en el hemiciclo.

Pese a todo, Ramallo no ha perdido el sentido del humor y cuando se encuentra de frente por la calle a la gente del PP comenta socarrón:

—¡Cuerpo a tierra, que vienen los míos!

Y continúa su marcha, perdida toda esperanza en que algún día alguien pueda encabezar, en serio, un proceso de regeneración política del país.

* * *

Cuerpo a tierra, que viene el Partido Popular es lo que debió pensarse, también, en la redacción del diario *El Mundo* el 2 de septiembre de 1996.

No era para menos. A la redacción del periódico había llegado ese día el texto de un anteproyecto de Ley de Secretos Oficiales mediante el cual el Gobierno podía multar a la prensa por publicar un asunto declarado secreto aunque su

---

[1] La oferta se la había hecho Rodrigo Rato mes y medio antes y la había rechazado, lo mismo que anteriormente había dicho que no a la presidencia de Trasmediterránea.

divulgación fuera de interés general y los tribunales consideraran que no era delito.

El proyecto de ley, el más aberrante y retrógrado de los elaborados en España sobre la prensa en el último siglo, trataba de modificar la legislación anterior[2], a petición del Defensor del Pueblo[3], que la consideraba anticonstitucional «al no asegurar el control judicial de las decisiones que se tomen amparándose en esta ley».

Pero en lugar de suprimir los aspectos que entraban en colisión con los derechos y las libertades de los ciudadanos, que era lo que perseguía Fernando Alvarez de Miranda, y elaborar un texto progresista inspirado en la Freedom of Information Act estadounidense de 1967, que establece que los archivos y documentos públicos, incluidos los de los servicios secretos, son propiedad de la sociedad y pueden ser consultados por todos los ciudadanos[4], el Gobierno de José María Aznar había planeado todo lo contrario.

En pocos meses y en secreto desarrolló una auténtica «ley mordaza», encaminada a prohibir la difusión de cualquier proyecto, borrador, programa, estudio, informe, instrucción, acuerdo, circular, resolución, dictamen, acta, información, dato o cuenta[5] que no interesara al Gobierno.

El Gobierno de Aznar pretendía así cerrar con una ley orgánica la brecha abierta el 6 de diciembre de 1994 por la Sala Segunda del Tribunal Supremo que, en una sentencia histórica sobre la decisión del Ministerio del Interior de no informar sobre el uso de los fondos reservados, resolvía que

---

[2] La Ley 9/1968 de 5 de abril, modificada por la Ley 48/1978 de 7 de octubre del mismo año, elaborada por Adolfo Suárez.

[3] El Defensor del Pueblo, Fernando Alvarez de Miranda, elevó una propuesta en tal sentido al Gobierno el 12 de febrero de 1996.

[4] Salvo en determinadas excepciones como los secretos comerciales, la seguridad nacional, los tratados internacionales que lleven cláusulas secretas o los archivos médicos de las personas, protegidos por el derecho a la intimidad.

[5] La cita es textual y permite determinar claramente el carácter reglamentista de este anteproyecto, donde el legislador pretendía no dejar nada al azar ni a la interpretación de los jueces.

los secretos de Estado no constituían un parapeto para amparar u ocultar crímenes[6].

De haber prosperado el nuevo texto legislativo propuesto por el Gobierno Aznar, el Presidente del Ejecutivo o cualquiera de sus ministros, en su área de actuación, podrían considerar alto secreto, secreto o confidencial cualquier asunto, afectara o no la seguridad del Estado, tanto en materia económica, industrial, tecnológica, científica, militar o en política de Defensa o de Asuntos Exteriores. Es decir, cualquier cuestión que el Gobierno quisiera ocultar.

El anteproyecto del Gobierno se presentaba como más pernicioso que las normativas anteriores, que trataba de enmendar al suprimir los controles previos y posteriores sobre lo que podían conocer los españoles y lo que les estaba vedado. De esta manera el Ejecutivo, arrogándose unas atribuciones que nadie le había dado, se convertía en un superpoder con capacidad para situar de forma arbitraria y partidista cualquier asunto polémico fuera del alcance de los ciudadanos, vulnerando el artículo 24 de la Constitución sobre el derecho de todos a estar informados.

El asunto constituía, además, la más grave amenaza a la libertad de información. En contra de lo que ocurre en cualquier sociedad democrática, el Gobierno se erigía en un poder incontrolado que podía generar zonas de impunidad e ilegalidad con sus actuaciones y encubrirlas con el manto protector de la Ley de Secretos Oficiales.

A los autores del anteproyecto no debió de pasárseles por la cabeza que sin unos mínimos mecanismos que permitiesen a los tribunales determinar si sus decisiones eran justas o arbitrarias, la ley que propugnaban podría utilizarse para ocultar acciones o intereses ilegítimos[7]. Sentaban así las

---

[6] El ponente de la sentencia había sido el magistrado de Justicia Democrática José Antonio Martín Pallín.

[7] La Freedom of Information Act antes aludida permite a la prensa o a cualquier ciudadano, de acuerdo con el artículo 5, apartado 5.52 de la misma ley, recurrir cualquier decisión del Gobierno de no desclasificar un documento. La demanda se resuelve siempre ante los tribunales

bases de un Estado policiaco donde los actos del Gobierno son los únicos que cuentan y los demás poderes, incluida la prensa, se mantienen subordinados a él.

La tentación totalitaria llegaba a que el anteproyecto de ley aprobado por el Gobierno daba rango de Autoridad Nacional de Seguridad a uno de los ministros. A éste se le hacía responsable de la custodia de los documentos declarados secretos, que se depositarían en un registro central, y se le convertía, de hecho, en censor de los medios de comunicación y en espía.

Porque una de las funciones de la Autoridad Nacional de Seguridad era comunicar a los periódicos qué materias eran secretas, cuando tuviera conocimiento de su publicación, y apercibirlos sobre las sanciones que podrían recaer en el medio en caso de desobediencia. La advertencia presuponía que la Autoridad Nacional de Seguridad debía tener espías en los periódicos. El aviso a diarios y emisoras de radio y televisión era, por otra parte, necesario, ya que los informadores teóricamente no podían saber cuándo un asunto era secreto o no. Por una razón muy sencilla: en el anteproyecto de ley tenía tratamiento de secreto la lista de los asuntos declarados secretos oficiales.

La aplicación de esta propuesta de ley supondría que, en una situación extrema, el Ejecutivo de José María Aznar por medio de la Autoridad Nacional de Seguridad podría llegar a dirigir en la práctica un medio de comunicación que resultara excesivamente crítico.

---

ordinarios (generalmente la Corte del Distrito de Columbia, por estar el Gobierno en Washington D.C.). Los tribunales tienen la capacidad de exigir al Gobierno o a sus agencias (Departamento de Estado, Pentágono, CIA, Consejo Nacional de Seguridad y FBI) que le entreguen el documento salvo que afecte a la seguridad nacional o se trate de *records* (archivos) sobre la vida privada de ciudadanos procedentes de hospitales, centros psiquiátricos, declaraciones de la renta, etc., protegidos por la Privacy Act. En más del 90 por ciento de los casos, los tribunales fallan a favor de la prensa y de los ciudadanos. Por cierto, los funcionarios públicos y los políticos no pueden acogerse a la Privacy Act para que sus declaraciones de la renta y la información que sobre ellos tenga el Departamento del Tesoro sean considerados secretos oficiales.

Felipe González, que controló férreamente al Consejo General del Poder Judicial, ninguneó al Parlamento impidiendo la creación de comisiones de investigación y sometió a la Fiscalía General del Estado y a la televisión estatal, convirtiéndose en un mandatario con un poder incontrolable, no había llegado nunca tan lejos. La norma situaría al Gobierno al margen de la Constitución[8].

Y es que la Ley de Secretos Oficiales ha sido en la España del fin del siglo la excusa para ocultar los más graves escándalos que han sacudido a la sociedad y para sustraer a la opinión pública su conocimiento.

* * *

A comienzos de febrero de 1996, el Gobierno socialista en funciones, a propuesta del ministro de Justicia e Interior, Juan Alberto Belloch, clasificó como materia reservada toda la información relacionada con la lucha antiterrorista.

La medida, en el fondo, no buscaba prohibir la publicación de informaciones que hubieran puesto en peligro la captura de un comando de ETA. Pretendía cubrir con un manto de silencio las operaciones ilegales cometidas por el Cesid, como la llamada «operación Mengele», y por algunos mandos del cuartel de Intxaurrondo[9], en San Sebastián, entre ellas las muertes de miembros de ETA Lucía Urigoiti o Mikel Zabalza durante los interrogatorios policiales.

De esta manera, la Ley de Secretos Oficiales se convirtió entre 1982 y 1996 en la coartada más utilizada por el Gobier-

---

[8] El artículo 24 consagra el derecho de los ciudadanos a la información, derecho que no puede ser restringido por los poderes públicos.

[9] La llamada «operación Mengele» consistió en el secuestro de tres mendigos a uno de los cuales se le aplicó pentotal sódico unido a otra sustancia química para experimentar los efectos de la droga sobre el control de la voluntad humana. La prueba se hizo supuestamente por el Cesid en 1988 como parte de un plan para secuestrar en Francia a Juan Antonio Urruticoechea, «Josu Ternera», jefe de ETA, al que se pretendía hacer hablar. Para más detalles consultar *El saqueo de España,* José Díaz Herrera e Isabel Durán, Temas de Hoy, Madrid, 1996.

no socialista para ocultar presuntos delitos, errores e irregularidades, con el pretexto de preservar la seguridad del Estado.

Así, de los 53 asuntos que el Gobierno socialista consideraba secretos oficiales en 1996, el primero de ellos recogía las normas para clasificar documentos, 35 eran diversos expedientes sobre compras de armamento y el resto, asuntos tan dispares como los Objetos Volantes No Identificados (OVNIS), el palacio de Marivent, los aviones utilizados por el Rey [10] y el Gobierno para sus viajes oficiales o los estudios para construir una bomba de aire-combustible [11].

En la mayoría de los casos no debían de ser tan secretos al aparecer publicados los asuntos con todo detalle en decenas de libros y revistas editados por la Administración, de venta libre. Además, porque pocos días después de estas clasificaciones en las que el Gobierno incluía en el índice de «secreto» las compras de armamento —los carros M-47, M-48, AMX-30, los submarinos de la clase Delfín o los aviones Mirage F1, Orion P-3 o Hércules C-130—, el Ministerio de Defensa organizaba viajes multitudinarios a los que se invitaba a los medios de comunicación para dar a conocer el nuevo material.

Pese a esta incoherencia del Ejecutivo, la Ley de Secretos Oficiales ha sido utilizada en la mayoría de los casos para encubrir abusos del poder. Así, en 1983, el Consejo de Ministros clasificó como materia reservada las actas de la comisión interministerial sobre venta de armamento para que la sociedad no conociera el desvío de los FAD (Fondos para la Ayuda al Desarrollo) para vender material de guerra a países del Tercer Mundo y pagar comisiones a sus amigos. En 1985 declaró asunto reservado el campo de tiro de Cabañeros,

---

[10] Uno de los dos aviones Boeing 909 cuenta con un sistema de guerra electrónica cuya eficacia y vulnerabilidad han sido analizadas en diversas revistas militares, dentro y fuera de España.

[11] Se trata de una bomba cofabricada por España y Chile, compuesta de una mezcla de oxígeno e hidrógeno líquido que, al explotar a escasos metros del suelo, calcina una superficie superior a un campo de fútbol y elimina cualquier vestigio de vida humana. Se le llama también la «bomba atómica de los pobres».

para evitar las protestas populares. Posteriormente, en 1989, cuando comenzó a construirse el búnker de La Moncloa, se tomó una decisión similar al objeto de sustraer al conocimiento de la opinión pública las implicaciones de Francisco Palomino, cuñado de Felipe González, con Control y Aplicaciones (CAE), una de las compañías que participaban en el mastodóntico proyecto.

En 1993, cuando saltó el escándalo de los «papeles del Cesid», Felipe González clasificó como secretos documentos que ya se habían publicado en la prensa para que los tribunales no pudieran investigar a fondo la «guerra sucia».

Los abusos y arbitrariedades cometidos mediante el uso de esta ley eran tales que Fernando Alvarez de Miranda había tenido que pedir al último Gobierno de Felipe González que se modificara su articulado. Así se dejaría de amparar delitos como los de los GAL.

Tras el cambio de Gobierno, el nuevo Gabinete no sólo se negó a desclasificar los documentos del Cesid sino que dio un paso más y trató de crear una ley que podía hacer retroceder a España a la noche de los tiempos. Y el portavoz del Gobierno, Miguel Angel Rodríguez, justificó la no entrega de los documentos del Cesid con un argumento tan endeble como de dudoso espíritu democrático:

—El Gobierno sólo ha cumplido con su deber: ningún país occidental va contando por ahí sus secretos.

Rodríguez probablemente no es demasiado consciente de que los hechos, la mayoría de las veces, son más rotundos que las palabras.

* * *

El 1966 el Congreso de los Estados Unidos, haciéndose eco del amplio clamor de la sociedad que pedía que los actos del Gobierno fueran públicos y que los archivos oficiales pudieran ser consultados libremente por los ciudadanos, promulgó la Freedom of Information Act.

En el país cuyos gobernantes han mantenido un respeto escrupuloso hacia la prensa se inauguraba así una nueva etapa: la era del *derecho a conocer*. Algo que facilitaría, años más tarde, la tarea de los periodistas de *The New York Times* y de *The Washington Post* que publicaron «los papeles del Pentágono» (una serie de documentos secretos sobre los desastres de la Guerra de Indochina, donde los Estados Unidos estaban implicados hasta el cuello mientras sus gobernantes lo negaban ante la opinión pública), y la investigación del célebre «caso Watergate» por reporteros de *The Washington Post*[12].

Inspirada en los principios de que «la información es propiedad de la sociedad» [13] y de que «ningún poder público, agencia gubernamental ni autoridad puede secuestrarla o retenerla en beneficio propio o bajo supuestas razones de Estado», la Freedom of Information Act ha contribuido en los treinta años que lleva en vigor a que la sociedad estadounidense sea una de las más libres y mejor informadas del mundo.

En 1985, cuando estaba a punto de cumplirse el vigésimo aniversario de su entrada en vigor, el periódico *The New York Times* publicó un primer balance sobre su eficacia como instrumento para forzar al Gobierno más poderoso del planeta a hacer públicos sus documentos. De las 226.978 peticiones efectuadas sólo en un año, 1984, sobre la base de esta ley, 207.978 habían sido contestadas favorablemente [14] por los distintos poderes públicos estadounidenses, incluida la CIA, el FBI, el Departamento de Estado, el Pentágono y el Consejo Nacional de Seguridad, las cinco instituciones que más secretos acumulan en los Estados Unidos. El Ministerio de Defensa, en concreto, había desclasificado 66.686 papeles, que equivalían al 92,4 por ciento de las consultas.

---

[12] Para una mayor información al respecto, además del libro *Todos los hombres del Presidente*, donde se describen los últimos días de Nixon en la Casa Blanca, conviene leer *The Pentagon papers*, Bantam Books, 1971; *The Presidencial transcripts*, Dell Publishing, 1974, y *The Watergate Hearings*, Bantam Books, 1973.

[13] Morton H. Halperin y Allan Adler, miembros de la Fundación por la Lucha de los Derechos Civiles, en la presentación de la duodécima edición de la Freedom of Information Act, Foia Litigation Book, Maryland, 1994.

[14] David Burnham, en *The New York Times*, 29 de agosto de 1985, página 12.

En ese periodo, la Freedom of Information Act había salvado de una condena segura a un periódico de Filadelfia por la publicación del proyecto y los planos completos para la fabricación de la bomba H [15]. Otro periódico del Este publicó un proyecto ultrasecreto de la marina norteamericana para minar con *sonoboyas* (sofisticados sistemas de escuchas por satélite), transportados por sumergibles «de bolsillo», los puertos soviéticos donde eran reparados los submarinos nucleares que transportaban cohetes balísticos intercontinentales. Y el *Glomar Explorer* logró sacar a la luz un nuevo plan secreto de la CIA, financiado por el millonario Howard Hughes, para rescatar un submarino nuclear soviético, hundido en 1974, y conocer el desarrollo de la tecnología de sus enemigos [16].

El derecho a la información obligó también a la CIA a desclasificar nueve planes para asesinar a Fidel Castro; el espionaje ejercido sobre la Asociación de Estudiantes y los movimientos de liberación de la mujer, a los que se consideraba financiados por la URSS; más de cien mil folios sobre el asesinato de John F. Kennedy y Lee Harvey Oswald; los informes de la Comisión Warren que estudió el asesinato de Kennedy; la vigilancia ejercida por el jefe del FBI, J. Edgar Hoover, sobre las desviaciones sexuales de prominentes políticos incluidos los hermanos Kennedy; la fabricación de las pruebas con las que se condenó a muerte a Sacco y Vanzetti pese a ser inocentes; las relaciones del mafioso Robert L. Vesco con la familia del presidente Richard Nixon, y los diecisiete mil folios de investigación oficial sobre la matanza de My Lai durante la Guerra del Vietnam [17].

---

[15] Por pasar a los soviéticos los secretos del «proyecto Manhattan», sobre la construcción de la primera bomba atómica desarrollada en Los Alamos (Nuevo México), años antes había sido condenado a muerte el matrimonio de origen judío Julius y Ethel Rosenberg.

[16] El asunto estaba clasificado en los archivos de la CIA como «proyecto Jennifer».

[17] *Press Notices on Disclosures Made Pursuant to the Federal Freedom of Information Act (1972-1980)*. Informe de Harold C. Relyea y Suzanne Cavanagh elaborado a petición del Subcommittee on Government Information and Individual Right del Congreso.

Mientras en España el Cesid niega la existencia del «caso Mengele», la CIA norteamericana se ha visto obligada a abrir sus archivos y a sacar a la luz muchas de las maquinaciones y perversiones de sus espías, que han llegado a elaborar un plan secreto de estudio de los niños judíos a los que se les hacía la circuncisión, para determinar si de mayores se sentían castrados [18].

Así los norteamericanos han conocido, también, cómo a comienzos de los cincuenta la CIA utilizó LSD, cocaína, insulina, afrodisiacos, setas tóxicas, radiaciones nucleares y sistemas de desorientación por ultrasonidos para experimentar con los prisioneros de la Guerra de Corea. En el hospital y en la cárcel de Lexington (Kentucky) se realizaron pruebas similares con presos y enfermos terminales de cáncer y en 1977 tres periódicos publicaron un manual con los procedimientos físicos y químicos utilizados por el espionaje norteamericano para asesinar a una persona de forma que pareciese una muerte natural a los médicos que realizasen la autopsia [19].

La existencia de una legislación que permita a la prensa husmear y sacar a la luz estas miserias le asusta mucho más al Gobierno de José María Aznar que a Felipe González. Y es que desde los tiempos del general don Miguel Primo de Rivera la derecha ha confundido en España democracia con autoritarismo.

---

[18] El Gobierno español, al igual que el israelí, pretende penalizar a la prensa que publique los nombres de los agentes del Cesid. Entre 1978 y 1985 Philips Agee y Louis Wolf, dos ex agentes de la CIA, publicaron *Dirty work-1* y *Dirty work-2*, donde se relata el trabajo sucio de la Agencia Central de Inteligencia en todo el mundo. Sus dos libros suman más de 2.000 páginas, 900 de las cuales están dedicadas a desenmascarar a los agentes en los cinco continentes. La lista de espías dada a conocer suma más de tres mil nombres. La CIA trató de evitar en los tribunales, sin conseguirlo, la difusión de los dos volúmenes, que se editaron en Canadá y se vendieron libremente en los EE.UU. *Dirty works*, C.I. Publications, 1978-1985.

[19] *Washington Star*, 20 de julio de 1977; *The New York Times*, 21 de julio de 1977, y *Los Angeles Times*, 21 de julio de 1977.

Justo todo lo contrario a lo que predicaba el líder del Partido Popular a comienzos de 1996, cuando preparaba su candidatura a la Presidencia del Gobierno.

* * *

El 4 de febrero de 1996, en la sala de prensa del Partido Popular en la primera planta de la calle de Génova en Madrid se encontraban representados todos los medios nacionales y no faltaba ni uno solo de los corresponsales extranjeros.

Nunca antes había levantado tanta expectación una comparecencia de José María Aznar ante los medios de comunicación.

A menos de treinta días de la celebración de las elecciones generales, el presidente de la formación política presentaba oficialmente el programa de su partido:

—El programa no es una enumeración de buenas intenciones. No se trata de un engaño ni de un catálogo de promesas irrealizables. Es un pacto con los ciudadanos sobre una serie de cosas que se pueden hacer desde un gobierno honrado y eficaz para garantizar la prosperidad del país.

Más confiado y relajado que nunca, José María Aznar enumeró una tras otra las cuestiones prioritarias para fortalecer la economía, crear empleo, mantener el Estado del bienestar, rebajar los impuestos y luchar contra la corrupción:

1. Realizar una auditoría completa de las cuentas del Estado con el fin de detectar la corrupción e introducir elementos de control del gasto.
2. Elaborar un programa para la erradicación del fraude en las transferencias y subvenciones.
3. Reformar los impuestos para reducir la carga fiscal sobre los contribuyentes y mejorar la fiscalidad de la familia.
4. Supresión de los organismos públicos no estrictamente necesarios y drástica reducción de cargos públicos.

5. Cumplimiento de los objetivos de convergencia europea establecidos en la localidad holandesa de Maastricht[20].

6. Liberalizar los sectores energético y de las telecomunicaciones.

7. Reforma del Código Penal para corregir la rebaja de condenas a los delitos de asesinato, violación y corrupción.

8. Cumplimiento íntegro de las condenas por los terroristas y mantenimiento de la dispersión de los presos para garantizar una reinserción individualizada.

9. Reducir el servicio militar a seis meses incrementando el número de soldados profesionales a setenta mil personas.

Sin embargo, el verdadero eje de su campaña electoral se centraba en el refuerzo de los controles democráticos, en el robustecimiento del sistema constitucional y en la creación de una fórmula que garantizara la independencia del Poder Judicial, del Parlamento, de la Fiscalía General del Estado y de la televisión pública.

El fortalecimiento de todas estas instituciones representaba la garantía para acabar con la corrupción anterior y encarnaba la promesa firme de que ningún líder se mantuviera indefinidamente en el poder por medios ilícitos —Felipe González lo había hecho al financiarse el PSOE ilegalmente mediante Filesa— o por el uso partidista de la televisión estatal. Así lo expresaba el PP en su programa electoral:

10. Modificar la elección y competencias del Consejo General del Poder Judicial para reforzar las garantías de independencia de los jueces.

---

[20] Los objetivos son esencialmente cuatro: reducir la deuda pública al 60 por ciento del PIB, impedir que el déficit público suba por encima del 3 por ciento del PIB, rebajar la inflación a la media de los tres países europeos con precios más bajos con una oscilación de ± 1,5 puntos y contener los tipos de interés en una banda que no supere en 2 puntos la media de los Estados miembros.

11. Fortalecer la autonomía del fiscal general del Estado, que será nombrado entre los miembros de la carrera fiscal previo examen del Parlamento.

12. Reestructurar RTVE, reformando su marco jurídico, su organización y su sistema de financiación. Crear una autoridad audiovisual independiente del poder ejecutivo.

13. Reformar la Ley General de Presupuestos obligando a la Administración a ceñirse a los gastos autorizados por el Parlamento.

El líder del partido Popular tardó apenas 35 minutos en resumir las 255 páginas del programa y explicar su filosofía ante la opinión pública. Cerca ya del final hizo una alusión al asunto de la corrupción.

—No voy a mirar hacia atrás en el «caso GAL»: dejaré que sea la Justicia la que actúe y puedo garantizarles desde ahora una cosa: con el PP no habrá ley de punto final ni amnistías para nadie.

Equilibrado, justo, categórico, Aznar acababa de sentenciar, cuál sería el futuro de España en los próximos cuatro años. Cinco minutos después de abandonar la sala, los periodistas comenzaron a recoger sus cosas. Alguno de ellos encendió el magnetófono para verificar el sonido y en el aire quedó de nuevo flotando su voz:

«El programa no es una enumeración de buenas intenciones. No se trata de un engaño ni de un catálogo de promesas irrealizables. Es un pacto de un partido con los ciudadanos [...].»

* * *

El 12 de marzo de 1996 se reunían en Barcelona Convergència Democrática de Catalunya (CDC) y Unió Democrática de Catalunya (UDC), las dos fuerzas conservadoras que integran el bloque político catalán CiU.

Nueve días antes acababan de celebrarse las elecciones generales. El Partido Popular había alcanzado la victoria. Pero los 156 escaños no permitían a la formación política de la calle Génova gobernar en solitario. José María Aznar tenía que buscar una alianza con los grupos nacionalistas que le garantizara una mayoría suficiente.

Los dirigentes del PP, críticos hasta una semana antes con CiU y PNV, se veían forzados ahora a pedirles su apoyo. Y el 12 de marzo, tras convocar a las direcciones de los dos partidos catalanes coligados, José Antonio Duran Lleida y Jordi Pujol decidían votar favorablemente la investidura de José María Aznar como candidato a la Presidencia del Gobierno. Pero no pretendían regalarle sus votos:

—Lo que tiene que hacer el PP, si no es tonto, es concretar una serie de ofertas que deben ser generosas —explicó Duran Lleida a los periodistas.

Los dirigentes de Convergència i Unió estaban dispuestos a pasar página sobre las duras descalificaciones al nacionalismo catalán por parte del Partido Popular durante la campaña electoral. Cada página que se saltaran, sin embargo, tenía un precio o podía implicar algo más serio para el país:

—Si no hay acuerdo, el Partido Popular sabe a lo que tiene que atenerse: convocar elecciones generales de nuevo —concluyó Duran.

* * *

Fue una cena fastuosa, que reunió en el hotel Majestic de Barcelona a lo más granado de la clase política madrileña y catalana.

Era el domingo 28 de abril. José María Aznar y Jordi Pujol, acompañados de sus respectivas esposas y de la plana mayor del PP y de CiU, querían celebrar por todo lo alto su nuevo matrimonio político.

La cena era también el broche de oro con el que las dos formaciones políticas sellaban el pacto legislativo que permitiría a José María Aznar ser investido como Presidente del Gobierno días más tarde.

Habían sido necesarios 51 días de reuniones para que las dos formaciones políticas llegaran a un acuerdo plasmado en un documento de 45 folios. Después de muchas tensiones y amenazas de ruptura por ambas partes, la *fumata bianca* se había logrado apenas unas horas antes.

El Gobierno central había tenido que ceder a las comunidades autónomas la recaudación y gestión del 30 por ciento del IRPF, desmantelar la Administración periférica del Estado dejando sólo un delegado del Gobierno en Cataluña y otro en el País Vasco y hacer concesiones en materia de costas, puertos, aeropuertos, tráfico y formación profesional continua.

El Partido Popular se obligaba también a promover el desarrollo de la cultura catalana fuera de España y a consultar con sus socios de CIU la política económica de España en el seno de la Unión Europea.

Era el precio que Aznar había tenido que pagar a Pujol, después de decenas de reuniones secretas entre los portavoces de los grupos parlamentarios del PP y CiU en el Congreso de los Diputados. Para el Partido Popular era un coste razonable: por primera vez desde la instauración de la democracia en España su máximo dirigente podía, al fin, alcanzar la Presidencia del Gobierno.

* * *

La semana del 22 al 29 de abril, uno de los hombres de confianza del PP en el Cesid se presentó en la sede central del partido, en la calle de Génova. El espía pidió hablar personalmente con José María Aznar y cuando estuvo delante de él sacó un voluminoso sobre y lo puso sobre la mesa.

El envoltorio contenía una serie de informes internos de los servicios secretos militares sobre la idoneidad de algunos dirigentes del partido conservador para ocupar las carteras ministeriales.

El envío de estos dossieres obedecía a una vieja práctica de los servicios secretos occidentales de mantener informado al Jefe del Ejecutivo de las actividades de los miembros de su Gabinete [21]. Se pretendía evitar de esta manera que se repro-

---

[21] El coronel José Ignacio San Martín, procesado por el golpe del «23-F», lo hacía ya en los tiempos en que el almirante Luis Carrero Blanco ocupó la Presidencia del Gobierno. San Martín mandaba entonces los servicios secretos.

dujeran situaciones tan incómodas como la que sufrió en 1963 el *Premier* británico, Harold Macmillan, cuyo Gobierno tuvo que presentar la dimisión en bloque a raíz del «escándalo Profumo» [22].

El informe del Cesid era relativamente crítico con Eduardo Serra Rexach, Josep Piqué Camps y Abel Matutes Juan, candidatos a ocupar los ministerios de Defensa, Industria y Asuntos Exteriores, respectivamente.

De Serra se contaban sus vinculaciones con dos sectores empresariales en los que abundan casos de corrupción en los últimos años, el del armamento militar y el de la construcción. Durante su etapa como secretario de Estado de Defensa, en la época de la UCD, España había adquirido 72 aparatos F-18 a la multinacional norteamericana McDonnell Douglas. Por el llamado «Programa FACA» se pagaron comisiones a sus amigos Nicolás y Ricardo Fuster y a otras personas, lo que dio origen a una investigación por el FBI en 1986 [23].

Posteriormente, tras abandonar el Gobierno socialista en 1987, pasó a presidir un año después la empresa Telettra España —una sociedad de Fiat—, que desde tiempo atrás venía recibiendo jugosos contratos del Ministerio de Defensa para modernizar las redes de comunicaciones del Sur y de Canarias [24].

Pero sus cargos más polémicos fueron la entrada, al mismo tiempo, en el consejo de administración de Peugeot-

---

[22] El «escándalo Profumo» saltó a la luz pública un año antes, cuando el servicio secreto descubrió que una *call girl*, Cristine Keeler, era la amante oficial del ministro de Defensa, John Profumo, y, a su vez, mantenía relaciones sexuales con un agente del KGB que trabajaba como secretario en la embajada de la URSS.

[23] A comienzos de julio de 1996, una vez nombrado ministro de Defensa, Eduardo Serra quiso colocar en la Dirección General de Armamento y Material a Antonio Rodríguez, un gestor vinculado al Programa FACA. Fue vetado por el vicepresidente Francisco Alvarez Cascos a causa de un informe del Cesid. Otros candidatos de Serra para presidir Santa Bárbara y la Empresa Nacional Bazán fueron vetados por el partido por tratarse de personajes a los que anteriormente había pedido su dimisión por corruptos.

[24] José Luis Morales en *Interviú*, 5 de marzo de 1990.

Talbot España y en Cubiertas y Mzov, de la que fue primero vicepresidente y luego presidente, en la etapa en que la constructora pagó comisiones en Madrid y Navarra a intermediarios del PSOE.

El dossier sobre Piqué Camps, economista y director de empresas, barcelonés, de cuarenta y un años, es bastante más contundente. Refleja su paso por la Consejería de Industria del Gobierno catalán, donde fue director general en 1988, y su salto, de la mano del consejero Macià Alavedra, al sector privado. Allí trabajó con Javier de la Rosa, primero en Cros y Explosivos Río Tinto, y más tarde en Ercros, nacida de la fusión de ambas, donde fue director general y consejero delegado, además de presidente de Fesa-Enfersa.

Los espías relatan que en esa época De la Rosa hizo y deshizo a su antojo en la empresa. Según el informe, vendió los activos inmobiliarios de Ercros a Prima dejando descapitalizada la compañía, que acabó en la quiebra el 8 de julio de 1992 con un pasivo de 140.260 millones más otros 109.718 millones de las empresas de fertilizantes. «Antes de que De la Rosa y Piqué se hicieran cargo de la sociedad, Ercros era el primer grupo químico español, con una facturación de 215.000 millones y 10.000 empleados», concluyen los espías en su dossier.

El documento sobre el ex comisario europeo Abel Matutes Juan es igual de demoledor. Revela los amplios intereses de la familia Matutes en Ibiza, donde es dueña de más de una veintena de hoteles, constructoras, agencias inmobiliarias, navieras y agencias de viajes; en Andalucía y en Castilla-La Mancha, donde posee piscifactorías y fincas de recreo, y en Santo Domingo, donde cuenta con más instalaciones hoteleras, con problemas ante los tribunales.

En el dossier se relata también cómo muchos de sus hoteles en Ibiza fueron construidos sin permiso y luego legalizados; se citan sus relaciones con el conde alemán Rodolf Graf Schomborn, que resultó estafado en Ibiza; las vinculaciones del Banco de Ibiza con el «caso Brokerval»; el sumario abierto en el Juzgado de Instrucción número 42 de Madrid a raíz de una denuncia de los accionistas de Renta

Inmobiliaria por la ventas de unos terrenos al especulador Giancarlo Parretti en Formentera; sus negocios con el italiano Vittorio Massimo Fenaroli, contra el que existe una orden de expulsión de España; con André David Grebler, un judío marroquí, socio a través de empresas panameñas en muchas de sus sociedades, y por último, sus intereses en el Istituto Bancario San Paolo di Torino, el segundo banco de Italia, del que fue consejero al mismo tiempo que era comisario de la Unión Europea.

Los tres informes del Cesid contenían argumentos suficientes para que José María Aznar, el hombre que predicaba la regeneración democrática del sistema, hubiera prescindido de Serra, Matutes y Piqué, tres arsenales de dinamita listos para hacer saltar por los aires al Gobierno. Pero el Presidente decidió no darles demasiada importancia. Tras echarles un segundo vistazo por encima puso en marcha la trituradora y los redujo a tiritas.

* * *

El ministro de Industria y Energía, Josep Piqué Camps, pasó la noche del 6 al 7 de junio de 1996 prácticamente en vela.

Después de casi un mes de inactividad el Gobierno de José María Aznar, por fin, se estrenaba. El Consejo de Ministros del día siguiente debía aprobar un paquete de medidas de carácter fiscal y de liberalización de la actividad económica de las empresas españolas.

Las propuestas del Gobierno perseguían todas el mismo objetivo: incentivar las inversiones de las empresas y crear empleo. Pero algunas no eran del agrado del presidente de la Generalitat, Jordi Pujol, del consejero Macià Alavedra, ni del director general de La Caixa, Josep Vilarasau.

Así que esa noche Pujol, Alavedra y Vilarasau formaron un frente común que tuvo al ministro de Industria colgado al teléfono hasta bien entrada la madrugada.

A Pujol y a Vilarasau no les preocupaba que el Gobierno rebajara veinticuatro horas más tarde el impuesto de sucesiones, autorizara a las empresas a actualizar sus balances con un gravamen único del 3 por ciento, decidiera corregir los sistemas de doble imposición de las empresas, adoptara una serie de medidas contra el fraude fiscal o liberalizara la prestación de servicios funerarios. Les inquietaba que se desregulara la red nacional de gasoductos —el gran negocio de La Caixa— y se permitiera la entrada en España de capital extranjero.

En el mes escaso que llevaba en el Gobierno el empresario catalán estaba considerado por varios ministros el «espía» de Pujol y era sometido a un férreo control[25]. Pese a todo, presionado por sus amigos catalanes, Piqué tuvo que negociar con el Presidente del Gobierno, José María Aznar, y con el vicepresidente y ministro de Economía y Hacienda, Rodrigo Rato, que se sustituyera la desregulación del mercado del gas por el eléctrico o por el de los combustibles de alto octanaje.

No lo consiguió. Sí logró, en cambio, que se suavizara la medida, que su impacto fuera absorbido por el Estado y que no causara ningún perjuicio a La Caixa. Había sido una ardua tarea. Pero había valido la pena. A partir de entonces quedó claro que la estrategia económica del Gobierno se marcaba desde Cataluña[26].

* * *

En el mes de agosto el diario *El Mundo* publicó un sondeo de opinión en el que se preguntaba a los encuestados si habían percibido algún cambio en el país con el nuevo Gobierno. Un 30 por ciento dijo que sí y otro 30 por ciento afirmó lo contrario.

La opinión pública estaba, pues, dividida, y Aznar representaba todavía una cierta esperanza de cambio para los

---

[25] Miguel Angel Rodríguez, el portavoz del Gobierno, tenía especial interés en saber qué hacía.

[26] Al día siguiente, acabado el Consejo de Ministros, el Consejo de Administración de La Caixa le esperaba en su despacho para estudiar cómo se podían minimizar los efectos de la medida del Gabinete.

españoles, la mayoría de los cuales pensaba que, por lo menos, se les iban a reducir los impuestos.

Sin embargo, el Gobierno iba a mostrar, rápidamente, un rostro que no se parecía mucho al que lucía en los mítines electorales. En el mes de agosto José María Aznar se fue a veranear al chalet que el dueño de Porcelanosa tenía en Oropesa (Castellón) con lo que a la familia Aznar las vacaciones le salían «gratis total».

Altos cargos del Gobierno y asesores de La Moncloa empezaron, al mismo tiempo, a ser nombrados consejeros de las empresas públicas (Telefónica, Endesa, Renfe, agencia Efe, etc.). Una medida que, si no arreglaba todos los problemas de empleo, al menos mejoraba la situación de unos pocos ya que los designados podrían llevarse un sobresueldo a casa. Además José María Aznar y Rodrigo Rato decidieron prescindir de los cargos del partido con vocación empresarial y situar a sus amigos al frente de las empresas públicas más importantes del país.

Los españoles descubren de esta manera cómo Juan Villalonga, abogado, cuarenta y tres años, ex director general de Bankers Trust; Miguel Blesa, cuarenta y siete años, abogado y consejero de Antena 3, y Juan Hoyos Martínez de Irujo, cuarenta y tres años, abogado, socio de la consultora Mckinsey, son los tres candidatos mejor situados para presidir Telefónica, Caja Madrid y Endesa, respectivamente. Hoyos, finalmente, no acepta.

El punto común en el «currículum» de los tres es haber estudiado con Aznar en el colegio madrileño del Pilar, ser amigos suyos desde la infancia y veranear juntos desde hace años en la urbanización Playetas de Oropesa (Castellón).

Con Rodrigo Rato ocurre lo mismo. Juan Fernández-Armesto y otros amigos personales han pasado a copar todos los puestos de las empresas públicas de segundo nivel, como la Comisión Nacional del Mercado de Valores, Argentaria, Construcciones Aeronáuticas y la Casa de la Moneda, y se preparan para el asalto al Banco de España.

A poca gente se le escapa que con esos modales los dirigentes del Partido Popular parecen haber imitado a los socialistas, asumiendo también todos los vicios que han criticado en sus antecesores y muy pocas de sus virtudes.

La regeneración de la vida pública que pasaba, entre otras cosas, por reducir drásticamente los gastos del Estado y el número de altos cargos de la Administración, parece quedarse en una reforma más simbólica que real.

Muchos españoles que votaron al Partido Popular porque dos de sus objetivos eran cortar los impuestos y reducir el servicio militar a seis meses empiezan a temer que Aznar, tal como empieza a gobernar, podría no cumplir ni lo uno ni lo otro.

Por el contrario, los impuestos indirectos (tabaco, alcohol) alcanzan cotas nunca vistas; el Ministerio de Hacienda resucita las tasas por los servicios públicos, y la sanidad y la educación, hasta ahora gratuitas para el 98 por ciento de los españoles, van a representar nuevos desembolsos para las familias [27].

Todos estos factores comienzan a deteriorar de forma acelerada la imagen del nuevo Gobierno, que echa por la borda en cinco meses el trabajo parlamentario de muchos años [28]. Instalados en los mismos despachos que sus antecesores, rodeados de los mismos signos externos (coches, guardaespaldas, chóferes, secretarias, asesores, jefes de gabinete, jefes de imagen, etc.), todos ellos parecen ser víctimas del «síndrome del poder» y haberse aclimatado rápidamente al cargo. De esta manera, como ocurrió con Franco o con Felipe González, la «revolución pendiente», el «cambio del cambio» o «la regeneración de las instituciones» empiezan a sonar como frases retóricas para quedar bien en los mítines [29].

---

[27] El Gobierno preparaba, al cierre de este libro, un decreto para cobrar determinados servicios en las escuelas mediante la imposición del llamado «cheque escolar» a partir de enero de 1997.

[28] Tal es el deterioro que el diario *La Vanguardia* de Barcelona publica una encuesta en la que demuestra que si se celebrasen elecciones a comienzos de octubre el PSOE obtendría 39,1 puntos frente a 37 del Partido Popular. *La Vanguardia,* 7 de octubre de 1996.

[29] La famosa «revolución pendiente» del franquismo, frase hecha para contentar a los sectores más progresistas del falangismo y mantener el inmovilismo, fue usada machaconamente por el líder ultra José Antonio Girón de Velasco.

Sin embargo, hasta comienzos de septiembre nadie había constatado todavía ninguna insensibilidad directa de los nuevos gobernantes por los problemas sociales. Ese mes al Gobierno de Aznar le iba a llegar la prueba de fuego cuando la policía detuvo en Melilla a un centenar de emigrantes ilegales. Los enviaron esposados a Málaga y, después de narcotizarlos convenientemente, los deportaron a países africanos que no eran los de origen.

El trato inhumano dado a los emigrantes por la policía sensibilizó rápidamente a la opinión pública. Los diarios *El País* y *El Mundo* enviaron reporteros a Guinea y a otros países para interesarse por su futuro. En uno de los encuentros del presidente Aznar con los medios informativos se le preguntó por el asunto.

—Teníamos un problema y se ha solucionado —respondió el Presidente con el mismo tono que si hubiera estado hablando de las «vacas locas» o de la cuota láctea de Galicia.

Pero lo cierto era que José María Aznar no sólo tenía un problema sino un ciento, y la mayoría de ellos dentro de su propio partido.

* * *

Cuando un ordenador se programa para que realice un trabajo adecuado y, de repente, ya no es útil porque se ha encontrado una fórmula mejor para solucionar el asunto, el remedio suele ser fácil: se le retira el *software* y se desprograma. Y si no hay un técnico a mano que sepa hacerlo, se desenchufa, y todo solucionado.

El 5 de mayo de 1996, cuando José María Aznar pisó por vez primera el palacio de La Moncloa, la mayor parte de los diputados del Grupo Parlamentario Popular que habían estado al margen de las negociaciones con Convergència i Unió aún seguía funcionando con el «chip» antiguo, el mismo que llevaban «instalado» en sus mentes desde su etapa en la oposición y en la campaña electoral.

Así era fácil encontrarlos en los pasillos del Congreso de los Diputados hablando con los periodistas de cómo había que cambiar la legislación vigente para que el Consejo General del Poder Judicial fuera un órgano independiente o discutiendo los plazos para reformar el estatuto de la Fiscalía General del Estado con el fin de que, en el futuro, no dependiera del poder político.

A medida que transcurría el tiempo y José María Aznar, en lugar de afrontar las reformas legislativas necesarias para regenerar el sistema democrático, utilizando los «modos» de su antecesor, comenzaba a instalar a sus amigos en el sector público y a renunciar al programa del partido y, en especial, a perseguir los crímenes de los GAL, el descontento y la perplejidad comenzaron a generalizarse en las filas del PP.

A mediados de septiembre, cuando el diario *El Mundo* descubrió que el ministro de Defensa, Eduardo Serra, había presidido Cubiertas y Mzov, una empresa relacionada con el pago de comisiones a dirigentes del PSOE, la rebelión que venía incubándose internamente estalló:

—Si se demuestra que Serra ha pagado comisiones se tiene que ir del Gobierno —declaró Luis Ramallo.

Al día siguiente, su compañero de escaño Rogelio Baón se sumó a la protesta. Y aunque muchos otros miembros del Grupo Parlamentario Popular no lo hicieron abiertamente, lo cierto es que compartían las opiniones de sus compañeros.

En La Moncloa eran conscientes del problema. Los pactos con Jordi Pujol, la entrada en el Gobierno de personas ajenas al partido, cuya honradez se ponía en duda en informes secretos, y el reparto de las empresas públicas entre el clan de amiguetes de Aznar y Rato —que podían convertir al Estado nuevamente en un «patio de Monipodio»— formaban un cóctel demasiado explosivo para los que habían confiado en la regeneración de la vida pública.

Como no hay enfermedad más contagiosa que la de las ideas, los responsables de La Moncloa probablemente decidieron que había que aplicar medidas de choque para atajar lo que se presentaba con síntomas de una epidemia. Y como a las personas no se las puede desprogramar de la misma manera que a los ordenadores, se pensó en preparar una serie de sesiones de terapia colectiva para enseñar a los afectados a mantener inactiva una parte de su pensamiento.

Las reuniones se organizaron con la celeridad de una comisión epidemiológica. Luis de Grandes Pascual, portavoz del Grupo Parlamentario Popular, habló de la cuestión con José María Aznar y con Francisco Alvarez Cascos para empezar a trabajar cuanto antes. Y así, de repente, todos los martes por la mañana el Presidente decidió invitar a desayunar a los diputados más rebeldes para aplicarles, a cada uno de ellos, una fuerte dosis de «*valium* cerebral».

Rafael Hernando, coordinador del Grupo Parlamentario Popular e hijo de un prestigioso médico de Guadalajara, se encargó de detectar los casos que presentaran un cuadro clínico-patológico más agudo para trasladarlos al palacio presidencial y someterlos al plan de reciclaje.

De esa manera, en diversas sesiones terapéuticas, durante los meses de junio y julio pasaron por La Moncloa Rodolfo Martín Villa, Manuel Núñez Pérez, Luis Ortiz González, Luis Gámir Casares, Enrique Fernández-Miranda Lozano, Rogelio Baón Ramírez, Gabriel Cisneros Laborda, Diego Jordano Salinas, Luis Ramallo García, Javier Rupérez Rubio, Jaime Ignacio del Burgo, José Miguel Ortí Bordás y otros muchos [30].

Algunos de ellos salieron nuevos. Pero al parecer había casos perdidos en otros ámbitos del partido. Uno era el secretario general del Partido Popular de Cataluña, un barcelonés de cincuenta y un años, catedrático de Física Nuclear. No había forma de que Vidal-Quadras mantuviera inactiva la mitad del cerebro ni siquiera con una «lobotomía» urgente, y los hechos lo iban a demostrar pronto.

* * *

La Universidad Menéndez Pelayo de Santander se ha caracterizado por ser un foro abierto, donde todo el mundo expone libremente sus ideas sin temor a represalias.

En 1995, el ex ministro socialista Ernest Lluch aprovechó su paso por uno de los cursos de verano para lanzar la teoría

---

[30] De acuerdo con las listas elaboradas por el Grupo Parlamentario Popular consultadas por los autores.

de la «conspiración antidemocrática» contra Felipe González y, salvo la polvareda que levantó en los medios de comunicación, nadie le insultó ni tomó represalias políticas en contra suya.

Aleix Vidal-Quadras ocupó la tribuna de la universidad a finales de agosto para hablar sobre el estado de las autonomías. Su disertación fue académica —vacía de toda carga política— pero su mensaje no era nada tranquilizador para algunos partidos:

—Los dos nacionalismos, el catalán y el vasco, constituyen los dos principales cuellos de botella que impiden que España avance —señaló haciéndose eco de lo que piensa la mayoría de los votantes del Partido Popular.

Sin embargo, las repercusiones de sus palabras tendrían un efecto fulminante en su carrera política. Los socios catalanes de José María Aznar pidieron su cabeza y el Partido Popular esperó unos días a la celebración de su congreso regional para entregarla en bandeja a Pujol.

Luis Ramallo no iba a correr mejor suerte. Tras cuestionar la honradez del ministro Serra el partido en bloque decidió arroparle. Pero fue un gesto meramente simbólico, de cara a la galería. Días más tarde, pasada la tormenta de sus declaraciones, José María Aznar le llamaba a La Moncloa y le pedía su acta de diputado.

De esta manera, la formación política de la calle de Génova empezaba a hacer realidad la doble leyenda de las mitologías latina y griega donde Saturno y Nesis devoraban a sus propios hijos, fenómeno que raras veces se da en la naturaleza [31].

El Gobierno, además, olvidándose de sus promesas de regenerar el Consejo General del Poder Judicial, RTVE, la Fiscalía General del Estado y el Congreso, devolviéndoles la independencia perdida durante la etapa socialista, nombraba a sus representantes en estos órganos con el mismo estilo

[31] Según el naturista de la COPE, Carlos de Prada, sólo algunos roedores matan a sus hijos cuando hay exceso de población.

que lo hizo el PSOE, es decir, convirtiéndolos en simples apéndices de los partidos políticos y de La Moncloa.

El panorama, ya agravado por la negativa a entregar a la Justicia los «papeles del Cesid», acentuó el deterioro del Ejecutivo. Apenas siete meses después de las elecciones el número de desencantados con el nuevo Gobierno se había disparado a tenor de lo que se escribía en las páginas de los periódicos o se escuchaba en los espacios de las emisoras de radio, donde muchos ciudadanos exponían crudamente su desengaño [32].

Al Partido Popular no le pasó inadvertida esta situación y utilizó uno de los muchos «tics» autocráticos para tratar de recuperar la confianza de la opinión pública. De la misma manera que Franco, en sus horas bajas, convocaba a sus afines a concentrarse en la plaza de Oriente, Aznar organizó un mitin de autopropaganda en el Palacio de los Deportes de Madrid.

Y allí, con la mitad de las gradas vacías, proclamó a los cuatro vientos:

—La regeneración de la vida política no es ajustar cuentas con el pasado, como en una película del Oeste.

Al hablar así, Aznar parecía estar más en el cielo que Gary Cooper en la película de Pilar Miró. Los periodistas y jueces, los dos grandes sectores sociales que meses antes le habían ayudado a alcanzar el poder, no opinaban lo mismo.

* * *

Miguel Angel Rodríguez Bajón, vallisoletano, treinta y dos años, trabajó unos meses en *El Norte de Castilla.* Allí conoció a José María Aznar, y se incorporó como jefe de Prensa del Partido Popular en 1989. A comienzos de mayo de 1996 fue nombrado portavoz del Gobierno.

Javier Fernández del Moral, madrileño, cuarenta y nueve años, no trabajó nunca en un periódico ni ha practicado el

---

[32] José Oneto, en *Tiempo*; Jaime Campmany, en *Epoca*; Pedro J. Ramírez, en *El Mundo*; Antonio Herrero, en la COPE, junio-julio de 1996.

periodismo activo en ninguna de sus facetas [33]. Seguramente no fue por sus habilidades profesionales por lo que se le nombró profesor, primero, y después, decano de la Facultad de Ciencias de la Información de Madrid.

Eduardo García Mantilla es periodista, ex director de Radio 3 y alto cargo de RTVE.

Fernando Pardo y Mauricio Casals son dos consultores de Price Waterhouse. Probablemente saben mucho de auditorías y de las artimañas empleadas por las empresas para sortear todo tipo de situaciones ante el fisco. De periodismo audiovisual o escrito está por conocer su pericia.

El 3 de julio de 1996 estas cinco personas se reunían por vez primera en el palacio de La Moncloa, constituidos en sesudos prohombres de la información. Objetivo: elaborar las bases para una supuesta ley de garantías de los ciudadanos a recibir información veraz.

El atrevimiento de estas cinco personas ha sido comparado en medios periodísticos con el hecho de enviar a cinco albañiles marroquíes, recién salidos de las dunas del Sahara, a construir el puente de San Francisco o el Empire State Building de Nueva York.

Rodríguez, Fernández del Moral, García Mantilla, Pardo y Casals se tomaron el asunto como si en ello les fuera la vida. En la primera reunión definieron lo que tenía que ser la ley y las palabras que debían evitarse en su contenido para que no fuera rechazada por la sociedad.

Plantearon también la necesidad de exigir por ley que las empresas audiovisuales se sometieran a unos requerimientos a la hora de elaborar los espacios, y que dedicaran, obligatoriamente, una serie de horas a programas europeos, así como de productoras independientes.

El grupo de trabajo se arrogaba así la potestad de que el Gobierno ordenara a Jesús Polanco, en Canal Plus; Antonio Asensio, en Antena 3, y a los editores de *El Correo Vasco,* los

---

[33] Sólo ha sido jefe de Prensa de dos ministerios: Agricultura, Pesca y Alimentación, y Transportes.

nuevos propietarios de Tele 5, que se jugaban su dinero y el de sus socios, cómo tenían que programar en sus televisiones y cuántos minutos debían dedicar a asuntos que probablemente no responderían a los intereses comerciales de las cadenas.

El régimen de Franco, en la etapa más dura de la censura, prohibía la publicación parcial o total de algunos artículos. Nunca, sin embargo, ordenó de antemano a los directores de los periódicos las páginas que debían dedicar a la política nacional y el espacio reservado a las cuestiones internacionales o a los deportes.

Rodríguez, Fernández del Moral, García Mantilla, Casals y Pardo pretendían reeditar *1984,* la obra de George Orwell, donde El Gran Hermano piensa y decide por los demás y, además, los controla. Acabada la sesión, convencidos de que estaban haciendo un gran servicio al país, se retiró cada uno a su casa. Y seguramente esa noche durmieron a pierna suelta.

Los cinco quedan en encontrarse nuevamente el día 17 con un segundo borrador sobre la mesa. Eduardo García Mantilla excusó su asistencia y fue sustituido por Juan Vallejo, otro experto de Price Waterhouse.

Como entre la Secretaría de Estado para la Información y el Ministerio de Fomento existe una fuerte pugna por el control de las nuevas tecnologías relacionadas con la información, Fernando Pardo y Juan Vallejo propusieron incorporar al grupo de trabajo al secretario general de Comunicaciones, José María Vázquez.

Javier Fernández del Moral bautiza el proyecto como Ley General de Garantías del Derecho del Ciudadano a Recibir Información Veraz.

—Hay que utilizar el término *garantías* y no *protección,* que implica un rechazo por los periodistas y medios de comunicación —explica.

Deciden volver a reunirse el 31 de julio de 1996, a las cinco de la tarde. En esta última sesión acuerdan definitivamente dejar fuera de la ley a las empresas audiovisuales, y no entrar en el contenido de las programaciones de las televisiones ni establecer la cuota de producción europea ni de producción independiente que deben incluir en su programación.

Ese día queda listo un tercer borrador de principios para elaborar una Ley de Garantías del Derecho de los Ciudadanos a Recibir Información Veraz.

* * *

Hasta hace poco, en algunos pueblos de España había todavía mujeres mayores que sentían aprensión a cambiarse el camisón con la televisión encendida. Sin llegar a asimilar del todo su funcionamiento, no estaban seguras de que el presentador no pudiera verlas desde la pantalla, aunque fuera durante unos segundos, como Dios las trajo al mundo.

La revolución que significó para las personas mayores de setenta años la implantación de la televisión como fenómeno de comunicación de masas se va a quedar corta en el año 2010 cuando entre en funcionamiento la televisión digital.

Apoyada en tres soportes técnicos, los satélites, la informática y las redes terrestres de fibra óptica de banda ancha, y en un solo lenguaje informático de carácter universal —el lenguaje binario—, las nuevas cadenas televisivas pueden inundar cualquier país del mundo con centenares de canales audiovisuales a costes irrisorios.

Las nuevas tecnologías de la información acabarán con las distancias y abaratarán los procesos de industrialización y comercialización. Permitirán, por ejemplo, que un madrileño pueda llamar a Japón abonando una tarifa inferior a la que se paga en 1996 por hablar con Fuenlabrada o que los grandes almacenes puedan abaratar sus productos en un 30 por ciento al trabajar con *stocks* cero, al estar conectadas permanentemente las redes informáticas de los cajeros con las furgonetas de reparto de los proveedores.

Las multinacionales de la comunicación de todo el mundo se están preparando para el gran reto, y la batalla del verano de 1996 entre Antena 3 y Canal + por el control de las retransmisiones futbolísticas no es más que una pelea de vecinos frente a la lucha entre culturas que se avecina. Quien logre introducir su televisión en un país puede, a largo plazo, imponer su ideología, sus costumbres y su lengua.

En este contexto, la preocupación del Gobierno por regular y poner freno a la invasión de cadenas de televisión que se viene encima podría ser legítima, pero no desde una perspectiva restrictiva del derecho de todos los ciudadanos a recibir información [34], como pretende el Ejecutivo en contra del criterio de la mayoría de los periodistas y de la sociedad en general.

Sin embargo, bajo este pretexto, durante el mes de julio de 1996 Miguel Angel Rodríguez, Javier Fernández del Moral, Eduardo García Mantilla, Mauricio Casals y Fernando Pardo elaboraron unas supuestas bases para realizar un proyecto de Ley de Protección del Derecho de los Ciudadanos a Recibir una Información Veraz que encubría una «ley mordaza».

Mientras que en los países donde se respeta y se valora el trabajo de la prensa, como en los Estados Unidos, ese problema se resuelve de forma radicalmente contraria, con una ley de acceso de los periodistas a los archivos públicos y con otra que permite la presencia de los medios de comunicación en la mayoría de las reuniones y actos públicos, en España ningún gobernante se preocupa por garantizar y tutelar esos dos derechos [35].

Si todos los gobiernos han elaborado leyes para protegerse de los periodistas, el de José María Aznar, en apenas cuatro meses, ha tratado de ir más lejos que ninguno. El tercer borrador de bases incluía medidas tan sonrojantes

[34] Desde la aparición de Internet, muchos otros países tratan de imponer legislaciones similares a sus ciudadanos. No han tenido éxito porque, de la misma manera que existen «paraísos fiscales», en el futuro se podrán crear «paraísos de la información», es decir, zonas desde las que se podrán emitir señales a los satélites y distribuirlas por todo el mundo sin ningún tipo de censura.

[35] La «Sunshine Law» garantiza en los EE.UU. el acceso a los documentos oficiales y a las reuniones gubernamentales, conforme a la primera enmienda de la Constitución.

como reservar al Gobierno la decisión de decir qué asuntos eran de interés general y cuáles no[36]. El Ejecutivo, en base a sus criterios políticos y morales, podía sancionar aquellos programas que distorsionaran la realidad. La capacidad de sanción se ponía en manos de un «comité de sabios», el Consejo Superior de Medios Audiovisuales.

Todo ello suponía, de hecho, revivir la censura previa, someter a la prensa al criterio de los gobernantes y dar al Gobierno unas atribuciones que en todos los países democráticos son propias de los periodistas y, en última instancia, cuando se cometen errores e inexactitudes que causan daño a terceras personas, son sancionadas por los jueces según el Código Penal. Muchos periodistas españoles creyeron ser víctimas de una alucinación: los tiempos más negros del franquismo se instalaban de nuevo en España.

* * *

Cuando un gobernante quiere ostentar de forma indefinida el poder, una de las primeras medidas que suele tomar es acabar con la democracia representativa, sometiendo el poder judicial al ejecutivo e impidiendo que el Parlamento realice un control efectivo de las decisiones del Gobierno.

El ex vicepresidente del Gobierno socialista Alfonso Guerra lo dejó bien claro a los pocos meses de instalarse en La Moncloa arropado por diez millones de votos:

—Montesquieu ha muerto —señaló Guerra por si todavía a alguien le quedaban dudas del talante de los nuevos gobernantes.

Alain Minc, editorialista de *Le Monde* y uno de los principales teóricos del pensamiento liberal europeo, cree que cuando un gobierno actúa de esa manera y no puede ser desalojado del poder por la vía de las urnas, la única forma

---

[36] El criterio establecido para que un asunto fuera de interés público o no era que asistiera al mismo o no un miembro del Gobierno. Basándose en ese criterio, sería de interés público cualquier acto de autobombo montado por el Partido Popular.

que existe para echarle es la de la «Santísima Trinidad» [37], es decir, la acción coordinada de jueces, periodistas y opinión pública.

El fenómeno se produjo en Italia en 1994. Los magistrados de «manos limpias», la prensa y la sociedad actuando conjuntamente acabaron con cuarenta y nueve años de gobiernos corruptos, donde sólo dos personas en la cúpula, Giulio Andreotti y Bettino Craxi, se habían repartido el poder. El caso volvería a repetirse milimétricamente en España en 1996 con los jueces de la Audiencia Nacional investigando los escándalos de los GAL, un sector de la prensa haciendo de caja de resonancia y la opinión pública que, una vez sensibilizada, actúa en las urnas desalojando del poder a una clase política indigna de seguir un día más al frente de las instituciones.

Felipe González debió aprender la lección de lo que Minc llama la «Santísima Trinidad». Y, probablemente, José María Aznar también. Porque de otro modo no se explica lo que parece revelarse como una obsesión permanente en sus primeros pasos de Gobierno: el miedo a una Justicia independiente y a una prensa libre.

---

[37] *La borrachera democrática*, Alain Minc, Temas de Hoy, Madrid, 1995.

CAPITULO DOS

FONDOS RESERVADOS EN LA MONCLOA

Hasta 1995 muchos de los 2.300 funcionarios que trabajan en el complejo de La Moncloa, a las órdenes de Felipe González, cobraban parte de sus sueldos en «dinero negro» procedente de los fondos reservados. Aunque la Presidencia del Gobierno renunció oficialmente en 1985 a disponer de una partida de fondos reservados, parte del dinero teóricamente utilizado por Interior y Defensa para el pago de confidentes se desviaba al complejo presidencial y se utilizaba para abonar pluses a todo el mundo, desde los mozos, cocineros, camareros, jardineros y escoltas del ex Presidente del Gobierno hasta algunas secretarias del equipo y altos ejecutivos de La Moncloa. Presuntamente, Narcís Serra utilizó en ocasiones las partidas de Defensa para encargar informes sobre los oponentes políticos del Gobierno y para otras operaciones encubiertas, como las negociaciones llevadas en secreto con el Gobierno de Kuwait para tratar de salvar el pellejo a un particular, Javier de la Rosa, con dinero público. El abuso de este sistema ilegal de remuneración en la más alta institución del Gobierno explica que González sólo se haya atrevido a condenarlo cuando se descubrió que Corcuera dedicó siete millones a comprar joyas a las mujeres de sus altos cargos.

Francisco García Diego, jefe de prensa de José María Aznar, estaba aquella mañana dominical de comienzos de mayo más eufórico que nunca. A las once, el presidente del Partido Popular juraba su cargo como Presidente del Gobierno ante el Rey en el palacio de La Zarzuela. A él y a Antonio Cámara, secretario de Aznar en el partido, les habían encomendado preparar la llegada del nuevo y flamante jefe del Ejecutivo al palacio de La Moncloa.

—Miguel Angel Rodríguez se viene conmigo a La Zarzuela. Tú y Antonio os presentáis allí a las diez de la mañana, decís quiénes sois y esperáis la llegada de Ana, que irá sobre las diez y media —les había ordenado Aznar la noche anterior.

—Entonces, ¿Ana no va a asistir a tu juramento como Presidente en La Zarzuela?

—Parece que no forma parte del protocolo. Así que arréglatelas como puedas y consigue un televisor en La Moncloa para que pueda seguir el acto.

Con la puntualidad de un reloj suizo, García Diego estaba a las diez de la mañana ante la entrada principal del palacio. Tras pagar las ochocientas cuarenta y cinco pesetas que le cobró el taxista se identificó ante el personal de seguridad del edificio y pidió hablar con los responsables del departamento. Minutos después era recibido por el secretario de Estado del Ministerio de la Presidencia, Miguel Gil, por Santiago García, jefe de protocolo del complejo que sirve de oficina de trabajo y residencia oficial al Presidente desde 1977 y por el director general de Relaciones Informativas de la Oficina del Portavoz, Francisco Martos.

A las diez y media, cuando llegó Ana Botella, la esposa de Aznar, ya se había habilitado una sala en el edificio del Consejo de Ministros para que pudiera seguir cómodamente por televisión el juramento de su marido como cuarto Presidente constitucional de España.

Aquélla fue una jornada memorable para el matrimonio Aznar. Con la emoción contenida y el semblante feliz, Ana Botella presenció sin pestañear la retransmisión televisiva de uno de los actos más solemnes de la democracia. El Audi blindado de José María Aznar, conducido por Estanis, su fiel chófer a sueldo del partido, se detuvo una hora más tarde en el recinto presidencial. La nube de fotógrafos y cámaras de televisión que esperaba a la entrada comenzó a disparar sus *flashes*, todos a un tiempo, como movidos por el mismo resorte.

Era un día espléndido, con un sol radiante y una temperatura primaveral. Así que a Paco García Diego se le ocurrió que José María Aznar y Ana Botella hicieran el recorrido desde la entrada del recinto hasta el palacio presidencial a pie, atravesando primero la avenida que divide los diversos edificios administrativos del complejo.

Luego el ilustre matrimonio siguió por el paseo central flanqueado por setos redondeados en forma de conos y cubiertos de plátanos. Bordearon el jardín donde crecen exuberantes los chopos, pinos, abetos, cedros, cipreses, sauces, acacias, araucarias y madroños y subieron la escalinata del palacio presidencial, un edificio construido en el siglo XVII por Gaspar de Haro y de Guzmán, marqués de Eliche, y que, después de pertenecer a varias familias de la nobleza española, entre ellas a Cayetana de Alba, duquesa de Alba, se convirtió en residencia de huéspedes ilustres[1] hasta que en 1977 Adolfo Suárez trasladó allí la Presidencia.

De esta manera, a través de las cámaras de televisión, la opinión pública española pudo observar cómo tras casi catorce años de Gobierno caracterizados por el nepotismo, la arrogancia, la utilización de las instituciones públicas como botín electoral y el fenómeno de la corrupción quedaban aparentemente enterrados en el baúl de la historia. El hombre que abanderaba la transparencia, la bajada de impuestos

---

[1] Entre las personalidades extranjeras que se alojaron en el palacio de La Moncloa antes de cambiar de destino se encuentran Rafael Leónidas Trujillo, presidente de la República Dominicana; Husein de Jordania; Juscelino Kubitschek, presidente de Brasil; Mohamed V de Marruecos; Faisal II de Irak; José Higueras y Orlich Bolmarcich, presidentes de Costa Rica; Saud y Faisal, reyes de Arabia Saudita; el Sha de Persia, Reza Palhevi; Camille Chamoun, presidente del Líbano; la emperatriz Soraya; Iskander Musa, presidente de Pakistán; Dwight David Eisenhower y Richard Nixon, presidentes de los Estados Unidos; Arturo Frondizi y Alejandro Lanusse, presidentes de Argentina; Américo Tomaz, presidente de Portugal; los reyes de Grecia, Pablo y Federica; Haile Selassie, emperador de Etiopía; René Schick, presidente de Nicaragua; Habib Burguiba, presidente de Túnez; Diosdado Macaparal, presidente de Filipinas, y el rey de Tailandia, Bhumibol Adulyadej.

y una nueva forma de gobernar traspasaba por primera vez el umbral del poder, conquistado con una mínima diferencia de trescientos mil votos.

Quedaba por saber, sin embargo, cómo habían sido en la intimidad las personas que habían gobernado hasta entonces el país, qué habían dejado oculto bajo las alfombras, qué esqueletos guardaban en los armarios como testimonio de un pasado en el que se habían cometido los crímenes de Estado de nuestro reciente siglo, donde se había entrado a saco en los fondos reservados del Ministerio del Interior y en el que una oligarquía financiera había monopolizado el poder en beneficio propio dando lugar a episodios como los del gobernador del Banco de España, Mariano Rubio, Carlos Solchaga, Manuel de la Concha o el del director general de la Guardia Civil, Luis Roldán [2].

* * *

Uno de los primeros actos públicos del Gobierno Aznar fue recibir en La Moncloa al vicepresidente norteamericano Al Gore, en representación del presidente Bill Clinton, en la habitual visita de cortesía que los mandatarios norteamericanos suelen hacer a los países amigos cuando se produce algún relevo importante en la Jefatura del Gobierno. Días más tarde, y sin que los Aznar tuvieran apenas tiempo para comentar su primera actuación como anfitriones del Gobierno español, le tocó el turno al Presidente de la República Popular China, Jiang Zemin.

La imagen de la visita, la recepción y el almuerzo oficial que la mayoría de los españoles recibió a través de los medios de comunicación fue que el mandatario oriental, cada poco tiempo, dejaba los cubiertos sobre la mesa, sacaba un peine del bolsillo y se alisaba el cabello en público, sin el menor rubor.

Lo que nadie llegó a captar es que los camareros encargados de servir el almuerzo llenaban las copas de vino hasta

---

[2] Para ampliar detalles sobre estos asuntos pueden consultarse los libros *Los secretos del poder* y *El saqueo de España,* de los mismos autores, Temas de Hoy, Madrid, 1995 y 1996, respectivamente.

casi desbordarlas y se paseaban entre los comensales transportando pilas de platos en manos y brazos a la vez, haciendo equilibrios para no manchar a los comensales, como si estuvieran trabajando en una vulgar taberna.

Al acabar la comida Ana Botella se encargó de transmitir al personal correspondiente las instrucciones precisas sobre la correcta forma de servir, tal y como exige el protocolo, para que aquellos detalles fueran corregidos de inmediato. Así fue como Javier Zarzalejos, secretario general de la Presidencia, se enteró de que cocineros, camareros, escoltas, chóferes, mozos, planchadoras y limpiadoras estaban en una especie de huelga de celo contra los actuales inquilinos de la Presidencia del Gobierno.

—¿Qué os pasa? ¿Por qué habéis servido de esa forma tan poco correcta? —inquirió.

—¡A ver cómo quiere que actuemos!

—Pero, vamos a ver, ¿qué es lo que está pasando aquí? —inquirió de nuevo Zarzalejos.

—Pues que antes se nos daba una gratificación por nuestro trabajo. Desde que han llegado ustedes se ha suprimido y tenemos que trabajar de balde.

—¿Qué es eso de una gratificación? ¿Vosotros no cobráis vuestro salario religiosamente a fin de mes? —preguntó de nuevo Zarzalejos.

—Sí, pero eso no tiene nada que ver. Una cosa es el sueldo y otra tener que venir aquí sábados y domingos a servir un almuerzo o una cena y estar trabajando hasta las dos o las tres de la mañana. Esa es una labor extra y nadie nos ha dado la gratificación que veníamos recibiendo por ello.

—¿Cuánto dinero era ése?

—Depende. Desde 7.000 pesetas para los camareros recién llegados hasta 30.000 que cobran los cocineros jefes.

—Alguien sabrá de dónde salía ese dinero, porque el nuevo Gobierno ignora la existencia de esa partida.

—¡Y a nosotros qué nos dice! Lo cierto es que, además de la nómina, cada trabajador percibe desde hace años un plus anual por estar a disposición de la «casa» las veinticuatro horas del día y otro por cada acto oficial.

Javier Zarzalejos y su segundo, José María Bethencourt Fontenla, iniciaron una investigación entre el personal con mayor antigüedad de La Moncloa. Así se enteraron de que desde 1985 existía una «partida secreta» procedente de los fondos reservados que no se utilizaba para comprar información confidencial a fin de proteger al Presidente del Gobierno y a su familia de un posible atentado. Tampoco, por ejemplo, en crear una red de infiltrados que facilitaran información puntual y exacta sobre las intenciones del rey Hassan de Marruecos sobre Ceuta y Melilla.

Su destino era bastante más prosaico: pagar sobresueldos al personal de servicio del palacio de La Moncloa, tal y como se hacía en el Ministerio del Interior. Cocineros, camareros, chóferes, escoltas, mozos, limpiadores, jardineros, telefonistas del gabinete telegráfico al servicio de Carmen Romero y Felipe González percibían todos los años una suma de dinero extra que oscilaba entre las 400.000 y las 700.000 pesetas por tener plena dedicación a sus jefes. Además, por cada acto oficial en el que se reclamaba su asistencia eran recompensados con cantidades que oscilaban entre las 7.000 y las 50.000 pesetas, según la categoría y la antigüedad del beneficiado[3].

Las cantidades se entregaban todos los meses en un sobre blanco, cerrado y sin membrete, sin que nadie tuviera que firmar a cambio ningún recibo o justificante. Por lo tanto, la impresión que tenía la mayoría de los favorecidos con esa medida era que se trataba de «dinero negro», que no había que poner en conocimiento del Ministerio de Economía y Hacienda en la declaración de la renta ordinaria que se presenta ante la Agencia Tributaria cada año.

Javier Zarzalejos y José María Bethencourt no encontraban explicación lógica a aquella forma de comportamiento

---

[3] Según la investigación efectuada por los nuevos administradores del palacio, los cocineros recibían un sobresueldo anual de 700.000 pesetas; las limpiadoras, 400.000; los conductores, 450.000; los telefonistas del gabinete telegráfico, entre 400.000 y 500.000; los mozos encargados de habilitar el espacio para celebrar el acto y acarrear las mesas y sillas desde los almacenes, 400.000; algunas secretarias, 900.000.

tan poco ortodoxa, salvo que sus antecesores quisieran ahorrarse la enorme burocracia que se necesitaba para mover una peseta.

—Lo que no entiendo es que para abonar unas simples horas extras a unos trabajadores haya que vulnerar la ley y recurrir a los fondos reservados —le dijo Bethencourt a Zarzalejos después de estudiar a fondo el asunto y consultar la legislación vigente.

—¿Lo has mirado bien?

—Naturalmente. Y en la Administración hay procedimientos suficientes para hacerlo legalmente y no herir las sensibilidades de otros colectivos de funcionarios —recalcó absolutamente convencido.

* * *

Carlos Aragonés, diputado del Partido Popular en las últimas legislaturas, es uno de los hombres de confianza de José María Aznar. Durante la etapa en que los populares estaban en la oposición una de sus tareas consistía en escribirle discursos y por eso ocupaba entonces un despacho contiguo al del líder en la sede del Partido Popular, en la planta séptima de la calle de Génova, en Madrid.

Cuando el PP ganó las elecciones el 3 de marzo de 1996, y acabó la «travesía del desierto», Aragonés fue nombrado director del Gabinete de Aznar en la Presidencia del Gobierno. Un cargo que le permite tener una influencia muy poderosa sobre las decisiones que toma cada viernes el Consejo de Ministros.

El departamento que dirige Aragonés, donde trabaja más de medio centenar de «expertos» en casi todas las materias de la Administración, es el órgano encargado de preparar al Presidente un segundo informe, paralelo al que llevan los ministros a las reuniones de Gabinete, para que el Jefe del Ejecutivo tenga al menos dos opiniones elaboradas por departamentos distintos antes de adoptar un acuerdo.

A finales de julio de 1996, dos meses después de llegar a La Moncloa y ocupar un amplio despacho en el ala izquierda del edificio Semillas, Aragonés se encontró frente a una situación incómoda. Algunas de las secretarias del complejo se encontraban en una actitud de rebeldía silenciosa. Además, nadie se consideraba capaz de encontrar una explicación lógica al asunto.

Estaban casi convencidos de que el «cabreo» no se debía a que el PP, al llegar al poder, hubiera reducido de 124 a 64 el número de asesores con nivel 30 que trabajaban hasta entonces en el Gabinete de la Presidencia, uno de los muchos apéndices de la elefantiásica administración montada por sus antecesores en el complejo presidencial. No era tampoco porque las sesenta secretarias asignadas a estos asesores (todos ellos tenían derecho a secretaria) se hubieran quedado de improviso sin trabajo al desaparecer sus jefes.

Mucho menos obedecían los motivos a una rebelión secreta urdida desde la sombra, utilizando las técnicas de la clandestinidad, por Rosa Conde, la ex secretaria general de la Presidencia, o por Piluca Navarro, la ex «jefa» de todas las secretarias de La Moncloa en la época de Felipe González Márquez. El asunto parecía bastante menos altruista, significativamente más banal.

Aragonés lo supo cuando decidió coger el toro por los cuernos y puso a alguna de su gente a hacer pesquisas. No tardó mucho en darse cuenta así del origen del mal humor, las caras largas y el repentino mutismo de sus subordinadas.

Se acercaba el día 30 de julio, el día de cobro. Por segundo mes consecutivo no había signos visibles de que sus superiores les fueran a entregar el sobre con las 80.000 pesetas extras que venían recibiendo de sus antecesores y que para muchas de ellas constituían parte vital de su sueldo.

—¿De dónde procedía ese dinero? —preguntó uno de los «sabuesos» de Aragonés.

—De los fondos reservados —le contestaron.

—¿Y quiénes cobraban aquí de los famosos fondos reservados?

—Pues quiénes iban a ser. ¡Casi todo el mundo, naturalmente!

Como en el caso de los cocineros y camareros, los responsables del Gabinete de la Presidencia averiguaron que los sobresueldos se abonaban en sobres cerrados y que había un acuerdo general no escrito de no declarar esas cantidades a Hacienda, lo que suponía otra flagrante vulneración de la legislación vigente.

* * *

Los sobresueldos con cargo a la partida habilitada oficialmente para los confidentes se utilizaban también para completar, en muchos casos, los altos salarios que percibían las trescientas treinta y tres personas que Felipe González llegó a tener en puestos de confianza y de asesoramiento especial, al final de su mandato, la mayoría de las cuales eran militantes o simpatizantes del PSOE.

El descubrimiento de esta monumental lista de cargos de libre designación altamente remunerados, uno de los secretos mejor guardados de La Moncloa, fue hecho a finales de 1995 por Alfonso Soriano y Benítez de Lugo, diputado del Partido Popular por Santa Cruz de Tenerife.

A comienzos de los noventa, en el Partido Popular se sabía que, entre 1982 y 1989, el Presidente del Gobierno llegó a tener en nómina a más de trescientos asesores vinculados al socialismo para asuntos especiales. Muchos de ellos percibían salarios por encima de los ocho millones de pesetas y en algunos casos se les pagaba pese a tener otras ocupaciones en el partido, ya que ni siquiera habían pisado La Moncloa.

Se trataba, por lo tanto, de una forma de saldar favores a los amigos. Soriano comenzó a interesarse desde entonces por desentrañar los entresijos del enorme tinglado de asesores, consultores y especialistas que recibían una «beca» de la Presidencia del Gobierno, algunos para no hacer nada.

Tras una dura batalla de muchos meses con el ministro de la Presidencia del Gobierno, Alfredo Pérez Rubalcaba le remitió una lista con los nombres de los trescientos treinta y tres asesores y puestos de confianza que prestaban sus servicios en La Moncloa hasta el 11 de octubre de 1994, es decir, un año antes.

De la cifra total de asesores, calificada de auténtica barbaridad por el PP en su día, ciento treinta y tres era personal eventual, y el resto, funcionarios de carrera. Sin embargo, lo más curioso del caso es que entre muchos de los eventuales había políticos en paro —diputados, eurodiputados, ex presidentes de comunidades— a los que se procuraba un sueldo oficial provisional con cargo a los Presupuestos Generales del Estado, lo que revela una vez más el carácter patrimonialista que el PSOE tenía de los bienes públicos

Se supo entonces que las 333 personas que integraban el equipo de asesores de la Presidencia [4] cobraban sueldos que oscilaban entre los dos y los nueve millones de pesetas. Sin embargo, lo que la opinión pública desconoce es que, además, una parte de ellos recibía compensaciones extraoficiales procedentes de los fondos reservados. De esta manera, ciento cincuenta de ellos percibían remuneraciones por encima del sueldo oficial del Presidente del Gobierno.

Pero eso no era lo anómalo del asunto. El verdadero meollo de la cuestión es que presuntamente involucraba a un Presidente del Gobierno que había pasado casi catorce años utilizando como bandera electoral la necesidad de moralizar la vida pública; que había perseguido implacablemente el fraude del IVA; que había dado órdenes a los fiscales para que llevaran ante los tribunales a los banqueros implicados en las estafas a Hacienda conocidas como los casos de las «primas únicas» o las «cesiones de crédito» [5], y

---

[4] El Gabinete de la Presidencia estuvo dirigido por Roberto Dorado Zamorano, en la etapa de Alfonso Guerra, y por Antonio Zabalza, con Narcís Serra como vicepresidente. Los máximos responsables de las distintas áreas de este gabinete fueron, entre otras personas: departamento de Análisis: Miguel Iceta Llorens; Asuntos Institucionales: Luis Ortega Alvarez, Alejandro Trigo Morterero y Pedro Sánchez Corral; Asuntos Sociales: Alberto Ruiz Secchi, Mariano Casado González y Esteban Rodríguez Vera; Seguridad y Defensa: José Antonio Blanco Romero y Jesús Martialay Romero; Economía: Juan Antonio Blanco Magadán, Aurelio Martínez Estévez, Miguel Angel Lasheras Merino y María Antonia Mones Farré; Educación y Cultura: Mariano Pérez Galán; Estudios: Carlos Alonso Zaldívar y Andrés Ortega Klein; Internacional: Juan Antonio Yanes Barnuevo y José María Pons Irazazábal.

[5] Artificios de «ingeniería financiera» montados por La Caixa catalana y el Banco Santander, entre otras entidades financieras, para pagar más intereses a sus impositores. El mecanismo consistía en no declarar

cuyos ministros de Economía y Hacienda, Miguel Boyer, Carlos Solchaga y Pedro Solbes, se habían pasado gran parte de sus mandatos amenazando con perseguir las bolsas de fraude y meter en la cárcel a los delincuentes económicos.

En las elecciones generales de 1979 el PSOE había utilizado como cartel electoral una fotografía de un Felipe González, joven y con ganas de triunfar, que miraba a la gente a los ojos con el propósito de transmitir confianza a los electores. La imagen del líder estaba impresa sobre una foto de color sepia de Pablo Iglesias. El cartel pretendía resumir gráficamente la historia del partido colocando juntos al fundador y a su heredero natural como garantes de la permanencia de los ideales del socialismo español. Por si alguien no era lo suficientemente avispado para captar este subliminal mensaje los responsables de la campaña habían escrito en letras bien visibles: «Cien años de honradez y firmeza.»

El descubrimiento del *affaire* de los fondos reservados de La Moncloa diecisiete años después constituye un asunto más que unir a los graves escándalos protagonizados por el socialismo gobernante en los últimos tiempos. Representa, sin embargo, el paradigma de la doble moral de la mayoría de los dirigentes socialistas y, en especial, de Felipe González, el supuesto depositario de las esencias del partido y el continuador de la obra de Pablo Iglesias. Simboliza, además, un agravio para el resto de los españoles a los que González ha exprimido a impuestos (récord que podría arrebatarle su sucesor, José María Aznar), al tiempo que toleraba y consentía irregularidades en sus dominios de La Moncloa.

* * *

Todo este *affaire* arranca de comienzos de los ochenta. Según los Presupuestos Generales del Estado, el Ministerio

---

como tales determinadas imposiciones bancarias de sus clientes, ahorrarse los impuestos sobre rendimientos del capital que debían satisfacerse a la Agencia Tributaria y aumentar en varios puntos los intereses a sus impositores. Para más información leer el capítulo V del libro *El saqueo de España,* de los mismos autores.

de la Presidencia del Gobierno contó con una partida de fondos reservados hasta el año 1985. El 16 de octubre del año anterior, con motivo de la discusión de las cuentas del Estado ante la Cámara, el secretario general de la Presidencia, Julio Feo, y el secretario de Estado y portavoz del Gobierno, Eduardo Sotillos, habían tenido que comparecer ante la Comisión de Presupuestos del Congreso de los Diputados. Aquello se convirtió en una sesión de escarnio al Gobierno.

En los siguientes presupuestos los gastos de la Presidencia del Gobierno se elevaban a 1.543 millones de pesetas, lo que suponía un incremento de más de un 50 por ciento sobre los del año anterior.

—¿A dónde va destinado ese dinero? —preguntó el portavoz del Grupo Parlamentario Popular, Juan Ramón Calero Rodríguez (en 1996 retirado de la política).

—A sufragar los gastos de la Presidencia del Gobierno, entre ellos, los derivados de los viajes que el Presidente tiene que hacer al extranjero.

Abogado del Estado, diputado de Alianza Popular por Murcia y gran polemista, a Calero, a sus cuarenta y tres años, no se lo habían puesto tan fácil en su vida parlamentaria.

—¿En esa partida se incluyen los gastos derivados del viaje del Presidente del Gobierno y su familia a Túnez y a una isla del Caribe, el año pasado, invitados por los presidentes de Venezuela y de Colombia, Carlos Andrés Pérez y Julio César Turbay Ayala, para cuyos desplazamientos privados utilizó un Mystère oficial? [6]

Julio Feo replicó con firmeza. Según su versión, poco creíble para la oposición, los viajes del Presidente del Gobierno y su familia se realizaron con dinero de su propio bolsillo y el coste del avión oficial durante el viaje al Caribe fue

---

[6] Los viajes a Hammamet (Túnez), Venezuela y Colombia se produjeron el 12 de julio de 1984. En Venezuela, Felipe González y su familia fueron huéspedes del presidente Carlos Andrés Pérez y de los empresarios Ricardo y Gustavo Cisneros, que pusieron a su disposición sus barcos *Misamores* y *Paraíso* para viajar a las islas de La Orchila y Los Roques, en la zona del Caribe. Para más datos, ver *El saqueo de España, op. cit.*

abonado por Felipe González a la Subsecretaría de Aviación Civil, con cargo igualmente a su bolsillo [7].

El asunto derivó hacia los fondos reservados y el portavoz del Grupo Parlamentario Popular preguntó en qué se iba a gastar Felipe González los 110 millones de pesetas que había consignados en los Presupuestos Generales del Estado, «siete más que el pasado año», los ciento doce destinados a «otros gastos» y los veintiséis que aparecían bajo la rúbrica «arrendamiento de medios de transporte».

—¿Puede ilustrarnos el señor secretario general de la Presidencia cuáles son esos «otros gastos» que se consignan en los presupuestos, qué confidentes tienen ustedes en La Moncloa a los que les pagan 110 millones de pesetas y cuáles son esos medios de transporte que necesitan ustedes alquilar? —inquirió Calero.

—El destino de los gastos reservados no puede revelarse por la misma naturaleza de los mismos: son reservados —replicó Feo.

Los parlamentarios no pudieron menos que sonreír cuando el diputado popular sacó a relucir la existencia de una insólita partida de cinco millones de pesetas destinada a vestuario y pidió explicaciones sobre su uso.

—¿Es que en La Moncloa cuentan con una compañía de teatro o piensan montar una? —preguntó en tono de guasa.

Julio Feo no supo por dónde salir. Al fin encontró una escapatoria.

---

[7] La hora de vuelo del DC-8 oficial, fabricado por la McDonnell-Douglas, sin incluir los gastos de la tripulación ni los pagos por la utilización de los aeropuertos internacionales, tiene un coste en torno a las seiscientas mil pesetas. Teniendo en cuenta que el viaje de ida y vuelta a Venezuela, en condiciones atmosféricas favorables, no dura menos de catorce horas (siete de ida y siete de vuelta), Felipe González debió pagar a la Subsecretaría de Aviación Civil ocho millones cuatrocientas mil pesetas. Si a ello se añaden los itinerarios realizados por el Caribe, el alquiler del avión le hubiera supuesto, de haberlo pagado, bastante más que su sueldo anual como Presidente del Gobierno.

—Se trata de una partida para comprar uniformes de gala con destino a la Guardia Civil de palacio, ya que el Ministerio del Interior no puede asumirla —dijo.

El secretario general de la Presidencia encajó las preguntas del resto de los miembros de la Comisión de Presupuestos con un no disimulado malhumor. Cuando regresó a La Moncloa, en la primera ocasión que tuvo de hablar con el Presidente le dijo:

—Antes de tener que comparecer de nuevo en el Parlamento me voy. Así que decide lo que vamos a hacer de ahora en adelante.

Felipe González no echó en saco roto la amenaza de su subordinado. Siguiendo con su habitual forma de proceder de no dar cuentas a nadie, aquel comportamiento tan suyo de colocarse por encima del bien y del mal y despreciar la opinión de sus semejantes, decidió que al año siguiente quedaría suprimida la partida de fondos reservados destinados a la Presidencia del Gobierno.

Dicho y hecho. Desde entonces en la propuesta de Presupuestos Generales del Estado presentada ante las Cortes por los ministros Carlos Solchaga y Pedro Solbes no aparece ningún epígrafe consignando dotaciones específicas de «dinero negro» para la Presidencia ni gastos para vestuario o alquileres de medios de transporte.

* * *

¿De dónde, por tanto, salían aquellos fondos reservados? Aragonés, que es una persona ocurrente, no tuvo que contratar a Pepe Carvalho, el agente secreto de Manuel Vázquez Montalbán, para resolver el enigma. Le fue suficiente con leer el libro *Aquellos años*[8], donde el ex secretario general de la Presidencia del primer Gobierno socialista, Julio Feo Zarandieta, cuenta su experiencia al lado de González.

En uno de los pasajes, que quizás haya pasado desapercibido para muchos lectores, Feo relata cómo después de

---

[8] *Aquellos años,* Julio Feo, Ediciones B, Barcelona, 1993.

renunciar a la partida de gastos reservados en una ocasión necesitaron echar mano de ellos para resolver un asunto, probablemente celebrar una entrevista secreta con los palestinos en plenas negociaciones para el reconocimiento del Estado de Israel, o con los guerrilleros colombianos del temible M-19. Feo explica así la eficiencia del Gobierno:

«Llamamos a Pepe Barrionuevo y nos dijo que le enviáramos a alguien de confianza con un maletín. Mandamos a una persona acompañada de un escolta al Ministerio del Interior y ya teníamos de nuevo fondos reservados para lo que hiciera falta.»

No fueron Felipe González ni sus asesores quienes patentaron el descubrimiento. Los dos auténticos maestros en este tipo de artimañas presupuestarias habían sido dos de sus principales amigos y compañeros en la Internacional Socialista: los ex presidentes de Italia y Venezuela, Bettino Craxi y Carlos Andrés Pérez, los dos procesados por delitos de corrupción.

El caso más escandaloso y paradigmático, que refleja el sentido que el socialismo internacional tiene de los bienes públicos y de su utilización al servicio permanente de sus intereses, lo constituye el del líder del partido venezolano Acción Democrática.

Reelegido Presidente de la República de Venezuela en 1988, Carlos Andrés Pérez no pudo acabar su mandado en esta ocasión. Acostumbrado a manejar el país como si fuera su finca particular, el líder de Acción Democrática y vicepresidente de la Internacional Socialista ordenó el 14 de febrero de 1989 a su ministro del Interior, Alejandro Izaguirre, que le transfiriera 250 millones de bolívares (unos 300 millones de pesetas) de la «partida secreta» del Ministerio del Interior a la Secretaría de la Presidencia de la República.

La operación se instrumentalizó el 23 de ese mes y apareció publicada en la *Gaceta Oficial.* Allí se indicaba que «los recursos objeto de esta solicitud se destinarán a mantener el orden público en el territorio de la República».

El dinero, sin embargo, tenía otro destino bien distinto al de la seguridad del Estado. Un día después de realizada la transferencia, los 250 millones de bolívares eran canjeados por «dólares preferenciales» [9] en el Banco Central de Venezuela y sacados clandestinamente del país.

El asunto acabó en un escándalo monumental cuando el 8 de noviembre de 1992 el periodista José Vicente Rangel lo sacó a la luz pública en su columna del diario *El Universal.*

Carlos Andrés Pérez, lo mismo que Felipe González en España, comenzó negando los hechos. Sin embargo, ante la cantidad de evidencias acumuladas en su contra acabó reconociendo que el dinero lo había evadido para financiar a un equipo de guardaespaldas de élite que diera protección a la presidenta de Nicaragua, Violeta Chamorro, para evitar un atentado del Frente Sandinista, desalojado del poder.

La respuesta era poco convincente. La dirigente nicaragüense resultó elegida Presidenta el 25 de febrero de 1990, es decir, un año después de la salida furtiva del dinero del país andino.

Con el precedente de su antecesor en el cargo, Jaime Lusinchi, que había utilizado el palacio de Miraflores para enriquecerse y cuando fue llevado a los tribunales huyó con su amante, Blanca Ibáñez, a Miami, la clase política venezolana no estaba dispuesta a pasar por alto el saqueo a los fondos públicos perpetrado por Carlos Andrés Pérez. La Contraloría de la República, equivalente al Tribunal de Cuentas español, la Cámara de Diputados y la Fiscalía abrieron sendas investigaciones. Pero fue el fiscal general, Ramón Escobar, quien presentó una querella ante la Corte Suprema de Justicia y solicitó la apertura de un antejuicio contra el líder socialdemócrata a comienzos de 1993.

El proceso tardó más de un año en incoarse. Entre tanto, se supo que parte del dinero había sido ingresado en las cuentas 606304770, 60620937 y 606488871 de Carlos Andrés

[9] Dólares primados por el Estado venezolano, que permitía su cambio a un tipo especial, para favorecer las importaciones de bienes de equipo y tecnología extranjera e incentivar el desarrollo de la industria nacional.

Pérez y Celia Mattos, su amante oficial[10], en el Republic National Bank of New York. En estas cuentas, abiertas desde agosto de 1985, la compañera sentimental del líder de Acción Democrática cobró además cheques del Banco de Crédito y Comercio Internacional (BCCI) a cambio del refugio que el Gobierno de Venezuela brindó en la isla de Orchila a Gaith Pharaon, uno de los dirigentes de la entidad buscado por la justicia.

Tanto el dinero del BCCI, considerado por la DEA (Drug Enforcement Administration) estadounidense el «banco de la droga» y del dinero negro, como parte de los 250 millones de dólares evadidos de Caracas se transfirieron a las cuentas cifradas que la pareja tenía en la Banque Nationale de Paris, en Ginebra (Suiza), bajo la clave «Capri». Y de ahí a entidades financieras situadas en los «paraísos fiscales» de Islas Caimán, Panamá, Filipinas y Hong Kong.

Difícil seguirle el rastro. Sin embargo, a comienzos de mayo de 1994 la Corte Suprema de Justicia de la República halló culpable al líder socialdemócrata y vicepresidente de la Internacional Socialista de corrupción por el desvío de fondos públicos. El presidente del alto tribunal le permitió elegir el lugar donde cumplir la condena: un penal militar o su casa, donde debía permanecer en arresto domiciliario.

Carlos Andrés Pérez se decidió por el penal de El Junquito, a veintiocho kilómetros de Caracas, donde se recluyó voluntariamente el 18 de mayo. Sin embargo, no eligió las condiciones más duras por sentido de la dignidad.

—Tener que encerrarme en casa y aguantar a mi mujer después de veinte años de falta de convivencia sí que hubiera sido un duro castigo —le explicó días más tarde a Miguel Angel Capriles, editor y empresario, hoy fallecido.

Maestro, amigo personal y valedor de Felipe González ante la Internacional Socialista y en los foros latinoamericanos, cuando el dirigente socialista español vestía pantalón

---

[10] Lo mismo que Jaime Lusinchi, Carlos Andrés Pérez tiene desde hace más de diez años una amante oficial que le acompañaba incluso en sus viajes oficiales.

vaquero, camisa a cuadros y chaqueta de pana y se hacía llamar «Isidoro», no es extraño que pasados unos cuantos años el alumno haya aventajado sobradamente al profesor.

* * *

El 9 de julio de 1995 Piluca Navarro, secretaria particular y una de las personas de máxima confianza del Presidente del Gobierno, tenía que acudir a declarar al Juzgado de Instrucción número 43 de Madrid.

Nacida en Santa Cruz de Tenerife hace algo más de cuarenta años y antigua jefa del archivo gráfico de la revista *Cambio 16,* Navarro aparecía en una larga lista de personas que habían retirado importantes sumas de dinero de los fondos reservados que el Ministerio del Interior tenía depositados en la cuenta 24-0000164-1 del Banco de España.

Su firma aparecía concretamente en el reverso de un talón de veintiocho millones de pesetas firmado por Juan de Justo —secretario particular de Rafael Vera, máximo responsable de la Seguridad del Estado y «número dos» del Ministerio del Interior— y hecho efectivo por el Banco de España en junio de 1991.

Por eso, cuando tuvo todos los datos sobre su identidad y su cargo, la titular del Juzgado número 43, María Jesús Coronado, que instruye entonces el sumario sobre el saqueo a los presupuestos secretos del Ministerio del Interior, lo llamó a declarar como testigo.

La secretaria de González debía aclarar las razones por las que cobró los veintiocho millones de pesetas del Banco de España, quién le había autorizado el pago y cuál fue el destino que se dio al dinero.

Nerviosa al tener que enfrentarse ante un juez, inquieta por el temor a verse descubierta por la prensa y acabar en la portada de todos los periódicos como el ex gobernador del Banco de España, Mariano Rubio, o el ex director general de la Guardia Civil, Luis Roldán Ibáñez, a la secretaria de González se le olvidó lo que tenía que contarle al instructor.

A lo largo de su declaración, llena de contradicciones y titubeos, reconoció haber acudido al Ministerio del Interior por el talón y haber retirado los veintiocho millones en metálico del banco emisor.

—¿Y cuál fue el destino del dinero, para qué fue a hacer efectivo ese talón? —preguntó la juez.

—Los veintiocho millones se utilizaron para pagar los gastos relacionados con la seguridad de la Conferencia por la Paz en Oriente Medio —declaró.

—¿Recuerda usted cuándo y dónde tuvo lugar esa conferencia?

—La conferencia se celebró en Madrid y la fecha debió ser en torno al mes de octubre de 1991.

Como las fechas no coincidían y la prensa se encargó de acentuar las contradicciones que aparecían en su testimonio, poco después compareció de nuevo voluntariamente ante la juez. Allí, frente a la titular del juzgado, ante el fiscal del caso y las acusaciones particulares, ofreció una nueva versión de los hechos.

—El dinero en realidad había ido a sacarlo al Banco de España para comprar puertas blindadas con las que mejorar la seguridad de las casas de los ministros —aseguró impasible.

—¿Y cómo no se acordó usted de una cosa tan simple y nos dio unos datos completamente distintos hace unos días? —preguntó el fiscal.

—Porque mi trabajo no me permite acordarme de todo de memoria. En la pasada ocasión no tuve tiempo de consultar mi agenda, cosa que esta vez sí he podido hacer —explicó.

El asunto, sin embargo, era aparentemente bastante más sencillo. Desde que Felipe González decidió prescindir de los fondos reservados en 1985 para que el «dinero negro» no afectara a su concepción mesiánica del poder, donde el César debe ofrecer una imagen impoluta, el Ministerio del Interior se había convertido en el BCCI (Banco de Crédito y Comercio Internacional) [11] de los «fontaneros» de La Moncloa.

---

[11] El BCCI fue el banco encargado de «lavar» el «dinero negro» procedente de la droga y de las comisiones de muchos políticos sudamericanos hasta finales de los ochenta. Tras un informe de los servicios secretos estadounidenses sus oficinas fueron clausuradas en todo el mundo.

En los años 86 y 87, cada vez que en Presidencia se precisaban fondos para financiar alguna actividad poco honorable, una persona de confianza acudía con un maletín a Castellana, 5, donde se lo llenaban de billetes o le daban un talón para canjearlo en el Banco de España.

A partir de 1990 el Gobierno comienza a congelar el sueldo a los funcionarios y altos cargos. Para evitar una rebelión entre un número importante de empleados que se consideran mal pagados por la Administración y que estiman que podrían mejorar e incluso duplicar sus ingresos en el sector privado, se llega a un acuerdo secreto en La Moncloa y se les paga una parte de dinero en «negro».

Los fondos salen, obviamente, de los únicos ministerios que tienen «partida oculta»: los de Defensa e Interior. De esa manera, año tras año las asignaciones anuales que aparecen en los Presupuestos Generales del Estado con destino al supuesto pago de confidentes del Ministerio del Interior sube como la espuma. El responsable de administrar este dinero en Interior, el secretario de Estado Rafael Vera, se veía así obligado a pedir constantemente al Ministerio de Economía y Hacienda que se incrementara la dotación de esta partida.

Como Hacienda no se plegaba a sus requerimientos y al final del ejercicio faltaba generalmente dinero, al tener que enviar una parte de sus ingresos todos los meses a La Moncloa, los responsables de Interior tuvieron que idear todo un montaje de «ingeniería financiera» para obtener las cantidades necesarias. En unas ocasiones lo detraían de otras partidas que luego se regularizaban, o simplemente se completaba con los ingresos procedentes de las multas de tráfico, o las tasas por la renovación del carnet de conducir, el de identidad o el pasaporte.

Todo ello explica que el Presidente del Gobierno, Felipe González, no condenara en ningún momento el desvío de los fondos reservados cuando en 1994 el escándalo saltó a los periódicos, tras la huida del ex director general de la Guardia Civil, Luis Roldán Ibáñez.

Sólo en el momento en que el ex ministro del Interior, José Luis Corcuera, reconoció públicamente que había invertido siete millones de pesetas en comprarles joyas a las mujeres de sus colaboradores, a González le salieron públicamente los colores.

—No me parece correcto gastarse el dinero del Estado para la compra de joyas —le recriminó por medio de la prensa. Y, como es habitual en él, dio la cuestión por zanjada para siempre.

Atrapado presuntamente en el «caso GAL» y responsable político del mal uso de los fondos de reptiles, Felipe González no ha podido impedir, sin embargo, que la Justicia trate de poner las cosas en su sitio.

* * *

El 10 de septiembre de 1996, Ana María Pérez Marugán, nueva titular del Juzgado de Instrucción número 43 de Madrid, eleva a la Sala Segunda del Tribunal Supremo un escrito explicando el resultado de sus investigaciones sobre los fondos reservados [12].

A lo largo de los treinta y tres folios de exposición, la juez afirma que existen indicios racionales de malversación de caudales públicos por parte del Ministerio del Interior. Estos indicios afectan a todos los altos cargos de la institución, a los gobernadores civiles de Guipúzcoa, Navarra, Madrid, Barcelona, Alava y Vizcaya; a los delegados del Gobierno en el País Vasco y a los directores generales de la Policía y de la Guardia Civil.

La investigación de la juez Pérez Marugán, realizada a raíz de una denuncia del diputado del Partido Popular Federico Trillo ante el juzgado de guardia en 1993, es categórica. Hasta los interventores de Economía y Hacienda en el Ministerio de Interior se habían beneficiado del cobro de sobresueldos irregulares.

Teóricamente, el dinero procedía de la cuenta 24-0000164-1 que Interior había abierto en el Banco de España para gestionar esta partida transferida desde el Ministerio de Hacien-

---

[12] Los autores se limitan a relatar en este capítulo los últimos hechos y algunos aspectos no conocidos sobre los fondos reservados. Para una más amplia información, consultar *El saqueo de España* o *El caso Interior*, ambos publicados por esta editorial.

da en base a las consignaciones establecidas en los Presupuestos Generales del Estado.

Sin embargo, cuando la juez solicitó los extractos bancarios, verificó que entre 1983 y 1988 se habían ingresado en esta cuenta 9.309.137.520 pesetas. Pero no todo el dinero procedía de las asignaciones de Hacienda para comprar confidentes.

Más de la mitad de los fondos, exactamente 4.800 millones de pesetas, se había desviado de otras partidas, especialmente de la dedicada a «adquisición, mejora y reforma de edificios» para repartirse después las cantidades entre los altos cargos del Gobierno.

Aunque la juez no entra a analizar el periodo 1988-1994, estimaciones realizadas en base a las consignaciones de la Ley General de Presupuestos y a los desvíos de los fondos de las multas de tráfico y de las partidas para obras a la cuenta 24-0000164-1 permiten determinar que la rapiña montada en el departamento encargado de que se cumplan las leyes en la etapa socialista ascendió a no menos de 22.000 millones de pesetas.

Lo más inquietante, según el auto de la juez, es que el saqueo del dinero público se hacía de forma institucionalizada, con la aquiescencia de los ministros de Interior, José Barrionuevo Peña y José Luis Corcuera, titulares de la partida de fondos reservados en el Banco de España.

Según la versión, no desmentida, de Luis Roldán, más inquietante es todavía que Felipe González hubiera dado su visto bueno a esta red organizada de saqueadores. En 1990 el ministro de Interior, José Luis Corcuera, reunió a la cúpula del ministerio en el Cenador de Salvador, en Moralzarzal, en la Sierra norte de Madrid, para hablar del reparto de los fondos reservados. «Allí, delante de todos, dijo que había hablado de ello con el Presidente y que éste estaba de acuerdo en que se fijaran unas cantidades indemnizatorias mensuales» [13].

Las implicaciones al más alto nivel en esta red de expoliadores explicaría que, al ser cazado *in fraganti* con una

---

[13] *El «caso Interior»*, Manuel Cerdán y Antonio Rubio, Temas de Hoy, Madrid, 1994.

fortuna personal de más de 1.500 millones de pesetas en Suiza y un patrimonio inmobiliario muy por encima del que le podía permitir su sueldo, al ex director general de la Guardia Civil se le garantizara su impunidad en 1993 a cambio de que devolviera el dinero.

A tal efecto, en diciembre de ese año y a comienzos de 1994, Roldán celebró varias entrevistas con José María Angel Batalla, secretario particular del ministro de Interior Antonio Asunción, que hizo de intermediario del Gobierno para llegar a un pacto y echar tierra sobre el asunto.

El 13 de enero de 1994 el ex director general de la Guardia Civil utilizó la cuenta corriente número 20627-2 del Aresbank de Madrid, a nombre de la sociedad irlandesa K. M. International Limited de su amigo Francisco Paesa, para trasladar a Madrid los 1.500 millones de pesetas que presuntamente había cobrado en comisiones y que guardaba en el Credit Suisse de Zurich y la Unión Bancaria Privada de Ginebra.

Su fuga, a finales de abril de 1994, se produjo a raíz de la ruptura de las negociaciones con el Gobierno. Contribuye a ello la decisión de la juez Ana Ferrer de seguir adelante con el sumario y las órdenes del Gobierno de utilizarle como cabeza de turco para tranquilizar a la opinión pública y evitar que se conociera el verdadero alcance del saqueo al Estado.

Lo que tampoco se ha contado todavía es que su entrega en Laos, el 27 de febrero de 1995, tras permanecer trescientos cinco días oculto en un apartamento de París, ocurrió tras un doble pacto: respetar su fortuna en el exterior y sólo juzgarle por dos de los seis delitos cometidos; la primera parte del acuerdo ha sido respetada por el Gobierno al no pedir la reversión de las ventas de su chalet de San Bartolomé, su apartamento de París o el retorno de su fortuna, actualmente en Singapur[14].

* * *

[14] Roldán dispone de un documento firmado según el cual ha devuelto su dinero al Gobierno. En su juicio pretende demostrar que sus cuentas en Suiza pertenecían al PSOE, como las encontradas a otros dirigentes socialistas navarros.

Después de pasar casi un mes encerrado en la prisión de Brieva (Avila) con un miembro de los GEO, los grupos especiales de la Policía Nacional, a la puerta de su celda para que no hablara con nadie, el 9 de marzo el ex director general de la Guardia Civil decidió contárselo todo al juez Baltasar Garzón.

En una declaración de ocho folios reiteró que Felipe González estaba al corriente del uso indebido de las partidas secretas del Ministerio del Interior para pagar sobresueldos millonarios a los altos cargos e incluso había dado su consentimiento.

Roldán añadió también que otra de las personas implicadas en actividades irregulares era el vicepresidente, Narcís Serra. Desde La Moncloa dirigía los servicios secretos en la sombra y organizaba las grandes operaciones de Estado [15].

En 1992, según sus palabras, le había encargado un informe sobre el banquero y presidente de Banesto, Mario Conde, para conocer sus negocios fuera de España y sus ambiciones políticas. A través de Julián Sancristóbal entró en contacto con la oficina de Londres de American Kroll Associates, una empresa de seguridad integrada por ex agentes de la CIA, de la DEA y del Departamento de Estado, con conexiones en todo el mundo.

Tras una entrevista realizada en el hotel Crillon, de París, los agentes estadounidenses se comprometieron a realizar una investigación sobre el presidente de Banesto. A cambio, el Gobierno debía pagar 67 millones de pesetas que se entregaron de forma escalonada hasta 1995, en que estuvo concluido el informe.

El dinero procedía de los fondos reservados del Ministerio de Defensa y del Cesid, que disponía por entonces de una «partida secreta» de 1.400 millones al año para financiar sus actividades clandestinas [16].

---

[15] El director general de la Guardia Civil y el de la Policía y el general Emilio Alonso Manglano, máximo responsable del Cesid, despachaban habitualmente con él dos o tres veces al mes.

[16] Parte de este dinero se empleaba en pagar sobresueldos a los espías. Por eso, la partida se redujo considerablemente en los Presupuestos

Serra, según han podido averiguar los autores del libro, había montado por esas fechas una pequeña pero eficiente oficina de coordinación de las tareas de inteligencia en La Moncloa. En este departamento trabajaba cerca de una veintena de personas, entre ellas tres telefonistas de su confianza, procedentes del Ministerio de Defensa, para que nadie escuchara sus conversaciones, como se detalla en el capítulo siguiente de este libro.

También había mandado comprar dos cajas de seguridad que empotró en la pared de su despacho, donde ordenó colocar una puerta acorazada, similar a la de las cajas fuertes de los bancos.

Las cajas fuertes se abrían mediante un mando a distancia y, pasados unos minutos, se cerraban electrónicamente. En una de ellas guardaba el dinero de los fondos reservados que le suministraban desde el Cesid para sus trabajos. En la otra se conservaban supuestos informes, de procedencia diversa, sobre periodistas, empresarios y políticos que se habían destacado por su falta de simpatías hacia el felipismo.

Convertido en el presunto espía mayor del reino, el vicepresidente del Gobierno se encargaba también de centralizar la información de los servicios secretos que controlaban a una serie de personas como Mariano Rubio, Javier de la Rosa, Manuel de la Concha o Jacques Hachuel. Todos ellos, tras salir de la cárcel, salvo Hachuel, habían tenido en más de una ocasión la tentación de contar los negocios fomentados, amparados y tolerados desde el poder y que habían enriquecido de la noche a la mañana a la oligarquía financiera que sustentaba a Felipe González.

Dos de las personas encargadas de coordinar ese aparato eran José Enrique Serrano y Antonio Zabalza. Antiguo director de personal en el Ministerio de Defensa, Serrano le había acompañado y se había convertido en su sombra cuando Serra pasó a ocupar la Vicepresidencia en 1991, y Zabalza

---

Generales del Estado de 1997, cuando el Gobierno del PP decidió regularizar esta situación.

dejó la Secretaría de Estado de Hacienda para incorporarse a la Secretaría General de la Presidencia.

Sus tareas van más allá de las de simples funcionarios. Cuando en 1995 Javier de la Rosa por medio de una carta al ministro del Interior, Juan Alberto Belloch, amenazó con contar diversas corruptelas de los partidos políticos y trató de utilizar a la Corona, Antonio Zabalza viajó a Zúrich (Suiza) y a El Cairo (Egipto) para entrevistarse con Rachid al Bader, enviado especial del Gobierno kuwaití, y llegar a un arreglo amistoso. Narcís Serra, mientras tanto, daba instrucciones para que el empresario catalán estuviera permanentemente controlado.

Los kuwaitíes reclamaban a De la Rosa la devolución de todo el dinero que habían perdido en España desde el establecimiento de KIO en el país, a finales de 1976, y habían iniciado acciones judiciales en su contra en Madrid y Londres. El empresario catalán, cuyos amigos y socios se jactaban de haber corrompido a medio país, incluidos algunos dirigentes del PSOE, pretendía utilizar sus dossieres para que Felipe González le sacara del atolladero.

De esta manera, los fondos reservados se convirtieron en los últimos años del Gobierno socialista en uno de los procedimientos más socorridos para neutralizar a los enemigos políticos del régimen y, a la vez, en una lotería mensual que numerosos altos cargos de Interior utilizaban para su enriquecimiento personal.

* * *

Lo que González ocultaba celosamente es que la trama de los pagos ilegales con fondos destinados a proteger al Estado frente a la delincuencia organizada y el terrorismo había burlado también los sofisticados sistemas de seguridad de La Moncloa para llenar los bolsillos de asesores de lujo, y pagar sobresueldos más modestos a camareros, cocineros, conductores y escoltas que dedicaban sus conocimientos y esfuerzos a hacerle la vida más agradable al Presidente del Gobierno.

Sin embargo, el presunto responsable de la ola de corrupción más grave que ha sufrido la España democrática puede además dormir tranquilo. Junto a Alfredo Pérez Rubalcaba, Rosa Conde y el equipo de cincuenta y cuatro personas que trabajan codo a codo con él en la oficina electoral del PSOE de la calle de Gobelas, en Madrid, puede preparar sosegadamente su regreso a la vida pública.

José María Aznar y su equipo de colaboradores, como buenos caballeros, están dispuestos a cumplir su compromiso de asumir la herencia recibida con resignación. El Presidente del Gobierno actual no va a levantar las alfombras ni a reconocer públicamente que en los últimos años del felipismo la corrupción se adueñó de La Moncloa, el sanctasanctórum del Gobierno, para evitar que la crispación sacuda de nuevo la vida política.

Por el contrario, a comienzos de septiembre de 1996, el vicesecretario general de la Presidencia del Gobierno, José María Bethencourt, remitía al Ministerio de Economía y Hacienda una propuesta para que en los futuros Presupuestos Generales del Estado se abonen de forma legal los sobresueldos que meses antes procedían de los fondos reservados. El Gobierno popular ha ocultado, sin embargo, a la opinión pública este asunto y ha dado las órdenes pertinentes para que no sea conocido más allá de los altos estamentos del Estado. Es una de las muchas formas de pasar página.

CAPITULO TRES

EL OTOÑO DEL SEÑOR FEUDAL

Quienes le oían bramar desde la tribuna de oradores del Congreso de los Diputados, desde su juventud y desde la plenitud de facultades: «¡No viva entre las sombras de La Moncloa, señor Suárez! ¡Salga alguna vez a la luz!», nunca pudieron pensar que él acabaría haciendo lo mismo. Con Felipe González la historia se repite incluso para peor. En los cinco últimos años se recluyó en su despacho particular del palacio de La Moncloa, se comunicaba con su secretaria por teléfono; con el jefe de su Gabinete, mediante memorándums, y muy pocos ministros consiguieron verle a solas, fuera de los habituales Consejos de Ministros de los viernes. Convertido en una sombra de sí mismo, de lo que era y lo que simbolizaba cuando alcanzó el poder en 1982 haciendo reventar las urnas con sus 10 millones de votos, el único disfrute de González desde que en 1990 el PSOE se vio sacudido por la mayor ola de escándalos de la historia de España era su jardín de bonsáis, donde pasaba las tardes. Hasta el personal del gabinete telegráfico de palacio tuvo que instalar allí una línea telefónica para avisarle cuando le llamaba el Rey, en el momento en que el ministro de Defensa debía comunicarle que se había agravado la guerra de Bosnia o cuando el titular de Interior tenía que informarle de la detención de un nuevo comando de ETA.

A mediados de agosto de 1995, el Presidente del Gobierno, Felipe González, viajó a Mallorca para celebrar la habitual entrevista veraniega con el Rey en el palacio de Marivent.

Con unos cuantos kilos de más, los mofletes hinchados y unas profundas ojeras que no habían logrado aliviarle los días de descanso pasados en el Parque Nacional de Doñana, González parecía más cansado y hundido que nunca.

Durante el encuentro de Marivent, el Jefe del Estado y el máximo responsable del Ejecutivo repasaron los acontecimientos políticos venideros, entre ellos la presidencia española de la Unión Europea y la probable convocatoria de elecciones generales anticipadas.

—Yo no voy a presentarme de nuevo a unas elecciones —afirmó rotundo el líder socialista.

—¿Y si te lo pide el partido?

—¡Da lo mismo! He decidido que esta vez los de Ferraz tendrán que buscar otro candidato —manifestó González poniendo un énfasis especial en la respuesta.

Con un partido dividido en dos tendencias irreconciliables, una treintena de procedimientos abiertos en distintos juzgados por escándalos de corrupción; con el caso de los GAL y de los fondos reservados de Interior pisándole los talones, parecía obvio que la persona que llevaba trece años al frente del Gobierno albergara tentaciones de arrojar la toalla.

Esa noche don Juan Carlos comentó la decisión de Felipe González de marcharse.

—Yo creo que esta vez no va de farol. Pienso que se siente cansado y va a dejar paso a alguien de su partido —apostilló el Monarca, convencido.

Su interlocutor, una persona conocedora del talante del dirigente socialista, se apostó su fortuna a que todo obedecía a puro teatro y a que, en las elecciones de 1996, «Isidoro» González Márquez encabezaría de nuevo el cartel electoral socialista.

—En el 89 y en el 93 también dijo que quería marcharse. Al final, lo que busca es autoafirmarse, sentirse imprescindible y que los aduladores de siempre, los cuatro de la *beautiful people,* y el comité federal del PSOE le supliquen que se sacrifique una vez más por el bien de todos, que le den una palmadita cariñosa en el hombro y le pidan que siga —reflexionó su interlocutor.

González, sin embargo, mantuvo la incógnita hasta el final. Convertido en el heredero del Rey Sol, no se rebajaba a discutir con la dirección de su partido las decisiones más importantes que afectaban al país. De esta manera, tuvo durante más de seis meses en vilo a la mayoría de sus compañeros, incluidos José María Benegas, Francisco Fernández Marugán, Alfonso Guerra y Cipriá Ciscar, que constituían entonces la plana mayor del PSOE.

Tan dictatorial actitud provocó por primera vez las más severas críticas por parte de los pocos intelectuales y pensadores independientes del Partido Socialista que no compartían el endiosamiento y la arrogancia de González.

> «Estos días sufrimos la humillante visión de un líder que decide cuándo comunicará su decisión de si permanece o se retira, teniendo a todos los militantes en vilo, pendientes de la decisión de una sola persona, como si el viejo y glorioso PSOE fuera una finca de su propiedad y los militantes siervos de gleba de un señor feudal.» [1]

Al final, el interlocutor del Monarca tuvo la razón. El dirigente socialista acabó autoproclamándose el candidato del PSOE dispuesto a batir a José María Aznar en los comicios de 1996. Pero Felipe González, el líder brillante y arrollador, que enaltecía a las masas en los mítines, que movía montañas y hacía vibrar a los más incrédulos, en su vida cotidiana de La Moncloa ya no era ni la sombra de lo que un día representó.

El hombre que aquel 28 de octubre de 1982, respaldado por más de 10 millones de votos, compareció ante la prensa nacional e internacional en los salones del hotel Palace de Madrid para proclamar a los cuatro vientos que «ninguno de los ciudadanos debe sentirse ajeno a la hermosa tarea de modernización, de progreso y de solidaridad que hemos

---

[1] *La democracia en España. Experiencias y reflexiones,* Gregorio Peces-Barba, Temas de Hoy, Madrid, 1995.

de realizar entre todos», era un mal remedo del protagonista de *El otoño del patriarca* o *Cien años de soledad,* dos de los libros más celebrados de su buen amigo el escritor sudamericano Gabriel García Márquez.

* * *

En 1980, en plena lucha por el poder, desde la tribuna de oradores del Congreso de los Diputados, el secretario general del PSOE le había gritado al entonces Presidente del Gobierno, Adolfo Suárez.

—¡No viva entre las sombras de La Moncloa, señor Suárez! ¡Salga alguna vez a la luz!

Las frases, pronunciadas con rotundidad y desafío, provocaron una fuerte sacudida en su interlocutor. El dirigente socialista ignoraba entonces que sus palabras eran una clara premonición de lo que diez años después acabaría sucediéndole.

Ya en 1990, Felipe González Márquez no sólo no quería abandonar el complejo de La Moncloa, sino que se había convertido en un ermitaño. Sólo el círculo más íntimo del líder socialista —Rosa Conde, Piluca Navarro, Alfredo Pérez Rubalcaba,...— sabían que únicamente trabajaba de once a dos de la tarde, que no veía a nadie, ni siquiera a sus más estrechos colaboradores, y que no salía de las cuatro paredes del palacio presidencial.

Aunque desde 1989 tenía dos despachos en La Moncloa, uno en el edificio del Consejo de Ministros[2] y otro más pequeño y menos funcional dentro del propio palacio, a

[2] Cuando llegó José María Aznar le contaron que el líder populista (González), que decía estar abierto a todo el mundo, tenía instalado en ese despacho y en el salón de las visitas, oculto bajo la alfombra, el pulsador de un timbre que sonaba en su secretaría particular. Según le comentaron al dirigente popular, las diez personas que trabajaban en la sala contigua sabían que cuando el artilugio sonaba era que González estaba harto de su visita. Para no cometer la descortesía de dar por finalizado el encuentro, sus ayudantes tenían instrucciones de entrar y facilitarle la tarea indicándole que razones de Estado más urgentes reclamaban su presencia.

partir de 1990, cuando el PSOE comenzó a ser sacudido por los escándalos, Felipe González se aisló en sí mismo y se acostumbró a trabajar en soledad.

Se pasaba semanas enteras sin salir del despacho del palacio, convertido en su caparazón. El cordón umbilical que le unía a su secretaria, Piluca Navarro, era un teléfono. Navarro y su *pool* de siete ayudantes no se encontraban físicamente próximos al Presidente, sino que ocupaban despachos en el edificio del Consejo de Ministros, situado a unos ciento cincuenta metros del palacio. Tampoco le veían, salvo raras excepciones, sus sucesivos jefes de Gabinete, Roberto Dorado y Antonio Zabalza, quienes mantenían al Presidente al tanto de las cuestiones de Estado a golpe de memorándums.

No recibía personalmente a los ministros, ni siquiera a los que eran sus más directos colaboradores como el titular de la Presidencia, Alfredo Pérez Rubalcaba, que tenía el despacho a escasos doscientos metros, en una de las alas del edificio Semillas, ni a la ex ministra portavoz del Gobierno, Rosa Conde, que tras abandonar el cargo logró mantenerse como secretaria general de la Presidencia y trasladó sus bártulos del edificio Regiones al de Semillas, ocupando el extremo opuesto al de Pérez Rubalcaba.

El ambiente de trabajo tampoco facilitaba las cosas. Un año antes, al inaugurarse la sede del Consejo de Ministros, situada en un edificio contiguo al palacio, los servicios de seguridad habían rodeado ambos inmuebles con una valla de protección de cuatro metros de alto y habían dejado tan sólo una puerta de acceso con el resto del complejo.

De esta manera, González se perdía solo en su laberinto, aislado como un extraterrestre en el búnker de La Moncloa, como el coronel Aureliano Buendía, otro de los personajes de García Márquez. Pero nadie desde dentro del partido o del Gobierno se atrevía a revelar, por temor a las críticas, el enclaustramiento permanente de la persona que regía los destinos del país.

Los dirigentes del Partido Popular lo intuían, presentían que algo iba mal entre Felipe González y los ministros. Un día la ministra de Asuntos Sociales, Cristina Alberdi, lo había comentado en voz baja en la Cámara.

—A Felipe González es muy difícil verle.

—¿Incluso para un ministro?

—Para cualquier persona que no sea de la familia.

El asunto trascendió incluso a la prensa escrita, pero nadie reparó en el verdadero alcance de lo que sucedía tras los impenetrables muros de la fortaleza de La Moncloa. El propio Peces-Barba lo ha contado.

> «Cuando abandoné la presidencia del Congreso, pedí hora al Presidente para despedirme de él y no recibí ninguna respuesta de La Moncloa. Parece que ese es un comportamiento no excepcional y que igual trato recibieron, en su momento, José Federico de Carvajal y algunos ministros dimitidos o cesantes.» [3]

Aunque hasta ahora los cronistas achacaban este comportamiento de González a una actitud altanera, poco cortés y desagradecida con sus «cadáveres» políticos, lo cierto es que se trataba del pan nuestro de cada día, de la verdadera forma de vivir y de trabajar del político socialista en la cumbre del poder.

* * *

Al enclaustramiento había contribuido su distanciamiento de Alfonso Guerra, que acabó en ruptura en las Navidades de 1990, y, posteriormente, la llegada de Narcís Serra a La Moncloa a comienzos de 1991 para ocupar la Vicepresidencia del Gobierno.

Considerado uno de los hombres más fieles a Felipe González, el ex ministro de Defensa se convirtió en pocos meses en el verdadero Presidente del Gobierno asumiendo las funciones no sólo del Presidente, sino de los ministros. Pronto comenzó a presidir la Comisión Delegada para Asun-

---

[3] *Op. cit.*

tos Económicos, hasta entonces reservada al ministro de Hacienda, obligando a Pedro Solbes a despachar directamente con él. Luego mantuvo bajo control la Comisión de Subsecretarios y la de Asuntos Económicos y pasó a «puentear» al ministro de Administraciones Públicas, Jerónimo Saavedra, en las relaciones con las comunidades autónomas.

Serra fue durante su mandato el verdadero interlocutor del presidente de la Generalitat, Jordi Pujol, y también el de Miquel Roca, Xabier Arzalluz y José Antonio Ardanza, el *lehendakari* vasco. González confiaba tanto en él que hasta delegó en el ex alcalde de Barcelona la tarea de recibir a los trece presidentes de comunidades autónomas que habían pedido audiencia al Presidente.

Convertido en el álter ego del Jefe del Gobierno, en 1995, al estallar el escándalo del Cesid, Felipe González le defiende hasta el final. Cuando se ve obligado a dimitir en medio de una fuerte conmoción política, aún le sigue respaldando.

La compenetración es mutua. Al día siguiente de su cese, Serra no se resigna a su condición de ciudadano de a pie. Sabe que ha sido durante cuatro años el Presidente del Gobierno en la sombra, y en una cena con un grupo de periodistas de *La Vanguardia* dice:

—Tengo que demostrar mi inocencia en lo de las escuchas del Cesid. No os imagináis lo que Felipe me necesita.

Cuando José María Aznar se instaló con su equipo en La Moncloa y en la primera semana visitó una a una todas las dependencias del complejo presidencial, saludando personalmente a la mayoría de las 2.300 personas que a partir de entonces comenzarían a trabajar bajo sus órdenes, muchos de los funcionarios no se lo creían.

—¡Qué tío! Se ha molestado en venir a saludarnos uno por uno —le dijeron a Miguel Angel Rodríguez, el nuevo portavoz del Gobierno.

—¿Y qué tiene eso de malo? —preguntó el portavoz.

—De malo nada. Todo lo contrario. En diez años que llevo trabajando aquí a Felipe González no lo he visto ni una vez.

Rodríguez, un vallisoletano nacido en 1964, casado y con un hijo, que llevaba seis años como jefe de prensa de José María Aznar en la sede del Partido Popular, en la calle de Génova, en Madrid, se enteró así de que el único trato que tenía el ex presidente González con la mayoría de sus ministros se limitaba a la reunión semanal de los viernes y que algunos nunca habían llegado a tratarle al margen de aquellas sesiones[4] demasiado formalistas.

Quienes disponían de mejor información de los chismes, debido a la observación directa, eran, como es lógico, las cerca de cien personas que trabajaban como contratados laborales en el palacio, realizando labores de cocineros, camareros, jardineros, mozos y limpiadores, así como los conductores y el personal de seguridad.

—Pues a la ministra de Sanidad, Angeles Amador, no llegó a recibirla nunca —le dijeron a Rodríguez.

Otros miembros del equipo ministerial como el titular de Economía y Hacienda, Pedro Solbes, el de Interior, Juan Alberto Belloch, o el de Asuntos Exteriores, Javier Solana, de los que se decía que eran sus hombres de confianza, sólo pisaron el palacio en los últimos años en contadas ocasiones.

El personal de servicio en la residencia presidencial contó también cómo González dedicaba a las labores de Gobierno menos de tres horas diarias.

—Como buen andaluz, todas las tardes se echaba su buena siesta y ya no volvía al despacho, salvo que hubiera asuntos urgentes —agregaron los informadores.

El Presidente se había buscado por entonces otras tareas menos aburridas y rutinarias que la acción del Gobierno.

* * *

[4] El protocolo exige que, en las reuniones y debates del Consejo de Ministros, los miembros del Ejecutivo que necesiten discutir cualquier asunto público tengan que dirigirse siempre al Presidente del Gobierno, que es quien puede ceder y quitar la palabra. No está permitido hacerlo por su nombre sino por el cargo de «señor Presidente». El mismo tratamiento —«señor vicepresidente», «señor ministro»— se dispensa al resto de los miembros del equipo de Gobierno.

La mayor parte de las tardes, después de pasar de los brazos de Morfeo al mundo de los seres conscientes y hasta la puesta del sol, González ocupaba las horas cuidando los centenares de bonsáis procedentes de todos los confines del mundo que tenía en los jardines de La Moncloa. Era esta una labor a la que se entregaba con verdadera pasión y en la que, tijeras en mano cortando un brote por aquí, una rama rebelde por allá, consumía cuantas horas podía, ajeno al discurrir del tiempo y a lo que pasaba extramuros de La Moncloa.

Para el cuidado y la protección de las plantas se hizo construir cinco invernaderos en la parte trasera del palacio, en la zona más próxima a la autovía M-30, que ocupaban un área cercana a los cuatrocientos metros, varias veces la superficie de su despacho, y que, a la vista de la decoración oficial del complejo, resultaban bastante más confortables y acogedores.

Por su aspecto, los invernaderos no debieron suponer un gasto excesivo para el contribuyente. Salvo uno de ellos, de estilo japonés, construido con maderas y cañas de bambú traídas desde el mismísimo imperio del Sol naciente, con suelo de grava para absorber el agua sobrante de los riegos, caminos de baldosas de piedra rústica para no mojarse los zapatos y una especie de pesados dólmenes de sílice colocados a la entrada.

Todo el personal de palacio, desde las secretarias a los escoltas, sabía dónde encontrarle cuando se hallaba perdido. El personal del gabinete telegráfico era, con mucho, el más afectado por sus repentinas desapariciones del despacho. Como no había forma de localizarle en situaciones de urgencia, mandaron instalar un teléfono en cada uno de los invernaderos.

—Los aparatos seguían allí cuando el equipo de Aznar se hizo cargo de las instalaciones de la Presidencia —recuerda uno de los jardineros.

Su obsesión por no salir de La Moncloa y por aislarse de la gente que podía ponerle al corriente de muchos de los problemas que se vivían en la calle le llevó a suspender las tertulias nocturnas de La Bodeguilla que se hicieron tan famosas a comienzos de los años ochenta.

En esa época no había un banquero, un empresario o un famoso que se sintiera importante que no aspirara a ser invitado a una de esas cenas-coloquio que se celebraban en un sótano de reducidas dimensiones, con asientos de cemento y azulejos andaluces en las paredes, conocido por «La Bodeguilla». Hay quien afirma incluso que muchos de los negocios que han realizado en los últimos años el ex secretario general de la Presidencia, Julio Feo, o el empresario guipuzcoano y amigo del Presidente, Enrique Sarasola, han tenido su origen en su capacidad para hacerle un hueco a más de un financiero en horas bajas o a un industrial con deseos de notoriedad al lado del mítico «Isidoro» de la clandestinidad.

Semanas después de que José María Aznar se instalara en el complejo presidencial, para el Gabinete entrante era un secreto a voces que, perdido el optimismo, la ilusión y el ímpetu inicial de los primeros años de Gobierno, Felipe González había vivido en reclusión monacal y casi perpetua en el palacio de La Moncloa, ajeno a las miradas pero conservando gran parte de la parafernalia y el boato del que se suelen investir los elegidos por los dioses para regir el destino del resto de los mortales.

* * *

Ana Botella llegó a La Moncloa para hacerse cargo del que sería su nuevo «hogar» la segunda semana de mayo de 1996. Allí se encontró con que para dar de comer al Presidente y a su familia, además de para ofrecer los casi cuarenta actos oficiales al año, existía una plantilla de nueve cocineros y siete camareros en plantilla. Para cuidar la hectárea y media de jardines que rodea el palacio había doce jardineros; otra docena de mozos se encargaba de trasladar muebles y enseres y poner las mesas cuando se celebraban reuniones oficiales.

La limpieza del complejo se adjudicaba cada año a una empresa externa a la que se le abonaban 242 millones de pesetas[5]. Sin embargo, había un segundo grupo de limpiado-

---

[5] La empresa es Royco (Rocío y Carrasco). A comienzos de 1996 resultó ganadora del concurso de limpieza del complejo sacado a subasta por el Ministerio de la Presidencia. El presupuesto de licitación fue de 242.964.828 pesetas.

ras, contratadas como personal laboral, encargadas de adecentar las habitaciones privadas y las instalaciones del palacio fuera del horario laboral.

El despilfarro de medios era tal que Botella, que pertenecía a una de las tradicionales familias de clase media alta del barrio de Salamanca, de Madrid, acostumbrada a vivir sin estrecheces pero sin lujos asiáticos, se sintió repentinamente transportada a un mundo de derroche, prepotencia y desmesura.

Por citar algunas cifras, y sin ánimo de abrumar al lector con datos, baste con decir que el servicio encargado de realizar labores domésticas que trabajaba en La Moncloa con contrato de personal laboral era de ciento una personas.

Adscritas a la Secretaría General de la Presidencia del Gobierno había otras doscientas noventa y cuatro personas. De ellas catorce trabajaban para la secretaría particular del Presidente, que dirigía Piluca Navarro; seis en la secretaría general, bajo el control de Rosa Conde, y otras seis estaban destinadas en la vicesecretaría general.

Organizar los actos oficiales de La Moncloa daba empleo a dos servicios de protocolo, el del Estado y el de la Presidencia, donde prestaban sus servicios treinta y dos funcionarios[6]. La Subdirección General de Programación, encargada de coordinar la agenda del Presidente y organizar las visitas al exterior, la integraban otros veintiocho empleados públicos. El Gabinete de Infraestructuras y Seguimiento para Situaciones de Crisis daba ocupación a 122 personas, bajo el mando de Florencio Ornia[7] primero y posteriormente de Alvaro Frutos Rosado. De esos 122 individuos, 76 eran internos y 46 contratados. En su mayor parte, como el coronel

---

[6] Los responsables del departamento de protocolo de Presidencia fueron, en distintas épocas, Nicolás Martínez Fresno Pavia y Raimundo Pérez Hernández Torra. Por la jefatura de protocolo del Estado pasaron, en cambio, cuatro personas: Joaquín Martínez Correcher, Tomás Chavarri Rivero, Alonso Alvarez de Toledo Merry del Val y Miguel Carlos Díaz Pache.

[7] Como se cuenta en otra parte de este libro, Ornia dimite en enero de 1989 y a continuación monta una trama de empresas del partido que se dedican al tráfico de influencias.

José Antonio Blanco Romero, procedían o habían sido reclutados por el Cesid.

Además, la mayoría de este personal adscrito al Gabinete de Crisis, cuyo coste supone a los españoles un desembolso anual de 750 millones de pesetas, en la práctica no desarrolla ningún trabajo específico. Está alojado en el famoso búnker de La Moncloa —la sede del Gabinete para Situaciones de Crisis—. De entre ellos, dieciséis son médicos y enfermeros especialistas en primeros auxilios, guerra bacteriológica, química y nuclear; seis, electricistas; treinta y uno, especialistas en transmisiones, y dieciséis, programadores de ordenador y expertos en informática.

En la Subdirección General de Atención al Ciudadano había dieciséis empleados encargados de atender la llamada «línea caliente» mediante la cual, supuestamente, los sufridos contribuyentes se podían comunicar directamente con el Gobierno cuando Felipe González no tenía otras ocupaciones más urgentes, como la de sus bonsáis. El único problema para las personas desesperadas que pretendían contar su cuitas al Gobierno era que la mayoría de las llamadas de la «línea caliente» —un servicio por lo demás habitual incluso en muchos periódicos para que sus lectores puedan plantear sus quejas— no se respondía o se hacía con más de un año de retraso.

La supuesta razón residía en el enorme trabajo que tenían los ministerios. Implantada a comienzos de la primera legislatura socialista como uno de los reclamos electorales del PSOE[8], la línea dejó de ser útil para el poder cuando los incautos que llamaban a ella cayeron en la cuenta de que no era la panacea universal y que no servía para resolver los problemas cotidianos[9].

---

[8] *Hacia el cambio. Los cien días de Gobierno,* opúsculo sobre los tres primeros meses de Gobierno socialista editado por el PSOE, 1982.

[9] Cuando llegó el PP al Gobierno se encontró con que los archivos de la «línea caliente» habían desaparecido. Se consideraban cartas confidenciales al Presidente del Gobierno saliente, pese a que los dieciséis empleados que prestaban sus servicios allí se pagaban con dinero del Tesoro Público.

Por último, de la Subdirección General de Coordinación y del Gabinete Telegráfico —cuya misión principal era tener localizados permanentemente por teléfono a los ministros y a los altos cargos del Gobierno— dependían un total de ochenta y ocho personas. De ellas, veintiocho trabajaban como telefonistas, y a quince se les consideraba expertos en habilitar sistemas de comunicaciones. Su trabajo esencial consistía en desplazarse previamente a los lugares que iba a visitar el Presidente para establecer un sistema de enlace *on line* con la secretaría y el gabinete del Jefe del Ejecutivo en La Moncloa [10].

Sin embargo, lo que advirtieron nada más tomar posesión los nuevos inquilinos del palacio es que muchos de estos servicios, que se podían realizar con la cuarta parte del personal, estaban además, en ocasiones, duplicados.

* * *

Javier Zarzalejos llegó a La Moncloa para hacerse cargo de la Secretaría General de la Presidencia del Gobierno al día siguiente de la toma de posesión del nuevo Gobierno. Una de las primeras cuestiones que advirtió fue la existencia de un gran número de personas y servicios descontrolados, sin saber de quién dependían o sin una misión clara que justificara su creación.

La situación respondía al desbarajuste originado por los sucesivos cambios ministeriales. Desde la llegada de los socialistas al poder hubo en La Moncloa dos vicepresidencias políticas cuyos cargos habían sido ocupados sucesivamente por Alfonso Guerra y Narcís Serra; un Ministerio de la Presidencia por el que pasaron Javier Moscoso, Virgilio Zapatero, Javier Solana y Alfredo Pérez Rubalcaba, y una Oficina para

[10] La COPE (Cadena de Ondas Populares Españolas), Onda Cero y Radio Nacional de España suelen realizar los mismos trabajos con un técnico que se encarga de establecer las comunicaciones con la emisora central y durante la emisión realiza las tareas de control de sonido.

el Portavoz del Gobierno ocupada inicialmente por Eduardo Sotillos, Rosa Conde y, por último, por Alfredo Pérez Rubalcaba[11].

Muchos de estos organismos, a lo largo de las diferentes etapas gubernamentales, fueron reestructurados, absorbiendo el personal los nuevos organismos creados. En otros casos, continuaron funcionando con una cierta autonomía. En la mayoría de las ocasiones, sin embargo, los funcionarios adscritos a los entes desaparecidos se quedaban sin funciones pero seguían ocupando despachos sin una actividad real y definida que realizar.

Uno de los ejemplos más paradigmáticos era el de los tres telefonistas particulares del vicepresidente Narcís Serra. Como se ha descrito en el capítulo anterior, cuando Serra y sus fieles seguidores Antonio Zabalza, Luis Reverter y José Enrique Serrano ocuparon la Vicepresidencia del Gobierno en el complejo de La Moncloa, la obsesión de todos ellos era seguir controlando el Centro Superior de Información de la Defensa (Cesid) desde la sombra.

Para ello ni Serra ni Reverter ni Zabalza podían depender de los telefonistas del gabinete telegráfico del complejo, que dan servicio a todas las dependencias de la casa. Así que se llevaron su propio gabinete telegráfico, formado por tres personas para cubrir los tres turnos de trabajo, desde el Ministerio de Defensa.

La crisis de los «papeles del Cesid», en junio de 1995, forzó la dimisión de Narcís Serra junto a la del ministro de Defensa, Julián García Vargas. Los tres telefonistas del vicepresidente del Gobierno se quedaron ocupando plaza en La

[11] Durante la etapa de Virgilio Zapatero el Ministerio de la Presidencia adoptó la denominación de Ministerio de Relaciones con las Cortes; Javier Solana fue a la vez ministro de Cultura y portavoz del Gobierno. Cuando Alfredo Pérez Rubalcaba recaló en La Moncloa el 14 de julio de 1993 asumió en el Ministerio de la Presidencia las funciones propias de este departamento junto con las relaciones con las Cortes y las actividades del portavoz del Gobierno.

Moncloa sin un amo que les diera trabajo y al que servir hasta que Javier Zarzalejos se topó un día con ellos.

Otro tanto ocurrió con el apartamento que Alfonso Guerra mandó construir en las «gateras» del edificio Semillas, donde tenía sus oficinas, después de pasarse muchas noches en vela dedicado sin descanso al trabajo, según ha contado él mismo[12]. La vivienda, poco más de ochenta metros cuadrados, estaba formada por una sala de estar, cocina y tres habitaciones abuhardilladas, que costaron a los Presupuestos Generales del Estado algo más de 10 millones de pesetas.

Alfonso Guerra dejó la Vicepresidencia del Gobierno el 11 de enero de 1991, víctima de los escándalos de corrupción protagonizados por su hermano Juan Guerra desde la Delegación del Gobierno en Andalucía, y Serra ocupó el apartamento. Aunque la casa estaba prácticamente sin usar, al nuevo inquilino no le gustaba la decoración. Su hombre de confianza, Luis Reverter, ordenó lacar las paredes, barnizar el suelo, cambiar los elementos sanitarios de la cocina y el cuarto de baño y renovar el mobiliario para adecuarlo a los deseos del nuevo anfitrión.

Sin embargo, al concluir las obras, Serra decidió continuar habitando su antigua casa de El Viso, un viejo hotelito del Cesid cercano al estadio Santiago Bernabéu, rehabilitado años antes con cargo a los Presupuestos Generales del Estado. Desde entonces, el piso monclovita del vicepresidente se mantuvo vacío hasta que el vicepresidente popular Francisco Alvarez Cascos lo descubrió en una de las primeras visitas que hizo a sus nuevos «dominios».

—Resulta absurdo que, con la falta de espacio que hay en el complejo, durante casi cinco años esas instalaciones

---

[12] «¿Usted trabaja muchas horas?», le preguntaba la periodista Rosa Montero. «Muchísimas», respondía Alfonso Guerra. «Ayer trabajé veinticuatro horas. O sea, ayer me levanté a las siete y media y hoy —ahora son las once de la mañana— todavía no me he acostado.» (De una entrevista con Alfonso Guerra publicada en *El Socialista* en abril de 1982.)

estuvieran desocupadas y a nadie se le hubiera ocurrido instalar allí tres o cuatro despachos —dice Cascos a los autores del libro [13].

La decisión de los administradores del complejo de no utilizar el apartamento de La Moncloa y permitir que Narcís Serra disfrutara de dos casas, situadas a menos de tres kilómetros la una de la otra, revela el carácter personalista que los socialistas tenían de los bienes públicos y lo poco que les importaba echar mano de las maltrechas arcas del Estado para satisfacer sus caprichos. En la etapa en que Guerra se hizo construir el apartamento en el complejo presidencial disponía, al igual que Serra, de una segunda casa en la urbanización La Chopera, en la cercana localidad de Majadahonda, situada a menos de cinco kilómetros, donde convivía con la restauradora de arte María Jesús Llorente.

No fue sólo el vicepresidente Guerra quien dejó su impronta en el complejo presidencial mandando habilitar una vivienda en un edificio público destinado a oficinas. Su sucesor, que años antes se había hecho famoso al comprarse un piano de cola con dinero público [14], no estaba dispuesto a ser menos.

Narcís Serra ordenó que construyeran dos comedores privados y unas cocinas en la planta baja del edificio que ocupaba. Además, los adscribió a su persona impidiendo así que nadie más pudiera usarlos aunque se encontrara de viaje o de vacaciones.

También mandó redecorar su despacho, blindar la puerta e instalar, como se ha expuesto en páginas anteriores, varias cajas fuertes camufladas, según denunció el senador

---

[13] Cuando fue a visitar las instalaciones al vicepresidente del Gobierno le ocurrió una anécdota. Alguno de los funcionarios que le vio entrar pensó que iba a instalarse allí junto a su novia, Gema Ruiz Cuadrado, con la que contrajo matrimonio civil en noviembre. El empleado de La Moncloa avisó al periódico *El Mundo*, que estuvo a punto de publicar la falsa noticia.

[14] Para más detalles consultar la crónica de Miguel Angel Liso en *Diario 16*, publicada en noviembre de 1988.

del Partido Popular Juan José Unceta en 1995 ante la Cámara Alta [15].

—La construcción de los comedores privados, cuando en el edificio del Consejo de Ministros hay unas inmensas instalaciones que no se utilizan, revela la poca importancia que los socialistas daban al dinero público —comenta Unceta.

El ejemplo más palpable del comportamiento generalizado de nuevos ricos entre la casta gobernante monclovita es el ascensor que Serra ordenó habilitar en un edificio de dos plantas para no tener que subir a pie los diecisiete escalones que separan la planta baja del edificio Semillas del que era su despacho.

—¿Por qué se instaló este ascensor? —le preguntó Javier Zarzalejos al oficial mayor encargado de los servicios del edificio.

—Según Luis Reverter, el señor Serra tenía los pies planos y le resultaba incómodo subir escaleras.

Zarzalejos había hecho el «descubrimiento» casi por casualidad cuando al pasear por sus dominios detectó que en uno de los inmuebles había un pequeño ascensor, junto a las escaleras, que no existía en el resto de los edificios y que no se utilizaba.

—¿Y por qué no se usa? ¿Está averiado?

—No señor. Es que el vicepresidente Serra dio órdenes estrictas al personal de que nadie, excepto él, lo empleara.

Casi un año después de que Serra abandonara el edificio Semillas, víctima de su supuesta afición y sus maquinaciones para conocer los secretos de los demás, su espectro seguía mandando sobre el personal de servicio del complejo presidencial.

---

[15] En su etapa de ministro de Defensa, Serra había mostrado ya un cierto «culto a la ostentación» derivado del complejo de inferioridad que le originaba acudir a los actos oficiales en un Seat 132 y observar cómo los generales del Estado Mayor del Ejército, sus subordinados, acudían en Mercedes. Un día, tras hablar con Julio Feo, el secretario general de la Presidencia decidió «expropiar» al ex presidente Leopoldo Calvo Sotelo su Mercedes blindado para satisfacer la vanidad del titular de Defensa. *Aquellos años, op. cit.*

Los descubrimientos del nuevo secretario general eran, sin embargo, simples botones de muestra de una forma de gobernar ya afortunadamente periclitada. Los escasos escrúpulos, la falta de pudor a la hora de manejar el dinero público por parte de los anteriores gobernantes para rodearse de un elefantiásico aparato burocrático ingobernable, se reflejan en las cuantiosas y sucesivas inversiones que se han venido realizando en el complejo de La Moncloa.

* * *

Desde principios de siglo y hasta una época muy reciente, la Presidencia del Gobierno español se encontraba situada en un viejo palacete en el número 3 del paseo de la Castellana de Madrid. El inmueble se construyó en 1885 por Ignacio de Figueroa, marqués de Villamejor. En 1915 Alvaro de Figueroa, conde de Romanones, lo compró para instalar allí la sede del Consejo de Ministros. En 1977, con Adolfo Suárez en el poder, se opta por trasladar la Presidencia a La Moncloa, un palacete situado en las afueras de Madrid, reconstruido tras la Guerra Civil, que había servido de casa de veraneo a los presidentes Práxedes Mateo Sagasta, Antonio Cánovas del Castillo y José Canalejas Méndez, a finales del siglo XIX y comienzos del XX.

La decisión de Suárez y de su sucesor, Leopoldo Calvo Sotelo, fue gobernar con el apoyo de una modesta secretaría, de la que formaban parte, entre otros, el cuñado de Suárez Aurelio Delgado, el diplomático Alberto Aza, la periodista Natalia Escalada y la hoy diputada autonómica del PP Gador Ongil. También contaban con dos gabinetes —uno de apoyo y otro de prensa— reducidos a quince o veinte personas, coordinados por el también diplomático Eugenio Bregolat y en los que se integraron en distintas épocas en diversos cargos Eugenio Galdón, Josep Meliá, José Coderch, Luis Sánchez Merlo, Rosa Posada, Fernando Onega, José Navarro Ferré y otros.

Como los quinientos cincuenta metros cuadrados del palacio eran insuficientes para dar cabida a la Vicepresidencia del Gobierno, a cuyo frente estaba Manuel Gutiérrez Mellado, y al Ministerio de la Presidencia, bajo el control de

José Manuel Otero Novas y Rafael Arias Salgado, sucesivamente, el Gobierno intentó construir un nuevo edificio en las cercanías del palacio. La llamada Asociación para la Defensa Ecológica y del Patrimonio Histórico-Artístico (Adelpha) presentó entonces una denuncia contra el Ejecutivo ante Bellas Artes por tratarse de un espacio protegido.

Ante esta tesitura, Suárez llegó a un acuerdo con el Instituto de Investigaciones Agrarias (Inia) del Ministerio de Agricultura para que le cediera dos edificios construidos en las inmediaciones —Inia y Semillas Selectas—, con un total de 14.000 metros cuadrados, para emplazar en ellos los distintos departamentos.

Con una concepción faraónica del poder, mucho antes de aterrizar en La Moncloa, Felipe González había expresado su deseo de crear un gabinete de apoyo al Presidente del Gobierno con 2.000 o 3.000 personas, similar al que tenían sus colegas europeos Willy Brandt, en la República Federal de Alemania, Bettino Craxi, en Italia, o François Mitterrand, en el palacio del Elíseo en Francia. De nuevo sus palabras son una premonición sobre lo que sucedería años más tarde.

«En cualquier país europeo existe una infraestructura más amplia y eficaz que coordina la labor del Gobierno y que impide, entre otras cosas, que el Presidente del Gobierno tenga que enterarse de lo que ocurre en su país por la radio o los periódicos», señaló González a *El País* en noviembre de 1982 [16].

Catorce años después, al abandonar su cargo, González dejó a su sucesor una herencia de 2.300 nuevos funcionarios y altos cargos y un complejo compuesto por más de una docena de edificios [17] con 203.961 metros cuadrados cons-

[16] Para más detalles, véase *El País,* 18 de noviembre de 1982.

[17] Según los datos oficiales ofrecidos parcialmente por el Gobierno, los nuevos edificios son la sede del Consejo de Ministros, con un coste oficial de 671.428.697 pesetas; la construcción de dos nuevos inmuebles para seguridad y para servicios generales, presupuestados en 906.429.170 y 1.704.652.264 pesetas, respectivamente; la remodelación del edificio Semillas, con una inversión de 1.276.937.046 pesetas; la construcción de un edificio para la Oficina del Portavoz del Gobierno, 1.346.043.299 pesetas; la construcción de un helipuerto y la dotación de radiofaros y

truidos, lo que equivale a 2.537 viviendas de ochenta metros cuadrados, en los que se han invertido casi 20.000 millones de pesetas [18].

Todo ello sin contar con las famosas instalaciones del búnker, un monumento a la vanidad y la estulticia humanas, ni los sofisticadísimos y costosísimos sistemas de seguridad, que hacen de La Moncloa un lugar más seguro e infranqueable que la Casa Blanca, la residencia del Presidente del Gobierno norteamericano, Bill Clinton, o el palacio de Buckingham, la fastuosa residencia de la reina Isabel II de Inglaterra y sus antecesores.

Iniciadas meses después de la llegada de Felipe González a La Moncloa, la mayor parte de las obras se inauguraron en 1989, con motivo de la presidencia española de la Comunidad Europea. Sin embargo, los trabajos, lo mismo que las pirámides de Egipto, parecían no acabar nunca. En los Presupuestos Generales del Estado de 1992 se consignaba todavía una partida de 1.350 millones de pesetas para remodelaciones en el complejo presidencial y en 1993, otra de 1.300 millones, por lo que las construcciones de González pueden haber supuesto incluso al bolsillo de los españoles una cifra superior a los 20.000 millones.

Y es que tras la llegada de Luis Reverter a La Moncloa de la mano del vicepresidente Narcís Serra, como secretario

---

sistemas de ayuda a la navegación aérea, 522.073.569 pesetas, y la construcción de dos edificios anexos, 131.262.440 pesetas. Además el Gobierno ha gastado en obras accesorias y de reforma, habilitación y adaptación otros 4.759.759.461 pesetas y otros 5.000 millones en el edificio de bomberos, aparcamientos, edificios de control, almacenes y otros.

[18] El dato corresponde a una evaluación de los autores del libro a partir de las numerosas informaciones al respecto facilitadas por la Presidencia del Gobierno al Congreso de los Diputados, muchas veces contradictorias entre sí, y de la documentación obtenida en La Moncloa en los meses de julio y agosto de 1996. Los autores consultaron varias inmobiliarias y suponen que el cálculo no es exagerado, al representar un precio medio por metro construido de 98.522 pesetas, cifra muy por debajo de los costes de la construcción en Madrid en el periodo 88-92, según la Seopan, que engloba a las mayores constructoras del país.

general de Coordinación y Servicios de la Presidencia del Gobierno, el derroche a manos llenas continuó aún dos años más.

Responsable de las remodelaciones de los viejos edificios Semillas e Inia, a Reverter, un tendero catalán que desembarcó a la política después de pasarse su juventud vendiendo productos de droguería en el almacén familiar, se le atribuye una singular iniciativa: la de dotar a todos los despachos de los altos cargos, con categoría de director general hacia arriba, de un cuarto de baño individual. Así los ilustres inquilinos no tenían necesidad de mezclarse con el resto de los funcionarios en los servicios comunes.

Su irrefrenable deseo de instalar en el complejo presidencial decenas de cuartos de baño es equiparable al demostrado por Isabel Preysler y Miguel Boyer en su casa de la colonia de Puerta de Hierro, en Madrid. «Basta echar un vistazo a las instalaciones para percatarse de que mandó quitar metros cuadrados a muchos despachos y ganar terreno a los pasillos para que todo el mundo tuviera su espacio privado donde "sacar a pasear el canario"», relata uno de los directores generales que lo conocieron.

A Reverter se le responsabiliza también de otras genialidades, como comunicar el búnker con todos los edificios. Todo el mundo recuerda cómo uno de sus proyectos fue la construcción de un puente aéreo para peatones en una zona de escasa circulación. El fin perseguido era que los funcionarios que debían ir de un edificio a otro cruzando la avenida central del sector no deslucieran ni interfirieran con su presencia los actos organizados en honor de los dignatarios extranjeros que venían de visita oficial a España, que se celebraban en una explanada frente al edificio del Consejo de Ministros.

El puente colgante no se hizo, pero la prepotencia y el autoritarismo a la hora de dar órdenes y tratar de controlarlo todo se rememora con una mezcla de resignación y humor. No es casual que casi cuatro años después de que abandonara su cargo de secretario general de Coordinación y Servicios de la Presidencia del Gobierno para ir a ocupar una plaza en

La Caixa, en Barcelona, a la calle principal que comunica los nuevos edificios con el palacio se la conozca jocosamente como la «*avinguda*[19] Luis Reverter».

Otros altos cargos como Rosa Conde o Alfredo Pérez Rubalcaba dejaron también su huella en palacio. Relevada como ministra Portavoz del Gobierno en la crisis del 23 de junio de 1992, la ministra Conde se vengó del resto de sus compañeros de Gabinete, especialmente de Pérez Rubalcaba, ocupando un despacho dos veces y media más grande que el de Felipe González. Mandó cambiar la moqueta por parquet y pintar las paredes, y decidió redecorarlo de arriba a abajo con los muebles más modernos y estrafalarios que podían encontrarse a la venta en aquella época en las tiendas de Madrid[20].

Para no ser menos que el vicepresidente, Conde mandó hacerse también un amplio comedor particular. Y este sí que de verdad no podía ser empleado por nadie más que por su dueña, por una particularidad: a su interior sólo se accedía desde su despacho mediante una puerta corredera de cuatro metros de largo, disimulada en la pared, que se abría por medio de un mando a distancia.

A Pérez Rubalcaba, que asumió sus funciones y las del ministro de Relaciones con las Cortes, le relegó a un despacho mucho más modesto pero también bastante más funcional. Su único defecto residía en que su inquilino debía estar mirando permanentemente a una pared tan oscura como el futuro de Felipe González, pues negro era el color predominante en el 95 por ciento del lienzo de 1,30 por 1,10 metros del pintor conquense Garrido, que Rosa Conde le dejó colgado en la pared situada frente a su escritorio antes de irse. De ahí que su sucesor, el secretario de Estado

---

[19] *Avinguda* es «avenida» en catalán.

[20] Muebles lacados en negro, mesa de despacho lacada en negro, sofás en cuero negro, mesa de cristal para las visitas que se sostiene sobre un cuadrado y la punta de un cono que hacen las veces de patas, sillas de metal tipo *mackintosh* tapizadas de color guinda, alfombras de color naranja, lámparas en forma de ovni, mesa de comedor tipo mecano, etc.

para las Relaciones con las Cortes, el castellonense José María Michavila, no tuviera mucha prisa por conquistar ese territorio.

* * *

De todas maneras, la arquitectura interior del complejo presidencial deja traslucir que los socialistas no parecen grandes amantes de los muebles clásicos, de las antigüedades, de los tapices y alfombras de la Real Fábrica de Tapices, ni demuestran admirar demasiado a los grandes maestros de la pintura universal española.

Su concepto de la modernidad y del cambio político trasladado al terreno de la decoración se traduce en espacios vacíos, paredes gélidas, muebles hipermodernos, sin personalidad, ausencia de alfombras y tapices y saturación de obras de arte vanguardistas, casi todas ellas de pintores vivos.

No es extraño, por eso, que la primera impresión que recibió Ana Botella al visitar por primera vez el edificio del Consejo de Ministros, a comienzos de mayo de 1996, fuera que estaba entrando en un moderno tanatorio de esos que se construyen ahora, de paredes blancas, techos inmensos, iluminación halógena y extrañas sillas de diseño futurista, estrechísimas, lacadas en negro y con un respaldo de dos metros de alto, como todo elemento decorativo.

En la sala del Consejo de Ministros, donde todos los viernes del año se toman decisiones que afectan a millones de españoles, la decoración se reduce a seis cuadros de tamaño considerable, al óleo, del pintor catalán Joan Miró.

El centro de la estancia lo ocupa una austera mesa en torno a la cual se reunían los ministros felipistas, con sus asientos señalados, y con un texto de la Constitución y una colección legislativa enfrente de cada una de las sillas.

En una esquina, al lado del sillón reservado al Presidente, está hoy la bandera española. Sin embargo, se echaba de menos un retrato del Rey en una de las paredes. Para suplir su ausencia, alguien había colocado una foto de don Juan Carlos de unos veinte centímetros de alto en una de las dos mesitas de metacrilato que había en la estancia.

Era en estas mesitas donde a las nueve de la mañana, poco antes de empezar las deliberaciones, los ministros se servían un ligero tentempié, consistente en un café y unas pastas, más que nada para combatir el frío de las mañanas de invierno. Mientras tanto, el vicepresidente del Gobierno, Alfonso Guerra, que presumía de pasar las horas sin tomar bocado y escuchando a Gustav Mahler[21] «ajeno a los problemas de los simples ministros mortales», se hacía servir por un camarero inmaculadamente vestido de blanco un copioso desayuno consistente en un zumo de naranja, café con leche, varios *croissants* y un plato de pastas, según la no muy amable descripción del ex ministro de Cultura y escritor, Jorge Semprún[22].

Sin embargo, el símbolo de la ramplonería y el mal gusto lo representaba la sala dedicada a los banquetes de los visitantes extranjeros y a las conmemoraciones oficiales. Su decoración no era producto del buen o mal gusto de los inquilinos del palacio. Carecía de cualquier elemento ornamental y era lo más parecido a un hangar de la flota de Boeing 747 de Iberia o a las naves de la película *La guerra de las galaxias*. Por eso, una de las primeras medidas que tomó Ana Botella fue pintar las paredes en un tono pastel de color garbanzo y colocar unas alfombras adecuadas, procedentes de la Real Fábrica de Tapices, que llevaban años guardadas en unos almacenes del Patrimonio del Estado.

La Moncloa es también un claro exponente de la visión del arte y la cultura que tenían los socialistas. Esta se reduce a los pintores y escultores de la última generación —Josep Ginovart, Rafael Canogar, Joan Miró, Antoni Tàpies, Manolo Millares,

---

[21] «Desde que he llegado al Gobierno no paramos de trabajar. Anoche no cené, ayer no almorcé y anteanoche tampoco cené.» Entrevista con Alfonso Guerra en *Cien días de gobierno socialista*. Opúsculo editado por el PSOE.

[22] *Federico Sánchez vous salue bien*, Jorge Semprún, Bernard Grasset editor, París, 1993. En el mismo libro Semprún describe a Guerra como un «personaje insoportable, henchido de autosuficiencia, de megalomanía, producto de una intelectualidad *kitsch* y de un donjuanismo *andalú* de la más vulgar especie, que presumía de pasar las noches haciendo el amor y escuchando a Mahler».

Federico Mompó, José Luis Fajardo, Lucio Muñoz, Eduardo Chillida, Pablo Picasso, Martín Chirino, Antonio Clavé y Francisco Bores—, de los que existen decenas de obras, algunas compradas a precio de oro y otras prestadas por el Museo Reina Sofía, esparcidas por todos los despachos [23].

El gusto por la pintura moderna con un absoluto desprecio por los clásicos, que se evidencia por la ausencia total de piezas de este estilo, lo impuso Julio Feo cuando tras regalarle al Rey un lienzo de la etapa blanca de José Luis Fajardo, en 1983, decidió decorar el despacho de Felipe González con dos dibujos de Picasso, un cuadro de Mompó y cuatro dibujos de Chillida y de Miró [24]. En un Estado autocrático como el felipismo, la consabida máxima de que hay que imitar al jefe carismático por encima de todo —lo que los americanos llaman la «enfermedad del jefe»— se impuso. Así, en 1996, los 203.000 metros cuadrados de La Moncloa son un fiel reflejo de la cultura implantada en los tiempos de Feo, que casi todo el mundo atribuye a Felipe González.

De todas maneras, la presencia de artistas contemporáneos, especialmente si están vivos, en las esquinas más recónditas del complejo presidencial es una máquina de ganar votos de la que los socialistas se dieron cuenta muy pronto. Sobre todo, si se paga bien a sus autores, marchantes y herederos.

Por eso, como se cuenta en otros capítulos, los socialistas se preocuparon siempre de manera muy significativa de que en el reparto de subvenciones, ayudas, prebendas y canonjías del Ministerio de Cultura se cuidara con singular interés a sus artistas. José María Aznar y Francisco Alvarez Cascos fueron conscientes de ello nada más pisar La Moncloa. Gran parte de la decoración de los edificios del Consejo de Ministros y la escalera principal del inmueble donde tiene su

---

[23] Del pintor catalán Joán Miró, fallecido hace unos años, existen cincuenta y una obras de arte catalogadas en La Moncloa, y de Antonio Tàpies, cerca de dos docenas, sin contar un cuadro que adquirió Narcís Serra cuando estaba en el Ministerio de Defensa, por el que pagó veinticinco millones de pesetas.

[24] *Aquellos años, op. cit.*

despacho el vicepresidente estaban tapizados con obra gráfica del pintor José Luis Fajardo. Probablemente si Fajardo, un pintor abstracto de origen canario, no hubiera estado casado con Piluca Navarro, secretaria particular de Felipe González, nunca hubiera llegado a exponer en La Moncloa. El inventario oficial del complejo revela que en 1989 se le compraron dieciséis cuadros.

Hacer una relación de las extravagancias encontradas por el Gabinete salido de las urnas el 3 de marzo de 1996 en La Moncloa así como de la facilidad con la que vicepresidentes, ministros, secretarios de Estado y hasta directores generales echaban mano de los Presupuestos Generales del Estado para remozar sus despachos, cambiar el parquet por tarima, la tarima por mármol o el mármol por moqueta, daría materia suficiente para escribir otro libro.

La prueba de ello es que cada vez que se producía un cambio de Gobierno, y Felipe González hizo unos cuantos[25],

[25] El primer Gobierno González se formó el 3 de diciembre de 1982 con Alfonso Guerra (vicepresidente), Miguel Boyer (Hacienda), Fernando Ledesma (Justicia) y José Barrionuevo (Interior) como hombres fuertes. El 5 de julio de 1985 dimite Boyer y el Presidente tiene que remodelar toda el área económica llevando a Carlos Solchaga al Ministerio de Hacienda, a Joan Majó a Industria y a Francisco Fernández Ordóñez a Exteriores (en sustitución de Fernando Morán). El 25 de julio de 1986 forma su tercer Gobierno con la incorporación de Manuel Chaves a Trabajo, Luis Carlos Croissier a Industria y Julián García Vargas a Sanidad. Un año después, el 12 de julio de 1988, sustituye a Javier Solana por Jorge Semprún en Cultura y a José Barrionuevo por José Luis Corcuera en Interior, a Fernando Ledesma por Enrique Múgica en Justicia y crea el Ministerio de Asuntos Sociales a cuyo frente pone a Matilde Fernández. El quinto Gobierno, sin cambios significativos, toma posesión el 7 de diciembre de 1989 aunque poco después Manuel Chaves abandona el Gabinete para encabezar las elecciones autonómicas andaluzas y le sustituye Luis Martínez Noval. El 12 de marzo de 1991, Alfonso Guerra deja la Vicepresidencia por los escándalos de su hermano y le sustituye Narcís Serra; Julián García Vargas sustituye a éste en la cartera de Defensa y José Borrell entra en Obras Públicas. El 24 de junio de 1992 Alfredo Pérez Rubalcaba asume la cartera de Educación y Ciencia, Javier Solana la de Asuntos Exteriores y José Antonio Griñán aparece en Sanidad y Consumo por el cese de Julián García Valverde. El

había que hacer nuevo inventario de bienes para incluir el trasiego de cuadros, esculturas, muebles, mesas, sillas y demás enseres.

El ejemplo de cómo se manejaban los fondos públicos para satisfacer el culto a la personalidad lo constituye probablemente el servicio de seguridad que González hizo instalar en su «Macondo» particular para que nadie perturbara su paz.

* * *

Un total de mil soldados especialistas de la Brigada Paracaidista acantonada en Alcalá de Henares, en las afueras de Madrid, fueron enviados en agosto de 1996 a montar guardia permanente en la localidad de Mostar. Los aguerridos paracaidistas constituían la participación española en el contingente de pacificación enviado a la ex Yugoslavia, con el beneplácito de la OTAN y las Naciones Unidas, para que serbios y musulmanes no continuasen matándose entre sí, tras la cruel y fratricida guerra iniciada hace varios años.

Un contingente casi similar al que trata de evitar que dos pueblos aún armados hasta los dientes no vuelvan de nuevo a desenfundar las armas, setecientos cincuenta guardias civiles y policías nacionales de élite, tenía la misión de cuidar en España de la seguridad de Felipe González Már-

---

octavo Gobierno, nacido de las elecciones del 93, lleva a Pedro Solbes a Economía y Hacienda, a Carmen Alborch a Cultura, a Jerónimo Saavedra a Administraciones Públicas, a Cristina Alberdi a Asuntos Sociales, a Alfredo Pérez Rubalcaba a Presidencia, a Javier Gómez Navarro a Comercio y Turismo, a Angeles Amador a Sanidad y Consumo, y a Juan Alberto Belloch a Justicia. El 25 de noviembre de ese año hay una nueva remodelación mediante la cual José Luis Corcuera deja Interior en manos de Antoni Asunción. El 6 de mayo de 1994 Juan Alberto Belloch asume las carteras de Interior y Justicia, y Luis Atienza, la de Agricultura. Por último, el 1 de julio de 1995 Narcís Serra y Julián García Vargas abandonan la Vicepresidencia y el Ministerio de Defensa, en este último se incorpora Gustavo Suárez Pertierra. Felipe González aprovecha la crisis para llevar a Joan Lerma a Administraciones Públicas y mandar a Jerónimo Saavedra a Educación y Ciencia.

quez; de su mujer, Carmen Romero; de sus hijos, Pablo, David y María González Romero, y del palacio de La Moncloa, su residencia oficial desde diciembre de 1982 hasta mayo de 1996.

Al mando de los ex inspectores jefes de la Policía Salvador Florido y Francisco Arias, dos expertos en lucha antiterrorista procedentes de la Comisaría General de Información y de la antigua Brigada de Escoltas, respectivamente, especializados por la CIA en técnicas de explosivos y lucha antisubversiva, el operativo está integrado por cuatrocientos policías, trescientos cuarenta guardias civiles, un capitán, dos tenientes, diez sargentos y dieciocho fisonomistas [26].

La presencia de este ejército profesional a sus órdenes no impidió que Felipe González se sintiera atemorizado casi permanentemente. Ni tampoco que obligara a sus servicios de protección a dotar de medidas de seguridad cada día más sofisticadas el recinto en el que residió cerca de catorce años hasta convertirlo en una fortaleza casi infranqueable.

Algunos de los sistemas de vigilancia pueden verse a simple vista por cualquier automovilista o transeúnte profano en la materia que circule por la carretera de La Coruña. A la altura del kilómetro 6,200 de la Nacional VI un elevado muro coronado por una alambrada de púas rodea todo el perímetro que alberga la residencia oficial del Presidente y los edificios de oficinas. Guardias civiles montan guardia permanentemente en una serie de garitas protegidas con cristales antibalas y noventa y cinco cámaras de televisión dotadas con sensores de visión nocturna y movidas por control remoto escrutan todos los movimientos

[26] Los servicios de seguridad de La Moncloa se encargaban también de dar protección a los ex presidentes Adolfo Suárez (veinte agentes) y Leopoldo Calvo Sotelo (doce agentes), así como a los ex vicepresidentes Manuel Gutiérrez Mellado (hasta su fallecimiento), Alfonso Guerra y Narcís Serra, para lo que hay asignados otros veinticuatro agentes.

de cualquier vehículo o peatón que pueda resultar sospechoso[27].

Los expertos en seguridad que observen detenidamente el recinto pueden advertir, además, que la valla metálica que rodea las instalaciones lleva a lo largo de todo su recorrido un cable de un centímetro de grosor. Se trata de un sensor de presión similar al que los israelíes colocaron años atrás en sus fronteras de Gaza y en los Altos del Golán para impedir que los comandos de Al Fatath y del Frente de Liberación Popular de Palestina invadieran su territorio.

Lo que ni transeúntes ni expertos en seguridad son capaces de detectar es el sistema de vigilancia instalado en una especie de foso de tres metros de ancho que rodea el perímetro exterior, al estilo de los antiguos castillos medievales, cercado por una doble alambrada. Donde hace varios siglos los señores feudales arrojaban caimanes y cocodrilos hambrientos para proteger su intimidad, Felipe González ha mandado enterrar sensores de presión, que actúan ante la pisada del pie de un niño.

«En La Moncloa las apariencias engañan», afirman los expertos. Los cuatro accesos que permiten la entrada desde la calle a los distintos edificios cuentan con un doble sistema de barras de frenado para vehículos. Sin embargo, su verdadera misión no es esa sino la de ocultar un sofisticado dispositivo de husmeadores electrónicos para la detección de bombas. Lo mismo ocurre con la pareja de policías que franquea la entrada. No son simples policías sino experimentados fisonomistas, similares a los que hay en los casinos de juego, especializados en identificar personas y en reconocer el rostro de los terroristas más peligrosos de Occidente.

---

[27] Las cámaras incorporan la última tecnología en materia de seguridad. Normalmente se encuentran en situación de *stand by,* en alerta pero sin transmitir ninguna señal a los monitores del centro de control. Las activa un sofisticado sistema de infrarrojos que pone en funcionamiento la cámara y una alarma acústica en el momento en que circula por la zona algún peatón, o cuando algún vehículo se detiene inesperadamente en el arcén.

Pero no en todas las áreas el acceso estaba igualmente permitido incluso para los funcionarios y altos cargos adscritos al complejo presidencial. Desde que a finales de 1983 el secretario general de los socialistas vizcaínos, Ricardo García Damborenea, se coló en el mismísimo despacho de Felipe González, con el que supuestamente iba a hablar de la creación de los GAL, con una pistola en el bolsillo, el líder socialista ordenó a Julio Feo, responsable entonces de su seguridad, que se duplicara la vigilancia en el palacio.

Por eso, cuando en 1989 se construyó el edificio del Consejo de Ministros, este inmueble y el palacio de La Moncloa, donde tenía sus dos despachos, fueron considerados zonas de máxima seguridad. Los dos edificios se encuentran desde ese año separados del resto por una valla de cuatro metros de alto, custodiada por guardias civiles y vigilada por un segundo circuito cerrado de cámaras de televisión conectado al centro de control, donde trabajan treinta y dos agentes.

Sólo las personas con categoría de subsecretario o los ministros podían entrar en esta zona. El resto del personal de La Moncloa, incluso los altos funcionarios del gabinete de Felipe González, tenían vedado el paso salvo que fueran acompañados del responsable del departamento, cargo ocupado en diversas épocas por Roberto Dorado, Antonio Zabalza y José Enrique Serrano.

Todo este complejo sistema de controles electrónicos y humanos ha supuesto para el erario público la no despreciable cifra de 27.840 millones de pesetas en los casi catorce años en que el líder socialista ocupó La Moncloa[28]. Ello sin contar con otros medios puestos gratuitamente a su servicio, entre ellos la red de cámaras de televisión de que dispone el Ayuntamiento de Madrid para el control del tráfico urbano. Este servicio público podía llegar a monitorizarse desde los

---

[28] El sueldo medio anual de un funcionario del Cuerpo Nacional de Policía o de la Guardia Civil, sin contar pluses por especializaciones, viajes, dietas, está sobre los 2,4 millones de pesetas y las inversiones en medios electrónicos de seguridad y vigilancia se cifran en torno a los 6.000 millones.

cuarteles generales encargados de la seguridad de la Presidencia para trazar las posibles rutas a seguir por el Mercedes Benz 550 blindado de Felipe González, observar sus movimientos a distancia y variar sus itinerarios por la capital de España ante el menor riesgo de amenaza.

Y eso que el líder socialista no ha sentido nunca bajo sus pies el impacto de un artefacto explosivo ni ha percibido en su piel el olor a pólvora como el dirigente del Partido Popular, José María Aznar, a quien ETA militar trató de asesinar en 1995 con un coche-bomba colocado en una de las calles próximas a su domicilio particular. O como su antecesor, Adolfo Suárez, contra el que ETA político-militar disparó una granada anticarro a comienzos de los ochenta, cuando ocupaba la Presidencia del Gobierno.

Sin embargo, Felipe González demostró su *grandeur* mandando construir un búnker antiatómico el mismo año en que caía el Muro de Berlín y las conversaciones entre los presidentes de los Estados Unidos y de la antigua URSS, Ronald Reagan y Mijail Gorbachov, inauguraban el comienzo de una era de desarme nuclear, el final de la Guerra Fría y la desaparición de los dos bloques.

* * *

A comienzos de 1990, dos potentes excavadoras cruzaron los controles de seguridad del palacio de La Moncloa, avanzaron hacia la mitad del jardín y comenzaron a abrir un agujero en el suelo.

A lo largo de los meses, el hoyo fue creciendo en longitud, anchura y profundidad, hasta llegar a los treinta metros bajo el suelo mientras decenas de camiones entraban al recinto presidencial para llevarse miles de toneladas de tierra.

Los movimientos de tierra se llevaban a cabo dentro del más profundo de los misterios. Los ingenieros y arquitectos encargados del proyecto y el personal adscrito al mismo usaban una credencial especial.

—¿Qué van a hacer ahí? —preguntó un día un funcionario, sin poder aguantar la curiosidad, a uno de los arquitectos.

—Un aparcamiento, ¿no lo ve?

—Sí, un aparcamiento de siete plantas de profundidad por lo menos. Porque ya llevan excavados más de treinta metros, ¿no? —replicó el empleado público con un escepticismo mal reprimido.

—¡Pues es un aparcamiento!

La misma respuesta ofreció a la prensa la ministra portavoz del Gobierno, Rosa Conde, y su número dos, Miguel Gil, al ser interrogados por los periodistas sobre los incesantes movimientos de tierras que se estaban realizando en los jardines del palacio presidencial.

La incógnita quedó despejada a lo largo de 1991, cuando el Gobierno presentó ante el Congreso de los Diputados el proyecto de ley de los Presupuestos Generales del Estado para el año siguiente.

Dentro del capítulo correspondiente a obras a ejecutar en La Moncloa aparecía una partida de 18.000 millones de pesetas para invertir en el trienio 1992-95, hecho que enfureció a la oposición.

—Invierta usted más en la lucha contra la droga y derroche menos en decorar su casita de La Moncloa —le criticó entonces el diputado del Partido Popular por Badajoz, Luis Ramallo.

Poco después, por medio de un confidente, Ramallo descubriría la verdad. El Gobierno se estaba construyendo un búnker antiatómico como el utilizado en aquella época por el presidente de Irak, Sadam Hussein, para eludir la acción demoledora de las bombas inteligentes estadounidenses durante la campaña de represalias sufrida tras la guerra de Kuwait.

El Partido Popular, entonces en la oposición, e Izquierda Unida, por medio de los diputados Gabriel Elorriaga y Antonio Romero, formularon un total de diecisiete preguntas sobre las obras del búnker, clasificado poco después como secreto de Estado bajo la denominación de «Proyecto Cita».

—No es un refugio antiatómico sino un conjunto de cuarenta viviendas protegidas para el Gabinete de Crisis —le contestó el Gobierno a Elorriaga.

—Son unas instalaciones para albergar los servicios técnicos de la Presidencia —le informaron a Romero.

El asunto derivó en escándalo a finales de 1994. El diario *El Mundo*[29] descubrió por entonces que el sello de secreto servía para encubrir un *affaire* de tráfico de influencias en el que aparecía involucrada CAE (Control y Aplicaciones), una filial de Dragados y Construcciones —la responsable de la obra civil—, y Francisco Palomino Romera, cuñado de Felipe González[30].

Pese a la decisión del anterior Gobierno de echar tierra sobre el asunto, el búnker parece un saco sin fondo dispuesto a tragar todo el dinero del mundo. Así, los Presupuestos Generales del Estado de 1994 recogían una nueva partida de 19.000 millones de pesetas para invertir hasta 1998.

Esta importante suma de dinero está destinada a dotar a los servicios de inteligencia de sistemas de transmisión codificada en HF, VHF y UHF, a permitir las comunicaciones por medio de los satélites Intelsat, Arabsat y Eutelsat, y a modernizar las «mallas» de comunicación telefónica O, B y C, que enlazan al Rey con el Presidente del Gobierno, los ministros y el Estado Mayor de la Defensa.

Una parte significativa del presupuesto debería gastarse en la construcción de un centro de comunicaciones especiales, que centralizase y coordinase todos los sistemas. Su emplazamiento se establecía en el búnker de La Moncloa, una obra comparable al Valle de los Caídos de Francisco Franco, donde ya nadie sabe las cantidades de dinero que se han enterrado ni para qué servirá en el futuro.

* * *

Tampoco el portavoz del Gobierno, Miguel Angel Rodríguez, supo qué utilidad inmediata podría tener el enorme edificio que heredó de Alfredo Pérez Rubalcaba y Miguel Gil ni qué hacer con el ejército de doscientos sesenta y tres funcionarios (bedeles, cocineros, camareros, secretarios y periodistas) que trabajan bajo sus órdenes desde el 6 de mayo de 1996.

---

[29] El asunto ocupó durante varios meses las portadas y los editoriales de los periódicos. Para obtener una mayor información puede consultarse *El Mundo,* diciembre de 1994 y enero-febrero de 1995.

[30] Para más detalles consultar *El saqueo de España, op. cit.*

La mayor parte de ese personal se dedica a recortar periódicos, escuchar emisoras de radio y cadenas de televisión y elaborar boletines internos que se hacen llegar cada dos horas a los directores generales, subsecretarios, secretarios de Estado, ministros, vicepresidente y Presidente y que, en su mayoría, acaban en la papelera dos minutos después.

El primero de los boletines, conocido en la jerga de los periodistas-funcionarios como «el panadero», porque se cuece de madrugada, como el pan, está listo a las seis de la mañana y es el que tiene una cierta utilidad.

Los altos cargos, sin tiempo para leer los periódicos de la mañana, se lo encuentran sobre la mesa de sus despachos nada más llegar. Con una simple ojeada están al tanto de lo que ocurre en el mundo. El resto de los boletines, sin embargo, parece un trabajo prácticamente inútil.

Tan inútil para la sociedad como la tarea que realiza cerca de un centenar de personas de la Oficina del Portavoz. Su función consiste en microfilmar, por un lado, y «picar» y guardar en un gran ordenador, por otro, toda la información que sale a diario en la prensa, lo que supone duplicar el trabajo sin resultado práctico alguno, ya que nadie consulta ese mastodóntico archivo. El hecho de que muchos periódicos pueden adquirirse ya en CD-ROM lo hace más innecesario.

Este ímprobo esfuerzo se traduce en que los servicios de prensa de La Moncloa disponen de la mejor hemeroteca del país, pero hasta ahora han sido incapaces de suministrar todos los días un boletín de noticias dedicado a los *mass media,* similar al que se hace en la Casa Blanca o el Congreso norteamericano con la mitad de personal.

—En cambio, si se necesita un artículo de prensa que haya aparecido en cualquier periódico de España, cosa que nadie pide, lo tienes en seguida en microficha y en texto de ordenador —se queja Rodríguez.

Y es que Felipe González y su equipo de colaboradores, siguiendo el ejemplo de los dictadores sudamericanos, han concebido los gabinetes de comunicación más como un instrumento para informar al Gobierno —y así poder defenderse de los ataques de los periodistas— que como una herramienta para suministrar noticias a los medios de comunicación [31].

La prueba más contundente de que la Oficina del Portavoz del Gobierno no realiza ninguna función informativa seria la revela el hecho de que en La Moncloa, en contra de lo que ocurre en la mayoría de los países democráticos y menos democráticos —desde el palacio de Miraflores, de Venezuela, al Elíseo o Matignon, en Francia—, no hay periodistas acreditados para llevar a cabo un seguimiento continuado y permanente de la información.

A Felipe González —el señor feudal que describe Peces-Barba, acostumbrado a vivir por encima del resto de los ciudadanos— le molestaba tener a la prensa tan cerca y verse obligado a responder a sus requerimientos.

A González, sin embargo, no le ha preocupado lo más mínimo utilizar a esa misma prensa en beneficio propio cuando lo ha creído conveniente. Así, meses antes de abandonar La Moncloa tuvo trabajando a un grupo de los doscientos sesenta y tres periodistas destinados en la Oficina del Portavoz en sacar una copia microfilmada y otra en disquete de sus principales intervenciones desde que llegó al poder en 1982 [32].

Asunto este que los actuales dirigentes del PP ignoran probablemente y que revela que el mayor defecto de los políticos, incluso de aquellos que sólo aspiran a rendir cuentas ante la historia, es, por encima de todo, satisfacer su propia vanidad.

* * *

[31] Rafael Jordana, ex embajador de España en Panamá, recuerda que el primer regalo que hizo el ex Presidente de aquel país, Omar Torrijos, a Felipe González fueron veinte aparatos de radio para que montara un gabinete de escuchas y «pudiera estar informado de lo que decían de él sus opositores».

[32] En 1990 el PSOE encargó ya a una empresa privada la informatización de todos los discursos e intervenciones de González anteriores a 1982 y, de paso, reescribir la historia, matizando todas aquellas actuaciones del líder socialista que supusieran una flagrante contradicción con su trayectoria posterior, como la entrada de España en la OTAN, su radicalismo antiestadounidense o su concepción marxista del universo. El trabajo ocupó cerca de doscientos disquetes que les fueron ofrecidos a Ramón Tijeras y a José Díaz Herrera cuando elaboraron su libro *El dinero del poder.*

Ana Botella se instaló definitivamente en el palacio de La Moncloa a finales del mes de junio, después de que los pintores dieran un lavado de cara a la vivienda presidencial con parte de los siete millones de pesetas de los Presupuestos Generales del Estado que no se habían gastado los anteriores inquilinos del complejo.

Una de las primeras cosas que le llamaron la atención fue que para dar de comer todos los días a una familia normal hubiera tantos cocineros y camareros en plantilla. Los alimentos para los González y sus invitados en los actos oficiales costaron 38.659.320 pesetas en 1994 y 33.040.890 en 1995. Se compraban en Mantequerías Alemanas, Carnicería Alvarez, Pescaderías Coruñesas, Compañía Vinícola del Norte de España y otros establecimientos, todos ellos considerados entre los mejores de Madrid[33].

Para cuidar los jardines del palacio había doce personas dedicadas permanentemente a ello y el presupuesto de gastos de mantenimiento superaba los 57 millones anuales. En la parte trasera de los jardines se cultivaba todo tipo de flores y plantas decorativas. Sin embargo, en lugar de cortarlas y colocarlas en las salas del palacio y en los despachos oficiales, una de las más caras floristerías de Madrid se encargaba de proveer todos los días de costosos centros de flores a sus anteriores huéspedes.

Otros de sus «descubrimientos» le permitieron elaborar un retrato mental del comportamiento de sus antecesores.

---

[33] El importe detallado de las compras es el siguiente:

—Año 1994: Mantequerías Alemanas, 12.965.741 pesetas; Carnicería Alvarez, 8.165.726; Pescaderías Coruñesas, 7.768.816; Compañía Vinícola del Norte, 2.133.784; Bodegas Agesa, 175.392; Hijos de Julio Alvarez, 5.672.841. Les siguen Terry Distribuidora, María Zayas, Licores Asturianos de Sanabria, Viuda de Cuenllas, Cándido Marian y Bodegas Vega Sicilia.

—Año 1995: Mantequerías Alemanas, 11.270.060; Carnicería Alvarez, 7.326.276; Pescadería Coruñesa, 6.757.859; Compañía Vinícola del Norte de España, 929.160; Bodegas Agesa, no consta; Hijo de Julio González, 4.901.984; Terry Distribuidora, 151.103; María Zayas, 112.520; Licores Asturianos de Sanabria, 113.800. Les siguen Viuda de Cuenllas, Cándido Marian y Bodegas Vega Sicilia.

Así, muchos de los ministros y altos cargos que, por motivos de trabajo, se quedaban a almorzar en La Moncloa, comían todos los días a la carta, como si estuvieran en un restaurante de cinco tenedores.

Miembro de una familia numerosa, educada en la austeridad y el ahorro familiar, Botella decidió inmediatamente acabar con todos esos lujos inútiles. Ordenó que se cortaran las flores de los jardines y se utilizaran para decorar el palacio; suprimió la lista de proveedores y centralizó las compras en El Corte Inglés, uno de los mejores y más surtidos almacenes de Madrid cuyo departamento de alimentación ofrece productos de primera calidad, y ordenó que se hiciera un menú único para todo el mundo.

* * *

José María Aznar había arbitrado también desde los primeros momentos algunas medidas para imprimir austeridad. En una reunión con los ministros y altos cargos del Gobierno les dio una orden tajante.

—A partir de ahora queda prohibido a todo el mundo usar tarjetas de crédito corporativas.

—Y cuando tengamos un almuerzo oficial, ¿qué hacemos? —preguntó un ministro.

—Lo pagáis con vuestro dinero o con vuestra tarjeta particular y que luego os lo reembolsen.

Un informe en poder de Aznar revelaba que en 1995 un total de diecinueve altos cargos de Presidencia y algunos funcionarios de menor categoría como los responsables de seguridad o los miembros del gabinete telegráfico disponían de una Visa Oro corporativa en la que, bajo el nombre del usuario, aparecía la inscripción «Presidencia del Gobierno». Su uso era de dudosa legalidad.

El mandato fue seguido a rajatabla por todo el mundo. Hasta que llegó el primer viaje al extranjero del Gobierno popular. Enrique Pastor, el funcionario de protocolo de Presidencia encargado de pagar los gastos de los hoteles en Rabat (Marruecos) tuvo que llevar un maletín con dinero contante y sonante.

En una de las ocasiones que lo abrió para efectuar un pago desaparecieron 100.000 pesetas. Como el empleo de tarjetas institucionales estaba prohibido por una orden de Economía y Hacienda, a partir de entonces se buscó una fórmula para que se autorizara con carácter excepcional la utilización de una Visa Oro en los viajes al exterior.

Tras varias semanas de negociaciones, José María Bethencourt, vicesecretario de la Secretaría General de Presidencia, lo consiguió. Cuando llegó a La Moncloa con todos los trámites resueltos, le reiteraron lo que ya sabía el Presidente.

—Aquí todos los altos cargos anteriores usaban tarjetas en las que debajo de su nombre venía bien claro «Presidencia del Gobierno».

—Pero eso es ilegal —protestó Bethencourt.

—¿Y qué? ¿Quién los iba a controlar a ellos? —replicó su interlocutor.

—Pues, algún rastro tenían que dejar.

—¿Rastro?... Durante las fiestas del Dos de Mayo vino un tráiler a La Moncloa, que contrataron no se sabe dónde, y estuvo durante todo el puente cargando papeles que se llevaron fuera. Incluso el camión fue contratado en el exterior, porque ya por entonces comenzaban a no fiarse de los de la casa.

* * *

El secretario de Estado de Relaciones con las Cortes, José María Michavila, observó un día, cuando aún no disponía de chófer fijo y tuvo que echar mano de un coche de incidencias, que el conductor estaba molesto con sus anteriores patronos. Tenía, además, ganas de hablar y desahogarse con alguien.

—¿Qué le pasa a usted?

—Yo antes era un conductor asignado al servicio de los altos cargos. Pero hace un año me quejé a mis superiores. Era el conductor de David, el hijo mayor de Felipe González, y como se pasaba las noches en las discotecas y no se acostaba hasta las cinco de la mañana no podía dormir.

—¿Y por eso le apartaron?

—Me mandaron a «incidencias», lo que supone que mi sueldo se redujo automáticamente de las 180.000 pesetas que ganaba a 120.000.

De esa manera Michavila supo que el hijo mayor de los González llegó a contar con hasta nueve conductores a su servicio para poder salir de noche, acudir a clase por las mañanas y salir a pasear por las tardes con sus amigos.

Pero no era el único. Algunos ministros y altos cargos a los que les gustaba trasnochar en cenas particulares y veladas de amigos tenían asignados hasta dos y tres chóferes. Incluso usaban el coche oficial para ir a comprar el pan o los periódicos los domingos y festivos, como si fuera su vehículo particular.

Quien salía mejor parado, a juzgar por el parque móvil a su disposición, era Felipe González. El Presidente tenía doce vehículos asignados a su servicio exclusivo y al de su familia. Los coches eran dos Mercedes 560 blindados, un Peugeot 405, un Peugeot 505, un Peugeot 605, dos Citroën Xantia, un Opel Vectra, un Renault Safrane blindado, un Nissan Patrol, un Range Rover y un Mercedes todo terreno. Los tres últimos automóviles, preparados para circular por el campo, eran utilizados para ir a buscar bonsáis por las afueras de Madrid y en las fincas del Icona.

Un capricho más, como el de microfilmar sus discursos, fabricarse un búnker particular, poner a su servicio un ejército de guardaespaldas o edificar un elefantiásico complejo de edificios para tener a su disposición una legión de funcionarios, que sólo González y su entorno saben cuánto les habrá costado a los españoles. Al fin y al cabo, son las «pequeñas recompensas» por las inmensas renuncias en lo personal y en lo profesional que es necesario hacer para dedicarse a las tareas del Estado y sacrificarse por los demás.

CAPITULO CUATRO

EL «MAL DE LA PIEDRA»

A comienzos de mayo de 1996, recién incorporado como vicepresidente del Gobierno y ministro de Economía y Hacienda a su despacho de Alcalá, 9, Rodrigo Rato Figaredo pidió que le sirvieran una taza de té. Cinco minutos después se presentó en la antesala un camarero con una bandeja en la que había una selección de más de veinte variedades de la infusión para que el responsable del gabinete eligiera cuál de ellas era de su agrado. La anécdota es demasiado simple pero es una muestra del grado de pompa y boato con el que han vivido los representantes de la nación entre 1982 y 1996. De esta manera, mientras el sueldo bruto de un ministro no sobrepasa en 1996 los diez millones de pesetas, la parafernalia y todo el aparato de asesores, chóferes, escoltas, secretarias y jefes de gabinete de que suelen rodearse los altos cargos le sale a los españoles por varias decenas de miles de millones de pesetas al año. Sólo para que puedan desplazarse por España o viajar a Bruselas, el Estado dispone de más de dos mil conductores y de una flota de más de veinte aviones y helicópteros. Una «legión» de más de mil quinientos periodistas trabaja para los distintos ministerios y empresas públicas, y en algunos departamentos se gastan a diario más de cincuenta mil folios sólo para fotocopiar los periódicos y distribuirlos entre los secretarios de Estado, subsecretarios y directores generales. Una auténtica locura que el Partido Popular no parece dispuesto a cortar de raíz.

José María Michavila Núñez, madrileño, treinta y seis años, letrado del Consejo de Estado en excedencia, jefe de Estudios y Programas del Partido Popular y miembro de la FAES (Fundación para el Análisis y los Estudios Sociales), la cantera de «jóvenes cachorros» del PP, no se había visto ante un problema semejante en toda su vida.

La tarde del domingo 5 de mayo de 1996, Michavila se había reunido con parte de su equipo en el que sería su despacho oficial del Ministerio de la Presidencia, en el palacio de La Moncloa, para preparar la llegada al poder de José María Aznar.

El primer Gobierno del Partido Popular tomaba posesión unas horas después, y a él y a su equipo de colaboradores se les había encomendado la redacción de los cinco primeros decretos. Pero no había forma de elaborarlos.

Cualquier ciudadano normal que no conozca la Administración por dentro se imagina que en el complejo donde trabajaba hasta el día anterior Felipe González Márquez debía existir todo tipo de medios. En realidad, ordenadores había por lo menos un centenar en cada edificio. Pero el Gobierno saliente se había llevado a casa todo el *software* y la información que había dentro, dejando por herencia unos aparatos «tontos» e inútiles a sus sucesores.

Así que lo primero que tuvo que hacer el nuevo Gobierno de José María Aznar fue echar mano a la cartera, buscar un establecimiento comercial que estuviera abierto y comprar un programa informático de tratamiento de textos. De esa manera, el *Boletín Oficial del Estado* pudo publicar veinticuatro horas después los nombramientos de Milagros Rodríguez Falcón y Antonio Cámara como secretarios de Aznar y el de Carlos Aragonés Mendiguchía como nuevo jefe del Gabinete de la Presidencia[1].

---

[1] Milagros Rodríguez Falcón había sido hasta el día anterior la secretaria particular de Aznar en el partido; Antonio Cámara, su jefe de Gabinete, y Carlos Aragonés Mendiguchía, el secretario de Estudios y Programas del PP. Todos ellos formaban el *staff* de confianza del Presidente del Gobierno.

Al día siguiente, el nuevo secretario de Estado para las Relaciones con las Cortes hizo indagaciones entre el personal de la casa sobre quién había mandado inutilizar el sistema informático. Después de vencer muchas reticencias logró enterarse de que detrás de la orden se encontraba la gente del ministro de la Presidencia, Alfredo Pérez Rubalcaba, el verdadero «cerebro» pensante de La Moncloa.

No fue su único hallazgo. Al revisar los archivos del Gobierno descubrió la existencia de numerosos huecos debido a que muchos de los expedientes que figuraban consignados en los libros de registro habían sido retirados de los lugares en que debían estar custodiados y se encontraban desaparecidos.

Supo así que a comienzos de abril el anterior Gobierno llegó a alquilar una máquina industrial para triturar documentos. Se había instalado en la planta alta del ministerio y a lo largo de los siguientes treinta días estuvo trabajando sin descanso en la destrucción de papeles.

Miles de originales enviados durante años por los distintos departamentos al ministro de Relaciones con las Cortes para elaborar las respuestas del Gobierno a los diputados de la oposición, tramitadas por medio de la mesa de la Cámara Baja, se inutilizaron en ese periodo, así como otros muchos documentos del Cesid y la policía sobre Luis Roldán, Mariano Rubio, Manuel de la Concha, Juan Guerra, Carlos Solchaga, Vicente Albero y otros personajes ligados a los últimos escándalos de corrupción.

—Si los hubieran dejado sería como poner en sus manos muchas de las interioridades del Gobierno, porque una cosa era lo que le contaban los ministros a Pérez Rubalcaba y otra lo que éste decía al Parlamento —relató una de las funcionarias encargadas de responder las preguntas al Congreso.

El equipo que hizo la limpieza, supuestamente bajo las órdenes directas de uno de los últimos subsecretarios socialistas del Ministerio de la Presidencia, no se dio por satisfecho con reducir muchos legajos a tiritas. Por si alguien podía reconstruir alguno de los papeles, en lugar de depositarlos en los almacenes para que al día siguiente se los llevara el camión de la basura, las bolsas de plástico acabaron en el crematorio de La Moncloa, donde se destruyen las notas y la documentación que los miembros del Gabinete toman durante los consejos de ministros.

El caso no era excepcional. Cuando consultó con los restantes miembros del Gabinete comprobó que a todos, sin excepción, les había ocurrido lo mismo. Sus antecesores habían arrasado con los archivos públicos, como si se tratara de su patrimonio personal o los habían mandado quemar.

Así en el Ministerio del Interior no había ni un solo papel de los fondos reservados ni de la estrafalaria captura del ex director general de la Guardia Civil, Luis Roldán Ibáñez, en Laos; en el Ministerio de Cultura se habían retirado de los soportes magnéticos[2] del sistema informático todos los datos de las subvenciones al cine, al teatro y al libro; en Defensa no había ni un folio de los informes remitidos por el jefe de los servicios de inteligencia, Emilio Alonso Manglano, a los ministros Julián García Vargas y Gustavo Suárez Pertierra sobre los «papeles del Cesid».

Había cosas que estaban más cerca del en otro tiempo célebre libro *Celtiberia show,* de Luis Carandell, que de la realidad. La ministra de Agricultura, Pesca y Alimentación, Loyola de Palacio, comprobó que el ordenador de su antecesor, Luis Atienza Serna, estaba vacío. No se debía a que Atienza, en un rasgo de maldad, quisiera privar a su rival política del conocimiento de los secretos de Estado. Dada la colocación del aparato y la escasa luz del despacho era imposible utilizarlo, y el ordenador había sido durante dos años un objeto decorativo más del lugar.

Claro que había ministerios donde la informática ni siquiera servía para decorar. Una de las primeras tareas que tuvo que realizar Gustavo de Arístegui, jefe del Gabinete del ministro del Interior, Jaime Mayor Oreja, fue solicitar del Ministerio de Economía y Hacienda la adquisición de varios ordenadores Pentium para almacenar la información que

[2] Los expedientes escritos estaban, pero muchos habían sido removidos de lugar o se habían enviado a los archivos históricos, en Alcalá de Henares, al transcurrir los cinco años reglamentarios.

iba generando. O en Interior, desde donde a través del célebre «Berta» se controla a los más de veinte millones de españoles que tienen carnet de identidad, no había ordenadores o sus usuarios anteriores se los llevaron a casa[3].

De esta manera, la Administración heredada era un auténtico páramo, un desierto yermo donde para tomar cualquier iniciativa había que consultar permanentemente con los funcionarios que habían llevado los diversos expedientes y confiar en su capacidad de retentiva.

Reponer los archivos destruidos, sin embargo, resultaba una tarea difícil y sumamente costosa. Lo último, sin embargo, suele preocupar menos. Los distintos gobiernos tiran con pólvora de rey. De ahí que a muchos ministros del anterior equipo les tuvieran sin cuidado los gastos que pudiera ocasionar al erario público cambiar de vivienda.

* * *

A los vigilantes jurados y guardias civiles encargados de la seguridad del palacio de las Siete Chimeneas no les gusta andar solos por las plantas del vetusto inmueble situado en la plaza del Rey, en pleno centro de Madrid.

El edificio que fue construido en 1567 y había sido habitado a lo largo de los siglos por personajes tan curiosos como Leopoldo de Gregorio Esquilache[4], Luis Hurtado de Mendoza, cuarto marqués de Mondéjar, o por la viuda del general liberal Luis Lacy. Según una leyenda popular, en sus pasillos suele aparecer los fines de semana, cuando se queda vacío, el fantasma del general Lacy, fusilado a comienzos de 1820 por

---

[3] La revista *Tiempo,* en sus números correspondientes al 1 y al 8 de octubre de 1996, publicó dos detallados informes en los que los ministros de anteriores gobiernos, tanto de la UCD como del PSOE, reconocían que se habían llevado a su casa gran parte de la documentación del Estado por considerar que muchas de las cartas, informes, y memorándums eran personales.

[4] Protagonista en 1766 del «motín de Esquilache», cuando mandó recortar las capas y los sombreros de ala ancha para imponer la moda extranjera y la gente se sublevó en la plaza de Antón Martín, en Madrid.

las tropas de Fernando VII en el castillo de Bellver, en Palma de Mallorca.

Los fenómenos del más allá no debían preocupar demasiado a Jorge Semprún Maura, un madrileño de setenta y tres años, que ha pasado la mayor parte de su vida en París, donde ejerce de escritor y cineasta. Cuando el 12 de julio de 1988 fue nombrado titular de Cultura por Felipe González una de las primeras decisiones que tomó fue hacerse una casa en el edificio de las Siete Chimeneas, la sede del ministerio.

La inversión, algo más de quince millones de pesetas, sirvió de muy poco. El 12 de marzo de 1991 Semprún, cansado de los desplantes de Alfonso Guerra, que pretendía dirigir la política cultural del Gobierno, y de la soberbia de Felipe González, rompió con el PSOE y decidió regresar a París. Su sucesor, el ex dirigente del Partido Socialista de Cataluña Jordi Solé Tura, renunció a vivir allí.

Semprún no fue una excepción. Cuando Narcís Serra llegó a Madrid, en 1982, para hacerse cargo de la cartera de Defensa, contaba con un piso en la planta alta del ministerio, situado en el paseo de la Castellana de Madrid.

A Serra no le gustaba el ruido de la capital. Así que, como cambiar de casa no le suponía ningún desembolso personal, decidió irse a vivir a un recoleto hotelito que la Agrupación Operativa de Misiones Especiales, la rama de investigación del Cesid, tenía en la calle del Ebro, en la colonia de El Viso, situado en las proximidades del estadio Bernabéu de la villa y corte.

Como el inmueble estaba hasta entonces dedicado a albergar una de las oficinas encubiertas de los espías, hubo que reacondicionarlo de arriba a abajo y comprar muebles para hacerlo habitable. El capricho del señor ministro le costó a los españoles algo más de veinte millones de pesetas.

Claro que para extravagancias, las del ex ministro para las Administraciones Públicas Juan Manuel Eguiagaray. En la remodelación del 12 de marzo de 1991, como premio por su trabajo en las negociaciones de Argel con la organización terrorista ETA, González le nombró ministro. Como miembro del Gabinete, Eguiagaray dispuso de un piso de 180 metros cuadrados en la plaza de España, 20, de Madrid.

La vivienda, situada en la planta séptima del edificio, era relativamente nueva. Se mandó construir en 1985 en la etapa en que Félix Pons Irazazábal ocupaba la cartera. Su sucesor, Joaquín Almunia Amann, que tenía casa en Madrid, decidió cedérsela al subsecretario para las Administraciones Públicas, Juan Ignacio Moltó García.

De esta manera, cuando Eguiagaray se fue a vivir a Madrid el Gobierno tuvo que alquilarle un piso de la Mutualidad de Funcionarios del Estado (Muface), situado en la calle del Conde de Xiquena. Pero como el ex delegado del Gobierno en Murcia y miembro del equipo negociador de Argel estaba en la mira de ETA, la Dirección General del Patrimonio se gastó cerca de treinta millones en mover tabiques, cambiar los azulejos de cocinas y cuartos de baño, poner cristales blindados en las ventanas, acorazar las puertas e instalar un sistema de seguridad conectado las veinticuatro horas del día con la Comisaría General de Seguridad Ciudadana.

Todo lo cual demuestra que tirar con pólvora de rey, sin tener que rascarse el bolsillo, es muy fácil. Lo refrendó, de nuevo, Jerónimo Saavedra Acevedo. Catedrático de Derecho del Trabajo, de cincuenta y nueve años y miembro del comité federal del PSOE desde 1977, Saavedra fue nombrado ministro para las Administraciones Públicas en la crisis del 6 de mayo de 1994.

Al día siguiente se incorporó a su cargo y preguntó por la vivienda del ministro. El oficial mayor del ministerio, que suele ser junto con el subsecretario la persona que más conoce los entresijos de la institución, le dijo:

—Señor ministro, tiene usted dos viviendas donde elegir: la del Conde de Xiquena o la de la plaza de España.

¿Por cuál de las dos casas se inclinó el nuevo titular de la cartera de Administraciones Públicas? Por ninguna de ellas, efectivamente. Saavedra, una persona de gustos refinados, aficionado a la ópera y habitual de todos los teatros líricos del mundo, sólo podía vivir en una zona de Madrid. Frente al parque del Retiro, naturalmente.

Así que el Ministerio para las Administraciones Públicas dio las órdenes oportunas para que se le buscara un piso en la calle de Espalter por el que, tras los gastos ocasionados por las reformas necesarias, hubo que pagar algo más de cuatro millones de pesetas al año de alquiler.

Como el ministro quería dar a su nueva casa un toque señorial y distinguido, en consonancia con el lugar privilegiado donde había decidido residir, no acudió a una firma de decoración para elegir los muebles. Mandó trasladar parte del mobiliario de algunos salones del palacio de Castellana, 5 —entre ellos el del Consejo de Ministros—, y se llevó los armarios y vitrinas repletos de bandejas y objetos de plata para acondicionar su residencia.

Todos estos gastos y excentricidades reflejan sólo una mínima parte del derroche tremendo que han supuesto para el erario público los catorce gobiernos socialistas. Forman parte de la alegría con la que los más de siete mil altos cargos de la etapa anterior utilizaban los fondos públicos para vivir a cuerpo de rey mientras permanecían en el poder.

Algunos de los caprichos de los gobernantes podrían estar incluso justificados si la Dirección General del Patrimonio no hubiera contado, en ese periodo, con 2.004 edificios censados en Madrid[5] en los que hay más de dos mil pisos vacíos por falta de una gestión eficaz para sacarlos al mercado.

Los archivos de la Dirección General del Patrimonio del Estado, además de recoger los bienes de naturaleza pública, desde los cuarteles de la Guardia Civil hasta las estaciones meteorológicas y los faros que hay en todo el país, constituyen el acta de acusación del despilfarro ocurrido en España en los últimos años.

En sus almacenes se guardan más de mil expedientes de reformas, remodelaciones y ampliaciones realizadas desde que Javier del Moral Medina se hizo cargo de la institución hasta que Juan Antonio Vázquez de Parga transfirió los ser-

---

[5] *Indice de bienes según titularidad y usuario*, Dirección General del Patrimonio del Estado, 6 de septiembre de 1996.

vicios al Partido Popular[6]. La revisión, evaluación y cuantificación de los expedientes no se ha hecho por parte del nuevo Gobierno. Pero un cálculo aproximado permite deducir que las extravagancias de los ministros han costado a los españoles no menos de 20.000 millones de pesetas.

* * *

Un grupo de altos cargos de la Presidencia del Gobierno se presentó un día en el Palacio de Congresos y Exposiciones, dependiente del Patronato de Paradores de Turismo.

—A partir del mes que viene se paraliza toda actividad. El Gobierno quiere celebrar en el edificio los actos inaugurales de la presidencia española de la Comunidad Europea y es preciso remodelar sus instalaciones.

Dicho y hecho. Treinta días más tarde, decenas de obreros echaban abajo todo el interior del inmueble y lo volvían a reconstruir. Las obras estaban presupuestadas en casi 3.000 millones de pesetas. Aunque las mejoras del palacio perduraran, se trataba de una cantidad exorbitante de dinero para un solo acto.

Pero el Presidente del Gobierno, Felipe González, y el ministro de Asuntos Exteriores, Francisco Fernández Ordóñez, no daban su brazo a torcer. España debía estar a la altura de sus socios europeos y no eran momentos para escatimar en gastos.

El asunto se fue desinflando cuando se supo que a los acontecimientos inaugurales prácticamente no iba a venir ninguna alta personalidad europea, salvo el Presidente de la República Francesa, François Mitterrand.

Había, por tanto, que habilitarle un despacho a Mitterrand por si en las veinticuatro horas que fuera a pasar en España se planteara algún tipo de problema en su país y necesitara estar en contacto con el palacio del Elíseo. Pero, además, era preciso que el ilustre anfitrión se sintiera cómodo.

---

[6] Durante la etapa socialista la institución contó con cinco directores generales. Fueron Javier del Moral, Prudencio García López, Francisco Zambrana Chico, Luis Alcaide de la Rosa y Juan Antonio Vázquez de Parga.

¿Qué muebles le gustan a Mitterrand? Desde el palacio de La Moncloa se hicieron consultas con la embajada de España en París y con el Elíseo: los muebles que más le agradan son de estilo modernista italiano.

¿Dónde encontrar ese mobiliario? Los responsables de protocolo de La Moncloa se movilizaron. Recorrieron todos los anticuarios de Madrid, pidieron catálogos, hicieron fotografías con máquinas Polaroid y todo el material se mandó a París. No, pues no era esa la clase de mesas, sillas y butacas que le gustaba al representante de *la grandeur de la France.*

Al final se encargó a una boutique italiana especializada un despacho *ad hoc* para el Presidente francés. Llegó el día señalado para el magno acontecimiento, François Mitterrand se presentó en España con unos minutos de retraso y regresó a su país antes de lo previsto.

El jefe del Estado galo, obviamente, no tuvo tiempo de visitar el despacho que con tanto mimo y papanatismo se le había preparado. Pero en el caso de que hubiera tenido la ocurrencia de hacerlo no lo hubiera conseguido. Acabado el acto, el responsable de seguridad de aquella área del Palacio de Congresos y Exposiciones cayó en la cuenta de que no tenía la llave. Con el ajetreo de los días anteriores alguien la había guardado tan bien que permaneció perdida durante unos días.

Los archivos de la Dirección General del Patrimonio del Estado reflejan también cómo el presidente del Senado, Juan José Laborda, decidió en 1990 construirse un palacete de 920 metros cuadrados, con escaleras de mármol, ascensor chapado en madera de raíz y molduras de piedra artificial, en el distrito madrileño de Moncloa, o cómo su colega Félix Pons Irazazábal siguió el mismo camino y en 1991 mandó desalojar el Instituto de Asuntos Fiscales, un edificio donde trabajaban cien personas, situado en la calle de Casado del Alisal, 5, de Madrid, y lo mandó rehabilitar de arriba a abajo para instalar allí su vivienda oficial [7].

---

[7] Sólo el menaje de cocina y la ropa de hogar, comprados en El Corte Inglés, Establecimientos Alvarez y Linhogar, costaron 1.300.000 pesetas, desglosados en tres facturas de 397.000, 323.000 y 583.000 pesetas.

Algunos de estos hechos son conocidos. Lo que no resulta tan del dominio público es que el Instituto de Asuntos Fiscales tuvo que trasladarse a la calle de Canalejas, 3, de Madrid. Y que el coste del inmueble durante los tres años que permaneció alquilado por el Ministerio de Economía y Hacienda[8] supuso un desembolso adicional de 350 millones de pesetas.

Y es que muchos socialistas nada más llegar al poder se han olvidado de su origen social y han sufrido el síndrome de los nuevos ricos, una de cuyas características más específicas es lo que los franceses llaman el «mal de la piedra». Se trata de una especie de obsesión por vivir en palacios de lujo, rodeados de todo tipo de boato, con centenares de servidores, chóferes, jefes de gabinete, escoltas y asesores a su alrededor.

Así se explica que una de las primeras medidas que toma el presidente de Castilla-La Mancha es instalarse en el palacio de Fuensalida, en Toledo, uno de los lugares donde nació y correteó Felipe II durante su infancia, o que Manuel Chaves, el presidente del Gobierno autónomo andaluz, haya tenido durante algún tiempo nada menos que tres palacetes a su servicio, el de San Telmo, donde tiene su despacho oficial; la Casa Sundheim, que costó 575 millones de pesetas, destinado a residencia privada, y el de Monsalves, para recepciones oficiales.

Claro que Manuel Chaves, ministro de Trabajo y Seguridad Social desde el 26 de julio de 1986 hasta el 2 de mayo de 1990, ha sabido jugar uno y otro papel —el de representante del ministerio de los trabajadores y el de presidente de la Junta— con idéntica habilidad.

* * *

El Ministerio de Trabajo y Seguridad Social ocupa una de las alas de un inmenso edificio —una de esas obras faraóni-

---

[8] El Instituto de Asuntos Fiscales es un organismo del Ministerio de Economía y Hacienda.

cas del franquismo— con apariencia de mole de granito, situado en el paseo de la Castellana de Madrid.

Javier Arenas Bocanegra asumió, el 6 de mayo de 1996, todos los poderes al frente del departamento. Lo primero que detectó al entrar en su despacho fue que alguien había mandado quitar las maderas nobles que cubrían las paredes y ordenó pintarlas de un color entremezclado de blanco y crema.

El resultado no podía ser más espantoso. Entre otras cosas, porque desentonaba con el resto de las oficinas del edificio, todas ellas revestidas de madera. Por si aún quedaban dudas del mal gusto del autor del adefesio, los muebles de maderas nobles habían sido sustituidos por tresillos de tela y mesas de oficina de material plástico.

—¿Quién ha sido el genio que mandó decorar de esta manera la oficina? —preguntó Arenas.

—Manuel Chaves. Decía que esto era demasiado lujoso para estar recibiendo todos los días a los representantes de Comisiones Obreras y UGT —le contestaron.

—¿Y cuánto costó?

—Cuatro millones de pesetas.

Horas más tarde subió a la planta séptima del edificio a visitar la vivienda oficial del ministro. Se encontró con otra chapuza y con un problema añadido. Como la casa original —seiscientos metros cuadrados habitables— era muy grande, otro de sus antecesores, Joaquín Almunia, para congraciarse con los trabajadores del ministerio, había dividido el piso en dos y les había cedido la mitad a los sindicatos para que montaran un bar-restaurante.

A Javier Arenas no le molestaba que los funcionarios de su ministerio tuvieran todas las comodidades posibles. Sin embargo, con el ruido de los vasos y de la máquina de hacer café, la vivienda se había convertido en un lugar inhabitable a la hora de descansar o leer tranquilamente en zapatillas un informe.

La mayor excentricidad de todo el ministerio estaba aún por descubrir. La constituía una habitación insonorizada y entelada en rojo carmesí, con cuatro haces de luz halógena ocultos en las paredes y un sofá tipo diván desde el que podía regularse a voluntad la intensidad de la iluminación.

A la habitación decorada de esta guisa sólo se podía acceder por una puerta interior, situada dentro del despacho del ministro. El equipo de Arenas bautizó el cuarto como «la discoteca», aunque su nuevo inquilino era consciente de que entre aquellas cuatro paredes se podía hacer cualquier cosa menos bailar.

De todas maneras, a Chaves se le podían atribuir muchos defectos menos el de insolidario con sus compañeros. En la etapa en que estuvo al frente del Ministerio de Trabajo ordenó habilitar cuatro pisos procedentes del Fondo de Garantía Salarial (Fogasa) para que vivieran allí sus amigos. Por los pisos[9] pasaron el subdirector general de Empleo, Antonio Martínez Sánchez; el director provincial de Trabajo, Mariano Baquedano; el ex asesor del ministro Armando Caro; el ex secretario general del Fogasa, Ignacio Delgado Bonilla; el miembro del gabinete del ministro, Manuel Sampedro; el ex director general de Inspección, José Domínguez García Paredes, y el ex ministro de Trabajo José Antonio Griñán Martínez, cuando aún ocupaba el cargo de secretario general técnico del Ministerio de Trabajo.

Lo de «dar cobijo al compañero de partido» debe ser una práctica bastante habitual entre los socialistas. Los expedientes de la Dirección General del Patrimonio del Estado reflejan que en la etapa en que Tomás de la Quadra Salcedo ocupó la cartera de Justicia se mandó rehabilitar el palacio de Parcent, situado en el barrio de Argüelles de Madrid, y se construyeron en la planta alta cuatro viviendas de lujo. Uno de los primeros inquilinos de las casas fue el presidente de Cruz Roja Española, el socialista Leocadio Marín, quien, como todos los anteriores, no tenía derecho a vivienda oficial.

A la hora de los dispendios, en el Ministerio del Interior tampoco se reparaba en gastos. Así, en la etapa de José Barrionuevo, el departamento tuvo una casa alquilada en los límites de los municipios de Galapagar y Torrelodones (Ma-

---

[9] Las viviendas están situadas en las calles de Enrique Larreta, 4; Corazón de María, 74; Avenida de Brasil, 17, y San Juan de la Cruz, 1, de Madrid.

drid), por la que pagaba 500.000 pesetas al mes. Era la segunda vivienda del ministro que, de esta manera, tenía dos casas a su disposición: la oficial del ministerio en Castellana, 5, y la de Torrelodones. Durante los Juegos Olímpicos de Barcelona y la Expo de Sevilla, el ministerio se gastó, además, más de treinta millones en alquilar un chalet en Sitges y otro en las afueras de Sevilla.

Claro que a la hora de no saber en qué invertir el dinero público el ex ministro de Obras Públicas y Transportes José Borrell, ingeniero aeronáutico de cuarenta y nueve años, parece llevarse la palma. Además de su afición a los aviones F-18 de las Fuerzas Aéreas Españolas y a gastarse decenas de millones en maquetas, una de sus últimas veleidades fue mandar construir, junto a su despacho, dos salas de videoconferencias con capacidad para cincuenta personas, con traducción simultánea, pantallas gigantes tridimensionales, cámaras de televisión monitorizadas, sala de montaje de vídeos, proyectores de objetos opacos y pupitres electrónicos para control de sonidos tanto de audio como de vídeo.

La instalación, única en su género en la Administración española ya que ni siquiera en el palacio de La Moncloa existe algo similar, permite emitir imágenes al exterior por Retevisión y mantener una multiconferencia simultánea con cualquier parte del mundo. El coste del proyecto fue de 173 millones de pesetas.

Mantener operativas las dos salas obliga al ministerio a invertir varios millones al año y dedicar a seis funcionarios en exclusiva al cuidado de las instalaciones. Un esfuerzo que no ha servido para nada. En los cinco años en que Borrell permaneció al frente de la cartera de Obras Públicas sólo en una ocasión utilizó una de las salas, para intervenir en la Universidad Menéndez Pelayo de Santander sin moverse de Madrid.

Así, con los fondos del erario público, las ciencias avanzan que es una barbaridad.

* * *

En 1978, con motivo de la celebración de las primeras elecciones democráticas en España y de la apertura del país hacia el exterior, un grupo de políticos españoles fue a visitar Suecia, considerada entonces uno de los paraísos de la igualdad y la solidaridad en el mundo.

A su regreso a España, muchos de los visitantes no se podían creer algunas de las cosas que habían presenciado. En el país no existían coches oficiales e incluso el Primer Ministro, el liberal Ola Ullsten, elegido el 13 de octubre de 1978, acudía a la Presidencia del Gobierno conduciendo su vehículo privado.

Por contraste, en España todos los ministros y subsecretarios disponían de coche oficial. Aquello que en 1978 se consideraba un escándalo, en la actualidad, diecinueve años más tarde, ha llegado ya a una situación de disparate nacional. Para que ministros, asesores, jefes de gabinete, jefes de protocolo, escoltas y demás asimilados viajen cómodamente de una punta a otra de Madrid el Gobierno cuenta con un Parque Móvil Ministerial donde trabajan 1.357 conductores, además de decenas de mecánicos, personal administrativo, responsables de seguridad y vigilantes jurados.

Mantener activo ese enorme aparato le supone al erario público más de 10.000 millones de pesetas anuales, de acuerdo con las últimas asignaciones que se recogen en los Presupuestos Generales del Estado, con el agravante de que la misión de muchos de los conductores, en la era de la cibernética y del correo electrónico, consiste en acarrear papeles de un lado para otro dentro de la Administración.

La asignación de los chóferes por departamentos es otro dato que refleja con qué generosidad administraron los socialistas el presupuesto público: 160 conductores aparecían afectos a La Moncloa, 120 al Ministerio de Economía y Hacienda, 89 a Educación y Cultura, 131 al Ministerio de Justicia, 67 a la Casa Real, 53 al Ministerio de Asuntos Exteriores, 55 al Ministerio de Agricultura, 68 al Ministerio de Trabajo y 43 al Ministerio para las Administraciones Públicas[10].

[10] El Ministerio de Defensa tiene a su servicio 36; el Consejo de Estado, 16; el Consejo General del Poder Judicial, 29; las Cortes generales, 24; las universidades de Madrid, 50; el Ministerio del Interior, 32;

Un derroche de medios semejante no se lo permiten otros países más ricos. Sin embargo, conductores, escoltas, asesores, jefes de Prensa y coches forman parte de la fastuosidad y ostentación del poder de las que tanto han hecho gala los dirigentes del Partido Socialista.

El ex presidente del Congreso de los Diputados Félix Pons tenía asignado un conductor en Palma de Mallorca para cuando iba a pasar los fines de semana a la isla, y los ministros Jerónimo Saavedra, Juan Manuel Eguiagaray, José Borrell, Vicente Albero, Carmen Alborch, Narcís Serra y Alfonso Guerra contaban con apoyos similares cada vez que viajaban a sus respectivas provincias de origen.

Para ello, el Parque Móvil tenía desplegados otros ochocientos vehículos con sus conductores respectivos fuera de Madrid, pendientes de la llamada del gobernador civil para sacar a pasear al ministro de turno o a su cónyuge e hijos.

A todo esto hay que añadir los más de quinientos policías especializados que el Ministerio del Interior tiene destinados exclusivamente a proteger a ministros y secretarios, que los acompañan a todas partes y que, en muchos casos, transmiten una idea de país bananero, al estilo de Colombia o Venezuela.

El temor a un atentado terrorista ha llevado, por otra parte, a extremar las medidas de seguridad, con el consiguiente dispendio del erario público. La Guardia Civil tiene a no menos de 2.500 agentes desplegados en Madrid para vigilar los seiscientos edificios públicos y residencias privadas de ministros y altos cargos. Pero a la vigilancia pública hay que sumar la seguridad privada, pagada con cargo al presupuesto.

Así no es extraño que para entrar en los ministerios de Fomento, Trabajo o Medio Ambiente, situados los tres en el mismo recinto, haya que pasar tres controles de seguridad, dos a cargo de compañías privadas y uno montado por funcionarios del departamento y guardias civiles.

---

el Ministerio de Fomento, 47; Medio Ambiente, 13; Retevisión y RTVE, 20; Sanidad y Consumo, 37, y los tribunales Constitucional y de Cuentas, 42.

Aunque externamente no lo parezca, todos estos sistemas de controles y nuevos controles forman parte del estilo impuesto por los gobernantes socialistas. Así a los ministros José Borrell, de Obras Públicas, y Angeles Amador, de Sanidad, les gustaba trabajar con su equipo directo de colaboradores completamente aislados del mundanal ruido.

Para que ello fuera posible, en la tercera planta del antiguo Ministerio de Obras Públicas, donde el ministro Borrell tenía su despacho, se colocaron dos puertas blindadas en mitad del pasillo que se abrían y cerraban con una tarjeta codificada. Así, los miles de personas que acudían a las dependencias para realizar gestiones se vieron obligados a dar un rodeo al quedar cortado el paso delante del despacho del titular de Obras Públicas.

Lo más curioso de todo es que ni el ministro, ni su jefe de Gabinete, ni sus secretarias disponían de tarjetas con las que abrir o cerrar las puertas. Para realizar este sencillo menester se había creado un cuerpo de media docena de funcionarios, que montaban guardia permanente a uno y otro lado del pasillo pendientes de las entradas y salidas de sus jefes. Todo este innecesario montaje suponía, además, duplicar la plantilla de bedeles, ya que en la puerta de acceso al despacho del ministro había otro grupo de personas con idéntica misión. Sin embargo, nadie parecía reparar en el gasto.

De esta manera, Borrell tenía a su servicio a veintidós ordenanzas, cuatro ascensoristas, seis secretarias, una docena de asesores, tres responsables de protocolo, varios conductores y escoltas y un grupo de expertos en poner en marcha sus dos salas de videoconferencias, que funcionaban al margen del enorme salón de actos existente en la primera planta del edificio [11].

Sin embargo, no era el único ministro socialista acostumbrado a vivir rodeado de tanta parafernalia. De hecho, la situación se repetía en casi todos los ministerios, aunque no de forma tan exagerada como en el suyo. Y es que una de las

---

[11] Los datos proceden del índice de personal del ministerio y del listín telefónico interno.

aspiraciones no tan secretas del titular de Obras Públicas era sustituir a Felipe González el día en que el *number one* decidiera su retirada de la política.

De ahí que fuera el único miembro del Gobierno socialista que contaba entre su equipo de colaboradores fijos con dos cámaras de televisión y un fotógrafo. Su trabajo consistía en inmortalizarle cada vez que ponía en servicio un tramo de autovía, colocaba la primera piedra de un edificio público o inauguraba un pantano. Ni el anterior Jefe del Estado, Francisco Franco, padecía una megalomanía tan grande.

Claro que sobre la autoestima de los políticos españoles se podría hacer un enjundioso tratado, porque, lamentablemente, hay muy poco escrito. No es por falta de material. Algunos ministros, pese a tener que marcharse de la política por la puerta trasera, no renuncian a sus delirios de grandeza.

* * *

A comienzos de septiembre de 1996, el director de una agencia de imagen se presentó en el Ministerio de Agricultura, Pesca y Alimentación y pidió hablar con la secretaria de la ministra.

—Vengo a traerle el retrato oficial de don Vicente Albero —se anunció.

—Hombre, el retrato de Albero. ¿Y quién le ha mandado a usted aquí?

—El señor... ministro... bueno, el ex ministro. Me ha dicho que les entregue la factura, que ustedes me la abonarán.

La secretaria de Loyola de Palacio le echó un vistazo al documento.

—¡Tres millones de pesetas! Espere un momento que tengo que consultarlo con el interventor.

Media hora después, el dueño de la agencia a la que Vicente Albero Silla había encargado que contratara a un pintor que plasmara al óleo sus rasgos para la posteridad descendía de nuevo las escaleras del palacete del paseo de la Infanta Isabel con el lienzo a cuestas.

Ni Loyola de Palacio ni su antecesor en el cargo, el socialista Luis Atienza Serna, habían querido abonar el retrato de Albero «el breve», como se le conoce en Agricultura al haber tenido que abandonar la cartera el 4 de mayo de 1994 porque su nombre figuraba en las listas de inversores del «caso Ibercorp».

Lo cierto es que desde la llegada de Pedro Solbes al Ministerio de Agricultura, Pesca y Alimentación ninguno de sus titulares se caracterizó por administrar con templanza el dinero de los contribuyentes en sus viajes y salidas al extranjero. En dos desplazamientos a Bruselas, en junio y julio de 1992, el equipo de Solbes se gastó 518.042 pesetas en el alquiler de doce coches durante cuarenta y ocho horas, según consta en los archivos del departamento. Albero no iba a ser menos y el 15 de marzo de 1994 alquiló otros seis vehículos con conductor para seis horas de estancia en la sede de la Unión Europea. La factura abonada por el Estado fue en esta ocasión de 343.791 pesetas.

Así, en treinta y ocho viajes a Bruselas y Luxemburgo, entre el 2 de octubre de 1992 y el 15 de marzo de 1994, de los que tienen constancia documental los autores del libro, sólo los gastos por alquiler de coches privados superan los ocho millones de pesetas. La factura, pese a lo desmesurado, podría entenderse si la embajada de España en Bruselas no tuviera una flota de vehículos que permanentemente pone a disposición de los representantes del Gobierno español.

Los ministros socialistas solían viajar habitualmente a la Comunidad Europea con una cohorte de, por lo menos, ocho o diez personas. Pero ni aun así, y suponiendo que prefirieran desplazarse al margen de la embajada de España, se explica que en algunas ocasiones para ir del aeropuerto al edificio del consejo de ministros comunitario necesitaran alquilar media docena de coches privados abonando un promedio de doscientas mil pesetas en cada viaje.

¿Por qué no usaban los medios del Estado las abultadas comisiones que acompañaban a Solbes, Albero y Atienza a Bruselas? Encontrar una respuesta obligó a los autores a contactar con algunas de las compañías de alquiler de coches en Luxemburgo y Bélgica. «Los españoles vienen aquí a hacer turismo con sus mujeres y pretenden ver en un día la catedral de Lieja, la ciudad de Brujas y acabar en Amsterdam recorriendo las tiendas de diamantes», fue la respuesta del dueño de una de las empresas.

No obstante, estos gastos son el «chocolate del loro» comparados con el uso de aviones y helicópteros oficiales.

* * *

La localidad extremeña de Mérida está a un máximo de dos horas y media de distancia por carretera desde Madrid, y Pozoblanco, en la provincia de Córdoba, a menos de una hora de Mérida.

El 24 de enero de 1996, el ministro de Agricultura, Luis Atienza, quiso visitar los dos localidades en un mismo día. No hizo lo que se le hubiera ocurrido a cualquiera de los treinta y ocho millones de españoles e incluso al 99 por ciento de los empresarios más poderosos del país.

El ministro Atienza no utilizó el coche oficial. Su secretaría envió el día anterior un fax al Grupo 45 de las Fuerzas Aéreas y ordenó que le tuvieran preparado para el día siguiente, a las 9.45 horas, un helicóptero Sikosky, de nueve plazas, en la base militar de Cuatro Vientos, al este de Madrid.

El helicóptero hizo el recorrido de ida y vuelta en cuatro horas pero entre el tiempo perdido en calentar motores en cada uno de los trayectos y la preparación del viaje consumió algo más de seis horas, prácticamente lo mismo que se tarda en hacer por carretera el recorrido Madrid-Mérida-Pozoblanco-Madrid.

El coste, en cambio, no fue el mismo. Cuando el 8 de marzo de 1996 Rafael Sanchis Pons, coronel jefe de la base de Cuatro Vientos y jefe del ala de helicópteros, envió la factura, el Ministerio de Agricultura tuvo que desembolsar 1.515.682 pesetas.

Cada hora de vuelo, sin contar los gastos de manutención ni las dietas de la tripulación, había costado 376.723 pesetas al erario público. La nota interna de la división de operaciones del Ejército del Aire llevaba el número 48, lo cual indica que en los diecinueve primeros días de enero de 1996 otros cuarenta y siete altos cargos del Gobierno habían utilizado los medios del Ejército del Aire para desplazarse tanto dentro como fuera de España.

Según los datos oficiales, el Gobierno dispone para los desplazamientos del Rey y su familia, del Presidente del Gobierno y su familia, y de los ministros una flota de nueve aviones y doce helicópteros[12]. La cantidad y variedad de medios aéreos permiten programar cualquier tipo de viaje, desde los transoceánicos hasta los desplazamientos a lugares inaccesibles del territorio nacional.

El Gobierno anterior hizo un uso abusivo del transporte aéreo hasta el punto de que para desplazarse desde Valladolid a Pamplona —dos horas por carretera— el ministro Atienza empleó el 16 de febrero de 1996 un Aviocar del ala de transporte número 37 de la base de Villanubla, que facturó al Gobierno 864.933 pesetas. Apenas diez días antes el titular de Agricultura tenía previsto volar al archipiélago canario, y para desplazarse a cuatro islas (Gran Canaria, Lanzarote, La Palma y Tenerife) con un séquito de veintidós periodistas locales el jefe del Gabinete del ministro cursó instrucciones al Ejército del Aire para que le tuvieran preparados dos aparatos Aviocar 212 en el aeropuerto de Tenerife Norte (Los Rodeos) el 2 de febrero[13].

---

[12] Tres Boeing 909 para vuelos transoceánicos. Uno de ellos tiene una capacidad de 134 plazas y los otros dos, de 82. De estos dos últimos, uno está equipado con un sistema de guerra electrónica, similar al Number One de la Casa Blanca. Para vuelos medios y cortos el Gobierno cuenta con dos Falcon 90 (Mystère) de 14 plazas, un Falcon 50 de 9 plazas y tres Falcon 20 de 6 plazas. Todos ellos tienen su base en el aeropuerto de Torrejón de Ardoz. Para viajes a lugares donde no haya aeropuertos se dispone de doce helicópteros Sikosky fabricados en los Estados Unidos. Todos estos aparatos dependen del Ejército del Aire y forman el llamado Grupo 45. Sin embargo, en viajes cortos o para desplazarse a aeropuertos de tercer nivel suelen emplearse también aviones de hélice como el Aviocar 212, fabricado por Construcciones Aeronáuticas, o su versión mejorada y con más capacidad, coproducido por España e Indonesia en la factoría de Nurtanio.

[13] Los autores del libro ignoran si este viaje se llegó a realizar ya que no disponen de las facturas del mismo sino de las notas internas del Ministerio de Agricultura, Pesca y Alimentación solicitando el servicio.

El capítulo de gastos de la flota aérea es, con mucho, el más importante de todos los realizados por el anterior Gobierno. Si un capricho de Alfonso Guerra al no querer guardar cola como cualquier otro español en la frontera de Ayamonte (Huelva), a comienzos de los noventa, le costó al contribuyente más de un millón de pesetas al pedir que fuera un Mystère a recogerlo desde Madrid, sólo los ochenta y nueve viajes realizados el año pasado por miembros del Gobierno a la Unión Europea representaron del orden de mil millones de pesetas en combustible y gastos de tripulaciones [14].

De ahí que cada uno de los ministros más viajeros del Gobierno —Jorge Semprún Maura, Jordi Solé Tura, Carmen Alborch, Julián Campo, José Borrell, Narcís Serra, Carlos Solchaga, José Barrionuevo, José Luis Corcuera, Fernando Morán, Francisco Fernández Ordóñez, Javier Solana, Juan Alberto Belloch, Julián García Vargas y Gustavo Suárez Pertierra— le haya supuesto medio centenar de millones de pesetas al contribuyente por cada año de permanencia en el cargo.

* * *

En mayo de 1995, unos empresarios mexicanos que suelen viajar todos los años a España a presenciar las corridas de toros de San Isidro se fueron a comer al restaurante Zalacaín de Madrid.

Finalizado el almuerzo, mientras disfrutaban de la consiguiente copa de coñac y se deleitaban con un buen habano, pidieron la cuenta y un taxi que los trasladara a la plaza de toros.

Cuando les llegó la factura y leyeron el precio final, a uno de los comensales casi se le salen los ojos de las órbitas.

—Hombre, ¿tanto ha subido la vida en España en un año? —preguntó.

El *maître* revisó con detenimiento la nota. Observó que, por un error involuntario, la calculadora de caja había aña-

---

[14] El Grupo 45 de las Fuerzas Aéreas factura la hora de vuelo de un Falcon 50, el clásico Mystère, a 282.370 pesetas, siempre que no haya que abonar derechos de sobrevuelo a terceros países ni tasas aeroportuarias.

dido un cero más. Así, las 45.000 pesetas de la cuenta se habían transformado automáticamente en 450.000.

Tras pedir las disculpas oportunas y rehacer el impreso, el responsable del establecimiento fue a la caja y revisó el único cargo efectuado anteriormente, abonado por unos clientes con «tarjeta oro». Como presuponía, también se había producido un error.

—¿Y quiénes son esos clientes tan estupendos que no revisan las facturas y pagan sin rechistar 956.000 pesetas por 95.600? —preguntaron los mexicanos.

—Altos cargos del Ministerio de Economía y Hacienda. Pero con ellos no hay problema. Mañana, cuando vuelvan, lo solucionaremos —respondió el *maître*.

Y es que las «tarjetas oro» y las comidas en restaurantes de lujo fueron entre 1982 y 1994 uno de los hábitos más extendidos entre los gobernantes cuya cleptomanía con los dineros del Estado se extendió por amplias capas de la Administración. En 1994 el diputado del Partido Popular José Macías preguntó al Gobierno cuántas tarjetas Visa Oro había en la Administración. La respuesta del Ejecutivo a la Cámara se centró sólo en la Presidencia y en media docena de ministerios.

Había entonces treinta y cuatro cargos que empleaban la tarjeta de crédito como medio de pago de sus gastos corrientes, entre ellos la ministra de Cultura, Carmen Alborch; el ministro de Economía, Pedro Solbes; el de Comercio y Turismo, Javier Gómez Navarro; el de Obras Públicas, José Borrell, y el de Industria, Juan Manuel Eguiagaray.

Tras la llegada del Partido Popular al poder ha quedado patente que este hábito correspondía a otras muchas personas. Pese a que la tarjeta corporativa está prohibida por ley en la Administración, los directivos de al menos doscientas empresas públicas disponían de «tarjeta oro» contra la que cargaban sus gastos de restaurantes, alquiler de coches y billetes de avión.

En una de las empresas analizadas, Alimentos y Aceites (Alicesa), se demostró que la factura pagada por el uso de la tarjeta de crédito como gastos de representación alcanzaba un promedio de 900.000 pesetas al mes. Una cantidad no excesiva si se considera que algunos de sus directivos habían viajado en los últimos años a Brasil, Argentina —incluidas las cataratas de Iguazú—, Cuba y México supuestamente para promocionar el consumo de aceite de oliva andaluz.

Pero el despilfarro y el uso abusivo y partidario de los bienes del Estado no lo fue todo en los pasados lustros.

* * *

A mediados de mayo de 1996 Francisco Maruhenda, periodista y profesor universitario, se incorporó como jefe del Gabinete del ministro para las Administraciones Públicas. Una de las primeras cosas que hizo fue echar un vistazo a las diversas salas del edificio que ocupa el ministerio, situado en el número 3 del paseo de la Castellana.

En el inmueble, un viejo palacete del siglo XIX, se encuentran los retratos de todos los Presidentes del Gobierno existentes entre 1912 y 1976, debido a que en ese periodo se celebraron allí los consejos de ministros.

Sin embargo, cuando Maruhenda repasó con detenimiento las salas por segunda vez echó de menos dos lienzos, el del almirante Luis Carrero Blanco y el de Carlos Arias Navarro.

Hizo indagaciones y descubrió que, entre 1982 y 1996, alguien debió mandar retirarlos, ya que las dos obras figuran en inventarios anteriores. La desaparición de los cuadros forma parte del deseo de muchos socialistas de reescribir la historia de España, obsesión que no se compartió durante la Guerra Civil —nadie mandó entonces quitar el cuadro de Miguel Primo de Rivera, por ejemplo—, ni tan siquiera por algunos líderes autoritarios de otros países, como el propio Fidel Castro. En una visita al Museo de la Revolución de La Habana pueden contemplarse juntos los retratos de Castro, el Che Guevara y Rolando Cubelas, el líder estudiantil que tomó la capital cubana y luego «traicionó» a la revolución. Nadie ha mandado quitarlo.

Claro que de empezar a reescribir la historia probablemente habría que pedirles a los ex ministros socialistas Julián García Vargas, Carlos Solchaga, Narcís Serra, Antonio Asunción, Julián García Valverde y Vicente Albero, y al ex fiscal general del Estado Eligio Hernández que empezaran por devolver al Tesoro público los dos años de sueldo que han cobrado de la Administración al cesar en sus cargos, según la legislación vigente.

Alfonso Guerra González dimitió el 14 de enero de 1991 por los escándalos de su hermano. Julián García Valverde dejó el Ministerio de Sanidad el 14 de enero de 1992 por el «caso San Sebastián de los Reyes». Carlos Solchaga se vio obligado a dejar el Ministerio de Economía y Hacienda el 7 de junio de 1993 a raíz del *«affaire* Ibercorp». Antonio Asunción abandonó la cartera de Interior el 5 de mayo de 1994 tras la fuga del ex director general de la Guardia Civil Luis Roldán. Narcís Serra y Julián García Vargas tuvieron que abandonar la Vicepresidencia del Gobierno y el Ministerio de Defensa, respectivamente, el 2 de julio de 1995 por los «papeles del Cesid». Eligio Hernández usurpó durante años el cargo de fiscal general del Estado sin tener derecho a ello. Por último, Vicente Albero Silla dejó el Ministerio de Agricultura, Pesca y Alimentación el 5 de mayo de 1994 al aparecer relacionado con el «caso Ibercorp». Según la Base Nacional de Datos del Ministerio de Economía y Hacienda y el Registro Central de Personal del Ministerio para las Administraciones Públicas, a ninguno de ellos se le privó de sus derechos a seguir percibiendo el sueldo oficial durante veinticuatro meses, tras dejar obligatoriamente el cargo.

La asignación, establecida por ley, se supone que es una forma de retribución con la que el Estado compensa a sus servidores fieles cuando cesan en sus mandatos para que no necesiten buscar trabajo al día siguiente y se vean afectados por la Ley de Incompatibilidades. Sin embargo, parece muy dudoso que el mismo criterio se les deba aplicar a aquellos ministros que han tenido que abandonar la política por escándalos de corrupción.

—Supone premiar por igual a malos y buenos, a los que han cumplido honradamente con su tarea y a los que ha habido que expulsar de la política —reconocen en Administraciones Públicas.

Claro que para una Administración acostumbrada a derrochar el dinero y a adquirir informes externos por centenares de millones, qué más daba pagarles unos cuantos millones de más a los compañeros del partido.

* * *

En noviembre de 1994 el diputado del Partido Popular Manuel Núñez convocó una rueda de prensa en el Congreso de los Diputados para informar de un hecho desconocido hasta entonces por la opinión pública. Cuatro ministerios —los de Obras Públicas, Justicia e Interior, Economía y Cultura— se habían gastado más de 22.000 millones de pesetas en la adquisición de informes externos durante el año en curso.

Núñez, ex ministro de la UCD, había llegado a esa conclusión después de que una secretaria del partido leyese a lo largo de once meses el *Boletín Oficial del Estado* y anotase los contratos de servicios externos que se adjudicaban día a día y que aparecían reflejados en la gaceta oficial.

Lo escandaloso de la cuestión era que muchos de los trabajos que se contrataban en el exterior podían haberse realizado perfectamente por los funcionarios del Estado, cuya plantilla se había incrementado en más de 600.000 personas en los últimos años, tal y como se cuenta en otro capítulo.

Pero no era sólo el Gobierno el que dilapidaba el dinero de esa manera. En 1994 y 1995 la Secretaría General de Turismo contrató a su vez informes por más de doscientos millones que se concedieron «a dedo» a empresas cercanas a la UGT.

Algunos de los trabajos, como *Estampida medieval, Potencial del Camino de Santiago* o *Estudio sobre subvenciones a empresas de ferretería y bricolaje,* eran tan extraños que nadie conocía su utilidad, especialmente el referente al Camino de Santiago, que se realizó cuando ya había finalizado el Año Jacobeo.

El Ministerio de Cultura, por su parte, volvió a contratar en 1995 estudios por más de 1.200 millones fuera del departamento, lo que valió una interpelación al subsecretario de Cultura, Enrique Linde Paniagua, por parte del diputado del PP por Barcelona Sergio Gómez-Alba.

Todos estos hechos no eran nuevos y desde mediados de los ochenta el Tribunal de Cuentas, tanto en su informe anual de fiscalización de las cuentas del Estado como en los informes especiales sobre empresas públicas y ministerios, venía llamando la atención sobre las decenas de miles de millones de pesetas que los ministros gastaban en la compra de informes técnicos injustificados [15].

Uno de los casos más recientes, en este sentido, lo detectó el ministro Rafael Arias Salgado al incorporarse al Ministerio de Fomento. Su antecesor, José Borrell, por medio de Aeropuertos Nacionales (Aena) y de otros organismos había mandado elaborar informes sobre los pros y contras de las privatizaciones de los puertos y aeropuertos.

Por los trabajos se pagaron doscientos millones de pesetas. Sin embargo, en los archivos públicos no aparecen ni los originales ni las copias de los documentos. Sus antecesores, supuestamente, se los llevaron para tener una batería de argumentos con los que combatir a José María Aznar si decidía privatizar estas infraestructuras, tal y como hizo Margaret Thatcher en el Reino Unido en la década de los ochenta. La picaresca socialista llegaba a esos extremos al tiempo que mantenía en casi todos los ministerios a centenares de funcionarios inactivos, entre ellos decenas de periodistas.

* * *

Todos los viernes, tras la celebración del Consejo de Ministros en el palacio de La Moncloa, el portavoz del Gobierno, Miguel Angel Rodríguez, suele encerrarse unas horas con los jefes de Prensa de los miembros que componen el Gabinete para coordinar la labor informativa de la semana siguiente.

El objetivo que se persigue es evitar que comparezcan varios ministros el mismo día ante la prensa, para que no se pisen unos a otros las noticias emanadas del Gobierno.

---

[15] En el informe anual correspondiente a 1992 el Alto Tribunal censuraba, por ejemplo, a veintiséis sociedades estatales por el dispendio de 18.386 millones en asesoramiento y propaganda, contratados externamente.

—Si dosificamos la información y nos ponemos de acuerdo entre nosotros podemos estar todos los días en las primeras páginas de los periódicos —les había advertido el portavoz del Gobierno.

La práctica del retiro semanal, instaurada desde la llegada de José María Aznar al poder, no se ha roto ni un solo día. El 17 de mayo de 1996, Rodríguez y sus trece jefes de Prensa tenían otro tema de que hablar: el elevado número de periodistas contratados por los gabinetes de Prensa de los ministerios.

—Nosotros, entre Educación y Cultura, tenemos dieciocho gabinetes donde trabajan setenta y seis personas entre periodistas, fotógrafos y ordenanzas —señala Isabel Cubells, asesora de imagen de Esperanza Aguirre [16].

—En Fomento, incluyendo a la gente de los organismos autónomos (Telefónica, Aena y Correos), somos cuarenta y tres personas, incluyendo a documentalistas, secretarias y fotógrafos —cuenta Antonio Vega, jefe de Prensa de Rafael Arias Salgado.

—Pues yo tengo a cuarenta y cinco, uno de ellos negro para dar la nota de color —agrega Isidro Cuberos, jefe de Prensa de Javier Arenas.

Dos semanas después de aterrizar en sus respectivos ministerios, el Gobierno se había enterado de que había heredado de sus antecesores una legión de más de mil quinientos periodistas, que prestaban sus servicios en ministerios, empresas públicas y organismos autónomos.

Rodríguez no podía entenderlo. Sólo con los 263 profesionales de la información que acudían todos los días a hacer boletines al edificio Regiones del palacio de La Moncloa se podía editar un periódico de la entidad de *ABC, El País* o *El Mundo* y, probablemente, aún sobraría gente para hacer otras publicaciones.

A pesar de la existencia de este «ejército» de periodistas la Administración seguía dependiendo del exterior. Así, to-

[16] El jefe de Comunicación del ministerio, Manuel Soriano, no se había incorporado aún al cargo.

dos los ministerios tenían contratados boletines de prensa con empresas privadas de comunicación, lo que suponía un desembolso global de más de mil millones de pesetas.

En el caso del Ministerio de Obras Públicas, el boletín de recortes de prensa, por el que se pagaban siete millones anuales, se adquiría a una sociedad ligada a uno de los empleados del propio ministerio que se garantizaba, de esta manera, un sobresueldo.

Obras Públicas editaba, además, un boletín de teletipos cada dos horas, del que se hacían sesenta fotocopias que se distribuían entre los otros tantos directores generales del organismo. En la impresión fotostática de este boletín se gastaban cuarenta mil folios diarios.

El enorme volumen de trabajo planteaba un problema: las fotocopiadoras se averiaban con facilidad y los técnicos tardaban varios días en repararlas. La solución que se arbitró por los distintos gobiernos socialistas fue ordenar que, en lugar de comprar las fotocopiadoras, se alquilaran a una empresa del sector, con la condición de que desplazara a uno de sus técnicos de forma permanente al ministerio para arreglarlas.

Para la distribución del boletín a las distintas dependencias del ministerio, diseminadas por todo Madrid, se había contratado un servicio externo y permanente de mensajería. Por lo tanto, que sesenta altos cargos de un ministerio estuvieran informados le representaba al Gobierno casi tanto como editar un periódico.

El problema era idéntico en los dieciséis ministerios del Gobierno socialista. En la era de Internet y del correo electrónico, decenas de personas se dedicaban en cada dependencia a recortar las mismas noticias, a fotocopiarlas y a hacerlas llegar a sus jefes, con lo que los gastos en folios, *tonner,* reparación de máquinas y mensajeros se multiplicaban por el número total de beneficiarios.

A todo ello había que añadir el enorme volumen de *euroletters,* informes y boletines supuestamente confidenciales que se contrataban con empresas externas, tanto desde los ministerios como desde las sociedades públicas, muchos de los cuales iban directamente a las papeleras.

Este nuevo derroche de centenares de millones de pesetas constituía, en gran parte, una especie de «peaje» que los responsables de prensa de los ministerios pagaban a sus amigos. Su objetivo no era otro que el de garantizarse un tratamiento benévolo en determinados boletines y contrarrestar, a través de publicaciones de difusión restringida y elitista, las noticias desfavorables que aparecían en los medios de comunicación social de masas, difundiendo versiones sesgadas y parciales que distorsionaban la realidad.

De esta manera, cualquier método para mantenerse en el poder era válido. En mayo de 1996, cuando el periodista Eulogio López fue contratado como jefe de Prensa del ministro de Industria, Josep Piqué, de las cincuenta primeras llamadas que recibió, veinte eran de periodistas externos que vendían un confidencial al ministerio a un coste que se situaba entre cuatro y diez millones al año. Todos ellos pretendían que el nuevo Gobierno les renovara el contrato.

López y otros jefes de Prensa se quejaron al portavoz del Gobierno, Miguel Angel Rodríguez, y al jefe de Prensa del Presidente, Francisco García Diego. El Gobierno ordenó entonces elaborar un estudio en todos los organismos públicos para averiguar el número de informes que se adquirían fuera y el volumen de dinero que se gastaba en publicidad.

Las cifras detectadas harían temblar a cualquier persona ajena a la Administración. Los anteriores gobernantes compraban en el exterior más de doscientas publicaciones supuestamente confidenciales que, en la práctica, eran meros «refritos» de lo que traían los periódicos. Las inversiones en publicidad superaban cualquier estimación por maximalista que ésta fuera.

El Estado era, junto con el sector del automóvil, el primer cliente publicitario de periódicos, revistas, emisoras de radio y cadenas de televisión, especialmente en periodo preelectoral. El Ministerio de la Presidencia, por ejemplo, se había gastado quinientos millones de pesetas en el segundo semestre de 1995 para anunciar que Felipe González iba a presidir por segunda vez la Unión Europea; Asuntos Sociales derrochó otros seiscientos millones para dar a conocer las campañas del Inserso en los meses de enero y febrero de 1996, y Obras Públicas, más de mil quinientos en contar por cuarta o quinta vez al país el plan de infraestructuras a punto de finalizar, como mecanismo para obtener un puñado de votos más.

¿Qué hizo la Oficina del Portavoz del Gobierno con toda esa explosiva información? Había dos posibilidades: denunciar el descontrol financiero de sus antecesores ante la opinión pública u ocultarlo e impartir instrucciones para que se recortaran los gastos superfluos en el futuro. Pues bien, lo cierto es que no se tomó ni una ni otra medida, salvo reducir la compra de algunos confidenciales realizados por «empresas» ligadas a informadores cercanos al PSOE.

«¿Para qué pelearnos ahora con colectivos profesionales relevantes si dentro de unos años necesitaremos de todas esas personas para que nos ayuden a ganar las elecciones? No olvidéis que el PP es un partido político con vocación de permanencia y no un grupo de iluminados que viene a salvar la sociedad y a combatir la corrupción.» La respuesta de uno de los ministros del actual Gobierno es otra explicación más de por qué el Partido Popular, una vez instalado en el poder y controlados todos los resortes y mecanismos de la Administración, renuncia a regenerar las instituciones y prefiere pasar página.

Claro que, como decía Georges Santayana, quienes no pueden recordar el pasado están condenados a repetirlo.

CAPITULO CINCO

UE: EL PRECIO DE SER EUROPEOS

Durante la etapa socialista, el Gobierno español ha sido sancionado por la Unión Europea con más de medio billón de pesetas, que le ha sido descontado de las ayudas que la Comunidad presta al país. Las infracciones en materia agrícola (cuota láctea y reconversión de viñedos), de pesca e industrial han forzado a las autoridades de Bruselas a imponer fuertes multas y a recortar las ayudas estructurales en varios centenares de miles de millones de pesetas. El pago de comisiones por las obras del AVE, el Plan Nacional de Carreteras y el incremento del déficit público pueden suponer nuevos reveses, entre ellos, la pérdida de los fondos de cohesión europeos, por los que España debe ingresar seis billones de pesetas antes de 1999. Como telón de fondo, la pésima estrategia negociadora del PSOE durante la etapa previa al ingreso de España en el Mercado Común, que desarmó arancelariamente al país. A causa de esta nefasta política muchas empresas españolas fueron compradas a precios de saldo por las multinacionales para quedarse con su cuota de mercado interno y fueron posteriormente desmanteladas.

Carlos Romero Herrera fue el ministro de la etapa González que más duró en la cartera de Agricultura, Pesca y Alimentación. Se incorporó al ministerio en diciembre de 1982 y fue sustituido por Pedro Solbes el 12 de marzo de 1991.

No parece, sin embargo, que haya dejado muy buen recuerdo entre los agricultores, ganaderos y pescadores españoles. Su cuadro oficial, un óleo sin firmar, muestra su figura, recia y con mostacho, en toda su plenitud tras una mesa tendiendo la mano para coger un papel. Es el único lienzo que está protegido por un cristal en la galería de personajes ilustres del Ministerio de Agricultura, un palacete neoclásico diseñado por el arquitecto Ricardo Velázquez Bosco a finales de siglo XIX, situado en el paseo de la Infanta Isabel de Madrid, que se estudia en los libros de arquitectura por tratarse de una pieza urbanística singular.

—Ha habido que tomar una decisión así porque varias veces los representantes de las agrupaciones del campo han intentado rociarlo con botes de pintura cuando venían a negociar con la Administración —dice Francisco Delafuente, asesor de comunicación de la ministra Loyola de Palacio.

No es esa la única «represalia» que el sector del campo, que da trabajo aún a un millón de trabajadores activos, ha tomado con un inocente e inofensivo retrato. Los bedeles recuerdan que en ocasiones ha aparecido colgado boca abajo o de cara a la pared. Lo que parece demostrar que casi catorce años después de que el Gobierno del PSOE llegara al poder, muchos españoles de a pie no lo quieren ver ni en pintura.

Razones no les faltan a los agricultores y ganaderos. Fue en la etapa de Carlos Romero cuando España negoció el acuerdo de adhesión con la Comunidad Europea y en aquel periodo era preciso conjugar los intereses agrícolas, ganaderos y pesqueros españoles con los de los otros socios comunitarios, especialmente franceses e italianos, que no querían que los vinos y el aceite de oliva españoles les hicieran competencia.

En todas estas materias España salió perdiendo. No se debió, en algunos casos, a que Carlos Romero y su equipo fueran malos negociadores. Tampoco a que cedieran en todo lo que les pedían sus interlocutores siguiendo la filosofía del presidente Felipe González y de los ministros de Asuntos Exteriores socialistas, Fernando Morán López y Francisco Fernández Ordóñez, quienes pensaban que lo importante era entrar, aunque hubiera que hacer concesiones. Convertidos en miembros de pleno derecho —pensaban—, muchas de las materias podrían renegociarse en mejores condiciones.

Las razones de su nefasta política están más cerca de un tebeo de *Mortadelo y Filemón*. Carlos Romero tenía entonces un miedo insuperable a los aviones, por lo que sus viajes a Bruselas —adonde tenía que desplazarse casi semanalmente— los hacía en tren. Como la puntualidad de los ferrocarriles españoles no era algo de lo que el país pudiera sentirse orgulloso, muchas veces llegaba tarde a los debates, cuando importantes decisiones estaban ya tomadas.

Eso explica que cuando se negoció la cuota láctea, el número de toneladas por año de leche asignado a nuestra cabaña ganadera, el equipo de Romero aceptara como buena la imposición europea de limitar la producción a 5,4 millones de toneladas anuales, un millón y medio menos de las que España necesita para cubrir el consumo nacional.

De esta manera, desde 1987 se viene originando en España una situación rocambolesca. Las centrales lecheras nacionales necesitan importar un millón de toneladas del producto de otros países de la Unión Europea para abastecer a la población. Mientras, los ganaderos gallegos y asturianos, que representan el 60 por ciento de la producción láctea del país, se ven abocados a sacrificar su cabaña, o a exponerse y sacar al mercado un exceso de leche para sobrevivir, lo que origina fuertes multas de la Comunidad.

* * *

El 12 de junio de 1985 fue un gran día de fiesta para el Estado español. Tras varios años de duras y arduas negociaciones, en una calurosa tarde y con un gran aparato protocolario, Felipe González como Presidente del Gobierno firmaba en Madrid el Tratado de Adhesión de España a la Comunidad Económica Europea, a la Organización Europea de Energía Nuclear (Euratom) y a la Comunidad Europea del Carbón y del Acero (CECA).

La ceremonia se celebró en el Palacio Real bajo la presidencia del Jefe del Estado y con la asistencia de más de trescientas personalidades del mundo de la política, la economía, la diplomacia y las letras. Televisión Española la retransmitió a todo el país. Uno de sus locutores explicó que el acto suponía el fin de un proceso iniciado sin éxito en 1957 por el general Franco y culminado veintiocho años después por Felipe González. Entre tanto, España había dejado de ser una dictadura y se había dotado de una Constitución democrática que consagraba la existencia de un régimen de libertades con partidos políticos, sindicatos y elecciones por sufragio universal.

La entrada de facto en la Comunidad se produciría seis meses después, el 1 de enero de 1986. El primer impacto que causa sobre la economía española se produce por la implantación del Impuesto del Valor Añadido (IVA), que grava los productos y servicios entre un 6 y un 33 por ciento con una repercusión inmediata en la inflación. Meses más tarde comenzarían los desarmes arancelarios y el proceso de acercamiento que culminaría en 1992, con la adhesión plena.

Sin embargo, en 1987 empiezan los primeros problemas derivados de los reajustes agrícolas, ganaderos e industriales. A comienzos de año, el comisario europeo de Agricultura, Frans Andriessen, remite al Consejo de Ministros de la Comunidad un voluminoso informe sobre España.

En el documento se explica, con todo tipo de detalles, cómo el país viola sistemáticamente los acuerdos sobre reducción del cupo lácteo. España, que se ha comprometido a producir un total de 5,4 millones de toneladas de leche, ha sobrepasado con creces esa cifra.

El comisario Andriessen propone, además, que se impongan las sanciones reglamentarias al país infractor por no haber abonado voluntariamente la tasa suplementaria —la llamada «supertasa»— y vulnerar así la normativa comunitaria [1].

La decisión es recurrida por el ministro español, Carlos Romero. El titular de Agricultura del primer Gobierno de González explicó que las cifras no eran tan altas y solicitó aportar la documentación que en esos momentos estaba elaborando el Servicio Nacional de Productos Agrarios (Senpa).

---

[1] Los reglamentos R857/84 y R3950/92 de la comisión y el Real Decreto 324/94 que desarrolla y aplica la normativa en España.

Lo cierto era que el ministro Romero se dedicaba a aplicar al campo una política de *laissez faire, laissez passer* y no ejercía ningún tipo de control sobre los ganaderos, violando la normativa comunitaria en esta materia. Un informe interno de la Comunidad revelaba que 826 ganaderos acogidos meses antes al plan de abandono lácteo cobraron las primas establecidas a tal efecto por la Comunidad, pero habían seguido produciendo y vendiendo leche fuera de cuota. Otros 1.117 lo hacían también pero incluso al margen de toda reglamentación.

El problema no residía en que los ganaderos españoles fueran igual o más transgresores de la legalidad que el resto de sus colegas europeos[2]. Lo lamentable era que la dura política comunitaria admitida por la negligente Administración socialista fijaba para el país unos niveles de producción mínimos que no llegaban ni a satisfacer las necesidades de consumo interno, cifradas entonces en un millón y medio de toneladas por encima de la cuota pactada con la Comunidad Europea.

De esa manera, al estar atado de pies y manos el Gobierno de Felipe González, su ministro de Agricultura ordenó que el erario público español se hiciera cargo de la sanción y no se pasara la «factura» a los ganaderos responsables de vulnerar la normativa comunitaria. El Gobierno trataba así de capear el malestar social endémico del campo español, ante la falta de incentivos, agravándose a partir de 1991 por la política cada vez más restrictiva que imponía la CE.

El ministro Romero, además, tampoco toma las medidas adecuadas para que el hecho no se repita al año siguiente. Por razones políticas y electoralistas, su partido le ordena que se quede cruzado de brazos[3].

Así, la Comunidad Europea vuelve a sancionar a España año tras año. El 12 de marzo de 1991, Pedro Solbes Mira

---

[2] Italia, Francia, Irlanda y el Reino Unido habían superado también la cuota láctea en ese periodo.

[3] Al año siguiente, en 1990, se celebraban elecciones autonómicas en el País Vasco y Andalucía y el Gobierno no quería enfrentarse a los ganaderos.

sustituye a Romero al frente de Agricultura, Pesca y Alimentación. Cuando viaja por primera vez a Bruselas se encuentra con que España tiene que pagar 351.000 millones de pesetas de multa.

Solbes es doctor en Ciencias Políticas y diplomado en Economía por la Universidad Libre de Bruselas. Ha trabajado como asesor comercial de la embajada de España en la capital comunitaria y ha formado parte del primer comité negociador con la Comunidad Europea. Conoce, por tanto, el terreno que pisa y trata de buscar una solución definitiva al problema.

En 1991 y 1992 negocia con su homólogo europeo de Agricultura, el irlandés Roy Mac Sharry, que se modifique la cuota y se autorice a España a incrementar el volumen de producción de leche. Utiliza toda clase de argumentos. El más convincente de todos, que el Gobierno de Felipe González había negociado la entrada de España en el Mercado Común utilizando estadísticas de 1981, sin actualizar, que no reflejaban los datos reales de consumo interno de productos lácteos.

La Unión Europea envía en 1992 a Madrid a sus expertos para confirmar la información. Verifican que los datos son correctos y el Consejo de Ministros autoriza a España a elevar su producción en 500.000 toneladas. Como se trata de un defecto de origen, el «sanedrín» comunitario le permite además aplicar retroactivamente seiscientas mil toneladas de exceso de producción a «ejercicios anteriores».

La sanción queda rebajada así a la cifra de 201.000 millones de pesetas. A cambio de estas «concesiones» el Gobierno tiene que comprometerse a admitir la normativa que establece la cuota láctea, rechazada reiteradamente por su antecesor.

Solbes acepta encantado. Pero, pese a su buena voluntad, no aborda el asunto globalmente y deja sin resolver el problema de los ganaderos españoles. Sin ningún tipo de control gubernamental ni de autorregulación interna, el sector continúa vulnerando la legislación europea. Hasta que, en 1993, las autoridades comunitarias, que el año anterior han aprobado un nuevo reglamento, se ponen serias y lo aplican a rajatabla a los países miembros.

* * *

El 6 de mayo de 1996, cuando Loyola de Palacio toma posesión como nueva ministra de Agricultura, Pesca y Alimentación, uno de los primeros problemas que se encuentra sobre la mesa es que en el año anterior los ganaderos españoles han producido 126.177 toneladas más de leche sobre el cupo permitido.

Cuando llega a Bruselas en su primera visita oficial se siente agradablemente sorprendida por el recibimiento que le tributan sus colegas. El embajador español ha ido a recogerla al aeropuerto y cuando la deja ante las puertas del Consejo, en la capital belga, los ministros de Agricultura se pelean por saludarla.

Más tarde, con la misma amabilidad que la han acogido, le comunican la nueva sanción que debe pagar el Estado español: 80.000 millones de pesetas.

De regreso a España, la ministra de Agricultura pide un informe a los técnicos de su departamento. Se entera así de que hay ganaderos que venden su cupo a compañeros suyos y continúan produciendo y de otros que actúan abiertamente al margen de la ley, sin triquiñuelas.

De esta manera, la incapacidad manifiesta de los sucesivos gobiernos socialistas para negociar le han supuesto al Tesoro público 281.000 millones de pesetas al decidir no trasladar las multas a los infractores por los problemas sociales que acarrearía en el campo.

Todo ello genera un panorama tan pintoresco como grotesco. Mientras España es deficitaria en un millón y medio de toneladas de producción láctea, la Unión Europea penaliza a los ganaderos por sobrepasar unos cupos establecidos de forma aleatoria, por la incapacidad de unos políticos incompetentes, y obliga a las centrales lecheras y productoras de derivados lácteos nacionales a adquirir en 1996 cerca de 500.000 toneladas de leche a otros países miembros. Los ganaderos siguen violando el reglamento porque para muchos de ellos es la única vía de supervivencia de sus explotaciones industriales. El resultado es que para que no se produzca una movilización en el campo los españoles llevan diez años pagando a Bruselas un «impuesto» injusto que, además, desconocen.

Ante este difícil y complicado panorama a Loyola de Palacio, la única mujer soltera del Gobierno Aznar, no le queda más remedio que buscar soluciones. Lo lamentable es que con los 281.000 millones que hay que pagar a Bruselas —algo más que el coste de las pensiones no contributivas en un año— se podían haber arreglado durante el tiempo perdido los problemas de los ganaderos.

* * *

En septiembre de 1988, el Consejo de Ministros de la Comunidad Europea decidía suspender *sine die* las ayudas estructurales a la renovación de las flotas pesqueras de los países comunitarios.

La medida perjudicaba a una serie de Estados miembros, todos ellos bañados por el mar y con barcos de pesca, como Portugal, Francia e Italia. Pero el país más afectado sin duda alguna resultaba España con 7.890 kilómetros de costa y una flota de casi 23.000 barcos, que suponían en su conjunto 700.000 toneladas de registro bruto y que habían capturado un total de 1,6 millones de toneladas de pescado en todo el mundo [4].

La actitud de la Unión Europea era la respuesta a España y a otros países como consecuencia de un monumental fraude montado años antes con las subvenciones concedidas para el desguace y la renovación de la flota, operación a la que no fue ajeno el Gobierno de Felipe González y, en concreto, la Dirección General de Ordenación Pesquera.

El caso arranca de mucho antes de la entrada de España en la CE. A comienzos de los años ochenta, el país tenía junto con Japón, Corea y la ex Unión Soviética una de las flotas más grandes del mundo, y los barcos españoles surcaban todos los mares para capturar especies marinas allí donde las hubiera.

---

[4] *Anuario Estadístico de Pesca,* años 1983-1993 editado por la FAO.

A comienzos de la década, sin embargo, la mayoría de las naciones ribereñas de Africa y Sudamérica se dan cuenta de que la pesca es un recurso renovable que estaba sometido a sobreexplotación por parte de potencias extranjeras. Son conscientes también de que constituye una importante fuente de ingresos económicos inexplotados por sus gobiernos por falta de medios y comienzan a ampliar sus aguas jurisdiccionales [5].

De esa manera, las flotas gallega, andaluza y vasca —las tres más importantes por tonelaje y número de unidades— comienzan a ser expulsadas paulatinamente de sus tradicionales caladeros en Angola, Cabo Verde, Guinea Bissau, Guinea Conakry, Senegal y Marruecos.

A partir de 1982, cuando se produce la salida de los bacaladeros de Terranova, el Gobierno adopta una decisión drástica. Elabora un plan de desguace de la flota, para reducirla aproximadamente a la mitad, e incentiva a aquellos armadores que estén dispuestos a deshacerse de sus pesqueros pagándoles el 50 por ciento del valor de cada barco.

Con el tiempo, sin embargo, la picaresca hispana acaba imponiéndose. Así, más de dos centenares de pesqueros, que prácticamente no servían ni para chatarra, acaban desguazados en los astilleros. Sus propietarios obtienen unos ingresos bastante saneados para dedicarse a otras actividades.

Los dueños de algunas flotas logran de la Dirección General de Ordenación Pesquera la falsificación de los registros duplicando y, a veces, triplicando el tonelaje. Con ello el Estado acaba pagándoles sus barcos como si fueran nuevos e incluso abonándoles dos pesqueros por el precio de uno.

La falta de escrúpulos de algunos armadores y la connivencia de sectores del Gobierno, que vieron en ello una vía de financiación para el partido, llegó a ser tal que «en lugar de pequeños barcos lo que parecía que se estaba desguazando era la Marina de los Estados Unidos», reconoce un alto cargo de la Administración socialista.

---

[5] La mayoría de estos países no tenía, por falta de medios, flota de altura sino pequeños barcos artesanales equipados para faenar a escasas millas de la costa.

Con una flota fuertemente diseminada, constituida esencialmente por unidades de pequeño tonelaje, resulta extraño que desde el poder nadie advirtiera el fraude. El asunto resulta, de todas maneras, bastante explicable: el sector pesquero se ha regido en los veinte últimos años por una especie de «ley del silencio» que nadie quiere romper.

Un año después de la salida de Terranova, en 1983, con Fernando González Laxe al frente de la Dirección General de Ordenación Pesquera[6], se piensa que junto a las ayudas a fondo perdido es conveniente arbitrar otra serie de subvenciones encaminadas a la renovación de los pesqueros, siempre que ello no suponga un nuevo incremento del tonelaje global de la flota.

Con ello se pretende, además de acabar con la atomización del sector, dar trabajo a los astilleros gallegos y vascos, que continúan con problemas de pedidos y al borde del cierre en muchos casos, pese a la reestructuración a la que están siendo sometidos dentro del plan de reconversión del sector naval impuesto por el Gobierno.

La idea es potenciar la flota congeladora dotándola de barcos más grandes —de hasta 1.500 toneladas de registro bruto—, con mayor capacidad de arrastre y con autonomía para permanecer largos periodos de tiempo en aguas internacionales.

Con este objetivo el Gobierno dicta varias normas, entre 1983 y 1985, por las que se invita a los armadores que quieran desguazar sus viejos barcos a solicitar ayudas oficiales y créditos blandos al Banco de Crédito a la Construcción. La reglamentación permite a los propietarios de pesqueros aportar barcos hundidos o desaparecidos siempre que el naufragio se hubiera producido en los doce últimos meses y que las tripulaciones no hubieran encontrado nuevo empleo desde entonces. Se trata de evitar así que aflore la astucia y algunos empresarios demasiado listos presenten las fichas de barcos hundidos en la Guerra de Cuba.

---

[6] Había sido nombrado para el cargo el 7 de diciembre de 1982.

El asunto se lleva con más o menos acierto hasta finales de 1985. El 17 de diciembre de ese año, semanas antes de que González Laxe abandone la Dirección General de Ordenación Pesquera para presentarse como candidato del PSOE a la Xunta de Galicia, se publica un último decreto que rompe con todas las cautelas previstas en las normas anteriores. La cláusula transitoria segunda del mismo se redacta de forma muy confusa y establece que «los barcos exportados a empresas mixtas o hundidos no pueden ser dados dc baja, a partir del 1 de enero de 1986».

Aplicado en sentido inverso, el decreto permite que en los trece días que median entre la publicación del decreto y el 1 de enero de 1986, numerosos pesqueros hundidos o desaparecidos hace veinte o treinta años, otros desguazados pero de los que no hay constancia en la Administración y un tercer grupo de ellos vendidos a empresas extranjeras «resuciten» y sus expedientes puedan usarse para acogerse a las ayudas.

El nuevo texto legal —conocido en Galicia como el «decreto Lázaro» por lo de la resurrección de los muertos— logra que la documentación de embarcaciones como *Ciclón, La Guapa* o *España,* hundidos en 1966 y 1970, o *Notos Tercero* y *Notos Cuarto,* exportados en 1977, fuera presentada ante el Gobierno para acogerse a los nuevos incentivos[7] como si se tratara de embarcaciones en activo.

Una investigación realizada por el Partido Popular de Galicia demuestra que, en ese periodo, «resucitaron» por lo menos ochenta y cuatro barcos dados de baja incluso de los censos oficiales, y que algunos expedientes fueron utilizados dos y tres veces falsificando la documentación oficial.

El procedimiento arbitrado por la Dirección General de Ordenación Pesquera permitió que en trece días, la mitad de ellos festivos, se presentaran para el desguace doscientos cincuenta pesqueros y se tramitaran las engorrosas solicitudes. Una situación insólita en la Administración española,

[7] Los datos proceden de la Lista Oficial de Buques Españoles.

acostumbrada a resolver con escasa celeridad los expedientes, salvo que los empresarios afectados tuvieran desde meses antes los papeles preparados a la espera del decreto, como parece lógico.

Conocido como la «Filesa del mar», el caso se convirtió en una vía de financiación ilegal de personas próximas al PSOE gallego. En Vigo y La Coruña funcionaban desde varios meses antes despachos relacionados con el Partido Socialista y los sindicatos. En ellos se tramitaban los expedientes con plenas garantías de éxito ante los organismos competentes. A cambio, se pedía un porcentaje sobre las ayudas y los créditos recibidos.

El asunto iba a tener graves consecuencias para la administración pesquera española. Entre 1983 y 1985, en unos momentos en que la flota nacional era expulsada de la mayor parte de sus caladeros tradicionales y la Comunidad Europea forzaba a una drástica reducción del número de barcos, la flota congeladora española duplicó su tonelaje.

En enero de 1986, cuando España entra en la Comunidad, las autoridades de Bruselas obligan a reducir de nuevo el tamaño de la flota. Muchos pesqueros recién adquiridos tienen que ser amarrados y sus propietarios no pueden devolver los préstamos al Banco de Crédito a la Construcción, que ha financiado el «plan Renove» de la flota junto con Caixa Vigo[8]. Para resarcir de las pérdidas a los armadores, la CE establece una serie de incentivos con destino a las empresas que estén dispuestas a vender sus barcos a terceros países.

Y es ahí donde, por tercera vez, las más variadas artimañas se ponen en marcha. Para cobrar las ayudas sin desprenderse de sus activos, varios armadores acuden a Panamá, Islas del Canal, Bermudas y otros «paraísos fiscales» y constituyen una serie de compañías a nombre de testaferros. Acto segui-

---

[8] Al final, cuando el Banco de Crédito a la Construcción se fusiona con el Banco Exterior de España y otras entidades para crear el banco público Argentaria, los fallidos se pasan al ICO (Instituto de Crédito Oficial), que se convierte en la agencia financiera del Estado.

do transfieren sus navíos a esas empresas y pasan por Bruselas a cobrar las subvenciones.

La Comunidad Europea abona las primeras ayudas. Pero cuando analiza en conjunto la documentación remitida desde España, verificando que gran parte de las sociedades compradoras se encuentran en «paraísos fiscales», el fraude queda al descubierto.

Los eurofuncionarios profundizan un poco más. Descubren que varios armadores han vuelto a repetir las irregularidades de la Dirección General de Ordenación Pesquera: muchos de los barcos que se han presentado al desguace o para la venta son los mismos que se hundieron o se habían enajenado hacía varias décadas y que aparecían dados de baja del Lloyd Register hacía años[9].

Como Bruselas carece de testimonios y pruebas para abrir una investigación a la Administración española, el consejero comunitario de Agricultura y Pesca toma una decisión salomónica: suspende las ayudas estructurales a la renovación del sector, lo que ha supuesto para España pérdidas de varias decenas de miles de millones de pesetas a finales de la década de los ochenta y comienzos de la de los noventa.

Pese a ello, en el periodo 86-94 la CE y España aportan a la reconversión de la flota pesquera 164.929 millones de pesetas que han de sumarse a los más de 100.000 millones pagados por el Estado a comienzos de la década de los ochenta.

La Unión Europea, sin embargo, no representa el modelo de confederación de Estados ideal, donde los gobiernos cumplen y hacen cumplir las normas, unas normas severas y transparentes, con funcionarios serios e incorruptibles. Más bien ocurre todo lo contrario.

* * *

El informe anual del Tribunal de Cuentas europeo es un trepidante relato de irregularidades, arbitrariedades, corrupcio-

---

[9] Registro británico de barcos, considerado el más completo y documentado del mundo.

nes y apaños, a cada cual más sorprendente. A lo largo de las cuatrocientas ochenta y tres páginas del informe de 1993 o las casi quinientas del correspondiente a 1994, pueden encontrarse propietarios de viñedos que exageran sus cosechas, declaraciones falsas de cereales en Dinamarca, subvenciones a ganaderos bávaros cuyos establos no existen, adjudicaciones de obras en Kenia, Uganda, Trinidad, Somalia, Liberia y en otros países del Tercer Mundo que encubren verdaderos fraudes, ayudas para paliar los daños de un terremoto ocurrido en Italia que no se sabe dónde han ido a parar quince años más tarde, sobresueldos a funcionarios a cargo de los fondos para la reconstrucción del país, donaciones de decenas de miles de toneladas de cereales a los países del Este que terminan en el «mercado negro» y hasta eurofuncionarios cuyas cuentas corrientes aumentan de forma sospechosa con la venta de información privilegiada.

La Comisión Europea maneja un presupuesto de once billones de pesetas anuales que se nutre esencialmente del IVA (54 por ciento); los derechos de aduana de los países miembros (18 por ciento); una tasa sobre el incremento del Producto Nacional Bruto (26,4 por ciento) y la venta de excedentes (1,8 por ciento).

Ese dinero se emplea en el funcionamiento de los órganos comunitarios y se redistribuye entre los países miembros mediante una serie de ayudas como el Fondo Europeo de Orientación y de Garantía Agrícola (FEOGA); Fondo Europeo de Desarrollo Regional (Feder); Fondo Europeo de Desarrollo (FED), Fondos Estructurales y Fondo Social Europeo (FSE). Sin embargo, los once billones de pesetas nunca llegan a su destino. El Tribunal de Cuentas de la Comunidad, que preside André Middelhoeek y del que forman parte otras catorce personas, una por cada país, estima que un 10 por ciento —alrededor de 1,1 billones de pesetas— se queda por el camino en manos de comisionistas, partidos políticos, sindicatos, particulares y asociaciones gremiales de todo tipo.

La mayoría de los países miembros parece competir en el uso de los mecanismos más sofisticados, las técnicas más refinadas de «ingeniería financiera» o las artimañas más burdas para llevarse las subvenciones de los distintos programas de ayuda. Pese a que el Tribunal de Cuentas mantiene permanentemente inspectores en todos los países investigando el correcto empleo de los fondos no hay año en que algún Estado miembro no envíe un duplicado de las facturas del año anterior para cobrarlas dos veces, además de los agricultores que declaran como terrenos cultivables zonas de secano para recibir subvenciones o los granjeros que incrementan artificialmente el volumen de sus cosechas para percibir más ayudas.

Las referencias a España sobre incumplimientos de los programas son continuas. En el sector vitivinícola la Comunidad invirtió en el periodo 1988-1991 un total de 122,4 millones de *ecus* (unos 19.505 millones de pesetas) para reducir las 1.484.000 hectáreas dedicadas a la producción de vides destinadas a la producción de vino de mesa a una cifra razonable. Se arrancaron 39.730 hectáreas y cada agricultor que se acogió al plan recibió 490.000 pesetas por hectárea. La CE creyó con ello contribuir a la reducción de la producción de vinos comunitaria, cifrada en 180 millones de hectolitros al año [10].

Cuando la Comunidad inspeccionó la aplicación de las ayudas en Madrid, Murcia, Ciudad Real y Albacete, se encontró con que muchos agricultores habían declarado como cultivos zonas de pastizales, con solicitantes que sobreestimaban las superficies de viñedo plantadas y con numerosas empresas que pedían ayudas sin tener ni una sola hectárea de cultivos [11].

Las autoridades de Bruselas habían invertido en este programa en España un total de 311 millones de *ecus* (49.540 millones de pesetas) [12] hasta 1993. Sin embargo, la producción de vino de mesa, en lugar de reducirse, aumentó de

---

[10] Europa dedica 3,5 millones de hectáreas para producir uvas de mesa y su transformación en vino. La cosecha anual de los quince países miembros representa el sesenta por ciento del consumo mundial.

[11] Aportaban como cultivos propios terrenos de particulares.

[12] Al cambio del 8 de septiembre de 1996.

18.587 hectolitros en 1990 a 22.952 en 1992, lo que ponía de relieve la existencia de un monumental timo [13].

Otro tanto ha ocurrido con el dinero aportado para el desarrollo de los cultivos marinos en Andalucía y Galicia. En varias ocasiones el dinero se ha desviado a otros proyectos que nada tienen que ver con esta industria. Además, la Xunta que preside Manuel Fraga Iribarne ha sido la primera entidad en incumplir las normativas europeas al aportar ayudas para la cría del rodaballo y la explotación de las mejilloneras que sumadas a las europeas sobrepasaban el límite máximo, establecido en un 70 por ciento del valor de las inversiones.

Sin embargo, uno de los mayores fraudes ha sido el gran negocio montado por los sindicatos y la patronal en torno al Fondo Social Europeo. ¿A qué se han destinado los centenares de miles de millones de pesetas aportados por Bruselas para formar a los trabajadores en paro y capacitarlos en el uso de las nuevas tecnologías?

* * *

La lucha contra el desempleo constituye uno de los principales desafíos económicos y sociales a los que se enfrenta la Unión Europea desde mediados de los ochenta. Los 18 millones de parados —el 11 por ciento de la población activa— existentes en los quince Estados miembros son un pesado lastre para el desarrollo y la competitividad en comparación con los Estados Unidos o Japón, que soportan tasas de inactividad laboral del 6 y el 3 por ciento, respectivamente.

Si las cifras resultan alarmantes a nivel comunitario, lo son aún mucho más en relación con España, donde uno de cada cinco españoles no encuentra trabajo. Por eso la Europa de los Quince trata de incentivar la creación de nuevas empresas que absorban antes del año 2000 a un total de 15

---

[13] Los datos proceden de los balances sobre el vino de la Comisión Europea.

millones de asalariados a los que es necesario dar la formación necesaria mediante una serie de planes educativos [14].

Uno de los programas lo constituye el Fondo Social Europeo. En los últimos diez años ha destinado sólo en España casi un billón de pesetas para reciclar a los trabajadores en paro y dotarlos de una formación que les permita ejercer otras actividades.

Las autoridades comunitarias entregaban el dinero al Inem (Instituto Nacional de Empleo) del Ministerio de Trabajo. Este, a su vez, lo distribuía entre las patronales y los sindicatos, a los que el Gobierno de Felipe González tenía encomendada la formación continua de los trabajadores sin empleo.

Para que la Comunidad aportara los fondos era preciso que los sindicatos realizaran una serie de planes de formación que debían aprobarse previamente por las autoridades de Bruselas. «Como pedir no costaba nada, hubo años en que los sindicatos cursaban unas dos mil peticiones de cursos de formación para que les concedieran unos quinientos, inventándose incluso actividades que no existían, como el cultivo de los gusanos de seda en Canarias, por ejemplo», afirma Justo Fernández, ex responsable del sindicato de banca de la UGT. El propio Alfonso Guerra ha menospreciado públicamente este tipo de formación llamándola «los cursos del Vespino», debido a que a los jóvenes que participaban en ellos se les entregaba una cantidad en calidad de incentivo, dinero con el que muchos acabaron comprándose una moto [15].

---

[14] Aparte de los cursos de formación continuada, la Comunidad financia otros cuatro programas educativos: el Sócrates, dedicado al intercambio de alumnos entre universidades y escuelas de los Estados miembros; el Leonardo, encaminado a proporcionar a los jóvenes dos años de posformación profesional; el ADAPT, cuyo objetivo es cualificar a la mano de obra productiva en las nuevas tecnologías, y el Employment, destinado a jóvenes, mujeres, discapacitados y otros grupos excluidos socialmente.

[15] Para más detalles, ver capítulo once.

Justo Fernández, comentarista de la COPE y uno de los sindicalistas más honestos del país, afirma que todo ello era un montaje organizado para recaudar dinero con otros fines. «Los cursos no se daban —recuerda— y cuando se impartían se utilizaban los locales de los sindicatos, que aportaban incluso los profesores. Para justificar las ayudas se falsificaban las facturas: 800.000 pesetas de alquiler de locales, 500.000 por salarios a profesores, 500.000 por compra de material escolar, cuando en realidad a los alumnos se les daba un par de libros, lápices y carpetas que costaban apenas 5.000 pesetas.»

El volumen de las ayudas —un billón de pesetas en los diez últimos años— era tal que, para tener algo que presentar ante los inspectores de la UE, la UGT creó en Madrid la Academia Pablo Iglesias. «Para impartir las clases de informática en algunas provincias se compraban ordenadores nuevos y, como luego no había sitio donde guardarlos, se los regalaban a los alumnos al finalizar el curso», agrega el sindicalista.

La ayuda, en realidad, se desviaba en gran parte a otros fines, especialmente al sostenimiento del inmenso aparato burocrático e improductivo de los sindicatos españoles que, por el excesivo número de «liberados» que tienen, se han convertido en empresas que dan empleo a su gente.

Pero no fueron sólo las centrales sindicales las que se beneficiaron del Fondo Social Europeo. Los inspectores de la Comunidad desplazados a España han comprobado que algunas partidas se habían utilizado también por la patronal para financiar la formación de los directivos de los grandes bancos —contra los que no había amenaza de desempleo ni expedientes de reestructuración de empresa— y para dar cursillos de informática a los ejecutivos de algunas compañías auditoras multinacionales.

El dinero de los socios comunitarios se ha empleado también en comprar ladrillos y cemento con el fin de remodelar las aulas dedicadas a la formación continua, y para pagar dietas, comidas e incluso los gastos de desplazamiento de muchos profesores que luego resultaron ser sindicalistas o directivos de empresas.

Lo que más ha indignado a los socios comunitarios es que muchas de las facturas aportadas por España para justificar las ayudas a la formación aparezcan duplicadas, algunas listas de alumnos matriculados sean reproducciones exactas de páginas de la guía telefónica de algunos pueblos y provincias y que incluso se repitan los mismos alumnos de un año para otro, cuando está prohibido que una misma persona pueda asistir a dos cursos consecutivos.

El incumplimiento de la normativa comunitaria en una cuestión tan delicada como la del Fondo Social Europeo le ha supuesto a España una multa de más de 22.000 millones de pesetas que el Inem debería abonar en 1997 pero que está siendo objeto de negociaciones [16]. Además la Unión Europea se planteaba seriamente revisar el convenio de cooperación con el Ministerio de Trabajo, que ha permitido el desarrollo de programas de formación conjuntos con una inversión superior a los 1,4 billones de pesetas entre 1990 y 1995. Este asunto, con ser preocupante, no era sin embargo el más embarazoso de todos desde el punto de vista político.

* * *

En julio de 1996, Joaquín Mundo Aragó, ex militante del PSOE y presidente de la sociedad GTP, reconoció ante el Juzgado de Instrucción número 26 que un porcentaje del dinero invertido por España en la ejecución del tren de alta velocidad (AVE) Madrid-Sevilla se había desviado para el pago de comisiones a altos cargos del PSOE.

Como se cuenta en otro capítulo de este libro, Mundo Aragó formaba parte del grupo de empresarios del PSOE que controlaba el conglomerado de sociedades instrumentales supuestamente montadas desde La Moncloa con el objetivo de cobrar una especie de «impuesto revolucionario» a las compañías encargadas de realizar las obras, a cambio de la adjudicación de las mismas por el Gobierno socialista.

---

[16] Aunque el Gobierno sólo reconoce 22.000 millones, el diario *El País*, 15 de agosto de 1996, eleva la sanción a 51.000 millones.

A día siguiente de que sus declaraciones aparecieran en la prensa, la Fiscalía Anticorrupción, que dirige Carlos Jiménez Villarejo, se puso en contacto con la Unidad de Control de la Lucha Antifraude de la Comunidad Europea (UCLAF) para coordinar esfuerzos y llegar hasta el fondo del asunto.

Entre los datos que manejan uno y otro organismo se encuentra un informe del Ministerio de Economía y Hacienda español en el que se revela que las empresas que adjudicaron las obras pudieron sobrevalorar algunos proyectos de electrificación, señalización y comunicaciones para desviar parte del dinero hacia el PSOE.

La Comunidad Europea participó en la construcción del AVE financiando veinticuatro subproyectos por un importe de 771,6 millones de *ecus* (unos 122.000 millones de pesetas). La mayor parte de la ayuda procede del Fondo Europeo de Desarrollo Regional (Feder) e incluye obras encaminadas a corregir el impacto ambiental y otros trabajos de electrificación, señalización, supresión de pasos a nivel y homologación de anchos de vía.

Una cifra de dinero bastante superior, del orden de los 213.000 millones de pesetas, fue invertida también por Bruselas en la cofinanciación del primer Plan de Autovías del Estado de donde, según el ex director general de la Guardia Civil Luis Roldán, se detrajeron importantes sumas de dinero con destino al pago de «peajes» a altos cargos socialistas.

Tanto en uno como en otro caso, si se verifica que el dinero dedicado al pago de comisiones procede de los fondos europeos, España tendría que devolver las cantidades no empleadas en los proyectos para los que fueron aprobadas. E incluso el Gobierno podría ser sancionado por la información privilegiada y el supuesto trato de favor otorgados en beneficio de la multinacional alemana Siemens, ya que Bruselas penaliza con fuertes multas la violación de las leyes de la libre competencia.

De esta manera, podría darse el caso paradójico de que el Gobierno de José María Aznar, obsesionado por echar tierra sobre los graves escándalos de corrupción cometidos por su antecesor, resulte penalizado por irregularidades y presuntos delitos de los que no es responsable, hecho que podría incluso repetirse en el futuro con otros asuntos heredados del PSOE.

* * *

El 18 de septiembre de 1996, el responsable de la Oficina Presupuestaria del Gobierno, José Barea Tejeiro, un catedrático universitario jubilado, experto en economía, ciencias empresariales y planeamiento, considerado como una de las primeras figuras en asuntos comunitarios, realizaba un viaje relámpago a Bruselas.

En la capital belga, Barea se reunía en secreto con el responsable de asuntos presupuestarios de la Comunidad, el italiano Giovanni Ravaggio, para explicarle el incremento del déficit público en 0,6 puntos detectado meses antes por José María Aznar al hacerse cargo de la Presidencia del Gobierno español.

El origen de este inesperado crecimiento del déficit, que situaba a España aún más lejos de los parámetros de convergencia de Maastricht, se debía a las inversiones, por importe de 721.000 millones de pesetas, que había realizado el anterior Gabinete sin disponer de partidas presupuestarias habilitadas para ello ni solicitar la autorización correspondiente al Congreso de los Diputados, que vetó el presupuesto de 1996.

Este desvío en el gasto, al margen de la Ley General de Presupuestos y sin control de la Intervención General del Estado, se había producido en todos los ministerios. Desde el del Interior, que debía 30.000 millones de pesetas a Telefónica de España, al de Agricultura, que entregó 29.000 en ayudas a los agricultores durante la sequía de 1995 sin ningún tipo de control sobre el buen uso del dinero. Sin embargo, el ministerio que más dinero gastó fue el de Obras Públicas, que adjudicó proyectos por importe de 192.000 millones sin cobertura presupuestaria, utilizando el «procedimiento de urgencia» para burlar los controles de la intervención.

En su encuentro de Bruselas, Barea y Ravaggio estudiaron el tratamiento más adecuado para este asunto. Si el

Gobierno consignaba el «agujero» con cargo a presupuestos anteriores, debería pagar una fuerte multa por incumplir los acuerdos de Maastricht. Si, en cambio, lo incluía en los siguientes ejercicios económicos, el Ministerio de Economía y Hacienda debería incrementar aún más los recortes en infraestructuras, sanidad y gastos corrientes en los Presupuestos Generales del Estado correspondientes al año 1997.

La cuestión de fondo estribaba en que si el asunto no se solucionaba antes de 1998, España perdería el tren de la moneda única y tendría que esperar unos años para converger. Pero no era el único problema. El país podría dejar de percibir la parte que aún queda pendiente de entrega de los fondos de cohesión europeos o abonar una multa de 375.000 millones de pesetas, según el acuerdo pactado, días después, por el vicepresidente económico del Gobierno, Rodrigo Rato Figaredo, durante la cumbre de Dublín que reunió a los ministros de Economía de los Quince el fin de semana del 20 al 22 de septiembre de 1996.

Una y otra solución resultaban perjudiciales para España, pero la peor de todas era tener que renunciar a los fondos de cohesión. La Unión Europea aprobó en 1993 un presupuesto de seis billones de pesetas para invertir en el país con cargo a los fondos estructurales. Las autoridades comunitarias supeditaron su desembolso al cumplimiento de las cláusulas de convergencia y, en especial, a la reducción del déficit, y encargaron a la comisaria de Política Regional, Mónica Wulf-Mathies, la vigilancia del estricto cumplimiento del acuerdo.

Esa importante suma de dinero comenzó a transferirse desde Bruselas a la Dirección General del Tesoro en 1994 y su entrega finaliza en 1999. La partida constituye la mayor ayuda concedida en la historia de la construcción europea a un Estado miembro.

Aunque una sanción tan grave no parece posible, lo cierto es que desde la entrada en la Unión Europea España es, junto con Italia, el país que más multas ha recibido por incumplimiento de las normas internas. Un estudio realizado por el Partido Popular calcula que el volumen de sanciones ha superado ampliamente el medio billón de pesetas, cifra que se ha ido aplazando en unos casos o descontando, en otros, de las ayudas recibidas de la Comunidad.

Si a todo ello se suma el deterioro que ha supuesto para la economía nacional el *obligatorio* ingreso del país en la CE el 1 de enero de 1986, impuesto por Felipe González para poder presentar el asunto como un gran triunfo socialista y enfrentarse, desde una posición política más cómoda, a las elecciones generales convocadas para ese año y al referéndum sobre la OTAN, el balance es desalentador.

Con un sector agrícola situado tres puntos por encima de la media comunitaria en mano de obra ocupada, debido a su falta de modernización; un sector industrial en pleno periodo de reconversión, con las fábricas a medio desmantelar y 750.000 personas enviadas directamente al paro por la reestructuración del sector secundario, y con un desarme arancelario pactado a corto plazo sin tener en cuenta las necesidades del país, la entrada en la Unión Europea como socio de pleno derecho tuvo en el primer lustro más inconvenientes que ventajas.

La fuerte competitividad y la mejor calidad de los artículos y bienes de consumo extranjeros —desde las galletas danesas a los automóviles alemanes— inundaron el mercado nacional al día siguiente de la caída de las barreras arancelarias.

La balanza comercial con Francia, Alemania e Italia, que durante muchos años había sido favorable a España, se desequilibró en sentido contrario, y la pérdida de cuota de mercado interno por parte de las empresas nacionales —sometidas a una reglamentación laboral extremadamente rígida y con unos costes energéticos demasiado altos— llevó a muchas a la ruina al no poder competir en un mercado abierto.

En este contexto, el efecto más inmediato fue el espectacular crecimiento de las inversiones extranjeras en España [17].

---

[17] Mientras que desde 1961 hasta 1985, es decir, en veinticinco años, el conjunto de las inversiones extranjeras en España no llegó a los dos billones de pesetas, de 1986 a 1992 la entrada de capital foráneo en el mercado español fue de 56,7 billones de pesetas, una cifra similar al PIB de 1992.

Las multinacionales europeas, acostumbradas a hacer negocios, aprovecharon la precaria situación de muchas empresas nacionales para adquirirlas a precios de saldo, clausurarlas y quedarse con la cuenta de clientes y la cuota de mercado.

De la quema sólo han podido salvarse las compañías estatales, como la Empresa Nacional Bazán, a costa de vulnerar las reglas europeas sobre la competencia por parte del Estado inyectando fuertes sumas de dinero público. Y otras, como Iberia, que en una operación de «ingeniería financiera» tuvo que vender su flota de Boeing 727 a sus fabricantes y recomprarla de nuevo en *leasing* para sanear su presupuesto, con el fin de evitar nuevas amonestaciones comunitarias por las sucesivas aportaciones de ayudas oficiales.

Todo un sombrío panorama por el que Felipe González debería rendir cuentas, pero del que nadie —ni siquiera José María Aznar, su principal adversario político— quiere acordarse. Salvo los sufridos agricultores y ganaderos. Pero estos parecen conformarse por ahora con pintarrajear el retrato de Carlos Romero.

CAPITULO SEIS

EL NEGOCIO DE LAS AUTOVIAS DEL ESTADO

El primer Plan Nacional de Carreteras y Autovías del Estado constituía la gran panacea socialista para salir del subdesarrollo en infraestructuras viarias e incorporar al país a los niveles alcanzados por el resto de las naciones europeas hace un cuarto de siglo. Iniciado en 1986, el programa en su conjunto tenía un coste inicial de 800.000 millones de pesetas. En el 96, diez años después, aún no se había acabado y el Tesoro llevaba casi cuatro billones invertidos. Una cifra de dinero que al financiarse en parte mediante la emisión de deuda suponía para todos los españoles un coste adicional de más de 300.000 millones en gastos financieros. De esta manera, España tiene en la actualidad una red de 3.240 nuevos kilómetros de autovías inseguras, insuficientes, de mala calidad y pagadas al precio de las autopistas más caras de Europa. Un asunto que pone de relieve que la política practicada día a día por los gobiernos que tuvieron a España en un puño desde 1982 a 1996 era la improvisación, el derroche y la mala gestión. En el reino de la chapucería, las autovías, la Expo, el AVE y los Juegos Olímpicos constituyeron la forma más rápida para que numerosos avispados crearan fortunas desde la nada.

De Javier Sáenz de Cosculluela se pueden decir muchas cosas, unas positivas y otras negativas, pero lo que se puede afirmar rotundamente es que no le tiene miedo a los aviones ni a los helicópteros.

Abogado laboralista, nacido en Logroño hace cuarenta y dos años, Sáenz de Cosculluela fue nombrado ministro de Obras Públicas y Urbanismo el 5 de julio de 1985 en el segundo Gobierno de Felipe González, y destituido el 12 de marzo de 1991. El dirigente socialista que meses antes había sido el portavoz del PSOE en el Congreso de los Diputados se convirtió durante un largo periodo en el miembro más viajero del Gobierno.

Pero no utilizaba el transporte aéreo para acudir a Bruselas a presionar a las autoridades comunitarias para conseguir más ayudas de los fondos Feder [1] con destino a la financiación del primer Plan Nacional de Autovías del Estado. Lo empleaba para ahorrarse los atascos, los pesados viajes por carretera, al acudir a inaugurar los diversos tramos de obras realizadas por su departamento.

En 1990, cuando algunos sectores del primer Plan Nacional de Autovías del Estado comenzaron a estar listos para entrar en funcionamiento, Cosculluela quiso ponerlos en servicio todos a la vez. El ministro, como el resto de los mortales, no poseía el don de la ubicuidad. Así que, sin pensárselo dos veces, echó mano de un helicóptero Superpuma, del 402 Escuadrón de la Fuerza Aérea Española, destinado al traslado de personalidades en los casos que estuvieran claramente justificados.

Con las obras de la Expo-92 y las Olimpiadas de Barcelona en marcha, en pleno periodo de expansión económica, los socialistas se comportaban desde el poder como nuevos ricos y no reparaban en gastos. Por eso, como no había lugares aptos para tomar tierra en las cercanías de las nuevas autovías y el titular de la cartera de Obras Públicas y Urbanismo no quería perder el tiempo, mandó hacer helipuertos a pie de obra.

El coste de cada una de estas instalaciones aéreas —que probablemente iban a ser utilizadas una sola vez, ya que no

---

[1] Fondo Europeo de Desarrollo Regional, de la Unión Europea, destinado a la cofinanciación de proyectos de infraestructuras. En relación con el Plan General de Carreteras español, el Feder contribuyó con 213.017,9 millones de pesetas a la realización de las obras.

figuran catalogadas como tales— se cifraba entre 4 y 5 millones de pesetas. Para un ministro de un gobierno habituado a derrochar el dinero de los ciudadanos este debía ser un asunto sin importancia.

Aquejado de un «síndrome inaugurador» semejante al que padeció veinte años atrás el general Francisco Franco, en el año 1990 Sáenz de Cosculluela mandó construir helipuertos de usar y tirar en la autovía Alicante-Almansa; en el *by-pass* de Valencia; en el tramo Torremocha-Sauca, de la autovía de Aragón; en la variante de Huesca; en la variante de Talavera de la Reina y en el último tramo de la autovía Toledo-Madrid para poder estar en varios sitios el mismo día y no perderse ninguna fiesta.

El asunto pasó inadvertido durante varios meses hasta que se produjo la apertura al tráfico de la autovía que comunica la capital de España con la provincia de Toledo. Los vecinos del pueblo de Illescas, donde se iba a realizar el acto oficial, con muchas de sus calles aún por pavimentar, vieron cómo semanas antes se gastaban varias toneladas de asfalto para habilitar un helipuerto especial. La obra no representaba ninguna ventaja para el pueblo. Servía pura y exclusivamente para que una sola persona, el titular de la cartera de Obras Públicas, no tuviera que desplazarse treinta y cinco kilómetros en coche, por carretera.

Automáticamente el caso llegó al Congreso de los Diputados y los parlamentarios Luis Ramallo, por el Partido Popular, y Jerónimo Andreu, representante de Izquierda Unida por Cádiz, obligaron al Gobierno a comparecer ante la Cámara.

El Parlamento, sin embargo, no pudo hacer nada. Sáenz de Cosculluela no mostró ningún signo de arrepentimiento por el mal uso del dinero público y los representantes del pueblo no tenían capacidad para obligarle a devolverlo. Pero el asunto quedó para la historia en el *Diario de Sesiones* del Congreso de los Diputados como un referente ético del comportamiento de los ministros socialistas.

Dos horas de vuelo en los Superpuma o Sikorsky del entonces 402 Escuadrón del Aire suponían un desembolso de más de 500.000 pesetas [2]. En la mente colectiva de muchos ciudadanos las aficiones aéreas del titular de la cartera de Obras Públicas quedaron como una premonición del tremendo despilfarro que el primer Plan de Autovías del Estado iba a suponer para las arcas públicas.

* * *

Representaba el símbolo de la modernidad y el desarrollo, el reto más audaz del Gobierno socialista. El 20 de marzo de 1986 se presentó ante la Cámara Baja para su aprobación. El primer Plan General de Carreteras y Autovías del Estado era entonces la gran meta para equiparar al país en infraestructuras con el resto de Europa.

Después de muchos años a la cola de la Comunidad en cuanto a vías seguras y de alta capacidad de tráfico, en 1972 uno de los últimos gobiernos del general Franco había aprobado un Plan de Autopistas de Peaje financiadas por los bancos mediante el cual se dotaría de una red viaria moderna a las comunidades catalana y vasca.

El sistema de autopistas de pago, sin embargo, se había revelado hasta entonces como un gran fracaso. Las recaudaciones obtenidas por el tráfico de vehículos eran insuficientes para amortizar los costes de financiación. El Estado había tenido que hacerse cargo de algunos tramos, así como amortizar los costes ocasionados por la fluctuación de las divisas en los intereses por los préstamos internacionales, que en 1994 suponían todavía un desembolso de 54.000 millones de pesetas [3].

El Partido Socialista Obrero Español no está dispuesto a cometer el mismo error. «Mantener los 1.900 kilómetros de autopistas de peaje que tenemos nos cuesta más que el presupuesto de la Dirección General de Carreteras correspondiente a 1983», denunció Sáenz de Cosculluela ante el pleno del Congreso de los Diputados.

Cuando en 1986 presentan el Plan General de Carreteras

---

[2] Para más detalles, ver el capítulo cuatro.

[3] Diario *El País,* 23 de abril de 1994.

y Autovías están seguros de que han descubierto una solución mágica para dotar a España de unas vías rápidas, seguras y cómodas, que reduzcan la siniestralidad de las obsoletas carreteras españolas. Las nuevas calzadas serán homologables a los 8.000 kilómetros de autopistas de la República Federal de Alemania o a los 6.000 de Francia e Italia y ahorrarán a los españoles centenares de miles de millones de pesetas. La fórmula milagrosa se llamaba autovía.

Como esa palabra no figuraba en el diccionario de la Real Academia Española ni en los tratados sobre carreteras de ningún país del mundo, el ministro tuvo que empezar por explicar qué era una autovía. «Se trata de una vía de gran capacidad que vamos a construir aprovechando parte de la infraestructura existente. Utilizaremos parte de las carreteras nacionales en servicio para un sentido de la circulación en los tramos en que esto sea posible y haremos una nueva calzada paralela a la misma. Así dotaremos al país de una infraestructura viaria básica con dobles calzadas en ambos sentidos.»

En el periodo 1986-1991 el Gobierno estaba dispuesto a realizar 3.250 kilómetros de autovías por un coste estimado de 330.000 millones de pesetas y, a efectuar otro tipo de mejoras en los 20.108 kilómetros que constituyen la red estatal para equipararlas con las carreteras europeas. En su conjunto, por lo tanto, el Plan General de Carreteras y Autovías iba a suponer a los españoles unas inversiones de unos 800.000 millones de pesetas en siete años.

El titular de Obras Públicas justificó las inversiones afirmando que el 89 por ciento del tráfico interior de viajeros y el 91 por ciento del de mercancías transcurre por carretera. Dijo que de una vez por todas era preciso coger el toro por los cuernos y realizar una acción conjunta en todo el territorio nacional para homogeneizar las condiciones de circulación en itinerarios completos, mejorar la seguridad vial, reducir el impacto del paso del tráfico por los núcleos de población, hacer más fluidas las comunicaciones entre las distintas comunidades autónomas y contribuir a un mayor equilibrio territorial y social del país.

El Plan de Autovías, en este sentido, sólo representaba bondades y ningún inconveniente para el ministro. Según contó luego en los pasillos de la Cámara, Saénz de Cosculluela estaba convencido de que iba a hacer realidad aquella famosa frase de Alfonso Guerra, pronunciada nada más llegar al poder: «Dejaremos a España que dentro de unos años no la va a conocer ni la madre que la parió.»

El ministro y gran parte del Gabinete creía ingenuamente a pies juntillas que en España, el paraíso de los especuladores, se podían hacer autovías a 100 millones de pesetas el kilómetro. Aunque los hechos estuvieran en su contra. Diez años antes la banca había tenido que pagar cinco veces más por cada kilómetro construido de la red de autopistas.

—Vamos a tener una de las mejores redes de carreteras de Europa a los costes más económicos del mundo —se enorgullecía Sáenz de Cosculluela en los pasillos del Congreso de los Diputados.

Lo cierto era que ningún miembro del Gobierno sabía realmente lo que se traía entre manos. Toda la documentación aportada por el Gabinete a la Cámara, para tomar una de las decisiones más trascendentales de la década, consistía en un estudio de diez folios y cinco mapas.

—Esto es un folleto no mucho mayor ni de mejor calidad que el de un vendedor de lavadoras. ¿Cómo quiere usted que nos pronunciemos sobre unas inversiones tan importantes con una documentación tan escasa? —se quejó el diputado del Partido Popular Joaquín Sisó en uno de los debates previos, en comisión.

Pero a Felipe González, Alfonso Guerra, Carlos Solchaga y Javier Sáenz de Cosculluela pasar a la historia como el partido que modernizó las infraestructuras y puso al país a nivel europeo les había sorbido el seso. La utilización demagógica del asunto estaba servida.

* * *

Los parlamentarios de la oposición no eran tan optimistas. A lo largo del debate primero en la Comisión de Industria, Obras Públicas y Servicios y posteriormente en el pleno, los diputados de Convergència y Unió, Joaquín Molins, y del PNV, Emilio Echeberría, consideraron que el plan podía resultar demasiado oneroso para cargarlo en su integridad al Estado y plantearon la posibilidad de que algunos tramos se ofrecieran a la iniciativa privada para que los construyera y explotara en régimen de peaje.

Luis Ortiz González, parlamentario por el CDS y ex ministro de Obras Públicas en la etapa de Adolfo Suárez, no estaba demasiado convencido con la fórmula propuesta por los socialistas. «Una autovía —dijo— es una carretera un poco mejor, con dos calzadas dobles y una separación intermedia. Algunas de ellas no son más que puros desdoblamientos de las vías actualmente existentes.»

«De esta manera no nos vamos a homologar con Europa», explicó. «Ni por sus requerimientos técnicos (radio de curvas, pendientes máximas admisibles y hermeticidad), ni por las exigencias de seguridad (puntos de socorro, áreas de servicio y de atenciones técnicas y mecánicas), ni por sus exigencias de conservación (un bache es inadmisible en una autopista) nuestras futuras vías rápidas son comparables con la red de autopistas europeas.»

El representante por Huesca del Partido Popular, Joaquín Sisó Cruellas, fue más allá. Planteó no quedarse en medias tintas. El Gobierno debería reconsiderar su proyecto, analizarlo de nuevo y decidir si lo que realmente interesaba al país no era una moderna red de autopistas.

—Estoy convencido de que ésa es la mejor solución, aunque haya que sufragarla con dinero público —recalcó. Y, a continuación, aportó sus razones:

—La Dirección General de Carreteras, en todos sus estudios, especifica que la diferencia de coste entre una autovía y una autopista es sólo de un 15 o un 20 por ciento al alza. Incluso, en algunos casos, no llega ni al 10 por ciento. ¿Entonces, por qué tenemos que sufragar ese engendro que no satisface a nadie y no hacemos las cosas como el sentido común recomienda?

El ministro de Obras Públicas rebatió con firmeza sus argumentos. Aseguró que los estudios de la Dirección General de Carreteras estaban desfasados y que no había que hacer caso de ellos.

—Entonces vamos a tener autovías a precios de autopistas. ¡El tiempo lo dirá! —sentenció el representante del primer partido de la oposición.

Su réplica no sirvió para nada. El Gobierno no estaba dispuesto a dar su brazo a torcer. Javier Sáenz de Cosculluela lo dejó bien claro ante el pleno del Congreso de los Diputados. Alfonso Guerra González lo recalcó días más tarde en una entrevista por la radio.

—Las autopistas las hacen los bancos para los señoritos, que son los que tienen el dinero, pueden comprarse buenos coches y pagar los peajes.

—¿Cuál es la fórmula que usted propone?

—La que hemos defendido en el Congreso. Nosotros vamos a hacer autovías, que son como las autopistas, para que las pueda usar todo el mundo sin pagar peajes a los bancos.

El «cerebro gris» de La Moncloa, como siempre, acababa de pronunciarse *ex cathedra.* Su pensamiento era como una sentencia inapelable. Al resto del Gabinete, a la oposición y a los técnicos de Obras Públicas, mortales todos, no les quedaba más remedio que asentir aunque estuvieran seguros de que el Gobierno se equivocaba con su exceso de optimismo.

Al final los hechos iban a demostrar que la oposición en bloque tenía razón. La ineficacia, el despilfarro, la corrupción y la falta de control del gasto socialista acabarían demostrando que los españoles dispondrían de un engendro de autovías al coste de la más moderna y cara autopista europea.

* * *

Rodrigo Rato Figaredo, portavoz del Grupo Parlamentario Popular, y Teófila Martínez, diputada por Cádiz y responsable del área de infraestructuras de la formación política de la calle de Génova, fueron los primeros en dar la voz de alarma.

—El Plan de Carreteras socialista es el fraude más grave de los últimos tiempos —declaró Rato en julio de 1991, cinco años después de que el Gobierno iniciara las primeras obras de mejora en la red viaria.

Al Partido Popular había llegado una serie de informes confidenciales que demostraban que junto a los 800.000 millones de pesetas aprobados por el Congreso para el Plan General de Carreteras y Autovías, el Gabinete había tenido que habilitar mediante decreto ley una partida suplementaria de 1.479.692 millones a comienzos de 1988[4] y otra de 662.000 millones de pesetas meses más tarde para construir las vías de circunvalación en las grandes ciudades[5].

El asunto había alarmado no sólo a la oposición. También el Gobierno estaba asustado por el incremento disparatado de los costes y por las repercusiones que esta información tendría sobre el electorado.

Previendo la catástrofe, un año antes, Felipe González, consciente de que había que recortar partidas y ahorrar dinero en infraestructuras, habla con Carlos Solchaga, titular de la cartera de Hacienda.

—¿Tú qué me recomiendas?

—El gasto se ha disparado. La única solución es adoptar medidas para frenarlo.

Allí mismo habían tomado una decisión. Sustituirían a Sáenz de Cosculluela, considerado un ministro «gastador» dentro del Gobierno, por José Borrell, un político eficaz, trabajador, serio y «ahorrador». Su trabajo en la Secretaría de Estado de Hacienda, donde estaba al frente de la recaudación de impuestos desde el 1 de febrero de 1984, constituía su mejor carta de presentación.

Felipe González desde el primer momento le había puesto las cosas claras.

—Tu papel no es hacer nuevas carreteras sino poner freno a la sangría de miles de millones que llevamos invertidos en infraestructuras sin que se vean los resultados.

---

[4] Según el Decreto Ley 3/1988.

[5] Aún no se conocían otros dos acuerdos posteriores del Gabinete, de 5 de marzo de 1993 y de 15 de abril de 1994, por los que se aprobarían partidas suplementarias que elevaban los costes a 2.778.000 millones, ni el balance del Plan General de Carreteras del MOPU de 1994 donde se calculaba la cifra que se iba a gastar en 2,8 billones.

El Plan de Autovías se había convertido en un saco sin fondo que se tragaba todo el dinero público y empezaba a causar serios problemas de equilibrio y de ajuste en los Presupuestos Generales del Estado.

Borrell estudió el problema. La propuesta que ofreció al Presidente del Gobierno era de pura cirugía. Había que cortar por lo sano y paralizar sin más dilaciones la política de inversiones en infraestructuras.

—La otra solución que se me ocurre es que el Ejecutivo esté dispuesto a asumir el endeudamiento del plan. Ya sabes el peligro que eso encierra para la estabilidad del país si se produce una recesión.

A seis meses largos para la inauguración de la Exposición Universal, donde el PSOE había enterrado un billón de pesetas en Sevilla y la Isla de la Cartuja[6], con los Juegos Olímpicos en puertas, la medida suponía un agravio comparativo para la mayor parte de las comunidades autónomas. Mientras la autovía de Andalucía estaba prácticamente concluida, a falta de algunos tramos, las de Extremadura, Galicia, Aragón y Levante se encontraban casi en sus comienzos.

El Partido Popular, que había pedido en diversas ocasiones información al Gobierno obteniendo siempre la callada por respuesta del ministro de Relaciones con las Cortes, Virgilio Zapatero Gómez, aprovechó la ocasión para poner las cosas en claro. Su portavoz parlamentario, Rodrigo Rato, acusó a sus responsables de practicar una decidida política de ocultación de datos para que los españoles no conocieran el inmenso fraude que se venía cometiendo con el dinero público.

—Hemos pedido por vía parlamentaria el coste de los proyectos modificados de los años 88 al 90 y el Gabinete se niega sistemáticamente a entregarnos la información, lo que nos induce a pensar que los socialistas tienen muchas cosas que ocultar —sentenció Rato.

El portavoz del Grupo Parlamentario Popular acusó al ministro de Economía y Hacienda, Carlos Solchaga Catalán,

[6] Para más detalles, ver capítulo ocho.

y al de Obras Públicas, Transportes y Comunicaciones, José Borrell Fontelles, de ser los responsables máximos de los recortes presupuestarios que habían llevado a la paralización de las obras de infraestructura.

Para los representantes del PP el asunto más grave era el enorme encarecimiento del Plan de Autovías. De un presupuesto inicial de 800.000 millones en 1986 se había pasado, antes del verano de 1991, a más de 2,4 billones de pesetas.

Los máximos dirigentes del Partido Popular sospechaban que una buena parte de las desviaciones presupuestarias de las obras había ido a financiar, vía comisiones, al Partido Socialista Obrero Español. Las constructoras habían encontrado su filón con las obras de la Expo-92 de Sevilla, de los Juegos Olímpicos de Barcelona y con el plan integral de infraestructuras. En conversaciones privadas, sus ejecutivos aseguraban que estaban dispuestos a explotarlo al coste que fuera, pagando los «peajes» políticos que se consideraran necesarios.

En la habitual reunión de los lunes del comité ejecutivo del partido, en la planta séptima de la sede central del PP de la calle de Génova, de Madrid, José María Aznar, Francisco Alvarez Cascos y Rodrigo Rato, los tres hombres fuertes de la formación política, tenían las ideas muy claras. Se hacía imprescindible pedir una investigación seria y en profundidad de las cuentas del Ministerio de Obras Públicas y Urbanismo (MOPU).

Aquel 11 de julio de 1991, Rodrigo Rato y Teófila Martínez se encargaron de comunicarlo oficialmente a la prensa en el Congreso de los Diputados.

—En el día de hoy el partido ha tomado la decisión de pedir oficialmente al Tribunal de Cuentas que fiscalice las inversiones del MOPU. Los españoles tenemos derecho a saber cómo un asunto que estaba presupuestado en una cantidad acaba saliéndole al contribuyente por lo menos tres veces más caro.

Lo que los dirigentes populares ignoraban en aquellos momentos es que la caja de las sorpresas en que se había convertido el MOPU estaba aún por destapar.

* * *

La sede del Ministerio de Obras Públicas se encuentra en un edificio situado en el paseo de la Castellana, de Madrid. Diseñado durante la II República con planta en forma de hoz y martillo, se construyó en la época de Franco utilizando los mismos planos sin que el dictador se percatara de que su estructura simbolizaba el emblema del comunismo. Cuando los miembros del Tribunal de Cuentas llegaron a sus dependencias creyeron que habían desembarcado en el reino del caos.

Para poner en marcha el Plan de Autovías la Dirección General de Carreteras había elaborado 7.000 expedientes, pero no se encontraban centralizados en un único archivo. Se hallaban dispersos por distintas dependencias del gigantesco ministerio. En la tramitación de los proyectos, su licitación y adjudicación habían intervenido diversas áreas de la Administración no interconectadas entre sí. Para colmo de males, muchos de los departamentos afectados no estaban informatizados.

El trabajo era inmenso y todo parecía preconcebido para que nadie pudiera encajar los distintos expedientes y cualquier tipo de corrupción, fuera política o institucional, quedara sepultada para siempre en los miles de legajos que tan pronto aparecían en una dependencia como días más tarde volvían a perderse sin que nadie supiera cuál era su paradero.

Dispuestos a realizar un trabajo bien hecho, los responsables de la fiscalización de las cuentas del Estado se enfrascaron durante años en el maremágnum de papeles, donde las anomalías aparecían por doquier: obras que se ponen en servicio sin que los técnicos comprueben su buen estado, proyectos que se empiezan sin estar aprobados ni subastados, plazos que se incumplen sistemáticamente lo que obliga al Estado a pagar intereses[7], miles de millones que se dan «a justificar» cuyas facturas no aparecen[8] y expropiaciones que se pagan

[7] Entre la terminación de una obra y su recepción por el Estado llegan a transcurrir, en algunos casos, tres años. El tiempo medio entre la recepción provisional y la definitiva se sitúa en 544 días.

[8] La Dirección General de Carreteras de Madrid dispuso de 12.141 millones y la Dirección Territorial de Andalucía, de 14.665 millones entre 1986 y 1992, el periodo fiscalizado por el Tribunal de Cuentas.

dos veces[9]. Lo más curioso de todo era que los funcionarios de la Dirección General de Carreteras no hacían los seguimientos de las obras adjudicadas por el Consejo de Ministros por procedimientos internos. Empleaban un método más artesanal: la lectura del *BOE* o de la prensa diaria.

El Tribunal de Cuentas había iniciado su función fiscalizadora del primer Plan General de Carreteras y Autovías el 12 de mayo de 1992. Tres años y medio después, el 20 de diciembre de 1995, los auditores dieron por finalizada su tarea y la entidad elevó el correspondiente informe a las Cortes generales.

En el trabajo de ciento trece folios el organismo encargado de controlar las inversiones y gastos de los distintos departamentos del Estado estimaba que los costes de ejecución del Plan de Autovías, del que quedaban todavía una serie de tramos por adjudicar, habían supuesto para el país un desembolso global de 3,1 billones de pesetas[10].

La explicación a este significativo incremento de precios lo justifica el ente fiscalizador de las cuentas públicas basándose en los sucesivos cambios de criterio que se fueron introduciendo en el Plan Nacional de Autovías a lo largo de los años.

«Al principio se planteó hacer una red de grandes infraestructuras viarias, para completar la red estatal de alta capacidad, disminuir los tiempos de recorrido y aumentar la seguridad, aprovechando las carreteras existentes. En 1988, cuando muchas obras estaban ya adjudicadas, se cambió de opinión y se decidió construir autovías de nuevo trazado, aprovechando las antiguas carreteras como vías de servicio», afirman los técnicos.

---

[9] La cifra dedicada a expropiaciones había sido hasta 1992 de 192.791 millones de pesetas.

[10] Tras la adjudicación de las dos últimas fases de obras —el polémico tramo de las Hoces del Cabriel (Cuenca), que supone el cierre de la autovía de Levante, y el de Piedrafita, de la autovía de Galicia— por el ministro de Fomento, Rafael Arias Salgado, los costes del primer Plan Nacional de Carreteras, actualizados a fecha de noviembre de 1996, se acercan a los cuatro billones de pesetas.

Los inspectores encargados de controlar los gastos del MOPU, el ministerio más mastodóntico de todo el Estado, con más de 20.000 funcionarios de plantilla, ponen así de relieve la falta de rigor y seriedad de uno de los organismos claves para el desarrollo económico y social del país. La ausencia de una mínima planificación previa de sus trabajos se suplía, en muchas ocasiones, con la improvisación y la chapucería.

«El Plan Director de Infraestructuras, la norma básica para realizar los proyectos de autovías —se afirma en el informe— se hizo sin un inventario previo de las características geométricas y físicas de las distintas zonas que se iban a ver afectadas, que se incorporó más tarde. En cambio, el inventario sobre los firmes de las antiguas carreteras generales ni siquiera llegó a efectuarse. Se sustituyó por una inspección visual.»

El Gobierno falló estrepitosamente también en los estudios previos que debían analizar el crecimiento del parque automovilístico, el número de matriculaciones y consumo de carburantes como elementos imprescindibles para diseñar el Plan General de Carreteras. En mayo de 1988, con los *bulldozers* trabajando ya en muchas obras, los datos fueron sometidos a revisión. El resultado fue catastrófico. La Dirección General de Tráfico y el Ministerio de Obras Públicas no detectaron que el crecimiento del tráfico en la red estatal en aquellos momentos era tres veces superior al que se hizo constar en los documentos oficiales que manejaron los ingenieros.

Los auditores denuncian también que muchas autovías no estaban aún ni definidas cuando debían encontrarse en fase de licitación o ejecución. Una vez determinado su trazado tenía que ser modificado al no haberse estudiado previamente las características geológicas del suelo, el impacto sobre el medio ambiente, el crecimiento del parque de vehículos o los intereses, contrarios al Estado, de diversas comunidades de vecinos, a las que no se había ni siquiera consultado.

En el reino de la anarquía y la marrullería ocurrió lo previsible. «En 1988, cuando debería estar concluida la primera fase del plan, sólo se encontraba finalizado el 13 por ciento de las obras previstas. Sólo una de las autovías, la que une Santander con Torrelavega, con una longitud de dieciocho kilómetros, estaba en servicio», dice el Tribunal de Cuentas.

En años posteriores se imprimió un mayor ritmo a las distintas obras y se fueron mejorando los resultados, pero con un nivel de retraso aún considerable. Así, en 1992, un año después de lo previsto para la entrada en servicio de la totalidad de las nuevas calzadas, sólo se habían concluido parcialmente 2.800 kilómetros, se trabajaba en trece tramos de carreteras a la vez y había obras que ni siquiera estaban licitadas.

El reiterado incumplimiento de los objetivos hizo que el diario *ABC* bautizara a Javier Sáenz de Cosculluela, titular de Obras Públicas, como el «ministro tortuga», y que en el PP se le conociera como el «hombre antieficacia». Y es que nunca antes que él ningún ser humano había logrado la «proeza» de tener paralizado a medio país durante más de media década.

Fue una época en la que probablemente los conductores que no estuvieron alguna vez a punto de perder los nervios se podrían contar con los dedos de una mano. Con el país en estado de obras permanente, gran parte de la red principal de carreteras tomada por las excavadoras, las plantas de asfalto y los camiones de gran tonelaje encargados de los movimientos de tierra, los españoles debían armarse de paciencia. Mientras, el Gobierno seguía gastando sin control, unos cuantos empresarios amasaban colosales fortunas y los partidos políticos, como se contará en detalle en otro capítulo, se ponían las botas a costa de las comisiones.

* * *

De los 7.000 expedientes de adjudicación de obras existentes, los auditores examinaron unos cuatrocientos. Las irregularidades eran el desayuno habitual de los técnicos. En el 24 por ciento de los proyectos sometidos a control se verificó que las obras se sacaban a licitación pública sin certificado de viabilidad o sin haberse aprobado aún el pliego de condiciones.

El 44 por ciento de las obras se había concedido «a dedo», es decir, por adjudicación directa. El resto por los sistemas de subasta y concurso-subasta, según el procedimiento en vigor en cada momento, de acuerdo con la Ley de Contratos del Estado.

Una de las características comunes de los proyectos otorgados por los dos últimos sistemas (las subastas y los concursos-subasta) radicaba en que la mayoría de los constructores acudía a ellas efectuando bajas situadas entre el 20 y el 45 por ciento sobre los precios de licitación fijados por los ingenieros de caminos del MOPU, considerados uno de los colectivos mejor preparados del país [11].

En realidad todo era pura comedia entre las constructoras y el MOPU, que se habían repartido previamente el negocio, según se reconoce en el propio informe del Tribunal de Cuentas. Una vez adjudicada la obra se introducían una serie de proyectos de reformas, modificados y obras complementarias muchas de ellas ficticias o insignificantes. El resultado era siempre el mismo: la elevación del coste de los proyectos en un 43 por ciento de promedio sobre las ofertas de licitación. En algunos casos los sobreprecios que tuvo que pagar el Estado por estas prácticas ascendieron incluso al 59 por ciento de la valoración oficial del proyecto.

Los sistemas fraudulentos de repartirse el pastel de los contratos de las autovías se incrementaron en la etapa del ministro José Borrell Fontelles. «Hubo concesiones de obras a empresas que, según el Reglamento General de Contrataciones, incidían en bajas temerarias, las cuales debían haberse descartado», denuncia taxativamente el Tribunal de Cuentas.

Lógicamente, tras los habituales proyectos de reforma para justificar las subidas, algunos tramos acabaron siendo pagados por el contribuyente con sobreprecios que oscilaban entre el 64 por ciento, en el más favorable de los casos, y el

[11] Según la legislación vigente, se consideraba baja temeraria aquella que se situara diez puntos por debajo de la oferta pública. La reglamentación de la Dirección General de Carreteras prohibía la adjudicación de los trabajos a las empresas que utilizaran estos métodos de contratación, ya que se daba por hecho que a precios tan bajos era imposible realizar la obra.

86 por ciento de la oferta pública de licitación. Fue lo que ocurrió con el «eje pirenaico» o la carretera Badajoz-Granada.

Las modificaciones de los contratos de reforma no se hicieron por necesidades nuevas o causas técnicas imprevistas, como establece la ley. En el 39 por ciento de los casos se debieron a supuestos errores de los proyectos; en el 32 por ciento, a defectos ocultos de los mismos, y en el otro 29 por ciento restante, a cambios de criterios introducidos aleatoriamente por el director de la obra.

Estas justificaciones, que dejan a los ingenieros y técnicos de Obras Públicas a la altura de simples estudiantes de primero de Ingeniería, no eran las arbitrariedades más graves que se recogen en el informe de fiscalización. Habitualmente, las obras de reforma se hacían por la misma empresa contratista muchas veces sin esperar a ser aprobadas por los órganos de contratación, lo que pone de relieve la descarada connivencia entre el Gobierno y las constructoras. El asunto estaba tan politizado que en los casos en que la Intervención Delegada de Hacienda se negó a pagar las certificaciones de obras, el Consejo de Ministros desautorizó la propuesta del órgano de control de los actos de la Administración y abonó religiosamente las cantidades acordadas.

Todo este cúmulo de irregularidades demuestra a las claras el tremendo *conchabeo* existente entre el MOPU y los representantes de las empresas constructoras. En Italia, con muchas menos pruebas, varios presidentes de constructoras, alcaldes y diputados acabaron en la cárcel dentro de la operación «Manos limpias», la «cruzada» anticorrupción emprendida a comienzos de los años noventa por las fiscalías de Milán y Roma.

Pero España es diferente, como dice el viejo eslogan. Durante los diez años de ejecución del Plan de Carreteras a ninguna constructora se le reclamaron en ningún momento los intereses devengados cuando la ejecución de los proyectos sufría retrasos innecesarios de varios meses e incluso años, lo que supone una vulneración de la legislación vigente.

El extenso abanico de irregularidades, componendas y corruptelas detectadas permite deducir que las únicas normas aplicadas fueron el amiguismo, el enchufismo y las relaciones con el poder. Lo reconoce el ex director general de Carreteras Rafael Fernández Sánchez en el pliego de alegaciones de los distintos cargos de la Administración que figura al final del informe del Tribunal de Cuentas.

Fernández Sánchez, que ocupó su cargo en la última etapa de Sáenz de Cosculluela como ministro, admite que los técnicos del MOPU elaboraban sus proyectos bastante ajustados. Los concursos en los que se admitían bajas temerarias de los constructores respondían, por tanto, a una pura farsa consentida por el Gobierno. Al final siempre se encontraban fórmulas para que no perdieran dinero.

«Bajas por debajo del 35 por ciento son imposibles de asumir sin la quiebra del constructor. Como el constructor no se arruina en casi ningún país, el sistema de adjudicación lleva implícito el juego de los reformados, liquidaciones y obras complementarias adjudicadas directamente para, además de contemplar errores y cambios necesarios, compensar las pérdidas que se producirían por las bajas», reconoce el ex director general de Carreteras sin el más mínimo rubor.

Lo que este político socialista no cuenta es que una parte de los sobreprecios iba a parar, ineludiblemente, a las arcas de algún partido. Fernández Sánchez, sin embargo, hace una nueva aportación que dicha desde dentro revela el grado de insensatez de los políticos que gobernaron España en la década de los ochenta y parte de la de los noventa. Según lo que se deduce de sus palabras el Plan de Carreteras fue un monumental timo —por la cuantía de las inversiones— del PSOE a los españoles y al Congreso de los Diputados.

«Los costes se calcularon de forma voluntarista y política, sin proyectos y con cifras irreales. Pensar que el programa de autovías se podía construir a 100 millones de pesetas el kilómetro cuando el Plan de Autopistas realizado diez años antes costó a 500 millones, era completamente ilusorio. Máxime cuando el Estado llevaba pagados, desde entonces, 150 millones de pesetas por kilómetro sólo por el seguro de cambio de los préstamos internacionales del programa de autopistas», afirma categórico.

Sin embargo, ni Fernández Sánchez ni el resto de los responsables de Obras Públicas hacen alusión, en ningún momento, al supuesto pago de comisiones al PSOE por parte de los contratistas con cargo a los sobreprecios autorizados, un asunto del que se habla en otro capítulo.

* * *

En 1988 la Dirección General de Carreteras contaba con una plantilla de 5.000 funcionarios y técnicos. En el Ministerio de Obras Públicas en su conjunto trabajaban 604 ingenieros de Caminos, Canales y Puertos, y unos 1.200 técnicos de grado medio capacitados para realizar labores auxiliares de ingeniería [12].

Con esa plantilla de ingenieros, superior a la de las veinte primeras empresas constructoras del país, el Estado no fue capaz de realizar ni el 10 por ciento de los contratos de obras que se necesitaban para poner en marcha el primer plan integral de carreteras.

El informe fiscalizador del Tribunal de Cuentas revela que la Dirección General de Carreteras tuvo que firmar 3.489 contratos de asistencia y de servicios con empresas consultoras privadas, cifra que resultó muy similar a la de las adjudicaciones de obras, unas 3.720.

El objeto de estos contratos fue esencialmente la elaboración de los proyectos de construcción o de trazado. Sin embargo, también se adjudicó a empresas externas el control y la vigilancia técnica de las obras y la gestión de la conservación integral de las nuevas carreteras.

En el periodo 86-92 el Ministerio de Economía y Hacienda había desembolsado por estos conceptos 92.735 millones de pesetas, cifra que en 1995 se había incrementado a 110.000 millones. Las concesión de los trabajos se hizo en el 74 por ciento de los casos por adjudicación directa.

---

[12] Los datos proceden del ordenador del Ministerio de Fomento, a fecha 13 de septiembre de 1996, y se refieren al conjunto del Estado.

Lo que no se dice en el informe del Tribunal de Cuentas es que este despilfarro de dinero, injustificable en cualquier empresa privada, iba destinado en gran parte a pagar sobresueldos a numerosos técnicos y altos responsables del Ministerio de Obras Públicas para que consintieran el pago de comisiones a personas cercanas al PSOE. Muchos ejecutivos del MOPU, frecuentemente, eran los dueños o formaban parte de las plantillas de las consultorías contratadas, donde realizaban los trabajos una vez finalizada su jornada laboral como funcionarios.

Todos estos hechos permiten dibujar un panorama nada alentador sobre la gestión del Gobierno socialista en la realización de las infraestructuras del país, un negocio que movió varios billones de pesetas, una parte de los cuales se empleó en pagar a comisionistas e intermediarios.

Durante la etapa en que estuvo huido de la Justicia por el cobro de comisiones a cambio de la adjudicación de las obras de los cuarteles de la Benemérita a sus amigos, Luis Roldán Ibáñez, director general de la Guardia Civil, lo declaró sin ningún tipo de ambages al diario *El Mundo.* «La verdadera trama de corrupción en España no está en la Guardia Civil. Se encuentra en las comisiones pagadas a determinadas personas cercanas al PSOE por los contratos de la red de autovías del Estado.» [13]

Incluso Eduardo Serra, ministro de Defensa en el primer Gobierno de José María Aznar y ex presidente de la constructora Cubiertas y Mzov, y otros altos respon-sables de la Asociación de Empresas Constructoras de Am-bito Nacional (SEOPAN) han reconocido públicamente los pagos y esa suerte de chantaje a que se les sometía desde los círculos cercanos al poder. Vistas las cosas desde esta perspectiva, no es extraño que los gastos se multiplicaran año tras otro y que los españoles hayan pagado a «precio de oro» una red de carreteras cuyo manteni-

---

[13] *El Mundo,* julio-agosto de 1993.

miento costará en el futuro otros 80.000 millones anuales[14].

* * *

Las previsiones sobre costes del Tribunal de Cuentas se habían quedado obsoletas a finales de 1995 cuando la responsable de la entidad, Milagros García Crespo, envió su informe de fiscalización a las Cortes generales. Evaluaciones internas del Ministerio de Obras Públicas situaban en esa época la cifra real de inversiones en torno a los cuatro billones de pesetas.

José Borrell, el ministro «ahorrador» del Gobierno, había aprendido pronto la senda del despilfarro de sus antecesores. Y, además, cuatro años después de haber asumido la cartera, quedaban aún por sacar a licitación dos tramos de obras para completar el primer Plan de Carreteras y Autovías del Estado.

Los dos nuevos trayectos planteaban sus problemas. El de Villafranca a Cereixal, de 55,21 kilómetros, representaba el cierre definitivo de la autovía del Noroeste (Galicia), pero suponía unos costes de casi 200.000 millones de pesetas, cantidad excesiva en un año en que el Gobierno, acuciado por el déficit y los compromisos con la UE, había vuelto a recortar el gasto.

El otro tramo, que suponía la finalización de la autovía de Levante, planteaba problemas medioambientales. Su recorrido atravesaba las Hoces del Cabriel (Cuenca), en territorio de Castilla-La Mancha. El presidente de esta comunidad, José Bono, a quien los votos habían convertido en un recalcitrante ecologista desde la guerra con el Ministerio de Defensa para impedir la construcción de un campo de tiro en Anchuras (Ciudad Real), no parecía dispuesto a que se alte-

---

[14] Los distintos responsables de Obras Públicas de los gobiernos de Felipe González y José María Aznar consideran que el mantenimiento de los 24.000 kilómetros de red viaria del Estado es insostenible para las arcas públicas y proponen que sean financiados por los usuarios mediante peajes o con una sobretasa especial.

rara en lo más mínimo el ecosistema con una mole de cemento y asfalto.

En el verano de 1995, Borrell y Bono habían librado la batalla más folclórica e infantil organizada dentro del PSOE en los últimos años. Dispuestos a defender cada uno de ellos un trazado distinto para la autovía, comenzaron dando ruedas de prensa y luego llevaron a los periodistas en helicóptero a las Hoces del Cabriel para defender sus ideas sobre el terreno. Por último, como Borrell amenazaba con sacar a subasta las obras en plena campaña electoral de 1996, Bono llegó a anunciar que para impedir el desaguisado se pondría a la cabeza de sus vecinos y se manifestaría frente a la sede del Ministerio de Obras Públicas[15] si fuera necesario.

La contienda entre socialistas supuso más de 30 millones de pesetas en gastos —helicópteros, autobuses, comidas y contratación de empresas de imagen— que acabó pagando el contribuyente, como siempre. Pero esa fue sólo una mínima parte del despilfarro que vendría después.

A finales del verano un inmenso tráiler se abría paso, con las lógicas dificultades, por los controles de acceso al palacio de La Moncloa. Cuando el vehículo aparcó frente al inmueble que alberga el despacho del Consejo de Ministros, una docena de operarios comenzó a trasladar cuidadosamente desde la plataforma del camión hasta la explanada situada frente al edificio una enorme maqueta en relieve de veinte por diez metros.

La reproducción en yeso y cartón piedra representaba una zona concreta, realizada milimétricamente a escala de las Hoces del Cabriel en su estado actual. Los autores del trabajo habían situado sobre la representación del terreno el trazado de una futura carretera con dos carriles en cada dirección.

La reconstrucción de esta zona de la naturaleza, que hubiera hecho las delicias de un director de cine de Holly-

[15] Borrell organizó también una excursión de informadores a pie, a los que tuvo un día entero recorriendo las Hoces del Cabriel. La mayoría regresó tan agotada a las redacciones que no escribió ni una sola línea, salvo *El País,* que le dedicó una página entera.

wood para rodar una película sin salir de los estudios, había representado a los españoles unos gastos de 100 millones de pesetas [16].

El autor de la estrafalaria idea había sido el ministro de Obras Públicas y Transportes, José Borrell, quien, con esta actuación suya, hizo bueno, pero a la inversa, el dicho popular que señala que «si la montaña no va a Mahoma, Mahoma va a la montaña».

En efecto, después de tratar de persuadir durante varias semanas a Felipe González para que le acompañara en un *raid* aéreo a las Hoces del Cabriel, sin conseguirlo [17], había optado por llevarle la naturaleza al palacio, para convencerle de que su opción de autovía era la buena.

Más buena voluntad y ganas de trabajar por parte de un ministro socialista parecían imposibles. El asunto, sin embargo, iba a tener un desenlace diferente.

* * *

Cuando Rafael Arias Salgado se hizo cargo del nuevo Ministerio de Fomento, que agrupaba las funciones del de Obras Públicas, Transportes y Telecomunicaciones, una de las primeras cosas que decidió dejar resueltas fue el espinoso caso de la autovía de Levante.

Amante de la carretera y empedernido viajero, a Arias Salgado le resultaba inconcebible que en las puertas del siglo XXI los españoles tuvieran que hacer colas de cuatro y cinco horas a la altura de Honrubia cada vez que se desplazaban a Valencia o Castellón, porque había un tramo de calzada antigua que dificultaba el tránsito.

Decidido a coger el toro por los cuernos, una de las primeras llamadas que hizo nada más pisar su despacho fue

---

[16] La información fue facilitada a los autores del libro por el equipo del ministro de Fomento, Rafael Arias Salgado.

[17] Como se cuenta en los capítulos dos y tres, desde 1990 González vivía prácticamente encerrado con sus bonsáis en La Moncloa sin querer ver a nadie ni querer saber nada de sus compañeros de partido ni de la situación del país.

al palacio de Fuensalida, en Toledo, sede de la Presidencia de la Comunidad de Castilla-La Mancha, para hablar con José Bono.

Tras los saludos de rigor, el ministro plantea a su interlocutor buscar una solución negociada al asunto de las Hoces del Cabriel. Bono acepta la oferta al instante y quedan en verse la semana siguiente. Es entonces cuando a Arias Salgado se le ocurre una nueva idea.

—¿Y por qué antes de fijar una entrevista entre nosotros no dejamos que se reúnan tus técnicos y los míos y traten de aunar criterios y de encontrar vías intermedias?

—Por mí, perfecto. Creo que es una buena decisión.

La primera quincena de mayo los ingenieros de caminos de Fomento y de la Consejería de Obras Públicas de Castilla-La Mancha estuvieron trabajando sobre ocho posibles alternativas de trazado, evaluando sus costes, las dificultades que planteaban, el impacto ambiental y el tiempo necesario para su construcción.

Al final se decidieron por una de las variantes. Arias Salgado y Bono consideraron que era una propuesta que les permitía quedar bien ante sus electores y dejar sentado su principio de autoridad. Se mostraron encantados en hacer público el acuerdo cuanto antes.

Esa misma mañana, Rafael Arias Salgado se puso en contacto con el presidente de la Comunidad Autónoma de Valencia, Eduardo Zaplana, y le comunicó el compromiso que acababa de adquirir para que lo utilizara políticamente ante sus electores. Poco después, la radio anunciaba que el asunto de las Hoces del Cabriel había quedado desbloqueado y que en breve comenzarían las obras del último tramo de la autovía Madrid-Valencia.

Joan Lerma, secretario general de los socialistas valencianos, ex presidente de aquella comunidad y ex ministro para las Administraciones Públicas del último Gabinete González, vio la noticia ese mediodía en la televisión.

No se lo podía creer. Aquello era un gol que acababan de meterle en plena escuadra sin darle tiempo a reaccionar. Constituía una traición desde dentro del partido.

Inmediatamente descolgó el teléfono y llamó a su compañero de filas.

—Lo que acaban de anunciar sobre las Hoces del Cabriel por televisión es cierto, ¿no?

—Y tanto. Acabo de llegar del Ministerio de Fomento de firmar el acuerdo con Arias Salgado.

—Pues no sabes lo que acabas de hacer. Has hundido al partido en Valencia. ¡Lo has hundido! Lo que debe estar divirtiéndose ahora Zaplana a costa de nosotros.

* * *

El «ciclón Fraga» llegó a Madrid el 10 de septiembre de 1996 procedente de Galicia. Su objetivo era visitar a todo el Gobierno en cuarenta y ocho horas. No sólo lo consiguió sino que entre visita y visita a cada ministerio le dio tiempo a hablar largamente con los periodistas.

Manuel Fraga, presidente de la Xunta de Galicia desde finales de los ochenta en que se retiró de la política nacional para dedicarse a su Galicia natal, llevaba diez años peleándose con los socialistas. Su objetivo era que el Ministerio de Obras Públicas concluyera la última parte de la autovía del Noroeste, en la zona de Piedrafita, dividida en cinco tramos[18].

Arias Salgado aceptó el reto y decidió sacar a licitación la obra en el mes de octubre. De esta manera, quedaba concluida la licitación de las obras del primer Plan de Carreteras socialista, cuya finalización está prevista para el 2000, nueve años después de la fecha prometida por el Gobierno de Felipe González.

El kilómetro de autovía, que comenzó adjudicándose a 300 millones de pesetas, acabó presupuestándose a 3.500 millones, casi doce veces más de los costes inicialmente previstos en el Plan General de Carreteras. Lo que equivale a señalar que gracias a la improvisación y a la mala gestión

[18] Los tramos son los siguientes: Cereixal-Agüeira, 9,4 kilómetros; Agüeira-Noceda, 11,5; Noceda-Castro Lamas, 9; Castro Lamas-Ambasmestas, 9,21, y Ambasmestas-Villafranca, 16 kilómetros.

socialista, los españoles han conseguido tener una red de autovías mala, insuficiente e insegura, con un trazado irregular y unas curvas peligrosísimas, financiada a precio de autopistas.

No importaba que a partir de los últimos meses del año 92, coincidiendo con el inicio de la recesión económica que produjo una disminución de los ingresos de Hacienda y un incremento de los gastos en prestaciones, Seguridad Social, sanidad y desempleo, el Gobierno no tuviera dinero que dedicar a infraestructuras. El ministerio de Borrell comenzó a aplazar los pagos a los constructores hasta llegar a una deuda acumulada de 800.000 millones.

Cuando Dragados y Construcciones, Fomento de Construcciones y Contratas, Ferrovial y Cubiertas y Mzov se rebelaron contra el Gobierno y le exigieron una reducción drástica de la morosidad, cambió de estrategia. Comenzó a pasar muchas partidas, especialmente las destinadas a revisiones de obras, a déficit y, por último, las convirtió en deuda del Estado.

Así el país va a tener que pagar las autovías, muchas de las cuales podían haberse realizado como vías de peaje por la iniciativa privada o con fórmulas de financiación mixta, dos veces: una a las constructoras y otra a los bancos y a las compañías financieras.

Pero ahí no acaba todo. Aplicando técnicas de «ingeniería financiera» a la contabilidad pública, el responsable del Ministerio de Obras Públicas logró aplazar en 1995 a ejercicios posteriores deudas ya contraídas por valor de 259.000 millones, generando intereses por 7.000 millones.

Al mismo tiempo no llegó a utilizar disponibilidades de crédito por importe de 62.000 millones de pesetas del ejercicio 1995, con las que contaba la Dirección General de Carreteras, de modo que el daño a las arcas públicas resultó doble.

Junto a esa catastrófica gestión, Borrell, considerado uno de los cerebros financieros del PSOE y una de las mentes mejor amuebladas del último Gobierno de Felipe González, manejó el presupuesto de su ministerio como su finca particular.

Poco antes de abandonar el cargo, en marzo de 1996, cuando se encontraba de ministro en funciones, desde el ministerio se dispuso de un presupuesto de 1.750 millones de pesetas para mejorar la carretera de Pobla del Segur (Lérida), su pueblo natal, que no figuraba entre las actuaciones urgentes del Plan Director de Infraestructuras del Estado. También mandó construir un embalse en Mora de Rubielos (Teruel), el pueblo de su colega, el ministro de Interior y Justicia Juan Alberto Belloch [19], que tampoco aparecía entre las necesidades perentorias contempladas en el Plan Hidrológico Nacional. El decreto se publicó incluso en el *BOE* del 7 de mayo de 1996, dos días después de la toma de posesión del nuevo Gobierno.

Sin embargo, lo realmente grave de este panorama son los miles de millones de pesetas que se han repartido a todos los niveles partidos políticos y altos cargos.

Porque en las obras de infraestructura del Ministerio de Obras Públicas, en el Tren de Alta Velocidad, en las obras de la Exposición Universal de Sevilla y en los Juegos Olímpicos de Barcelona se encuentra, indudablemente, la madre de todas las corrupciones.

Eso, sin embargo, es materia de un nuevo y más extenso capítulo.

---

[19] Rodrigo Rato ante las Cortes. *Diario de Sesiones* del Congreso de los Diputados del 12 de junio de 1996.

CAPITULO SIETE

AVE: EL QUE NO CORRE VUELA

Fue considerado unánimemente como el «contrato del siglo» en el sector ferroviario español y como el primer paso para su incorporación a las nuevas tecnologías que revolucionarán el continente europeo antes del año 2025. El tren de alta velocidad (AVE, Alta Velocidad Española) que une desde 1992 las capitales de Madrid y Sevilla a una velocidad punta de trescientos kilómetros por hora y rompe el aislamiento tradicional de Andalucía con la Meseta oculta una realidad no tan idílica. Las obras, presupuestadas el 7 de julio de 1989 en 262.500 millones de pesetas, costaron 473.000 millones, es decir, casi el doble. Los más de 200.000 millones de sobreprecio se justificaron sobre la base de una serie de proyectos de reforma y mejora de las instalaciones. Sin embargo, la justicia investiga si el objetivo de los sucesivos encarecimientos era encubrir el cobro de comisiones y percibir «peajes» dos y tres veces por el mismo proyecto. Gran parte del dinero recaudado mediante estas prácticas ilícitas acabó en las cuentas corrientes de sociedades instrumentales situadas en la órbita del PSOE. Además, los mismos personajes que intermediaban ante la Administración eran consejeros de las filiales de Renfe encargadas de supervisar la calidad de los trabajos y expedir las certificaciones de obras. El juzgado de Madrid que instruye un sumario sobre el asunto ha imputado a veintidós personas, entre ellas varios ex ministros, un diputado y diversos ex directivos de Renfe, todos ellos destacados miembros del PSOE. Mientras, el Gobierno del PP se empeña en pasar página. Una forma nada novedosa de reescribir la Historia.

El 25 de marzo de 1996, la juez María Teresa Chacón Alonso cursaba una solicitud de información internacional a las autoridades judiciales suizas para averiguar el paradero de varios centenares de millones de pesetas pagados como comisiones por la adjudicación de las obras del AVE [1].

La comisión rogatoria internacional, tramitada al amparo del Convenio Europeo de Asistencia Judicial, pretendía conocer si varios testaferros del PSOE, entre ellos Juan Carlos Mangana Morillo, Sotero Jiménez Hernández y Florencio Ornia Alvarez, tenían cuentas abiertas en la banca helvética, bien a su nombre o a los de sociedades fiduciarias, y si habían recibido dinero de la multinacional alemana Siemens. También intentaba averiguar si las cantidades abonadas por el consorcio germano habían ido a parar a una serie de empresas supuestamente ligadas al aparato de finanzas exterior del PSOE como Experta Treuhand, Tralcorde Reg. Trust o Anstald Salimas, todas ellas con sedes en Luxemburgo, Holanda y Vaduz, la capital del Principado de Liechtenstein.

La titular del Juzgado de Instrucción número 39 de Madrid, la juez Chacón, llevaba dos años instruyendo un sumario para determinar la existencia de pagos políticos a dirigentes socialistas, como contraprestación por determinadas gestiones en Renfe y el Ministerio de Obras Públicas para que las obras del tren de alta velocidad que une Madrid con Sevilla se adjudicaran a dos empresas determinadas, la alemana Siemens y el conglomerado francés Alsthom.

---

[1] La investigación de la juez María Teresa Chacón tenía su origen en otra iniciada años antes por el magistrado de la Sala Segunda del Tribunal Supremo, Marino Barbero Santos. Al tratar de esclarecer la trama del «caso Filesa» y practicar una serie de registros en la sede de la empresa alemana Siemens, el juez Barbero se había encontrado con unos documentos que evidenciaban el pago de comisiones por el consorcio germano a determinadas personas ligadas al PSOE. Como el asunto se salía de su línea de trabajo y no aparecía ninguna persona aforada en el «*affaire* Renfe» dedujo testimonio de la documentación incautada y la envió a los juzgados de instrucción de la plaza de Castilla donde el asunto cayó, por reparto, en el juzgado de María Teresa Chacón.

Después de echarle muchas horas al asunto y trabajar días y días sin descanso, en el despacho que ocupaba en la planta sexta del edificio judicial de la plaza de Castilla de Madrid se acumulaban más de 20.000 folios de declaraciones, informes técnicos, expedientes de contratación de obras y otros documentos.

La juez, sin embargo, estaba satisfecha. Tras veinticuatro meses de gestión tenía meridianamente claro que una sociedad dedicada a los negocios de intermediación, GMP, propiedad de dos de los imputados, Juan Carlos Mangana Morillo y Sotero Jiménez Hernández, había cobrado 917.131.501 pesetas de la multinacional alemana Siemens.

El dinero se había abonado a partir del año 1988 sobre la base de un contrato supuestamente ficticio suscrito entre GMP y Siemens. En él la sociedad de Mangana y Sotero se comprometía a gestionar ante Renfe y el Ministerio de Obras Públicas la adquisición de contratos de ejecución de obras, instalaciones y suministros

En el juzgado existían suficientes evidencias de que los inculpados, ex miembros del PSOE ligados años antes a los aparatos electoral y de finanzas de la formación política entonces en el Gobierno, habían ejercido influencias sobre funcionarios públicos y personas cercanas al Gabinete y a Renfe.

Mangana y Sotero no eran los únicos responsables de la trama de financiación que se vinculaba al PSOE. Los informes, testimonios y pruebas documentales que obraban en la causa permitían deducir que la sociedad Atacir, cuyo principal accionista era Florencio Ornia Alvarez, y la compañía Tecnología e Informática, propiedad del matrimonio Aida Alvarez Alvarez y Miguel Molledo Martín, habían percibido también decenas de millones de pesetas por gestionar contratos del AVE[2].

En las diligencias[3] figuraban como denunciados otros supuestos intermediarios del PSOE, entre ellos, José Ramón

[2] Concretamente, Atacir, un total de 33.600.000 pesetas, y Tecnología e Informática, 21.840.000 pesetas.

[3] Las previas número 3037/94-E.

de la Torre Escandón, Pascual y Félix Llopis Medrano, el ex ministro de Sanidad y ex presidente de Renfe Julián García Valverde, los directivos de la Red Nacional de Ferrocarriles Españoles Leopoldo Iglesias Lachica y Gonzalo Martín Baranda, y los directivos de la multinacional Siemens en España Francisco Francés Orfila y Hans Her Neglen.

Al inicio de la causa aparecía también como imputado otro de los comisionistas asociados al PSOE, Joaquín Mundo Aragó, un ex empleado de Banca Catalana, de poco más de cuarenta años, nacido en Peñíscola (Castellón). Mundo Aragó había formado parte de la supuesta «red socialista de comisionistas» hasta que sus compañeros decidieron apartarle, a mediados de 1988, dejándole sin la parte correspondiente del «pastel» recaudado.

En consecuencia, cuando fue llamado a declarar por primera vez en el sumario 3037/94 decidió colaborar con la Justicia. Pasó a convertirse así de acusado en acusador, testigo de cargo contra el resto de sus compañeros y en un valioso colaborador de la Justicia. Al haber estado dentro, conocía de primera mano todos los entresijos de las estructuras paralelas creadas por algunos socialistas para obtener dinero al margen de la Ley de Financiación de los Partidos Políticos de 1987.

A comienzos de 1996, la juez había decidido admitirle en la causa como querellante, lo que no le excluía de responsabilidad pero le permitía al menos, en el supuesto de tener que sentarse algún día en el banquillo, beneficiarse de la reducción de las penas. Los inculpados, según la interpretación del instructor, podían ser condenados por delitos de falsedad en documento mercantil, tráfico de influencias y delito contra la Hacienda Pública, supuestos todos ellos contemplados en el nuevo Código Penal español[4].

---

[4] Llamado por unos «código Belloch», al haber sido su inspirador el ex ministro del Interior y Justicia socialista Juan Alberto Belloch. Por otros, «código de la corrupción socialista», al existir una serie de artículos que parecen concebidos para exculpar determinadas conductas presuntamente delictivas de los testaferros del PSOE inculpados en la década de los noventa. Entró en vigor en mayo de 1996.

La juez había decidido recabar información de las autoridades helvéticas después de que de otros juzgados madrileños le remitieran testimonio de otras actuaciones judiciales. En ellas aparecía claramente que Siemens pagó dinero en Suiza al ex director general de la Guardia Civil Luis Roldán y al ex director general de la Seguridad del Estado Julián Sancristóbal, por medio de su financiera Siebag, de Zúrich.

Según había reconocido el presidente del consorcio alemán en diciembre de 1995 ante la televisión helvética, las cantidades abonadas ascendían a algo más de 3.000 millones de pesetas y se habían ingresado en las cuentas cifradas de diez españoles, presuntamente ligados todos ellos a la financiación del PSOE [5].

La multinacional Siemens, directamente o asociada a las empresas Standard Elektrik Lorenz, Grupo AEG, Grupo Asea Brown Boveri, Kraus Maffei y Thyssen-Henschel, había participado en varios proyectos de señalización, electrificación y telecomunicaciones del AVE. Además, había cofabricado setenta y cinco locomotoras de alta velocidad para Renfe y había participado en la construcción o remodelación de las estaciones de la compañía ferroviaria española en Barcelona, Sevilla, Oropesa, León y El Escorial.

Por eso, la juez solicitaba a las autoridades helvéticas que se investigara también a las filiales suizas y a sus matrices alemanas de estas compañías en relación con pagos a empresarios españoles y que se tomara declaración bajo juramento a los responsables de Asea Brown Boveri en Zúrich Bear Hess y Perci Barnevik.

La petición internacional de colaboración judicial suponía poner sobre el tapete las supuestas irregularidades de los mayores conglomerados del sector de carbón y del acero de los años cuarenta, reconvertidos en la actualidad en grandes sociedades especializadas en el desarrollo de proyectos del área de la electrónica, el transporte ferroviario, las comunicaciones terrestres, la electricidad y las telecomunicaciones.

---

[5] Ver capítulo nueve.

A María Teresa Chacón los grandes gigantes europeos le tenían sin cuidado. Ese mismo mes había librado por idénticos motivos dos nuevas y contundentes requisitorias a los Estados Unidos y a la República Federal de Alemania.

* * *

El letrado Luis Rodríguez Ramos está considerado como uno de los mejores y más acreditados penalistas madrileños.

Catedrático de Derecho Penal en la Universidad Complutense de Madrid, brillante articulista y gran tratadista del Derecho, por su despacho de la calle de Capitán Haya de Madrid han pasado los más variopintos asuntos, desde crímenes horrendos e incalificables hasta casos con gran calado político, como el de los fondos reservados, en el que defendía a Julián Sancristóbal.

En 1996, uno de los temas que le tienen más ocupado es la defensa de la multinacional Siemens en España y, en especial, la decisión de la juez María Teresa Chacón de enviar una comisión rogatoria a la República Federal de Alemania para que se investigara *in situ* el pago de las comisiones del AVE.

En un auto dictado el 25 de marzo de 1996 el instructor se había dirigido a la «autoridad judicial competente en la República Federal de Alemania». Requería su colaboración, al amparo de los artículos 49 y 53 de los Acuerdos de Schengen, para que le fueran facilitados todos los folios de libros contables, soportes magnéticos o su volcado gráfico de las compañías Siemens y sus filiales sobre el pago de comisiones por las obras del AVE. El instructor solicitaba también que se tomara declaración a un total de ocho directivos de la compañía[6].

Para Siemens el asunto es de una gran envergadura. Una cosa es que se metan las narices en los inconfesables manejos

---

[6] Los directivos eran Karl Heinz Kaske, Hans Baur, Karl-Hermann Baumann, Andreas Sheffer y Christiane Lux, de la sede central de Siemens, y Gerhard Zeidler, Vilker Thomas y James N. Danders, de SEL AG, con domicilio social en Stutgart.

de su filial en España. Otra, muy distinta y bastante más grave, permitir que una comisión de la Justicia alemana y española entre a saco en sus cuentas corrientes, llame a declarar a sus ejecutivos y cuestione sus procedimientos de penetración en los mercados comunitarios e internacionales.

Eso podía suponer la aparición de muchos otros trapos sucios que podían afectar a numerosos países e incluso a gobernantes que nada tenían que ver con el «caso español». Así que la multinacional se había buscado a uno de los mejores penalistas madrileños y estaba decidida a dar una dura batalla en España.

Rodríguez Ramos estudia el asunto y se dispone a actuar inmediatamente. Toda su estrategia se centra en desmontar ante la Sala primero y frente a la Audiencia Provincial de Madrid, más tarde, los argumentos de la juez Chacón quien, mediante providencia del 16 de marzo de 1996, quería investigar el caso en sus orígenes, es decir, en la República Federal de Alemania.

La defensa de Siemens considera la decisión de la instructora «innecesaria y precipitada» ya que la filial española de la multinacional alemana ha cooperado siempre con la Justicia, aportando la documentación que se le requería. Además, para averiguar unos hechos concretos no es necesario, según el letrado Rodríguez Ramos, realizar una investigación universal ni «echar la red», como se dice en el lenguaje procesal europeo, y pedir grandes cantidades de documentos para ver si se «pesca» algún hecho delictivo.

Sin embargo, el 8 de julio de 1996 la sección primera de la Sala de lo Penal de la Audiencia Provincial de Madrid desestimó el recurso de queja de Siemens. Los magistrados José Manuel Maza Martín, Francisco Javier Vieira Morate y Lourdes Sanz Calvo apreciaron que la instructora no pretendía realizar una fiscalización universal de Siemens sino que, por el contrario, limitaba su trabajo a los hechos concretos que existían en la causa, sin ningún tipo de extralimitación.

La batalla jurídica entre Siemens y la Justicia española se resolvía en favor de la juez María Teresa Chacón que, por esos días, debía incorporar aspectos y datos nuevos a la causa.

* * *

La bomba estalló el 20 de junio de 1996 en el programa *La Mañana*, que dirige el periodista Antonio Herrero en la cadena COPE.

Tras permanecer ocho años en silencio, Joaquín Mundo Aragó, uno de los miembros de la red financiera del PSOE, se había decidido a hablar y a contar muchas cosas de las que sabía y que había ocultado hasta entonces por temor a las amenazas y represalias de sus ex compañeros de partido.

Según su versión, la decisión de crear un grupo de empresas al estilo del «caso Filesa», para dedicarse al cobro de comisiones a las constructoras y a otros empresarios que necesitaran contratar con la Administración, surgió en varias conversaciones sostenidas entre un grupo de destacados militantes del partido en los años 1986 y 1987.

El asunto tomó cuerpo más adelante, a mediados de 1987, en una reunión celebrada en La Moncloa en la que estuvieron presentes el jefe del Gabinete de la Presidencia del Gobierno, Roberto Dorado; el secretario de Asuntos Económicos y Sociales del PSOE, Francisco Fernández Marugán[7]; el ex presidente de Renfe y ex ministro de Sanidad Julián García Valverde[8]; el ex presidente del Gabinete para Infraestructura y Seguimiento de Situaciones de Crisis de La Moncloa Florencio Ornia Alvarez, y el ex presidente de la División Naval del INI y alto cargo de Telefónica de España Pedro Sancho Llerandi.

---

[7] A partir de 1991 Marugán ocupó la Secretaría de Fianzas del PSOE, en la calle de Ferraz, en Madrid, al tener que dimitir Guillermo Galeote por el escándalo del «caso Filesa».

[8] García Valverde tuvo que dimitir como ministro de Sanidad, en 1994, al utilizar dinero público para comprar una serie de terrenos en San Sebastián de los Reyes (Madrid), y especular con ellos, en la etapa en que estaba al frente de Renfe.

A partir de esa reunión se monta un entramado de empresas en Madrid para que sirva de tapadera de las actividades proyectadas y justificar una serie de cobros, y se empieza a actuar[9]. «El cliente interesado contactaba con nosotros. Nos decía si tenía una operación o concurso pendiente de adjudicación. Entonces nosotros nos movilizábamos, recabábamos información en la Administración y le decíamos qué tenía que hacer para mejorar su oferta», agrega Mundo Aragó.

Su narración era la confirmación de lo que mucha gente presentía desde hacía tiempo pero tenía el valor del testimonio, franco y directo, de una persona que había estado involucrada en una trama de captación de fondos.

A cambio de sus «gestiones» normalmente cobraban una comisión a sus «clientes», que oscilaba entre el 2 y el 3 por ciento del presupuesto de la obra adjudicada. «La cosa estaba organizada de manera que una parte del dinero se quedaba en las empresas y el resto se dedicaba a financiar actividades políticas del PSOE», señaló el intermediario a Juan Baño, el periodista de la COPE que había conseguido la entrevista.

El encargado de percibir las mordidas era un militante socialista ampliamente conocido en el submundo de los intermediarios, José Ramón de la Torre Escandón. La parte del dinero destinada supuestamente al partido debía entregársela a Javier Tejido. «Este trabajaba para Roberto Dorado y era su contacto en La Moncloa. Debían verse en muchos sitios, fuera del edificio presidencial, aunque alguna vez tenían que encontrarse en La Moncloa», concluyó.

Las personas encargadas de captar los clientes eran De la Torre Escandón, vinculado al despacho que Juan Guerra tenía en la Delegación del Gobierno en Sevilla; un bufete de abogados de Madrid especializado en negocios inmobiliarios, y José María Albert, un empresario con residencia en

[9] La primera de las sociedades creadas fue Parcaman. Le siguieron Construcciones Madrid-Sevilla, Clotime, Alcalá 121, RYC, Matacar y Royal de Gestión, entre otras. Para más detalles consultar el capítulo tercero de *El dinero del poder*, José Díaz Herrera y Ramón Tijeras Cózar, Cambio 16, Madrid, 1991.

Torrelodones (Madrid) y vinculado a las tradicionales familias que ostentaron el poder en el Banco Hispanoamericano hasta el desembarco de Claudio Boada, como hombre de Miguel Boyer, Mariano Rubio y Carlos Solchaga [10].

Francisco Fernández Marugán y Julián García Valverde desmintieron ese mismo día sus relaciones con el escándalo y acusaron a Joaquín Mundo Aragó de «difamador» y «calumniador». Sus declaraciones debieron escocer a más de un dirigente de la calle de Ferraz. A partir de ese día empezó a recibir llamadas amenazadoras, su teléfono fue intervenido ilegalmente, y sus movimientos, vigilados.

Y es que Mundo Aragó se había convertido en el enemigo público número uno para aquellas personas que se dedicaron durante la etapa socialista a cometer todo tipo de tropelías con banqueros, como Alfonso Escámez o Pedro Toledo, industriales y constructores a los que se pedía dinero a cambio de gestiones oficiales que se «vendían» como favores.

Había además una segunda razón para que el comisionista arrepentido fuera temido en los círculos socialistas. Casado con Dolores Torres, secretaria de Felipe González hasta 1987, estaba en los secretos de muchos asuntos acerca de los que no existía ningún interés político en que salieran a la luz pública. Los posibles perjudicados sabían que en esta ocasión no estaba dispuesto a callar.

* * *

En diciembre de 1995, cuando se persona por primera vez como querellado en el sumario de las comisiones del AVE, una de las peticiones iniciales que le hace al juez instructor es que cite a declarar, en calidad de testigos, a los ministros y ex ministros socialistas José Luis Corcuera, Alfredo Pérez Rubalcaba y Virgilio Zapatero.

---

[10] Una supuesta emprcsa de Albert aparece en el sumario del «caso Ollero», en Sevilla, aportando documentación a la Consejería de Obras Públicas de la Junta de Andalucía, en representación de las constructoras del país.

El acusador opinaba que, por los cargos ocupados en la Administración, tanto en el Ministerio de la Presidencia del Gobierno como en el Ministerio del Interior debían saber cómo se fraguó el entramado de sociedades encargadas de cobrar los «peajes» a los constructores.

La juez Chacón no dio demasiada importancia a este testimonio. En cambio, sí valoró en toda su extensión otras aportaciones realizadas a la causa por el intermediario arrepentido.

Entre ellas, las presuntas implicaciones del ex ministro de Sanidad García Valverde y el ex director del Gabinete de Crisis de La Moncloa en el cobro de las comisiones pagadas por Siemens para la adjudicación de las obras del AVE a las multinacionales Siemens y Alsthom.

Según su testimonio, la adjudicación de las obras del AVE a las multinacionales alemana y francesa mediante acuerdo del Consejo de Ministros de 7 de julio de 1988 fue una mera farsa. El proyecto, en realidad, se venía negociando desde dos años antes entre representantes de Renfe y de la Administración con los consorcios alemán y francés. De esta manera, a finales de 1987 se había llegado a un acuerdo de reparto entre las dos sociedades sin necesidad de ofertas ni concursos previos.

Mundo Aragó asegura que así se lo contó el propio García Valverde a Pedro Sancho Llerandi durante un encuentro celebrado en Madrid. Durante la entrevista le explica, igualmente, que no había que realizar ningún tipo de gestiones en la Administración, sino esperar a que se fueran concediendo los contratos para solicitar el pago de los correspondientes «peajes».

Sancho Llerandi, economista y marino mercante, trabajaba entonces como presidente de Comet, una empresa al cien por cien de Telefónica, y formaba parte del aparato de sociedades instrumentales montado por altos cargos socialistas para cobrar comisiones[11].

---

[11] Sancho Llerandi falleció misteriosamente en 1995 mientras realizaba un crucero de placer por las Islas Vírgenes. El hecho se conoció cuando la juez trató de citarlo como inculpado en la causa.

Sancho Llerandi y Mundo Aragó se reúnen a su vez en un almuerzo en el restaurante Fabián de Madrid. Allí el primero le propone que los pagos se canalicen por medio de la sociedad GTP, de la que era accionista, junto con Juan Carlos Mangana Morillo y Sotero Jiménez.

Al principio las cosas marchan bien entre los distintos socios. GTP firma un contrato mercantil con Siemens por el que a cambio de facilitarle información sobre los distintos concursos de electrificación y señalización del tren de alta velocidad recibe un 3,5 por ciento del precio de adjudicación, una vez deducido el IVA.

Paralelamente a estos hechos, Florencio Ornia, que trabaja como director del Gabinete de Crisis en La Moncloa y es amigo personal de Julián García Valverde, con el que veranea en un pueblo de Asturias, decide dedicarse también al floreciente «negocio» de la intermediación. Un día, a comienzos de año, abandona su cargo en la Presidencia del Gobierno.

Diecisiete días después ha creado su empresa Atacir, con la que empieza a trabajar para Siemens. Un documento incautado en la sede de la multinacional alemana en Madrid permite conocer a la juez Chacón que el ex responsable del Gabinete de Crisis trabajaba como comisionista del AVE. Los papeles demuestran que se había comprometido a facilitar «verbalmente y por escrito» información al consorcio germano sobre una serie de proyectos de acuerdo con un mandato expreso de la compañía.

Los «honorarios» a percibir se cifraban en el 2 por ciento del precio de adjudicación. El dinero se abonaría a medida que Renfe y el Ministerio de Obras Públicas dieran por buenos los trabajos realizados y pagaran las certificaciones de obras correspondientes.

Sin embargo, por alguna razón aún no aclarada a fondo, los hombres del PSOE dedicados a la financiación paralela del partido acaban peleados entre sí y se disputan entre ellos la parte del «pastel» que creen que les corresponde. Se amenazan incluso con acudir a los tribunales. Joaquín Mundo Aragó y José Ramón de la Torre Escandón se quedan con el grupo de empresas y Juan Carlos Mangana Morillo y Sotero Jiménez montan entonces GMP.

La guerra entre intermediarios afecta también a Siemens que, a mediados de 1988, debe decidir a cuál de los dos grupos abona las mordidas por las obras del AVE. Tras evacuar las consultas oportunas [12], la multinacional alemana opta por romper el contrato que la ligaba a GTP y firmar otro similar con GMP, la empresa de Juan Carlos Mangana y Sotero Jiménez.

El asunto no trasciende a la opinión pública hasta que el magistrado de la Sala Segunda del Tribunal Supremo, Marino Barbero Santos, allana la sede de Siemens para buscar documentación sobre el «caso Filesa». El registro no le aporta demasiada información sobre el sumario que incoa desde 1991 en el Supremo. Le permite descubrir, en cambio, los contratos sobre las comisiones del AVE.

Las actividades de GMP trascienden públicamente pero sus dueños ya no necesitan trabajar todos los días. Según el testimonio de Joaquín Mundo Aragó, una vez descubierto el mecanismo para enriquecerse personalmente y abastecer, de vez en cuando, las arcas del PSOE, decidieron explotarlo al máximo.

La fórmula para multiplicar de forma ostensible los beneficios sin tener que buscar nuevos clientes era muy fácil. «El presidente de Renfe, Julián García Valverde, de acuerdo con el jefe de material y el jefe de compras de la compañía, y con los "conseguidores" de GMP, modificaba de forma real o ficticia, las obras ya contratadas y en ejecución del tren de alta velocidad para incrementar los precios convenidos. Se generaban así unos ingresos multimillonarios que iban a parar al peculio personal de los intermediarios», afirma Aragó en su querella.

Obras de reforma con un incremento del 2 por ciento sobre el precio inicial tenían repercusiones económicas del 20 y el 30 por ciento en el coste global del proyecto. De esta

---

[12] Joaquín Mundo Aragó dice que la persona que inclinó la balanza a favor de sus competidores fue Julián García Valverde, algo que éste niega.

manera, las obras del AVE, presupuestadas el 7 de julio de 1989 en 262.500 millones de pesetas, se dispararon hasta los 448.000 millones reconocidos oficialmente por el Gobierno el 21 de abril de 1992, cuando el tren Madrid-Sevilla hizo su recorrido inaugural. En esa época aún faltaban por contabilizar al menos otros 25.000 millones de pesetas invertidos en reformas y gastos varios, como los 3.600 millones que costó una conexión del AVE con la Expo para ser utilizada sólo durante seis meses.

Un simple cálculo aritmético permite establecer que el tren de alta velocidad, considerado como la obra ferroviaria más importante del periodo socialista, supuso un desvío al alza de más de 200.000 millones de pesetas, en contra de los intereses nacionales.

Juan Francisco Franco Otegui, abogado del intermediario arrepentido, considera que la actuación de los directivos, los empresarios, la Administración y los intermediarios que intervinieron en el proceso supone un claro ejemplo de maquinación para alterar el precio de las cosas en detrimento del erario público. «Siemens, en lugar de pagar las comisiones con el beneficio industrial obtenido, lo hacía con los enormes sobreprecios que se cargaban contra los caudales públicos.» [13]

En consecuencia, a finales de diciembre de 1995, solicita al Juzgado de Instrucción número 29, en nombre de su cliente, que se revisen todos los expedientes del tren de alta velocidad para determinar dónde se habían producido los incrementos al alza. También intentaba descubrir si las modificaciones y reformas de las obras estaban justificadas técnicamente o constituían un burdo método para repartirse el dinero de los Presupuestos Generales del Estado entre un grupo de funcionarios y empresarios sin escrúpulos y unos avispados comisionistas.

Mundo Aragó pretendía también que se averiguara adónde habían ido a parar los 0,2 billones de pesetas «evapora-

---

[13] Diario *ABC*, 30 y 31 de enero de 1996.

dos» y sobre los que se había creado un espeso manto de silencio. Hasta entonces, ningún ministro del Gobierno socialista había dado explicaciones a la opinión pública sobre el asunto —uno de los mayores lastres de los gobiernos de Felipe González— con la documentación en la mano.

«Como sabemos que muchas modificaciones y reformas artificiales de los proyectos, con una incidencia real de un 2 o un 3 por ciento, acababan con repercusiones económicas de hasta un 30 por ciento, si nos dejan demostraremos que con el tren de alta velocidad se ha cometido un delito de malversación de caudales públicos de casi 100.000 millones de pesetas, la mitad del desvío total», señaló el letrado Franco Otegui al diario *ABC*[14].

Su petición le pareció perfectamente razonable a la juez María Teresa Chacón y a la fiscal del caso, María Teresa Gálvez. Pocos días después decidían que se incorporaran a la causa los expedientes de contratación de obras, tramo a tramo, y los centenares de proyectos de modificación y de reforma. En la misma diligencia, la instructora solicitaba al Ministerio de Economía y Hacienda la designación de un grupo de peritos competentes a los que pretendía encargarles un dictamen sobre los desmesurados incrementos de precio del AVE.

Un trabajo que, a pesar de la buena voluntad y la honradez de los inspectores de la Agencia Tributaria, no resultaría tan fácil como se preveía en un principio.

* * *

José Borrell Fontelles, ministro de Obras Públicas y Transportes, tenía que comparecer ante la Comisión de Industria del Congreso de los Diputados a comienzos de febrero de 1993.

Su presencia ante la Cámara[15] se producía a petición del Grupo Parlamentario de Izquierda Unida, ante la alarma social creada a raíz de la publicación de una serie de artículos

---

[14] Para una más amplia información, ver ediciones citadas.

[15] Para más detalles consultar el *Diario de Sesiones* número 599, del 10 de febrero de 1993.

en *Diario 16*[16]. En ellos se descubrían por vez primera, con todo tipo de detalles, los pagos a GTP, a GMP y las vinculaciones del testaferro Florencio Ornia Alvarez con el aparato de la Presidencia del Gobierno, especialmente con el secretario general de la Presidencia, Roberto Dorado Zamorano. Algunas de sus empresas familiares aparecían, incluso, conectadas con las del intermediario, compartían el mismo domicilio social y tenían socios comunes.

Aquella mañana Borrell utilizó todas sus habilidades políticas y la altanería característica de quien se sabe una de las cabezas más privilegiadas del Gobierno para salir del atolladero. Sin embargo, a mitad del debate, deslizó un dato importante para la investigación del *affaire* del tren de alta velocidad.

—Hemos comprobado —dijo— que uno de los colaboradores o suministradores de bienes y servicios a la empresa Siemens, y me estoy refiriendo al señor Ornia, aparecía como consejero de una filial de Renfe en las fechas en que trabajaba para la sociedad alemana.

Los diputados del Grupo Parlamentario de Izquierda Unida, Narcís Andreu Andreu, y del Grupo Parlamentario Popular, Felipe Camisón Asensio, acosaron al ministro a preguntas. Le pidieron que aclarara inmediatamente en qué sociedad de la Red Nacional de Ferrocarriles había trabajado Florencio Ornia Alvarez.

Como la persona implicada era un militante del sector guerrista del PSOE y los conflictos entre uno y otro bando eran permanentes y habían trascendido de la esfera interna del partido a la calle, el titular de la cartera de Obras Públicas y Transportes no tuvo inconveniente en facilitar el nombre de la compañía.

—Se trata de la compañía TIFSA, una filial al cien por cien de Renfe —reconoció.

Tecnología e Investigación Ferroviaria (TIFSA) era la sociedad que había ejecutado en exclusiva las auditorías de

---

[16] La información completa aparece en la colección de *Diario 16* correspondiente a los meses de enero y febrero de 1993.

control de calidad de las obras del AVE realizadas por Siemens y Alsthom y había dado la conformidad para su recepción provisional y, posteriormente, definitiva, en nombre de Renfe.

El ministro de Obras Públicas y Transportes acababa de reconocer un hecho de trascendental relevancia sin el cual era casi imposible descubrir lo ocurrido con los miles de millones de pesetas enterrados en el AVE, el «contrato del siglo» en materia ferroviaria. La Red de Ferrocarriles Españoles había colocado a un comisionista del AVE en la sociedad que supervisaba técnicamente los trabajos y daba el visto bueno para la expedición de las certificaciones de obras a las empresas que ellos mismos extorsionaban.

Como intermediarios y constructores perseguían el mismo fin —obtener el mayor porcentaje de beneficios posible—, el montaje constituía el mecanismo perfecto para que unos y otros se encubrieran y protegieran mutuamente frente a una inspección de los organismos de fiscalización del Estado. Así, resulta más que probable que los vicios de construcción y las posibles irregularidades cometidas por las multinacionales extranjeras y las empresas españolas que participaron en la construcción y puesta en funcionamiento del tren Madrid-Sevilla no se conozcan nunca.

En cualquier país del mundo, el reconocimiento de un hecho tan grave por un ministro del Gobierno hubiera sido un escándalo monumental. En la España del felipismo, con cuestiones de igual o mayor calado político ocupando todos los días las primeras páginas de los periódicos, el «caso TIFSA» pasó desapercibido al día siguiente de la comparecencia de Borrell en el Parlamento.

Otros asuntos que podían contribuir a aclarar definitivamente este escándalo han sido pasados por alto o sus datos no son conocidos por el juez que instruye la causa, como el fraude de las facturas del IVA.

* * *

A comienzos de noviembre de 1991 funcionarios del Cuerpo Nacional de Policía entran en una oficina situada en el número 52 de la calle de Claudio Coello de Madrid con una orden de detención para José Antonio Cardós, primer accionista de la compañía.

El empresario, en esos momentos, se encuentra en paradero desconocido. Se notifica a sus empleados que si no comparece antes de setenta y dos horas en comisaría será puesto en busca y captura. Acude el 21 de ese mes al Juzgado de Instrucción número 2 de la Audiencia Nacional. Su titular, Miguel Moreiras —encargado de la investigación de los delitos económicos—, le toma declaración y ordena que se le interne en la cárcel de Toledo.

Natural de Ibi, de cuarenta y cinco años, propietario y administrador único de la sociedad Villargosa, S. A., Cardós era uno de los principales implicados en el *affaire* de las facturas falsas del IVA, mediante el que muchas de las más importantes empresas del país se embolsan parte del Impuesto sobre el Valor Añadido y engañan a Hacienda simulando operaciones inexistentes.

El dueño de Villargosa no era el único empresario que se venía dedicando a estos trabajos sucios desde el ingreso de España en la CEE, el 1 de enero de 1986. De hecho, el caso había acabado en los juzgados porque otras dos personas que se dedicaban a este tipo de «negocios» —uno de los más lucrativos que se conocen—, Carlos de Juan Villa y Juan Carlos Villarta Arnau, se habían peleado entre sí y uno de ellos acudió al grupo de estafas de la Brigada Regional de Policía Judicial de Madrid.

La delación de Villarta había colocado a la policía tras sus pasos. Así que para reducir la condena que en su día le sería impuesta por los tribunales, decidió seguir el mismo camino emprendido por el resto de sus compañeros que ahora ocupaban una celda en una penitenciaría española: colaborar con la Justicia.

Trasladado por segunda vez a la Audiencia Nacional, Miguel Moreiras le tomó de nuevo declaración. José Antonio Cardós aportó entonces nombres y señas de otras personas que se dedicaban a las mismas actividades y una lista de más de cincuenta empresas que se beneficiaban de esta irregular práctica, que había supuesto una estafa de más de 100.000 millones de pesetas al fisco[17].

Entre las compañías beneficiadas se encontraban las grandes constructoras del país: Ferrovial, Ginés y Navarro, Obrascón y Construcciones y Contratas, entre otras. Los máximos responsables de la Audiencia Nacional estaban «aturdidos» por el asunto que les acababa de caer encima. «Algunas de las sociedades envueltas en el fraude son conocidas y muy importantes», señalaba días después el fiscal Manuel Villanueva. «El asunto es muy gordo», contaba a los periodistas el presidente de la Audiencia Nacional, Rafael Mendizábal, sin desvelar el contenido de las acusaciones de los imputados ni el alcance real de los documentos intervenidos.

Y es que había razones para estar preocupado. Porque lo que nadie se imaginaba, por inaudito, es que diversos organismos del Gobierno, que debían combatir esta práctica, acudieran también al «mercado negro» de las facturas falsas para cuadrar sus balances anuales y justificar desviaciones de fondos.

Entre estos organismos se encontraban, según la declaración de José Antonio Cardós, dos importantes ministerios, el de Economía y Hacienda y el de Obras Públicas, Transporte y Comunicaciones, y las compañías estatales Telefónica de España y la Red Nacional de Ferrocarriles Españoles (Renfe).

Lo que nadie sabía por entonces es que muchas de las facturas falsas adquiridas por altos cargos de Renfe habían servido para dar cobertura a determinados pagos políticos y justificar así las desproporcionadas desviaciones presupuestarias al alza experimentadas en las concesiones del AVE[18].

---

[17] Alfonso Rojo y Santiago Aroca en *El Mundo*, 1 de diciembre de 1991.

[18] Renfe además había utilizado los servicios de los intermediarios del IVA para adquirir solares en San Sebastián de los Reyes, en las afueras de Madrid. Fue una operación especulativa en la que se compró suelo urbanizable con dinero de una empresa pública sin autorización del Gobierno. Además, se falsificó todo tipo de documentos y se pagaron altas sumas de dinero por indemnizaciones a terceros por supuestos derechos de uso de los solares sobre los que no existían contratos por escrito ni ningún otro tipo de pruebas documentales, según un informe del Tribunal de Cuentas no hecho público hasta la redacción de este libro.

De todas maneras, para la juez María Teresa Chacón y para la fiscal María Teresa Gálvez lo más importante es avanzar, sin prisas pero sin pausas, en la instrucción rigurosa de un sumario complejo y de gran trascendencia en el que uno de los momentos clave de la investigación lo constituiría el informe de los peritos de Hacienda.

* * *

El 4 de julio de 1996, Tomás Rico de Blas, María Drake Escribano y Beatriz Alvarez Atienza, inspectores del Ministerio de Economía y Hacienda adscritos a la Unidad Especial de Vigilancia y Represión del Fraude Fiscal encargada de perseguir los grandes delitos económicos, se presentaron en el Juzgado de Instrucción número 39 de Madrid.

Una vez en presencia del juez le entregaron un voluminoso trabajo de más de quinientos folios, incluidos documentos y apéndices, en el que hacían un extenso análisis y narraban, paso a paso, cómo se habían adjudicado las obras del tren de alta velocidad y las desviaciones presupuestarias detectadas.

Como resulta habitual en este tipo de actividades, los inspectores designados por el instructor habían tenido que trabajar en condiciones bastante precarias, sin disponer de toda la documentación, lo que no impidió que el equipo de expertos llegara a una serie de conclusiones de vital trascendencia para el desarrollo de las actuaciones.

Los peritos de Hacienda señalan como el punto de partida de la Alta Velocidad Española el 12 de julio de 1988. Ese día el Consejo de Ministros aprueba las bases de un contrato programa[19] entre el Ministerio de Obras Públicas y Renfe para construir el tren de alta velocidad Madrid-Sevilla.

El acuerdo establece que el Ministerio de Obras Públicas se encargará de la construcción de la infraestructura ferroviaria y Renfe, de las inversiones orientadas a racionalizar la explotación y la gestión.

---

[19] Conocido en el argot oficial como el Proyecto NAFA (Nuevo Acceso Ferroviario a Andalucía).

El 9 de diciembre del mismo año, el Consejo de Ministros aprueba que las nuevas líneas para la alta velocidad se construyan con el ancho de vía internacional y considera como obras prioritarias los corredores Madrid-Córdoba-Sevilla y Madrid-Zaragoza-Barcelona-Francia.

El Gabinete necesitaría todavía otros ocho meses para adoptar un acuerdo definitivo. Se alcanza en la cita del Consejo de Ministros del 7 de julio de 1989. Es en esa reunión donde Felipe González y sus ministros deciden que el primer corredor que se realizará es el que unirá las ciudades de Madrid y Sevilla, con trenes que desarrollen velocidades por encima de los doscientos cincuenta kilómetros por hora. El Gobierno aprueba por fin el proyecto definitivo. Decide sacar a concurso las obras y resuelve, por primera vez, que éstas no se realicen como un proyecto global sino que se adjudiquen por tramos.

El seguimiento cronológico de estos hechos es de gran trascendencia para la juez Chacón. En las abundantes cartas y contratos suscritos, todos ellos en 1988, entre Siemens y el grupo de comisionistas del PSOE, se conoce con dos años de anticipación cuál iba a ser la decisión del Consejo de Ministros, hecho que el resto de las compañías internacionales que pretendían licitar en el proyecto parecían ignorar.

Todo ello hace suponer en medios judiciales que la denuncia de Joaquín Mundo Aragó, en la que aseguraba que la tarta estaba repartida desde mucho antes, responde a la realidad y que los acuerdos del Consejo de Ministros eran un mero formalismo para justificar una decisión que estaba tomada de antemano.

—¿Cómo [si no] es posible que lo que decide el Consejo de Ministros el 7 de julio de 1989 fuera plasmado ya dos años antes en los acuerdos entre Siemens y sus socios españoles o entre la empresa alemana y GMP [los comisionistas del tren de alta velocidad]? —se pregunta alarmada la fiscal María Teresa Gálvez, en un escrito del 17 de julio de 1996.

El informe demuestra también que Renfe convocó dos concursos[20] el 12 de octubre de 1989 con el fin de seleccio-

[20] Los de los tramos Madrid-Getafe y Córdoba-Sevilla.

nar la mejor oferta y conceder unos proyectos que se venían realizando desde el 27 de julio de ese año. Así mismo, los dirigentes de la empresa pública incumplieron los acuerdos del Consejo de Ministros al adjudicar «a dedo» diversos tramos de obras que supusieron un desvío al alza de decenas de miles de millones de pesetas en relación con el gasto autorizado por el Gobierno [21].

Los inspectores de Hacienda estudiaron uno a uno los distintos proyectos realizados por el Ministerio de Obras Públicas y los contratados por medio de Renfe y los compararon entre sí. «Los precios contratados aumentaron un 51,35 por ciento en los contratos celebrados por Renfe a diferencia de los convocados por el Ministerio de Transportes», concluyen taxativamente [22].

El documento atribuye el desmesurado encarecimiento del proyecto, en gran medida, a la decisión del Gobierno de dividirlo en tramos en lugar de realizarlo como un conjunto unitario, tal y como se había decidido en un principio. Señala que muchos proyectos de reforma, que se traducían en importantes incrementos del gasto, se aprobaron sin una justificación técnica de su necesidad, lo que coincide con la tesis expuesta con anterioridad por escrito por la acusación particular ejercida por Joaquín Mundo Aragó, y reconoce implícitamente el pago a los comisionistas.

Un informe tan demoledor tendría, lógicamente, importantes consecuencias.

* * *

La juez María Teresa Chacón tardó veintidós días en leerse varias veces el impecable trabajo de los inspectores del

---

[21] El 7 de julio de 1989 el Consejo de Ministros aprueba un presupuesto de 60.000 millones para las instalaciones de electrificación y señalización. Renfe las adjudica por 73.783.678.425 pesetas. Lo mismo ocurre con los tramos de obra civil entre Madrid-Getafe y Córdoba-Sevilla. El Consejo de Ministros autoriza un gasto máximo de 20.000 millones. La empresa pública aprueba que los trabajos se realicen por un presupuesto de 39.069.392.711 pesetas.

[22] Página 267 del informe, conclusión sexta.

Ministerio de Economía y Hacienda. El 26 de junio de 1996, con las ideas lo suficientemente claras, decidió pasar a la acción.

Ese día el Juzgado de Instrucción número 39 dictaba una providencia mediante la que imputaba a veintidós altos cargos del Ministerio de Obras Públicas, Renfe y Siemens[23] seis delitos, penalizados algunos de ellos con condenas superiores a los doce años[24].

La juez decidía, al mismo tiempo, citarles a declarar a todos y a cada uno de ellos en calidad de imputados entre los días 4 y 23 de septiembre de 1996. Sin embargo, un día antes de la fecha señalada para la primera de las comparecencias, surgía el primer contratiempo.

La secretaría del Congreso de los Diputados, mediante un atento oficio, se dirigía al titular del Juzgado de Instrucción número 39 y acompañaba certificación de la Cámara autentificando que uno de los encausados, Emilio Pérez Touriño, había obtenido un acta de diputado en las últimas

---

[23] Entre los imputados se hallaban los ex presidentes de Renfe Julián García Valverde y Mercé Sala Schworkowki; los altos cargos de Obras Públicas y Renfe Leopoldo Iglesias Lachica, Gonzalo Martín Baranda, Arturo Delgado Fernández, Emilio Pérez Touriño, Manuel Baro Playa, Jesús Angel Solano, Manuel Pérez Beato, Eduardo Moreno Cerezo, José Luis Villa de la Torre, Mario Huerte Montero, Antonio Pérez Alcaide y Manuel Panadero Pérez; los dirigentes de Siemens Francisco Francés Orfila, Hans Her Neglen, Friedrich Smaxwill, Stefan van Frankerbert y Andreas Hort. A todos ellos se unían los comisionistas Valentín Medel Ortega, Florencio Ornia Alvarez, Juan Carlos Mangana Morillo y Sotero Jiménez Hernández. Otros tres presuntos comisionistas, José Ramón de la Torre Escandón y los hermanos Pascual y Félix Llopis Medrano, quedaban por el momento a la espera de nuevas pruebas, de las que se derivaría si se les imputaban los delitos de malversación de caudales públicos y cohecho o se les descartaba definitivamente de las investigaciones en curso.

[24] Aunque no a todos ellos se les atribuye el mismo número de delitos, los supuestos penales en que pueden estar incursos son: tráfico de influencias, maquinación para alterar el precio de las cosas, fraude, exacciones ilegales, malversación de caudales públicos, cohecho e información privilegiada.

elecciones generales, como candidato del PSOE por La Coruña.

La comunicación de las Cortes generales suponía un duro revés para la investigación sumarial. La juez María Teresa Chacón se vio obligada ese mismo día a suspender los interrogatorios y a comunicar a la Sala Segunda del Tribunal Supremo la aparición de una persona aforada. El alto tribunal tendrá la última palabra.

Todo ello pone de manifiesto que uno de los asuntos más importantes para poner fin a la corrupción, al tráfico de influencias y al uso de información privilegiada —las cuentas suizas de dirigentes del PSOE— podría no llegar nunca a conocerse con lo que muchos delitos quedarían impunes.

* * *

En octubre de 1988 Francia se vio convulsionada por uno de los escándalos político-financieros más importantes de la década en el que se conjugaron las ambiciones, las pasiones y las relaciones personales de los principales dirigentes del Partido Socialista Francés.

La sociedad estatal francesa Pechiney, en un lógico plan de expansión a los mercados internacionales, había entrado en contacto con la norteamericana American National Can para adquirir su filial Triangle, dedicada a la fabricación de embalajes de aluminio.

Las negociaciones se llevaban en secreto y sin ningún contratiempo por medio del traficante de armas libanés Samir Traboulsi. Hasta que un día el traficante desayuna con el ministro francés de Economía, Pierre Bérégovoy, y con Roger-Patrice Pelat, ambos amigos de François Mitterrand, y se lo cuenta.

El asunto constituía, días más tarde, la comidilla de un grupo selecto de franceses, todos ellos ligados al Elíseo, entre los que se encontraban el financiero del diario *Le Matin* Max Theret y algunos prohombres de las altas finanzas francesas.

Para muchos el «soplo» de Traboulsi era la ocasión que esperaban para hacerse ricos y no tener que trabajar durante el resto de sus días. Así que la mayoría de ellos descolgó el teléfono y llamó a las sedes de Experta Treuhand y Arfima, dos fiduciarias suizas, con sede en Ginebra, por medio de las que hacían sus operaciones bursátiles los altos dirigentes del Partido Socialista Francés.

Experta Treuhand y Arfima no son sociedades desconocidas para la opinión pública española. Sus nombres aparecieron por vez primera en el «caso Filesa», cuando el contable Carlos van Schouwen puso tras la pista de este escándalo a los diarios *El Mundo* y *El Periódico de Catalunya,* y ha vuelto a resurgir en diversos sumarios cada vez que se trata de profundizar en las finanzas paralelas de los socialistas.

Los jueces italianos de *Mani Pulite,* junto con algunos magistrados españoles y suizos, sostienen que Arfima y Experta Treuhand, junto con Telemundi, Anstald Salimas, Tralcorde Reg. Trust, Arnold Rupp, Fisiogestión, Société Auxiliaire d'Entreprises, Vitesse y otras, forman parte de un supuesto conglomerado de sociedades trasnacionales ligadas entre sí. Situadas en «paraísos fiscales», son supuestamente empleadas por la Internacional Socialista para mover altas sumas de dinero de procedencia inconfesable por Europa y hacer sus operaciones especulativas en Bolsa.

El único rastro que existe de estas compañías en la Base Nacional de Datos del Ministerio de Economía y Hacienda es que Tralcorde Reg. Trust y Anstald Salimas compartían una oficina en la calle del Buen Suceso, 20, de Madrid, a poco más de un centenar de metros de la sede central del PSOE. No tenían que dar cuentas de sus actividades a la Agencia Tributaria por ser sociedades sometidas a derechos extranjeros y no estar sus actividades sujetas a retenciones fiscales en España.

Sin embargo, lo cierto es que las cinco fiduciarias aparecen como el eslabón perdido en los principales escándalos financieros españoles protagonizados por altos cargos del PSOE como Juan Calatayud, el hombre de Viajes Ceres y de Telemundi, Carlos Navarro, Luis Oliveró o Isidoro Gerardo García Sánchez, todos ellos ligados al «*affaire* Filesa».

La Justicia española puede perder, por lo tanto, la posibilidad de arrojar luz sobre este asunto y, en especial, verificar si las presuntas comisiones de Alsthom se pagaron por medio de Tralcorde Reg. Trust, como apuntaban algunas fuentes cercanas al sumario del AVE.

Las limitaciones impuestas por el estrecho marco en que deben moverse los jueces al instruir un sumario han impedido a la juez Chacón aclarar otros muchos asuntos turbios que aparecen conexos. Como la intermediación de estas sociedades en la concesión de los aparcamientos municipales para residentes cuando el socialista Juan Barranco ostentaba la alcaldía de Madrid. O la utilización por los comisionistas del AVE del antiguo Banco Industrial del Tajo como refugio del «dinero negro» y el cobro de comisiones por diversas gestiones realizadas ante el Banco de España para evitar la quiebra de alguna caja de ahorros, o por el Ministerio de Defensa para agilizar la venta de antiguos cuarteles militares.

Porque como se cuenta por primera vez en *El dinero del poder*[25], el grupo de José Ramón de la Torre Escandón, Joaquín Mundo, Valentín Medel, Florencio Ornia, Sotero Jiménez, Aida Alvarez, Pedro Sancho y Juan Carlos Mangana constituía el clan más importante dedicado a las finanzas paralelas del PSOE.

Algunos de sus miembros lo mismo aparecen negociando ayudas para plantaciones de viñedos en La Rioja[26], supuestamente con la aprobación de Alfonso Guerra, que actuando como intermediarios en nombre de Cubiertas y Mzov, Agromán, Saki y Oteca. O tratando de vender solares de Telefónica de España, en el nudo de la M-40 con Puerta de Hierro (Madrid), sin la aprobación previa del entonces presidente de la compañía, Luis Solana Madariaga.

Sus actividades llevaron a algunos de ellos a viajar a Murcia, Orense, Guipúzcoa, Sevilla —donde mantenían unas excelentes relaciones con Juan Guerra—, Huelva, Valladolid y otras provincias españolas en las que algunos de sus miembros tienen aún causas pendientes con la Justicia. En ellas

---

[25] *Op. cit.*

[26] Con la Real Compañía de Vinos.

aparecen reflejadas sus cuentas corrientes y las numerosas compras de pagarés forales, pagarés del Estado y otros activos financieros fiscalmente opacos para ocultar su dinero.

Su capacidad de «rapiña» y los chantajes a empresarios llegaron a ser tan frecuentes que en 1994, cuando sus nombres habían salido ya en la prensa, el PSOE decidió marcar distancias y expulsarlos de sus filas. El 21 de abril de ese año, el propio secretario de Organización del PSOE, José María Benegas, tuvo que acudir al juzgado de guardia de Madrid e interponer una querella criminal contra De la Torre Escandón «por utilizar el nombre del partido y el de sus dirigentes para estafar a empresarios», según la nota de prensa que distribuyó la agencia oficial Efe.

Los altos cargos del PSOE no cortaron a tiempo el comportamiento «mafioso» de algunos de sus recaudadores. José María Aznar parece creer que, frente a este tipo de desmanes, lo mejor es pasar página para no crispar la vida política. Una nueva y original forma de reescribir la Historia.

CAPITULO OCHO

EXPO: FARAONICA LA OBRA, MONUMENTAL LA CORRUPCION

A comienzos de 1992, cuando la Exposición Universal de Sevilla no había clausurado aún sus puertas dando por finalizado el mayor espectáculo del mundo, otra función no tan edificante se puso en marcha entre bambalinas. Presuntamente, un equipo de contables bajo la dirección de un ex sabueso del Tribunal de Cuentas, supuestamente enviado a Sevilla con órdenes directas de La Moncloa, rehízo balances, quemó documentos comprometedores e incorporó facturas falsas para «maquillar» la contabilidad y dejarla presentable al tribunal fiscalizador de los gastos públicos. Altos cargos del Gobierno de Felipe González participaron aparentemente en la operación de encubrimiento, encaminada a hacer desaparecer papeles y borrar todas las huellas que pudieran implicar al PSOE en el cobro de comisiones ilegales. Una querella enviada al alto tribunal denunciando los hechos se perdió en la sede del Tribunal de Cuentas, en Madrid, durante el año en que sus inspectores estuvieron fiscalizando los números de la Expo y luego reapareció misteriosamente cuando la auditoría oficial había terminado; el sistema informático, que contenía en disco óptico copias de muchos documentos que no se pudieron manipular, se estropeó cada vez que sus miembros trataron de consultarlo. Así y todo, el Ejecutivo de González no ha podido evitar que el olor a podrido se filtre de todas y cada una de las páginas del informe del organismo fiscalizador de las cuentas del Estado ni que los españoles sigan preguntándose por qué había que gastarse más de medio billón de pesetas en una obra faraónica, bautizada como la «isla del tesoro», para utilizarla seis meses y luego abandonarla.

Situada en la confluencia de los ríos Amazonas y Negro, en el Brasil profundo, a comienzos de siglo XX Manaos se convirtió inesperadamente en una de las zonas más ricas del mundo.

El automóvil, recién inventado, acababa de sustituir al coche de caballos como medio de locomoción y los grandes fabricantes mundiales de neumáticos —Goodyear, Firestone, Michelin y Dunlop— necesitaban inmensas cantidades de caucho para fabricar sus productos.

Brasil era el productor del 50 por ciento de la planta de donde se extraía el codiciado material y Manaos, hasta entonces poblada por una tribu de seis mil nativos, la zona por excelencia para la recolección y exportación de la materia prima a las grandes fábricas trasnacionales, donde se convertía en pocos días en ruedas de coches.

Atraídas por la «fiebre del caucho», miles de personas de todo el mundo se fueron a vivir a una zona de la selva donde hasta poco antes sólo había serpientes, mosquitos y paludismo.

El viejo poblado indígena creció desmesuradamente sin viviendas ni servicios hasta que sus habitantes, que no sabían qué hacer con tanto dinero, decidieron construir la mejor ciudad del planeta. Contrataron los más reputados arquitectos de Europa, los albañiles más hábiles y los más caros diseñadores.

De pronto, en medio de la selva, comenzaron a surgir avenidas, bulevares, mansiones de lujo, grandes edificios administrativos, un puerto para trasatlánticos, teatros y hasta una sala de ópera que rivalizaba en su arquitectura y esplendor con el célebre edificio de la ópera de París. Y como el caucho no parecía acabarse nunca y las multinacionales pagaban la materia prima cada día más cara, los habitantes, que también necesitaban divertirse, trajeron a los mejores cantantes del mundo —desde la diva María Callas hasta el mítico tenor napolitano Enrico Caruso— para que actuaran en sus salas.

Cuando la ciudad tenía 250.000 habitantes, vivía su época más gloriosa y sus gentes eran envidiadas por medio planeta, se descubrieron las propiedades del neopreno, los sulfuros orgánicos, los ésteres, uretanos y siliconas, todos ellos productos sintéticos. Las multinacionales podían obtener así en sus propios países, con menos costes y sin los onerosos fletes de transporte, unos neumáticos de igual elasticidad y durabilidad que los procedentes de la planta del caucho.

La riqueza, que había llegado inesperadamente a aquella región septentrional de Brasil, se volatilizó con la misma celeridad. Las multinacionales desmantelaron sus centros de compra. Las ruletas de sus casinos dejaron de funcionar. Las mansiones quedaron deshabitadas. Los más lujosos automóviles del mundo desaparecieron de sus calles. Los trasatlánticos repletos de multimillonarios turistas no volvieron atracar en sus puertos y el teatro de la ópera, envidia de los parisinos, cerró sus puertas definitivamente. Manaos volvió a ser en gran parte lo que siempre había sido, un gran trozo de naturaleza salvaje entre dos caudalosos ríos.

La selva, que todo lo iguala, cubrió parte del paisaje y la otrora ciudad del caucho se convirtió así en un poblado muerto, donde algunos indígenas y algunos europeos siguen cosechando las plantas del caucho para actividades menores como los tacones de zapatos o juntas de neveras y lavadoras. Los turistas siguen yendo al lugar, pero para contemplar los vestigios de una ciudad fantasma, que representa una visión del pasado y el sueño fugaz de un puñado de iluminados.

Cuatro años después de la celebración de la Exposición Universal, para la que entre 1988 y 1992 se enterró medio billón de pesetas en Sevilla y otro medio billón en la Isla de la Cartuja, ésta presenta un aspecto muy parecido.

Las doscientas hectáreas de terreno donde se construyeron kilómetros de avenidas, se levantaron decenas de pabellones, el mejor cine tridimensional de España, la zona de aparcamientos más grande del país, donde se proyectó un estadio de fútbol que contaría con más de un millón de especies vegetales traídas de los cinco continentes, son hoy en gran parte un paisaje desolado, en el que campan a placer los lagartos, crece la hierba, y el óxido y la intemperie amenazan con derruir los restos que aún quedan en pie.

Transcurridos los seis meses para los que fue concebida, acabado el sueño de la noche de verano, sólo los edificios funcionales sobreviven, ocupados por la Universidad de Sevilla y algunas empresas que han instalado allí sus oficinas. Pero como las calles se urbanizaron sin aceras y muchos pabellones se levantaron para que sólo duraran ciento ochenta días, la mayor parte de las instalaciones se hallan abandonadas. Y al no existir seguridad, las noches se llenan de *yonquis* que acuden a pincharse y de algún que otro desaprensivo despistado que aún cree que aún queda algo que llevarse.

Sin embargo, bajo la hoguera de las vanidades subyace otra realidad distinta, la de los políticos y especuladores sin escrúpulos que no tuvieron reparos en gastar en Sevilla y La Cartuja, bautizada como la «isla del tesoro» por Ramón Tamames, un billón de pesetas —el 1,7 por ciento del PIB de 1992— sin más interés que el de beneficiarse a sí mismos e incrementar las cifras de sus cuentas corrientes.

* * *

La idea de celebrar una exposición universal se le ocurrió a comienzos de los ochenta al Rey como una fórmula para vender en todo el mundo la imagen de España como un país moderno y democrático, aprovechando que este tipo de eventos ha sido, históricamente, una plataforma para expandir los conocimientos, las nuevas ideas y los avances tecnológicos.

Cuando el asunto se somete al BIE (Bureau International d'Expositions) hay sólo dos candidatos: España (Sevilla), con un PIB de 339.367 millones de dólares (26,8 billones de pesetas) y una renta *per cápita* de 2.869 dólares (226.651 pesetas), y los Estados Unidos (Chicago) con un PIB de 6.108.606 millones de dólares (482 billones de pesetas) y una renta *per cápita* de 7.686 dólares, que equivalen a 607.194 pesetas[1].

En estas condiciones, Chicago, después de hacer una auditoría de costes, renunció a la Expo y España se alzó con la propuesta. Al instalarse en el poder los socialistas no vieron con buenos ojos el proyecto. A partir de 1986, sin embargo, cambian de opinión y deciden utilizar la Exposición Univer-

[1] Oficina de Análisis del Ministerio de Comercio de los Estados Unidos.

sal para vender la imagen de Sevilla, su granero electoral, y del PSOE en el exterior.

A tal efecto, se crea la Sociedad Estatal Expo-92 y, de acuerdo con La Zarzuela, se nombra comisario a Manuel Olivencia, un prestigioso catedrático de Derecho Mercantil de la Universidad de Sevilla, que había sido profesor de Felipe González. Se elige como lugar más idóneo para celebrar el evento a la Isla de la Cartuja, un terreno de doscientas hectáreas separado de Sevilla por el Guadalquivir. Cuando el proyecto está en marcha se nombra a Jacinto Pellón, un empresario andaluz amigo también del Presidente y ejecutivo de Dragados, como consejero delegado, recortándole los poderes ejecutivos a Olivencia.

Así, a finales de los ochenta y comienzos de los noventa, la Exposición Universal de Sevilla se convierte en un rico pastel al que acuden atraídos como moscas las grandes compañías nacionales del sector financiero y de la construcción.

Todo el mundo quiere estar presente en el magno acontecimiento. El BBV forma con Aguas y Estructuras (Ayesa) la sociedad BBV Desarrollo-92; el INI crea su propia sociedad —Exhibit— con el Instituto de Fomento de Andalucía, Tapsa, Hewlett y Procnos Gestión; Banesto, el Banco Central y Transáfrica, la empresa de José y Jaime Salama, constituyen al 33 por ciento Sevilla Service; el Banco Hispano, aún no fusionado con el Central, participa por medio de su inmobiliaria Vallehermoso con Rathe Productions en la sociedad Hispano-92 [2].

---

[2] Felipe González había ordenado que los banqueros y empresarios más importantes del país prestaran su apoyo a los fastos de Sevilla. Con este fin se celebraron varias reuniones a las que se invitó a José María Cuevas y Juan Jiménez Aguilar, por la CEOE; Adrián Piera, por las cámaras de comercio; Javier Benjumea Puigcerver, por el Comité de Expertos; Javier Benjumea Llorente, por el Club 92; José María Amusátegui, por el Banco Hispano; Mario Conde, por Banesto; Alfonso Escámez, por el Central; Fernando Asúa, por IBM; Emilio Haasc, por Rank Xerox; Eguchi Hiroaki, por Fujitsu; Ignacio Larramendi, por Mapfre; Yasumoto Maeda, por Fuji Film; Pedro Pacheco, por Tierras de Jerez; Juan Post, por Philips; Juan Manuel Sáenz de Vicuña, por Coca-Cola; Ignacio Ybarra, por Cruzcampo, y Fernando Ybarra, por Sevillana de Electricidad.

Las constructoras no quieren ser discriminadas de la gran tómbola socialista y saben que la unión hace la fuerza. Dragados y Construcciones, Abengoa, FOCSA, Construcciones y Contratas y Técnicas Reunidas fundan Servicios-93, para repartirse las obras y los contratos.

Incluso las multinacionales, tan reacias a entrar en negocios en España, se interesan por el magno acontecimiento que coincide con el V Centenario del Descubrimiento de América. Las compañías japonesas Fuji Film y Fujitsu se convierten en proveedores oficiales de películas para hacer fotografías; la estadounidense IBM facilita los soportes informáticos; la compañía italiana Olivetti regala un sistema óptico de archivo de datos; la holandesa Philips y la alemana Siemens se reparten la electrónica, y Alcatel, el gigante de las telecomunicaciones francés, se ofrece a patrocinar el teatro espacial[3].

A finales de los ochenta, la Expo como plataforma de lanzamiento de nuevas ideas hacia el siglo XXI movía miles de millones a diario. Siemens anunciaba que iba a levantar un pabellón cilíndrico; el Reino Unido, un edificio a base de metal y cristal sobre un lago artificial; Dinamarca, un edificio en forma de velero modernista sobre dos islotes y una piscina, y España, un moderno pabellón junto al gran lago central.

Todo es derroche y boato. Se decide instalar trenes monoviga, teleféricos, parques de atracciones, teatros al aire libre y cerrados, bares, restaurantes y cines en 3D para que no falte de nada. Como colofón y para despedir la noche se copia del modelo de los parques de Disneylandia y Disneyworld, el soberbio y conocido espectáculo de luces, sonido y castillos de fuegos artificiales.

Es la locura colectiva. El Gobierno metido a empresario en tecnología de vanguardia y del ocio. Sobre la marcha se crean comités de expertos y empresas de servicios como

[3] A estas sociedades se les exigía el pago de una aportación de mil millones de pesetas, o su equivalente en bienes o servicios, como contraprestación por la publicidad gratuita que recibirían durante los seis meses que durase la exposición.

Coral, para contratar alojamientos; Telemundi, para comercializar el logotipo de la Expo en el exterior; Telexpo, para vender las imágenes audiovisuales; Coda, para cobrar los impuestos a las sociedades que quieren establecerse dentro del recinto, y Crasa, destinada a buscar alojamientos a los socios y empleados.

Ese año se quiere tener en Sevilla a los mejores cantantes de ópera, a los más populares intérpretes de *rock*, a los más afamados concertistas y a las primeras figuras del mundo del deporte.

Cuando se le pregunta al Gobierno quién va a pagar todos aquellos desembolsos González señala que el asunto ya está resuelto. En la primera página de las declaraciones de la renta de las personas físicas, junto a las donaciones voluntarias a la Iglesia Católica, el Ministerio de Hacienda ha colocado una casilla para que las personas que así lo deseen puedan destinar el porcentaje previsto para «otros fines» a financiar la Expo o los Juegos Olímpicos.

Al final, como siempre, llegaron las rebajas. El Congreso de los Estados Unidos prohibió a Ronald Reagan gastarse más de 500 millones de pesetas en un evento que iba a tener lugar a 8.000 kilómetros de distancia; los finlandeses no realizaron su «edificio esquimal» porque no había energía eléctrica suficiente en Sevilla para mantenerlo bajo cero grados, y los países latinoamericanos, acuciados por la deuda externa, no tenían dinero ni para pagar los gastos de sus delegaciones oficiales durante seis meses[4].

Embarcado en el proyecto hasta la médula, el Gobierno socialista no quería una Expo devaluada. Convertidos los españoles en forzosos y espléndidos nuevos ricos a través del Tesoro público pagaron con sus impuestos los pabellones a

[4] Según las listas de precios hechas públicas en 1989 por Coral, S. A., la central de reservas, un apartamento costaba 590.000 pesetas mensuales en la «ciudad de la Expo». Una habitación diaria salía por 45.000 pesetas en los hoteles Andalusí Park y Al Andalus Palace; 38.000 pesetas en Flamero, La Palmera, Betania y El Viso, y 32.000 pesetas en el hotel Aljarafe.

veinte países y ayudaron a otros treinta para que estuvieran presentes.

La que se suponía la última exposición universal del siglo XX costó a las arcas del Estado, incluidas las obras de infraestructura realizadas en Sevilla, más de un billón de pesetas, atrajo a varios millones de turistas y, seis meses después, el inmenso derroche quedó desaprovechado.

Fue el gran fiasco de los noventa. Un informe del Ministerio de Industria revela que no sólo no sirvió para promover la industrialización y el turismo en Andalucía, sino que apenas contribuyó a la creación neta de empleo. Por el contrario, hizo que el precio del suelo se disparara en esos años convirtiéndose en algo inaccesible para la mayor parte de los sevillanos y en un negocio redondo para especuladores y avispados[5].

Esos datos poco importaban ante el gran festín de la corrupción, donde los principales argumentos para conseguir contratos eran el favoritismo, el amiguismo y el «tráfico de influencias». Los hechos lo acabarían demostrando antes de que concluyera el evento.

* * *

El 14 de julio de 1992 la Brigada de Policía Judicial adscrita a los juzgados de Sevilla detenía en las afueras de la ciudad al comisionista Jorge Ollero, hermano del director general de Carreteras de la Junta de Andalucía, Manuel Ollero.

Al revisar el contenido del maletín que llevaba encima los inspectores encontraron 22 millones de pesetas en su interior. Ollero no ofreció ninguna explicación sobre su origen. Pero los agentes, que venían siguiéndole desde Madrid, y tenían sus teléfonos intervenidos, no necesitaban justificaciones. El dinero se lo había entregado horas antes en un hotel de la capital de España un directivo de la constructora Ocisa por la concesión de un tramo de autovía.

Días más tarde, toda España podía imaginarse por qué una filial de esta compañía, dedicada al ocio, había logrado

---

[5] *La industria española en los noventa*, Monitor, 1992.

la mayoría de los contratos de la Expo cuando, en muchos casos, sus ofertas eran peores que las de sus contrincantes: a base de maletines[6].

La catarata de escándalos no tardaría en aparecer. Poco después se supo que la Sociedad Estatal había adjudicado un contrato de 1.500 millones a una empresa de José Ignacio Barón, hermano del ex ministro Enrique Barón, que se constituyó el mismo día de la firma del contrato, y que Francisco Palomino, cuñado del presidente González, había sido favorecido con otro contrato de 446 millones para realizar una serie de estructuras metálicas.

El Partido Popular, que se había dedicado a investigar el asunto durante varios meses, descubría nuevas irregularidades. A algunos de los artistas del espectáculo Azabache se les pagó en «dinero negro»; Sevilla Service, una empresa al frente de la cual se encuentra Antonio Valdivieso, ex alto cargo de la Junta de Andalucía, facturó 11.000 millones, y Resorte Comunicación, la compañía que montó los espectáculos del lago, obtuvo unos ingresos de 2.000 millones con un capital social de sólo 20 millones. El caso más paradigmático, que define el nivel de corrupción alcanzado, es que la propia mujer de Jacinto Pellón, el consejero delegado de la Sociedad Estatal, obtuvo un contrato del Pabellón de Andalucía de la Expo por medio de la empresa Factoría, de la que es accionista, que subcontrató con otra compañía[7].

Por esa época, el periodista Manuel Jesús Florencio publica en las páginas del *ABC* de Sevilla que la Sociedad Estatal ha comenzado a devolver letras a los bancos por falta de liquidez, y el Gobierno acaba reconociendo que en los años en que Pellón estuvo al frente de la Expo se adju-

---

[6] Mientras la mayoría de las concesionarias tenían que abonar unos *royalties* del veinte por ciento de su facturación a cambio de la concesión de los servicios de restaurantes, bares y cafeterías, Ocisa logró que la Sociedad Estatal Expo-92 le cobrara sólo el ocho y medio por ciento. *El País,* 7 de agosto de 1992.

[7] En cambio, en los datos facilitados por la Junta de Andalucía a los autores del libro no figura esa sociedad.

dicaron 1.863 contratos a dedo por algo más de 40.425 millones.

El 20 de octubre de 1992, apenas clausurada la exposición, Jacinto Pellón debe comparecer ante el Congreso de los Diputados, donde fue sometido a una batería de preguntas por los parlamentarios Andrés Ollero, Jerónimo Andreu y Salvador Pérez Bueno, del Partido Popular, Izquierda Unida y Grupo Mixto, respectivamente.

Ante la falta de respuestas convincentes, populares y comunistas plantean por primera vez la creación de una comisión de investigación. Sin embargo, el PSOE impone su mayoría absoluta e impide que se llegue hasta el fondo. Desde entonces el diputado popular ha llevado casi en solitario una cruzada para saber adónde fue a parar el dinero de la Expo, en un intento de que la verdad resplandezca de una vez por todas. Esta es la historia.

* * *

Sevillano de nacimiento, Andrés Ollero es un sesudo catedrático de Filosofía del Derecho en la Universidad de Granada, ciudad en la que reside desde hace treinta y un años.

Le gusta y vive su profesión. Se siente orgulloso de su libro publicado sobre la materia que imparte, prologado por el rector de la Universidad Carlos III de Madrid, Gregorio Peces-Barba. Pero su dedicación al conocimiento de los principios que inspiran el Derecho no le impide tener los pies en tierra. Por eso desde 1986 se dedica a la política y ocupa un escaño en el Congreso de los Diputados dentro de las listas del Partido Popular.

Un buen día de diciembre de 1991, en plenas fiestas navideñas, recibió en su casa la llamada de José María Aznar.

—Andrés, ¿te gustaría ocuparte de la investigación de las cuentas de la Expo?

—Lo que tú quieras, presidente. Pero, ¿Soledad Becerril está de acuerdo?

Becerril, ex ministra de Cultura con la UCD, era la persona encargada hasta entonces de hacer el seguimiento de las inversiones realizadas por el Gobierno en la llamada «isla del tesoro». Aquel año había decidido presentarse como candidata a la Alcaldía de Sevilla en las elecciones venideras. Como muchos andaluces identificaban la Exposición Universal con la exaltación de la cultura andaluza el partido había decidido que no era bueno para la imagen de la candidata que se dedicara a sacarle los trapos sucios a la Expo.

—Por supuesto. Y, además, piensa que tú eres la persona adecuada para sustituirla —concluyó Aznar.

Desde entonces el diputado Ollero se ha convertido en una de las personas que más tiempo ha dedicado a profundizar en los entresijos de la obra faraónica por excelencia del felipismo.

* * *

Ollero fue una de las primeras personas en denunciar públicamente que el PSOE había enviado a la capital andaluza a Alejandro Martínez Gómez, uno de los más aventajados inspectores del Tribunal de Cuentas, para «maquillar» las facturas antes de que fueran fiscalizadas por el alto tribunal. También supo de la existencia de una «contabilidad B» que supuestamente ha servido para sustraer del conocimiento de la opinión pública la mayoría de los delitos de corrupción y las innumerables irregularidades cometidas desde que en 1986 se puso la primera piedra en la Isla de la Cartuja.

La llegada de Martínez a Sevilla sigue siendo en la actualidad uno de los muchos misterios de la Expo. Una mañana, algunos meses antes de que se inaugurara la que se suponía iba a ser la última exposición universal del siglo XX, se presentó en las oficinas de la Isla de la Cartuja sin ningún tipo de nombramiento oficial ni orden de traslado por parte del Tribunal de Cuentas y se puso a trabajar.

Inmediatamente se hizo cargo de la contabilidad y ordenó al director adjunto del departamento de auditoría interna de las obras, Fernando Cabello Pavón, que le entregara todos los papeles y expedientes que tenía.

Cabello obedeció la orden. Tanto él como sus colaboradores observaron cómo, a partir de entonces, Alejandro

Martínez presuntamente se dedicaba a «maquillar» los expedientes, a destruir unos documentos e incorporar otros a la contabilidad y a montar toda suerte de artificios contables para que los números cuadraran.

Un día uno de los colaboradores de Cabello le sugirió al ex inspector del Tribunal de Cuentas que todo aquel trabajo era inútil.

—Los documentos originales de todos los contratos están grabados en un disco óptico que ha regalado la empresa Olivetti. Si alguien detecta la más mínima contradicción, con mirar el disco comprueba que los expedientes han sido amañados.

Martínez, según la versión de María Luisa Vázquez, testigo presencial de la conversación, no se inmutó[8]. Se limitó a comentar:

—Pues ya sabe usted lo que dice la sabiduría popular: a grandes males, grandes remedios.

—¿Qué está usted sugiriendo?

—Que si se quema el archivo óptico se ha acabado el problema[9].

Otra de las empleadas de ese departamento, Eugenia Domínguez Vega, recuerda que el interventor del Tribunal de Cuentas los reunió un día y les propuso «peinar» y depurar todos los expedientes para adecuarlos a la normativa vigente.

Fernando Cabello llevaba trabajando en la auditoría interna de la Expo desde el 1 de enero de 1988 y era una de las personas que más conocía por dentro los balances y la contabilidad de la sociedad. Su firma estaba en numerosos documentos internos e informes. En mayo de 1992 Martínez Gómez le propone, según su testimonio ante la justicia, hacer des-

[8] La información es textual. Procede de las diligencias previas 2587/92 del Juzgado de Instrucción número 5 de Sevilla.

[9] Fernando Cabello Pavón ofrece una versión ligeramente diferente. Según su testimonio ante el juez, las palabras textuales de Alejandro Martínez Gómez fueron: «Eso no es problema. Se provoca un incendio, que se hace aparecer como fortuito, y se quema el archivo óptico.»

aparecer parte de la documentación y rehacer algunos informes desdiciéndose de muchas cosas que constaban por escrito en distintas instancias para sustraer al Tribunal de Cuentas la información de los verdaderos hechos.

Cabello no se presta a este tipo de manejos. Da incluso un paso más. El 13 de mayo de 1992 envía una carta al consejero delegado de la Expo, Jacinto Pellón, afirmando que, por razones éticas y profesionales, no está dispuesto a destruir información.

El director adjunto del departamento de auditoría interna de la Sociedad Estatal es despedido el 31 de mayo de 1992. El 9 de junio de ese año acude al Juzgado de Instrucción número 5 de Sevilla y presenta una denuncia en la que acusa a Jacinto Pellón Díaz y a Alejandro Martínez Gómez de los delitos de «infidelidad en la custodia de documentos» y de «falsedad en documento público».

En su denuncia ante el juez, el director adjunto del departamento de auditoría interna de la Expo, creado años antes por Olivencia, aporta nuevos datos que evidencian cómo el poder absoluto del felipismo convirtió España durante casi catorce años en un «patio de Monipodio» donde cualquier método para enriquecerse era válido.

Según su testimonio, la llegada de Alejandro Martínez Gómez a Sevilla se produce a comienzos de 1992, poco después de que el Tribunal de Cuentas anunciara oficialmente sus intenciones de iniciar una inspección de la contabilidad de la Sociedad Estatal Exposición Universal-92.

El supuesto experto en «maquillajes» del tribunal fiscalizador es presentado a los directivos del departamento de auditoría interna como un hombre con gran experiencia en examinar las cuentas de instituciones oficiales y como asesor del ministro de la Presidencia y Relaciones con las Cortes, Virgilio Zapatero [10]. Ese mismo día, Pellón le autoriza para que tenga acceso a todos los informes y expedientes de la Expo sin ningún tipo de restricciones.

---

[10] Según consta en el folio 1S4520473 de la denuncia.

Tras estudiar detenidamente los libros de contabilidad, Martínez Gómez sugiere que hay que lograr el aplazamiento de la inspección del Tribunal de Cuentas porque aquello está muy mal. El amigo de Virgilio Zapatero estima que es necesario revisar previamente todos los expedientes e introducir algunos cambios. Con esta operación se trataría de extraer de ellos los documentos improcedentes que pudieran contener para que no fueran conocidos por el tribunal fiscalizador.

Poco después, Jacinto Pellón y Alejandro Martínez viajan a Madrid. A su vuelta comunican que los inspectores del Tribunal de Cuentas han pospuesto su trabajo hasta el mes de septiembre. Entre tanto, el supuesto «enviado especial» del Gobierno elabora un plan para afrontar la fiscalización y se lo entrega al ministro Virgilio Zapatero para su conocimiento. Al mismo tiempo, en las oficinas de la Expo se crea un nuevo organismo, la Dirección de Evaluación Patrimonial, y se coloca a Martínez a su frente.

La recién estrenada entidad es, en realidad, una sociedad pantalla que se encarga de expurgar y cribar todas las facturas e informes comprometedores y de trasladarlos a un archivo secreto. Supuestamente, con el resto se elabora una nueva contabilidad, aportando papeles supuestamente amañados, una nueva contabilidad que debe estar lista para cuando se presenten los inspectores.

En su deposición ante el juez, Fernando Cabello agrega que dos funcionarias del recién creado departamento, Eugenia Sosa Domínguez y Elena Cuberos Gómez, se negaron por razones éticas y morales a colaborar en el plan de «depuración y limpieza» de informes. A cambio de su silencio el consejero delegado de la Expo las autorizó a cambiar de departamento.

De esta manera el «Gran Hermano» socialista consiguió en 1992, mientras millones de turistas llegados de todo el mundo disfrutaban de la Expo-92, que la opinión pública no alcance a conocer algún día toda la verdad sobre las irregularidades, arbitrariedades, favoritismos y corrupciones ocurridas en la creación, gestión y organización del mayor y más caro espectáculo del mundo.

A pesar de todo, cosas más graves tenían que suceder todavía.

* * *

El 30 de junio de 1992, después de tomar declaración a otra media docena de personas que confirman la versión del ex directivo del departamento de auditoría interna de la Sociedad Estatal, el instructor estima que la denuncia no constituye delito criminal pero que los hechos expuestos pueden ser constitutivos de un «supuesto de responsabilidad contable».

De esta manera el instructor se quita el problema de encima, en unos momentos en que el poder absoluto del PSOE actúa como una apisonadora en todas las instituciones, y pasa la pelota a otra instancia. Como la jurisdicción contable corresponde ser depurada por el Tribunal de Cuentas, ese mismo día ordena el archivo de las diligencias en Sevilla y envía una copia de las actuaciones al tribunal fiscalizador del Estado, en Madrid [11], para que realice las actuaciones oportunas.

Las diligencias previas 2587/92 del juzgado de Sevilla llegaron al Tribunal de Cuentas el 1 de julio de 1992 y aparecen inscritas con el número 285/101 del Registro General de Entradas. Sin embargo, el presidente del tribunal, Antonio Carretero —fallecido hace un año a consecuencia de un cáncer—, no dio ningún tipo de instrucciones para proceder judicialmente contra quienes trataban de enmascarar y ocultar presuntos delitos.

No ocurrió porque Carretero, un hombre polémico pero honrado en el fondo, no fuera diligente en el cumplimiento con su deber, sino porque alguien no identificado por el momento ocultó el informe remitido por el Juzgado de Instrucción número 5.

«Las diligencias estuvieron perdidas durante un año, periodo en que los inspectores del organismo desplazados

---

[11] Juzgado de Instrucción número 5 de Sevilla. Auto del 30 de junio de 1992.

a la capital andaluza se dedicaron a revisar balances y a auditar cuentas en las oficinas de la Isla de la Cartuja», revela Ollero.

Cuando la denuncia sobre la manipulación y la destrucción de los documentos reapareció misteriosamente, el trabajo de campo estaba hecho y repetirlo era una labor de chinos. O, lo que es peor, una misión imposible.

El sistema óptico, que había funcionado perfectamente hasta entonces, se había convertido en un asunto para ser tratado por Alfred Hitchcock, el mago del suspense, o por los agentes Mulder y Scully en su *Expediente X*. De pronto, había empezado a ocurrir un fenómeno extraño. Sin explicación técnica alguna, un equipo valorado en 1.000 millones de pesetas, regalado por Olivetti a la Sociedad Estatal, empezó a estropearse repentinamente.

Y algo más misterioso aún. Los técnicos de la multinacional italiana lo arreglaban un día y cuando, a la mañana siguiente, el equipo de fiscalización del Tribunal de Cuentas pretendía ponerlo en marcha, el aparato estaba de nuevo inutilizado. Lo más curioso de todo es que en el espacio de tiempo que mediaba entre la reparación del sistema informático y los intentos de consulta del Tribunal de Cuentas no había sido utilizado aparentemente por nadie.

Reparar la avería en la última ocasión en que dejó de funcionar suponía una inversión de algo más de dos millones de pesetas. Sin embargo Agesa, la empresa heredera de la Sociedad Estatal Expo-92, decidió a finales de 1993, según el ministro de la Presidencia, Alfredo Pérez Rubalcaba, ahorrarse el dinero ya que, a juicio del Gobierno, el arreglo no era necesario. Así lo hizo saber el 7 de abril de 1995.

«Toda la información sobre los expedientes administrativos de la Expo-92 se encuentra perfectamente documentada y debidamente archivada por procedimientos convencionales por lo que la avería del archivo óptico no impide, en absoluto, la tarea de fiscalización en marcha.» [12]

---

[12] *Diario de Sesiones*, Congreso de los Diputados, 12 de marzo de 1995.

Andrés Ollero no tira la toalla. No pierde ocasión para fustigar al Ejecutivo sobre el asunto y formula una docena de preguntas orales y por escrito que siempre son contestadas por el Gobierno socialista en los mismos términos. La persistencia de los directivos de la compañía Agesa, a cuyo frente la Dirección General del Patrimonio del Estado colocó al propio Alejandro Martínez, le obliga a ser cada vez más incisivo.

—¿Considera el Gobierno casual el cumplimiento de la profecía de don Alejandro Martínez sobre la futura inutilización del archivo óptico de la Expo? ¿No será que en lugar de quemarlo, tal y como sugirió el señor Martínez, se ha decidido inutilizarlo cuantas veces sea necesario para que nunca se pueda conocer su contenido? —inquiere el 2 de agosto de 1995 [13].

Esta vez la respuesta del Gobierno fue más contundente. Mediante un anuncio de prensa, a finales de ese mes Agesa ponía a la venta parte de las piezas del archivo salvo el disco óptico que, hasta finales del 95, se suponía a buen recaudo.

El diputado del Partido Popular había perdido definitivamente la batalla en ese terreno. En otros, sin embargo, acabaría obteniendo el éxito deseado.

* * *

Como buen político, Ollero sabe que toda investigación es una combinación de esfuerzo, paciencia y perseverancia. Así, hablando con unos y con otros, insistiendo un día y otro día, al cabo de un tiempo consiguió una copia de las actas internas levantadas durante las reuniones celebradas por la Sociedad Estatal Expo-92 en la etapa en que Olivencia ocupaba aún el cargo de comisario.

---

[13] A raíz de estas manifestaciones Alejandro Martínez interpuso contra el diputado una demanda civil que fue archivada por los tribunales. Sin embargo, periodísticamente lo más enjundioso del asunto es que entre los documentos que Martínez aportó a la causa aparecía un informe remitido por fax desde la Presidencia del Gobierno.

Lo que encontró en los papeles no le llamó demasiado la atención porque era algo que se presentía. Pero allí estaba escrito. En uno de los documentos el comisario de la Expo pedía al consejero delegado y subordinado suyo que procurara no frecuentar tanto la calle de San Vicente.

—¿Qué puede haber en la calle de San Vicente de Sevilla para que Olivencia le pida a Pellón que no acuda tanto allí? —preguntó a un compañero sevillano.

—La sede del PSOE ¡hombre! —le dijo.

El dato le permitió hacer nuevas indagaciones y verificar que durante el tiempo que duraron las obras de la Isla de la Cartuja las decisiones de importancia no eran tomadas aisladamente por Jacinto Pellón en su despacho de cien metros cuadrados situado en la avenida de Las Palmeras de Sevilla. Cuando había asuntos de trascendencia que tratar, proyectos que adjudicar o servicios que conceder, Pellón esperaba el fin de semana a que llegara Alfonso Guerra de Madrid y a una determinada hora del día acudía a la calle de San Vicente de Sevilla.

Allí, en la sede del PSOE, el consejero delegado de la Expo se reunía a puerta cerrada con el vicepresidente del Gobierno y con el secretario general de los socialistas andaluces, Carlos Sanjuán. Concluida la reunión, la *troika* socialista había decidido a qué personas o entidades se favorecía con tal o cual proyecto [14].

El descubrimiento le permitió establecer sin lugar a dudas que en la Sociedad Estatal Expo-92 había dos direcciones. La oficial, a cuyo cargo se encontraba Manuel Olivencia, una persona honorable, con un gran prestigio social e intelectual. Y la paralela, que actuaba desde la sombra. Era esta última, sin embargo, la que en realidad ostentaba el poder al margen de los órganos oficiales de gobierno de la empresa pública.

El diputado popular había intentado previamente obtener información por otros métodos. A lo largo de las dos pasadas legislaturas solicitó en cincuenta y nueve ocasiones

---

[14] Guerra y Sanjuán niegan, sin embargo, estos hechos.

información al Gobierno. La respuesta de Virgilio Zapatero y Alfredo Pérez Rubalcaba era siempre la misma:

—La documentación es demasiado amplia para fotocopiarla pero todos los expedientes están a su disposición en la sede de la Expo.

En una ocasión, sin embargo, le enviaron dos cajas enormes con papeles. Ollero pensó que, al menos por una vez, sus quejas habían servido para algo. Su gozo en un pozo. Cuando abrió una de las cajas, sólo encontró en su interior recortes de periódicos cantando alabanzas de la Exposición Universal de Sevilla.

Más adelante pidió la lista de los 1.863 contratos adjudicados «a dedo» por Jacinto Pellón y una relación pormenorizada de los beneficiarios de aquellos que habían superado el millón y medio de pesetas. Cinco meses después el Gobierno, por medio del Ministerio de Relaciones con las Cortes, le remitió una fotocopia de la lista pero eliminó la casilla en la que figuraba la cuantía económica por el burdo procedimiento de cubrir el original con un folio en blanco al hacer la fotocopia.

Los escándalos no siempre brotaban de la Isla de la Cartuja. Comunidades autónomas, parlamentos regionales, diputaciones, ayuntamientos y organismos oficiales como Cruz Roja Española se gastaron centenares de millones en llevar a sus altos cargos —y a veces a sus familiares y amigos— a presenciar el magno acontecimiento.

Eran, sin embargo, cantidades insignificantes comparadas con el enorme dispendio que había supuesto para muchas comunidades mantener un pabellón abierto durante seis meses en la capital andaluza. La Comunidad de Madrid, presidida por Joaquín Leguina, invirtió cerca de 3.000 millones; la Junta de Andalucía, más de 4.500 en las obras y alrededor de otros 500 en la contratación de espectáculos [15];

---

[15] Para realizar el pabellón se hicieron cuarenta y seis proyectos previos. La obra civil fue ejecutada por Dragados y Construcciones y costó alrededor de 1.711 millones de pesetas. A ello hay que añadir las inversiones en sistemas de proyección, salas de ciencia y tecnología, gastos de proyectos, seguridad y las obras del pabellón Andalucía de los Niños.

Renfe desembolsó 3.600 millones en construir una línea especial del AVE que tuvo que demoler a los seis meses por problemas medioambientales y por protestas de los vecinos.

Pese a todos estos gastos inútiles, los gobernantes socialistas seguían insistiendo, a finales de septiembre, en que la Exposición Universal de Sevilla se clausuraría con un saldo cero y que los 15 millones de visitantes que habían pasado en los seis últimos meses por sus instalaciones compensaban mediante la compra de entradas los 250.000 millones de pesetas oficialmente invertidos.

Una falacia de tal calibre era tan inverosímil que ni los socialistas más ingenuos e idealistas llegaron a creérsela nunca.

* * *

La Expo-92 cerró sus puertas en el mes de octubre y estaba previsto que sus activos pasaran a integrarse en una nueva sociedad, Cartuja-93, concebida para dar salida a los centenares de miles de metros cuadrados construidos en la «isla del tesoro».

La Sociedad Estatal para la Exposición Sevilla-92, S. A., tenía que disolverse automáticamente al día siguiente. No lo hizo hasta el 26 de enero de 1993, fecha en que el *BOE* publicó el Decreto 135/1993 dando por liquidada la compañía de acuerdo con la Ley de Sociedades Anónimas.

Dos meses más tarde el Gobierno anula el Decreto 135/1993 y crea una nueva empresa —Agesa—, continuadora de Expo-92 y dependiente de la Dirección General del Patrimonio, para que se haga cargo de los activos y los venda. Al frente de la nueva compañía el Ejecutivo coloca a Alejandro Martínez Gómez que cobra 4 millones de pesetas por dejar Expo-92 y reintegrarse a la nueva sociedad, sin cambiar siquiera de despacho [16]. La fidelidad y la constancia se veían así recompensadas.

Lo que el Gobierno oculta en ese momento a los españoles es que la Sociedad Estatal Expo-92 había acabado su

---

[16] Agesa reconoce oficialmente los derechos laborales adquiridos por Expo-92.

gestión en octubre de 1992 en quiebra técnica. Frente a un pasivo exigible a corto plazo de 107.000 millones de pesetas disponía de unos activos realizables en ese periodo de sólo 21.000 millones.

Para evitar el escándalo, Felipe González y Virgilio Zapatero ordenan no sólo crear una nueva compañía que asuma el patrimonio y las deudas de Expo-92, sino que una de las primeras actividades que realiza Agesa es gestionar un crédito multidivisas por 75.000 millones de pesetas para pagar a los acreedores.

Algunos socialistas todavía creen que parte del dinero invertido es recuperable mediante la liquidación de los bienes de la Sociedad Estatal, sobrevalorados en libros en 122.000 millones, que han pasado a ser gestionados por Agesa [17]. Con este fin se dota a la nueva empresa de un presupuesto de 1.000 millones de pesetas y se faculta a su presidente para que lleve a cabo las campañas de publicidad y las subastas que considere necesarias para recuperar los centenares de miles de millones invertidos para divertimento en la Isla de la Cartuja. Mientras, la ciudad no sólo se había quitado el traje de fiesta, sino que el número de parados había aumentado estrepitosamente y los sevillanos sufrían restricciones de agua en los veranos.

En el primer año de actividad, los setenta empleados de Agesa, con unos salarios conjuntos de 457 millones, venden 24 millones del patrimonio. Entre tanto, la compañía aflora unas pérdidas por deterioro del patrimonio de 28.984 millones. En 1994 el saldo vuelve a ser negativo y las pérdidas acumuladas en los últimos cuarenta y ocho meses ascienden ya a 57.885 millones.

En plena crisis económica, los planes para rentabilizar las disparatadas inversiones efectuadas en la Isla de la Cartuja se habían quemado en el aire como las figuras de los fuegos artificiales lanzados en los espectáculos de las noches del lago. El Ejecutivo es ahora partidario de convertir las instala-

---

[17] Sociedad Estatal de Gestión de Activos (Agesa).

ciones de ocio en un gran parque temático que atraiga a los turistas a Sevilla. El asunto sale a concurso público pero nadie se presenta y los planes de Felipe González fracasan. Y es entonces cuando hace su aparición Manuel Prado y Colón de Carvajal, el «hombre del Rey», dispuesto a convertir los restos del naufragio en un gran parque de atracciones.

* * *

A finales de los ochenta, las relaciones de Prado y Colón de Carvajal con los dirigentes de la Expo no eran nada buenas. Un día, durante un acto oficial de presentación de uno de sus proyectos hoteleros, que luego no llegó a realizarse, los periodistas le preguntaron a la salida del hotel Alfonso XIII de Sevilla, refiriéndose a Manuel Olivencia, comisario de la Sociedad Estatal:

—¿Qué opina usted del comisario?

—¿A qué comisario se refiere? —inquirió Prado.

—Al de la avenida de Las Palmeras —dijo el periodista, en referencia a la sede de la Sociedad Estatal Expo-92, donde tenía sus oficinas Olivencia.

—No sé si existe algún comisario en Las Palmeras. Aquí, en Andalucía, sólo conozco al comisario de Policía.

Días más tarde el catedrático de Derecho Mercantil de la Universidad de Sevilla le devolvía la andanada a través de la prensa.

—El señor Prado que se entere: más vale ser comisario que comisionista —replicó Olivencia.

Acabada la Expo y resuelto el contencioso entre el amigo del Rey y los responsables de la Sociedad Estatal, un día se reúnen a almorzar en el restaurante de moda de la élite sevillana, el Oriza, el presidente de Cartuja-93, Rafael de la Cruz, José Bores, dueño del Centro de Prensa de la Expo [18] y amigo de Felipe González, y Arturo Moya, ex diputado de la UCD y hombre de confianza de Prado en Trevolquivir.

---

[18] En Centro de Prensa, montado como un gran negocio, acabó con pérdidas de más de 2.000 millones y la quiebra de las empresas del grupo de los Bores.

De la Cruz y Bores están asustados. La Expo acaba de cerrar sus puertas y no saben qué hacer para sacarle partido a los activos.

—¿Y por qué no traemos a Prado aquí para que monte un parque temático? —sugiere Moya.

La idea le parece estupenda a sus contertulios y esa tarde Arturo Moya se la comenta a Manuel Prado. El amigo del Monarca es vicepresidente en esos momentos de Grand Tibidabo, la sociedad gestora del parque de atracciones Port Aventura, que preside Javier de la Rosa.

Como las relaciones entre ambos están deterioradas y al borde de la ruptura a causa de una serie de deudas y préstamos entre ellos, Prado ve la puerta abierta para abandonar Grand Tibidabo. Si consigue que le nombren presidente de un parque temático en Sevilla, por razones de incompatibilidad no tendrá más remedio que dejar la empresa catalana.

Poco después, habla con el Rey y le pide que le mencione el asunto al Presidente del Gobierno. El Monarca le devuelve la llamada al instante.

—A Felipe González le ha parecido una buena idea. Dice que se lo comentes a Virgilio Zapatero, que tiene instrucciones suyas.

De esta y no de otra manera, Manuel Prado y Colón de Carvajal, con la aquiescencia del Gobierno socialista, constituyó en quince días la sociedad Parques Tecnoculturales, S. A. (Partecsa), colocó en la empresa a Francisco Palomino, cuñado de González, en calidad de vicepresidente de la Caja de Ahorros Provincial San Fernando de Sevilla y Jerez, y comprometió a un grupo de empresarios para explotar un parque de atracciones en Sevilla, con cuarenta grados de temperatura en verano y con problemas de abastecimiento de agua incluso en invierno.

El 2 de abril de 1993, el mismo día en que el Gobierno crea Agesa, Cartuja-93 realiza el único acto formal de su historia: firma con Partecsa [19] un contrato de arrendamiento por dos años de sus bienes.

---

[19] En ese momento la sociedad de Manuel Prado y Colón de Carvajal se llamaba Sogexpo, S. A. El cambio de denominación a Parques Tecnoculturales, S. A., fue posterior.

El contrato constituía un verdadero regalo si hubiera sabido aprovecharse[20]. Implicaba que los pabellones de los Descubrimientos, Futuro, Siglo XV, Navegación, Naturaleza, Palenque, el teatro central, el auditorio, el tren monorraíl y las telecabinas pasaran a manos de Partecsa a cambio de un canon simbólico de 200 millones de pesetas. Entre tanto, Agesa, como propietaria, asumía el pago de las amortizaciones de las instalaciones, que representaban en 1993 y 1994 una cifra global de 7.708 millones de pesetas[21].

No es el único beneficiado[22]. Mientras el Estado se queda con las pérdidas, la sociedad Telemundi, radicada en el número 32 del Boulevard des Moulins, en Montecarlo (Mónaco), obtiene un beneficio de al menos 6.500 millones de pesetas por comercializar la marca Expo en el mundo, aunque no realiza prácticamente trabajo alguno. Las gestiones corren a cargo de la Sociedad Estatal y la empresa monegasca se limita a recibir el porcentaje fijado.

El dinero ni siquiera paga impuestos. La sociedad factura sus servicios desde su filial Telemundi Europe, domiciliada en Holanda, y cobra por medio de Telemundi, AG, en Lucerna (Suiza). Una trama demasiado complicada para investigar si no fuera porque en el accionariado de la compañía figura Juan Bautista Calatayud, comisionista del PSOE, ligado a los escándalos de financiación ilegal del partido.

---

[20] Tras inaugurar parte de las instalaciones —especialmente la discoteca y varios restaurantes—, al cabo de algo más de un año Partecsa las clausuró de nuevo hasta encontrar un socio industrial, capaz de sacar adelante el parque.

[21] Anteproyecto del informe de fiscalización de la Sociedad Estatal Exposición Universal de Sevilla-92, S. A., dado a conocer por el Tribunal de Cuentas el 24 de mayo de 1996, páginas 13 y 110.

[22] Según un reportaje de la revista *Epoca,* publicado el 5 de diciembre de 1994, otro de los beneficiados fue el consejero delegado de la Sociedad Estatal Expo-92, Jacinto Pellón. Tras los eventos del 92 su patrimonio inmobiliario, compartido con su mujer, Rosa Pariente, se valora en más de doscientos cincuenta millones de pesetas. El ex ejecutivo de Dragados y amigo de González tiene junto con su mujer propiedades en Cádiz, Sevilla, Madrid y Málaga, cuatro de ellas adquiridas entre los años 1991 y 1993.

En un pormenorizado informe el Tribunal de Cuentas relata cómo, a pesar de un estudio del Centro de Investigaciones Sociológicas que cifraba el número de visitantes en 17 millones, la Sociedad Estatal encargó 33 millones de entradas de las que —pese a regalarse 2 millones entre los invitados— sobraron 19,5 millones. Los fiscalizadores, sin embargo, no pudieron comprobar la cifra. Los organizadores las habían quemado y el ordenador «Host» de control de accesos primero se averió y luego se vendió.

La Sociedad Estatal invirtió en contratar artistas, desplazamientos, gastos, hoteles y dietas 6.640 millones de pesetas. Debido al escaso aforo de los locales sólo se recuperaron 652 millones, por lo que el Estado tuvo que asumir cerca de 6.000 millones en pérdidas.

La obra civil, presupuestada inicialmente en 55.428 millones de pesetas, costó 78.118 millones, lo que representa una desviación al alza del 41 por ciento. El 88 por ciento de los contratos se adjudicó directamente beneficiando a cinco constructoras, Abengoa, Dragados y Construcciones, Entrecanales y Tavora, Ferrovial y Lain, que se llevaron el 51 por ciento de las inversiones.

Los auditores señalan también que de los ciento diez puntos del plan de auditoría interno elaborado por Manuel Olivencia, una especie de manual que desarrollaba la Ley de Contratos del Estado, sólo se aplicaron cinco. Salvo Telemundi, el resto de las empresas de servicio —Coral, Crasa, Telexpo— pierde dinero[23]. Hasta con «Curro», la mascota, se deja de ganar. «Aunque era previsible que tras la Expo siguiera dando beneficios, desde octubre de 1992 no ha generado ingreso alguno», dicen los inspectores del órgano fiscalizador del Estado. El dato más significativo de lo que costaron los «fastos del 92» figura, sin embargo, en el informe anual de cuentas correspondiente a 1992, hecho público un año después. En el año de las Olimpiadas y la Expo, el Estado se endeudó en 2,8 billones más en relación con el ejercicio anterior, según el tribunal.

---

[23] Coral perdió del orden de los 3.700 millones, según el diario *ABC*.

Incluso Enrique Sarasola, acostumbrado a jugar a caballo ganador por su amistad con Felipe González, dio por perdidos 70 millones en Sevilla. Después de comprar por la décima parte unas carpas valoradas en 700 millones las dejó abandonadas por los costes de desmontaje y transporte hasta que Jesús Gil, el alcalde de Marbella, decidió adquirir un par de ellas.

Pese a todo, quien más dinero ha enterrado en esta reedición de la feria de las vanidades es sin duda el pueblo andaluz. Gracias al PSOE y a sus dirigentes hoy tiene un aeropuerto sobredimensionado para las necesidades del pasaje y miles de metros cuadrados de edificios e instalaciones de ocio abandonados como en Manaos. Los sevillanos, cordobeses y malagueños, entre tanto, siguen esperando que se implante en sus tierras una estructura empresarial sólida y seria.

CAPITULO NUEVE

EL PARAISO DE LAS CONSTRUCTORAS

Los sumarios judiciales abiertos hasta finales de 1996 revelan una inquietante cuestión: uno de los asuntos que más ha distorsionado la vida política y ha incrementado la corrupción hasta los alarmantes niveles experimentados en la década de los noventa es el pago de comisiones de forma habitual por la mayor parte de las empresas constructoras del país. Muchos empresarios del gremio del «ladrillo y del cemento», que representa el 8 por ciento del Producto Interior Bruto y ha llegado a mover algunos años hasta seis billones de pesetas en obras, no han vacilado en ningún momento en emplear a los comisionistas de las comunidades autónomas y del Gobierno central para eliminar competidores, incrementar su cuota de mercado y situarse en los peldaños más altos del ranking *del sector. En la lucha por la supervivencia, en una sociedad donde el 80 por ciento de las grandes obras las contratan el Estado, las comunidades autónomas o los ayuntamientos, el trabajo sucio se hace a todos los niveles. Por eso no es extraño que en 1992, a raíz del «caso OCISA», resultara inculpado el propio presidente de la patronal y máximo dirigente de OCISA, Jesús Roa Baltar. O que el ex consejero de Obras Públicas del Gobierno foral de Navarra Antonio Aragón Elizalde, obligado a dimitir de un cargo público por los escándalos de corrupción, acabara a sueldo de una filial de Fomento de Contrucciones y Contratas, la empresa de Alicia y Esther Koplowitz, con un salario de más de 850.000 pesetas al mes. Sin embargo, para Eduardo Serra, ministro de Defensa del Gobierno del PP, los elevados «peajes» no fueron significativos teniendo en cuenta que el sector ha llegado a mover 6 billones de pesetas en un solo año.*

El 24 de febrero de 1992 la Oficina Nacional de Inspección del Ministerio de Economía y Hacienda descubre la existencia de anomalías en tres sociedades de las que se sospecha que se dedican a emitir facturas falsas.

Las compañías en cuestión —J. M. Estudios y Proyectos, Fos Estudios y Getex Estudios— tienen un perfil idéntico: son de reciente creación, tienen un NIF (número de identificación fiscal) provisional, han facturado importantes sumas de dinero en los últimos años y no han pagado a Hacienda el impuesto de sociedades ni el IVA.

Los responsables de la inspección deciden alertar de inmediato a la Unidad Especial de Vigilancia y Represión del Fraude Fiscal [1]. Dos días más tarde, los inspectores José Aparicio Pérez y Francisco Romero de la Rosa entran en acción.

Lo primero que averiguan es que los principales clientes de J. M. Estudios, Fos Estudios y Getex Estudios son dos constructoras: Hispano Alemana de Construcciones, S. A. (HASA) y Huarte y Compañía. Sólo en tres años, entre 1987 y 1989, las tres sociedades investigadas han facturado a estas dos constructoras más de 2.500 millones de pesetas.

Más adelante, tras hablar con los empleados de HASA y Huarte, comprueban que la única persona con firma autorizada en las cuentas bancarias de las tres empresas es Pedro García Puente. Así, ha dispuesto del dinero que éstas tenían en diversas cuentas corrientes abiertas en oficinas de La Caixa en Madrid. Cuando le llaman a declarar para que explique quiénes son los administradores de J. M. Estudios, Fos Estudios y Getex Estudios, manifiesta que lo ignora.

---

[1] Esta entidad, junto con la Unidad de Fiscalidad Internacional, fue disuelta como unidad autónoma por el Gobierno socialista a finales de enero de 1996. Sus miembros fueron integrados posteriormente en la Oficina Nacional de Inspección.

—Hace muchos años dejé de trabajar con esas sociedades y les he perdido la pista —agrega.

Los inspectores encargados de la unidad antifraude prosiguen su trabajo. Verifican que ninguna de las tres compañías aparece inscrita en el Registro Mercantil y que los domicilios que se hacen constar en las escrituras[2] son falsos. Probablemente fueron elegidos al azar en la guía telefónica ya que en uno de ellos —el de la calle de Arturo Soria de Madrid— el inmueble ni siquiera tiene entrada por esa calle sino por la contigua de Natalia de Silva.

La mayor sorpresa está todavía por llegar. Fos Estudios se había creado el 5 de marzo de 1987 ante el notario de Madrid Juan Madero Valdeolmos y sus accionistas eran Juan Marcos Pérez, Lucio del Cerro Borbón y Eduardo Casas Rodríguez. Cuando acuden al domicilio del primero comprueban que ha muerto dos años antes, el 29 de octubre de 1990. Los otros dos accionistas, Del Cerro Borbón y Casas Rodríguez, son identidades falsas.

A continuación analizan el accionariado de J. M. Estudios y Getex Estudios. Las dos sociedades se han constituido en el mismo notario que la anterior pero sus accionistas son tres mujeres: María de los Angeles López Rubio y sus hijas Isabel y Almudena Garijo López.

En este caso es la policía quien se presenta un día en la casa de María de los Angeles para preguntarle por el domicilio de las empresas. La mujer, una sencilla ama de casa, dice no saber nada al respecto.

—Lo único que recuerdo es que un día un empresario italiano, con el que tuve un negocio de prendas de vestir, me dijo que por qué no nos dedicábamos al intercambio de estudiantes entre Italia y España, que era un asunto que daba mucho dinero.

María de los Angeles López accedió, fue a un notario y firmó unos papeles junto con sus hijas. El italiano, apellidado Marquini, del que no existen más datos, desapareció y desde entonces no dio más señales de vida por Madrid.

---

[2] Gran Vía, 86; Arturo Soria, 84, y paseo de la Castellana, 117.

A esas alturas de la investigación, los inspectores de la Unidad Especial de Vigilancia y Represión del Fraude Fiscal están seguros de que se trata de «sociedades fantasma» dedicadas a emitir facturas falsas a grandes empresas para justificar pagos ficticios a Hacienda y defraudar al fisco.

Cerca ya del final de su trabajo encuentran un folleto publicitario de J. M. Estudios y Proyectos. José Aparicio Pérez y Francisco Romero de la Rosa no pueden menos que sonreír cuando leen parte de su contenido.

«Estamos a su servicio para asesorarle en cualquier tipo de proyecto o negocio que usted tenga —dice la propaganda de J. M. Estudios—. Ponemos a su disposición los conocimientos y la experiencia internacional de nuestros sesenta ejecutivos posgraduados en IESE, ESADE, Oxford, Cambridge, Ucla, Harvard y el Instituto Tecnológico de Boston.»

* * *

Salvo en la semana del 7 al 14 de julio, fecha en que se celebran los Sanfermines y toda la población se desmelena y se echa a la calle a divertirse, Pamplona es una ciudad cómoda para vivir.

De temperatura agradable, tranquila, sin apenas contaminación ni problemas de tráfico y a un tiro de piedra de San Sebastián o Zaragoza y el sur de Francia, la gente es amable y educada, y los servicios —educación, sanidad, carreteras— están a la altura de cualquier otra capital europea.

Esta ciudad es la que se encontró Juan Manuel Fernández Martínez, un coruñés[3] de treinta y dos años, cuando en 1989 fue destinado para ocupar la plaza de juez titular del Juzgado de Instrucción número 1 de Pamplona.

El trabajo en la Audiencia Provincial era, más o menos, igual de rutinario que en cualquier otra ciudad española de 250.000 habitantes. Unos cuantos homicidios y asesinatos al

[3] Hijo de emigrantes gallegos a Venezuela, el juez Fernández nació en realidad en la localidad de Barquisimeto (Venezuela).

año, algún que otro asalto a un banco, a una gasolinera o a una farmacia, los clásicos robos nocturnos de coches y algaradas callejeras de jóvenes radicales.

Sin embargo, a partir de 1993 un nuevo asunto iba a alterar la monotonía del juzgado tras la huida del ex director general de la Guardia Civil Luis Roldán Ibáñez y el descubrimiento por parte de la Justicia suiza de varias cuentas corrientes a su nombre en la Unión Bancaria Privada de Ginebra. Unión del Pueblo Navarro (UPN), la formación política más importante de la comunidad foral, presentó entonces una querella criminal contra el ex presidente del Gobierno autónomo Gabriel Urralburu Tainta y contra su consejero de Obras Públicas, Antonio Aragón Elizalde.

Los motivos de la querella aparecían, en principio, bastante difusos. Se basaban en unas cuartillas manuscritas —una especie de contabilidad— incautadas por el juez de delitos monetarios suizo, Paul Perraudin, encontradas en las cajas fuertes que Roldán tenía en Ginebra.

En esa documentación figuraban los nombres de diversas empresas constructoras, varias siglas —L.R., A.A. y G.U.— y una serie de cifras. Las siglas parecían corresponder a los nombres de Luis Roldán, Antonio Aragón y Gabriel Urralburu, y las cifras, a las cantidades adeudadas por las empresas constructoras, que ascendían a más de quinientos millones de pesetas.

Con aquellos datos ningún juez hubiera admitido una querella a trámite contra dos ex altos miembros del Gobierno foral y destacados dirigentes del PSOE. Sin embargo, existía también un informe de la Interpol que demostraba que Gabriel Urralburu y Antonio Aragón habían viajado a Suiza el 25 de abril de 1988 y se habían alojado en el mismo hotel —el Beau Rivage— que el ex director general de la Guardia Civil Luis Roldán y su testaferro, el director comercial de la compañía Huarte, Jorge Esparza Martín.

Además, había otras evidencias no escritas en papel pero conocidas de todos los navarros. Roldán, Urralburu y Aragón eran tres destacados dirigentes del PSOE en Navarra que desempeñaron los principales cargos públicos de la comunidad al mismo tiempo. Mientras Luis Roldán estaba al frente de la Delegación del Gobierno en Navarra, Gabriel Urralburu alcanzó la Presidencia del Gobierno foral y posteriormente nombró como consejero de Obras Públicas a su amigo Antonio Aragón Elizalde.

Era preciso añadir a estos indicios lo que los inspectores de Hacienda llaman los «signos externos», una serie de parámetros como el uso de tarjetas de crédito «oro», compra de coches de lujo, barcos de recreo, puntos de atraque en puertos deportivos, compra de divisas para viajes al extranjero o la pertenencia en calidad de socios a clubes de élite, como el Puerta de Hierro de Madrid, actividades todas que reflejan el uso de fuertes sumas de dinero.

En el caso de Gabriel Urralburu el asunto estaba claro. De ser un sacerdote del Verbo Divino de Estella, sin apego a las cosas materiales, que tocaba la guitarra y cantaba en las misas parroquiales junto a Juan Manuel Arbeloa, sacerdote y socialista como él, había acumulado un importante patrimonio en los últimos años. Su última adquisición era una vivienda de ciento ochenta y dos metros cuadrados, con plaza de garaje, comprada al Arzobispado de Navarra, en la calle de González Tablas, 6, de Pamplona, en la que en los años 87 y 88 había realizado obras de reforma por 5.351.691 pesetas y donde invirtió otros diez millones en mobiliario y decoración.

A su socio, Antonio Aragón, las cosas parecían no haberle ido demasiado mal en los últimos años. Con un sueldo neto de unas 200.000 pesetas al mes, el ex consejero de Obras Públicas del Gobierno foral también había cambiado de casa. Ahora residía en un amplio piso situado en el número 38 del paseo de Sarasate, la zona más cara de Pamplona. Lo había adquirido años antes a uno de los médicos más importantes de la ciudad, ya jubilado, que con sus saneados ingresos no podía sostenerlo.

Con todos estos datos en la mano, el juez Fernández decidió admitir la querella a trámite e iniciar las investigaciones. El magistrado aún no lo sabía, pero como en todos los asuntos de corrupción que afectaban al PSOE, suponía tener que recorrer un camino difícil, tortuoso y lleno de presiones políticas, trabas legales y obstáculos.

* * *

A mediados de 1994 el personal administrativo del servicio de la Consejería de Obras Públicas del Gobierno foral estaba de un humor de perros.

Esa misma mañana el consejero José Ignacio López Borderías había encargado a sus subordinados localizar todos los expedientes de obras realizadas en la comunidad entre los años 1987 y 1991. También tenían que hallar las órdenes forales correspondientes, mediante las cuales los trabajos se adjudicaban a determinadas constructoras, las diversas certificaciones de obras y las autorizaciones de pagos.

Los expedientes estaban mezclados unos con otros, ocupaban un archivo entero, y cribar toda aquella documentación era una tarea «de chinos». El consejero, sin embargo, pretendía que el trabajo estuviera listo en menos de una semana.

En otros departamentos del Gobierno navarro, como el de Trabajo y Bienestar Social, Educación, Cultura y Deporte, Presidencia e Interior, se habían cursado las mismas órdenes, por lo que el personal de medio Ejecutivo autónomo andaba aquellos días entresacando sin descanso papeles atrasados de los archivos.

Aquella documentación había sido requerida por el Juzgado de Instrucción número 1 de Pamplona. Así que cuando una furgoneta cargada de expedientes se detuvo una mañana ante la puerta del juzgado, su titular, Juan Manuel Fernández, supo en lo que iba a ocupar sus horas de trabajo en las siguientes semanas.

Después de desbrozar todos aquellos papeles llegó a la conclusión de que entre 1987 y 1991, periodo en que Gabriel Urralburu estaba al frente del Gobierno foral, en la Comunidad de Navarra se habían efectuado más de un centenar de obras públicas. Entre ellas, la autovía de Leizarán que une Pamplona con San Sebastián, las rondas Este y Oeste de Pamplona, el Peaje de Oriz, la variante de Noain, la Universidad Pública de Navarra, el edificio de consultas externas Príncipe de Viana y el embalse de El Ferial.

Tres informes del Tribunal de Comptos del Parlamento autónomo revelaban que las obras, presupuestadas inicialmente en una cantidad razonable [4], habían costado en ocasiones hasta un 226 por ciento sobre las inversiones iniciales, como ocurría con la autovía de Leizarán, que de un presupuesto inicial de 15.118 millones de pesetas se había disparado hasta más de 40.000 millones.

No era un caso excepcional por el impacto del terrorismo. La construcción de la Ronda Oeste de Pamplona se adjudicó mediante subasta en 5.676 millones de pesetas y terminó costando 8.635 millones (un sobreprecio del 56 por ciento) y la Universidad Pública se subastó en 1988 con un presupuesto de 4.912 millones y en 1993 se llevaban invertidos 12.045 millones, casi tres veces su coste inicial.

Una tercera característica común a todos los proyectos era que las constructoras eran prácticamente las mismas: Cubiertas y Mzov, Construcciones Agromán, Hispano Alemana de Construcciones (HASA), Huarte y Compañía, Obrascón (Sociedad General de Obras y Construcciones) y OCISA (Obras y Construcciones Industriales). Otras importantes compañías del sector, como Dragados y Construcciones, la constructora del Banco Central Hispano; Fomento de Construcciones y Contratas, de las hermanas Alicia y Esther Koplowitz, y Ferrovial, de Rafael del Pino, no figuraban entre las adjudicatarias de los proyectos.

El juez había mandado investigar el patrimonio de Gabriel Urralburu Tainta y Antonio Aragón Elizalde y sus esposas, Olivia Balda Berasategui y Ana Isabel Romero Canillas. De esa manera averiguó que Olivia Balda y Ana Isabel Romero habían creado respectivamente las sociedades Residencial Menorquina y Copcan [5] al mismo tiempo que Luis Roldán Ibáñez constituía Europe Capital.

---

[4] *Boletín Oficial del Parlamento de Navarra* de los días 5 de febrero y 10 de septiembre de 1992, 5 de julio y 11 de octubre de 1993, 11 de enero y 20 de octubre de 1994.

[5] En la que aparecen como accionistas su marido, Antonio Aragón Elizalde, y su hijo Javier Aragón Romero.

Las tres sociedades instrumentales se formalizan el mismo día, ante el mismo notario[6], operan por medio de la misma oficina bancaria —una sucursal del BBV de la calle de Cea Bermúdez de Madrid— y todas ellas tienen el mismo domicilio social, el número 12 de la calle del General Ampudia de Madrid, donde tiene sus oficinas el intermediario Jorge Esparza Martín.

El juez investiga el patrimonio de las empresas y encuentra que son propietarias de pisos e inmuebles en Rota (Cádiz) [7], Menorca, Mallorca, Madrid, Pamplona y Zizur Menor (Navarra), y que han ejercido una opción de compra sobre una serie de viviendas en Sevilla, que no llegan a materializar.

El valor a precio de mercado del conjunto de estas adquisiciones no baja de los 1.500 millones de pesetas. Cuando el instructor trató de conocer el origen de los fondos se encontró con que la mayoría de los inmuebles se había pagado o bien con dinero en metálico transportado en cajas de zapatos o en bolsas de El Corte Inglés, o mediante cheques al portador expedidos por una serie de bancos y cajas de ahorros de Madrid.

El siguiente paso del juez Fernández fue averiguar cómo Aragón, Urralburu y sus mujeres habían adquirido los cheques, un activo financiero opaco que suele emplearse para no dejar huellas. Y aquí es donde aparecen por primera vez las constructoras: la mayoría de los cheques habían sido adquiridos por Huarte y Compañía, Cubiertas y Mzov, HASA y Obrascón, bien cargando su importe contra sus cuentas corrientes o bien canjeándolos por talones.

Era el mes de septiembre de 1995. Juan Manuel Fernández había tardado más de un año en cerrar el círculo. Durante la etapa en que habían estado al frente del Gobierno foral y la Consejería de Obras Públicas del Gobierno navarro,

---

[6] El fedatario público de Madrid Jaime García-Rosado García.

[7] Las tres sociedades ejercieron la opción de compra sobre un total de diecisiete chalets y otras tantas plazas de garaje en la urbanización Jardín de La Almadraba. Finalmente adquirieron seis.

Gabriel Urralburu y Antonio Aragón habían adjudicado obras públicas por un importe cercano a los 100.000 millones de pesetas a un reducido grupo de empresas que no superaban el número de siete.

A cambio de las concesiones, las constructoras pagaban un porcentaje del precio de adjudicación de los trabajos, una vez deducido el IVA, en concepto de comisiones. El dinero se abonaba en cheques al portador sin ningún tipo de identificación que pudiera descubrir su origen ilícito. Una vez en poder de los altos cargos del Gobierno navarro, parte de los talones se invertían en la compra de inmuebles y otros bienes que se inscribían a nombre de sociedades pertenecientes a sus mujeres.

Copcan, Europe Capital y Residencial Menorquina formaban parte, por tanto, de una trama de empresas instrumentales destinadas a blanquear el «dinero negro» pagado por las constructoras y a ocultar los activos inmobiliarios adquiridos ilegalmente, para que la opinión pública no conociera quiénes eran realmente sus propietarios.

El asunto, sin embargo, era mucho más complicado aún. Cuando el juez revisó los libros de Huarte, HASA, Obrascón y Cubiertas y Mzov la contabilidad reflejaba que los cheques no habían ido a parar directamente a las manos de Gabriel Urralburu ni de Antonio Aragón. Teóricamente, se habían abonado a una serie de sociedades con las que las constructoras mantenían negocios regulares para la compra de bienes y servicios.

¿Qué eran esas empresas? ¿A qué se dedicaban? ¿Cuál era su objeto social? ¿Quiénes estaban detrás de ellas? Eran preguntas que Juan Manuel Fernández se formulaba desde hace días. Hasta que a finales de septiembre encontró las respuestas.

* * *

La Unidad de Vigilancia y Represión del Fraude Fiscal del Ministerio de Hacienda había sido creada por Carlos Solchaga y José Borrell a mediados de los ochenta. Su finalidad era perseguir las grandes «bolsas de fraude» de la economía española.

Hasta 1994, sólo dos de las inspecciones que había levantado —la del humorista Pedro Ruiz y la de la artista Lola Flores— habían acabado en los tribunales. El resto de las actas incoadas, muchas de ellas por decenas de miles de millones de pesetas, acababan en los cajones de los altos cargos del Ministerio de Hacienda. Los dirigentes socialistas las utilizaban políticamente contra determinados empresarios y banqueros, cuando lo que ordenaba la ley era enviarlas a los tribunales para que, de acuerdo con el artículo 349 del antiguo Código Penal, se depuraran las responsabilidades judiciales en que habían incurrido sus gestores[8]. Pero los inspectores adscritos a la unidad antifraude poco podían hacer al respecto.

Una de las prácticas irregulares más comunes, detectada cuando realizaban inspecciones a empresas del sector de la construcción, era la aparición de listas de extraños asesores ajenos a la empresa a los que se pagaban sumas millonarias, que luego se desgravaban a Hacienda como gastos de explotación. Aunque los listados venían respaldados con sus facturas correspondientes, todo ello tenía un claro tufillo a fraude.

¿Para qué querrá una constructora, que se dedica a realizar obras de ingeniería civil y a colocar ladrillos y cemento, ciento cincuenta asesores? ¿Por qué los retribuyen siempre con sumas millonarias de dinero, que representaban en la mayoría de los casos entre quince y veinte veces el sueldo de un inspector de Hacienda, los funcionarios mejor pagados del Estado?, se preguntaban los responsables de la unidad antifraude. La respuesta era fácil. Bastaba con echar un vistazo a la Base Nacional de Datos para comprobar que muchos de los perceptores de sumas millonarias de dinero eran familiares, socios o testaferros de políticos.

La existencia de estas prácticas, claramente destinadas a encubrir comisiones por contratos de obras, nunca se investigaba hasta el final. Sin embargo, lo que más les indignaba

[8] El actual entró en vigor en mayo de 1996 y se encontraba en fase de estudio cuando se realizó el informe de Hacienda.

era que su trabajo, siempre asuntos complejos que precisaban de centenares de horas para su esclarecimiento, sirviera para muy poco.

Por eso, cuando recibieron la llamada de la juez Ana Ferrer, titular del Juzgado de Instrucción número 16 de Madrid, encargada de incoar el sumario del «caso Roldán» y, posteriormente, la del titular del Juzgado de Instrucción número 1 de Pamplona, Juan Manuel Fernández, interesándose por su trabajo, se sintieron satisfechos.

Como si se hubieran puesto previamente de acuerdo, los dos jueces preguntaban por el mismo asunto: J. M. Estudios y Proyectos, Getex Estudios y Fos Estudios, un grupo de empresas que se dedicaban a emitir facturas falsas, por ventas inexistentes, para que las constructoras pudieran generar «dinero negro».

Los inspectores Juan Aparicio Pérez y Francisco Romero de la Rosa le enviaron el informe que realizaron el 23 de septiembre de 1992 en el que se demostraba que habían emitido facturas falsas a favor de Huarte y de HASA por más de 2.500 millones de pesetas. Pero, además, la colaboración de la Agencia Tributaria con la Justicia permitió descubrir la presencia de otras muchas sociedades de este tipo, como Ibercoex, Traexco, Vamndse y Bantos, que habían manejado miles de millones y de las que no existían datos censales ni se conocía quiénes eran sus responsables.

Los miembros de la Unidad Especial de Vigilancia y Represión del Fraude Fiscal y los peritos judiciales Conrado Pérez Martínez y María Luisa Pérez de Blas, adscritos al Juzgado de Instrucción número 16 de Madrid, después de dos años de trabajo lograron demostrar cómo algunas de las principales empresas constructoras del país destinaban de forma regular el 5 por ciento de sus ingresos, una vez deducido el IVA, a pagar sobornos a muchos políticos del PSOE como compensación económica por la adjudicación de obras públicas.

En el caso de Gabriel Urralburu y Antonio Aragón el dinero se había invertido, además, en la compra de pagarés del Tesoro y otros activos financieros opacos para evitar que los sabuesos de Hacienda descubrieran el súbito enriquecimiento.

El ex presidente del Gobierno foral y su mujer, Olivia Balda, simulan también otros artificios contables más rebuscados para ocultar su patrimonio. Cuando el 26 de febrero de 1990 adquieren su chalet «Nara» en Binisafúa (Menorca) piden un crédito de veinte millones al BBV que previamente avalan depositando en el banco pagarés del Tesoro por igual cantidad de dinero.

De esa forma podían demostrar públicamente —salvo que un juez interviniera sus cuentas y descubriera el engaño, como así ocurrió— que, como el resto de los mortales, estaban realizando un gran sacrificio económico para comprarse una segunda residencia de descanso, algo habitual en las clases medias españolas.

Víctimas de su codicia, Gabriel Urralburu y Antonio Aragón acaban en la cárcel el 4 de diciembre de 1995. El juez Juan Manuel Fernández sabe en esas fechas que sólo ha descubierto una parte poco significativa de su patrimonio. El resto, tal vez la porción más representativa, se encuentra desde 1988 fuera de España.

* * *

Probablemente el despacho que el juez Paul Perraudin ocupa en el Tribunal Federal Suizo, con sede en Ginebra —el equivalente al Tribunal Supremo en España—, sea uno de los lugares del mundo donde se guardan más asuntos polémicos.

Especializado en la investigación de los delitos económicos, a las oficinas de este miembro de la Justicia helvética al que se le atribuye la caída de Bettino Craxi, en Italia, y de Rayiv Ghandi, en la India, llegan diariamente decenas de cartas y de peticiones de todo el mundo. Desde personas que se sienten estafadas por inquilinos de las cajas fuertes de los bancos suizos hasta asuntos relacionados con tráfico de drogas y blanqueo de «dinero negro» por parte de algunos dictadores africanos.

Uno de los documentos que cayó en sus manos a finales de 1995 fue una comisión rogatoria internacional dirigida por el juez español Juan Manuel Fernández Martínez y fechada en Pamplona el 27 de octubre de ese año.

En el informe el instructor del «caso Urralburu» solicitaba de su colega suizo que le ayudara a esclarecer si el ex presidente del Gobierno navarro y su ex consejero de Obras Públicas habían tenido algún tipo de cuentas en Suiza, bien directamente o por sociedades interpuestas. En caso afirmativo le indicaba que procediera a bloquear los fondos por tratarse de un dinero de origen ilegal.

El asunto no cogió desprevenidos a Antonio Aragón y a Gabriel Urralburu. Año y medio antes de ingresar en prisión, el 7 de junio de 1994, habían acudido a un notario de Madrid y habían concedido poder general a favor de la sociedad suiza Aubert y Cía para que administrara toda clase de patrimonios en el país helvético. El 2 de febrero de 1995, a medida que aparecían nuevas pruebas incriminatorias en el sumario de Pamplona, acudían al mismo notario y otorgaban poderes para pleitos a favor de los abogados de Ginebra Oliver Weber Caflisch y Alec Reymond, del bufete Reymond, Veusillet y Mossiman.

Estos documentos, incorporados a la causa, eran prácticamente una confesión de parte, de que los dos dirigentes socialistas estaban preocupados por el futuro de sus hasta ahora desconocidos intereses en el país helvético[9].

La reacción del juez suizo fue la contraria de la que la mayoría de las partes personadas en la causa esperaba. A mediados de junio había facilitado una serie de datos a la titular del Juzgado de Instrucción número 1 de Pamplona, María Soledad Alejandre Domenech, treinta y dos años, y el 18 de ese mes el presidente del Gobierno foral, Javier Otano, era llamado a declarar.

Tras pasar varias horas ante la nueva instructora, que había sustituido un par de meses antes a su compañero Juan

---

[9] En sus declaraciones ante el juez, tanto Aragón como Urralburu habían dicho casi con las mismas palabras que se ratificaban en sus manifestaciones «de no tener ninguna cuenta en Suiza ni ningún interés en dicho país».

Manuel Fernández al frente del juzgado [10], Otano reconoció que tenía una cuenta en Suiza. «Pero no es mía sino del partido», matizó enseguida [11].

El asunto daba un nuevo sesgo al «caso Urralburu». Por primera vez un dirigente político socialista reconocía en público que el partido fundado por Pablo Iglesias, aquel impresor honrado a carta cabal que cuando murió tenía doscientas pesetas por todo patrimonio en la mesa de noche de su cama, poseía cuentas corrientes en uno de los «paraísos fiscales» más visitados del mundo [12].

Parte del dinero encontrado en la cuenta de Otano procedía, según las primeras investigaciones, de pagos del Tren de Alta Velocidad a comisionistas del PSOE. Todo había empezado el 4 de mayo de 1995 en un despacho situado en el número diez de la calle General Wille de Zurich.

Los jueces Paul Perraudin, de Ginebra, y Benedict Holdener, de Zurich, que investigaban la utilización de dinero negro por parte de la multinacional Siemens para efectuar pagos políticos, ordenaron ese día el registro del despacho de los abogados Ulrich Kholi y Aloïs Dobler en la calle General Wille.

Allí aparecieron los resguardos de 113 cheques bancarios adquiridos en la Unión de Bancos Suizos, en el Migrosbank y en el Privatbank (hoy Hyposwiss) de Zurich por un importe de 3.000 millones. Los cheques se habían comprado entre 1988 y 1994 y el dinero se había ingresado en las cuentas cifradas de diez políticos españoles todos ellos del PSOE.

Llamados a declarar, Kholi y Dobler se acogieron, en principio, al secreto profesional para no explicar el origen

---

[10] Ascendido a magistrado, Juan Manuel Fernández pasó a formar parte de la Sala Tercera de la Audiencia Provincial en abril de 1996.

[11] «Lo más probable es que, tras conocer los hechos, Felipe González se haya quedado sin habla, como nos hemos quedado muchos», declaró el ex presidente del Congreso Félix Pons el 20 de junio. Agencia Efe, 20 de junio de 1996, 00.49 horas.

[12] Como puede comprobarse en los registros oficiales de la propiedad, la mayor parte de los edificios que albergan sedes del PSOE está inscrita a nombre de dirigentes del partido.

del dinero. Meses después, acabaron contando que actuaban siguiendo instrucciones de Siemens.

Con las confesiones a buen recaudo, los magistrados Perraudin y Holdener pensaron llamar a declarar al presidente de la multinacional alemana en Munich, Heinrich V. Pierer. Sin embargo, el 7 de diciembre de 1995 las cosas se complican. El programa *Rundschau* (*Panorama*) de la televisión helvética intenta abordar el asunto en una de sus ediciones pero una querella de los abogados de Siemens está a punto de impedir su difusión.

En plena batalla judicial acerca de la conveniencia de emitir el espacio, el presidente de Siemens en Munich, Heinrich V. Pierer, comparece ante la televisión helvética y reconoce, por primera vez, la existencia de los 133 talones y el ingreso de los 3.000 millones en cuentas de empresarios españoles.

De esta manera, debido a las peleas de los comisionistas cercanos al Partido Socialista Obrero Español, relatadas en otro capítulo de este libro, el polémico tren de alta velocidad acabó pasando por Pamplona, tal y como, con su habitual ingenio, comentó el periodista Víctor Márquez Reviriego en un programa de la COPE.

Si el caso de Siemens era grave, el «asunto Huarte», el gran financiero del PSOE navarro, revela la existencia de un entramado de ayudas y complicidades que arranca por lo menos del 10 de julio de 1985, fecha en que un Consejo de Ministros presidido por Felipe González decidió «regalar» la compañía a un grupo de empresarios amigos del PSOE.

* * *

Hispano Alemana de Construcciones era en 1985, junto con Dragados y Construcciones, Agromán, Entrecanales y Tavora y Construcciones y Contratas, una de las cinco primeras constructoras del país. Hasta el 23 de febrero de 1983 forma parte del *holding* Rumasa. Tras ser incautada el 28 de junio de 1985 el Gobierno nombró presidente de la compañía a Jacinto Pellón, hombre de Dragados y Construcciones y amigo de Felipe González, hasta que la Comisión Reprivatizadora decidió sacarla a la venta.

La operación se fraguó de forma bastante escandalosa. Sin que Felipe González ni ninguno de sus ministros haya dado ninguna explicación desde entonces a la opinión pública, la constructora se adjudica a una sociedad desconocida en el mundo del «cemento y los ladrillos», Transworld Construction Incorporated. Un mes después se demuestra que Transworld es, en realidad, una «empresa fantasma» creada un mes antes en Delaware (EE. UU.) con un capital de 2.500 dólares para absorber parte del patrimonio de Rumasa.

La ficha de venta aparece publicada en el *BOE* de 1 de agosto de 1985. El Estado había vendido previamente todos los activos dudosos de la compañía durante los años 1984 y 1985. Además había saneado su patrimonio subrogándose los 7.187.083.232 pesetas de deudas con Exbank, Hispacoin y Bank of America así como los costes financieros acumulados, que suponían 899.581.965 pesetas adicionales.

Para proceder a su reactivación el Gobierno socialista inyecta en HASA 11.069.115.725 pesetas, que se entregan en dos talones a los nuevos administradores. Por si eso no fuera suficiente, el Estado compromete obras del sector público por varios miles de millones para garantizar su supervivencia.

Libre de cargas, con más de 11.000 millones «regalados» por el Estado para renovar su parque de maquinaria y con una cartera «cautiva» de clientes, HASA se cede a Transworld por mil millones de pesetas, cien millones en efectivo y el resto en siete anualidades.

Sin embargo, los 11.069.115.725 pesetas no fueron destinados al fin previsto. Cuando en 1986 el diputado popular Luis Ramallo investigó el asunto, descubrió que uno de los dos talones, por 1.600 millones, no aparecía en la contabilidad de la compañía. Se había endosado a una personalidad cercana al PSOE. Con el resto del dinero los nuevos dueños de la sociedad se comportaron como hacen habitualmente los nuevos ricos.

En lugar de modernizar la empresa compran Huarte y Compañía, una constructora de origen pamplonés que pasa serios apuros económicos y que, en 1988, está a punto de arrastrar a HASA a la quiebra.

El ministro de Economía y Hacienda, Carlos Solchaga, un economista de origen navarro, nacido en Tafalla, tiene que tomar cartas en el asunto. Después de hablar con Aresbank y con Impresit, la constructora de Fiat, logra que ambas entidades acudan en auxilio del grupo HASA/Huarte a cambio de tomar una participación en el accionariado.

Solchaga se compromete a conceder a la compañía navarra nuevos proyectos y para ello pone a sus dirigentes en contacto con las autoridades forales en un intento de reflotar por segunda vez la empresa. Eso explica que el consorcio HASA/Huarte se lleve la mayor parte de los contratos de la autovía de Leizarán y de la Universidad Pública de Navarra, las dos principales obras públicas realizadas en el último decenio en la comunidad foral, con un coste conjunto superior a los 55.000 millones de pesetas.

El Ministerio de Obras Públicas se vuelca también y le asigna una cuota fija de contratos que oscila entre el 3,9 y el 4,8 por ciento del volumen de facturación del organismo [13]. Así la constructora protegida por Solchaga y el PSOE ejecuta varios tramos de la obra civil del AVE en colaboración con Impresit, la constructora del grupo de Giovanni Agnelli, entre ellos el sector Córdoba-Alcolea.

Y como de bien nacidos es ser agradecidos, Huarte colabora al sostenimiento de la causa socialista con el 5 por ciento del montante de los proyectos. Huarte no es, sin embargo, la única constructora beneficiada por las obras del tren de alta velocidad.

* * *

A finales de 1995, el instructor del «caso Filesa» y magistrado de la Sala Segunda del Tribunal Supremo, Enrique Bacigalupo Zapater, cincuenta y ocho años, recibía en su despacho una carta de tres folios escrita a máquina y firmada por una persona cuya identidad no se contrastó nunca.

---

[13] De acuerdo con los datos que obran en las memorias del ministerio, correspondientes a los años 1988 a 1994.

El documento había sido escrito por alguien del *staff* directivo de Fomento de Obras y Construcciones (FOCSA), una de las constructoras de las hermanas Alicia y Esther Koplowitz hoy fusionada con Construcciones y Contratas (Conycon). Constituía una defensa abierta del presidente de FOCSA, Francisco Más Sardá, al que se le imputaba el pago de una serie de comisiones al entramado económico-financiero catalán del PSOE.

Al mismo tiempo que aportaba los datos que demostraban que Más Sardá era la «víctima» elegida para dar la cara ante los tribunales, señalaba que la única persona con poder real para tomar una decisión de ese calibre era el consejero delegado de la sociedad, Guillermo Visedo Navarro.

El juez Bacigalupo, en lugar de incorporar el testimonio a la causa y ordenar que se verificaran los hechos allí expuestos, dedujo testimonio y lo envió a los tribunales ordinarios «por si se consideraba oportuno abrir procedimiento».

No era la primera vez, sin embargo, que el nombre de Guillermo Visedo aparecía en un asunto relacionado con el pago de comisiones a los partidos políticos.

En junio de 1992 el Juzgado de Instrucción número 17 de Sevilla, del que es titular Pilar Llorente, investigó por vez primera la financiación del Partido Socialista Andaluz por medio de la adjudicación de obras. Desde los primeros momentos, el nombre de este ingeniero de Caminos, Canales y Puertos que se inició como profesional en Dragados y Construcciones y, tras pasar diez años en el Ministerio de Obras Públicas, acabó en 1987 trabajando para las hermanas Koplowitz, salió a relucir en escuchas telefónicas e informes policiales [14].

Según consta en el sumario de Filesa, FOCSA, la constructora controlada por Guillermo Visedo, pagó al *holding* de recaudadores del PSOE un total de 106,4 millones de pesetas entre los años 1988 y 1989. El primer pago, por 58.240.000

[14] En las conversaciones telefónicas intervenidas en el juzgado entre los comisionistas Pedro Llach y Gustavo Durán se le conocía por el sobrenombre de «Willy».

pesetas, se efectuó el 19 de julio de 1988. Durante ese periodo Fomento de Obras y Construcciones recibió 52.834 millones de pesetas en contratos del Ministerio de Obras Públicas [15].

El resto de los pagos, por 48.160.000 pesetas, se efectuó en 1989, periodo en que las dos empresas de Alicia y Esther Koplowitz facturaron al Estado casi 59.000 millones de pesetas, una cifra récord en la historia de Construcciones y Contratas y de Fomento de Obras y Construcciones.

Evidentemente, el «fichaje» de Visedo dos años antes, un personaje bien conectado con el Ministerio de Obras Públicas y con excelentes relaciones con el Gobierno socialista, especialmente con el ministro del ramo, Javier Sáenz de Cosculluela, había obrado el milagro. Además, claro está, de las comisiones a Filesa y las buenas relaciones de Sáenz de Cosculluela con Enrique Sarasola, amigo y protector de Alberto Alcocer y Alberto Cortina, entonces los «amos» de FOCSA y Conycon hasta sus respectivas rupturas matrimoniales.

Pero el grupo de empresas recaudadoras afines al PSOE era una de las principales vías para acceder a las obras del Estado y otros constructores no estaban dispuestos a perder este filón para incrementar su cuota de mercado en el sector público.

* * *

El 30 de septiembre de 1994 Luis Sánchez Marcos, presidente de Asfaltos y Construcciones Elsan, una de la treintena de empresas de tipo medio existentes en España, con una facturación entre los 20.000 y los 50.000 millones de pesetas, es llamado a declarar al Tribunal Supremo.

En uno de los informes del instructor del «caso Filesa», Marino Barbero Santos, aparece que Elsan pagó al consorcio de recaudadores del PSOE 86 millones de pesetas. Diversas

---

[15] Tramo Ciudad Real-Brazatortas, supresión de pasos a nivel del tramo Ciudad Real-Brazatortas y estación de Santa Justa, en Sevilla, todas ellas del AVE, y diversos tramos de la autovía Madrid-La Coruña, autovía Igualada-Martorell, tramo Madrid-Cartagena de la autovía de Levante y variante de Igualada, correspondiente a la autovía Madrid-Barcelona.

investigaciones y pesquisas de las acusaciones particulares y del fiscal parecen demostrar que el dinero era la contraprestación económica a la adjudicación por parte del Ministerio de Obras Públicas del tramo Milagros-Arganda del Ebro, de la autovía Madrid-Irún.

Uno de los propietarios de la compañía, Luis Sánchez Marcos, está dispuesto a sostener, sin embargo, que el dinero se abonó por un informe técnico sobre la obra, una cuestión que se cae por su propio peso: Filesa no tenía personal cualificado para ejecutar el proyecto.

Durante el interrogatorio, Sánchez Marcos tuvo que reconocer implícitamente que los pagos a Filesa obedecían a otras razones bien distintas.

—¿Cuántos ingenieros de Caminos tiene usted en la obra? —le preguntó el fiscal.

—Calculo que unos treinta.

—¿Y por qué le encarga un proyecto a una empresa que no tiene ningún ingeniero de Caminos en su plantilla?

Luis Sánchez Marcos no supo qué contestar. Y aunque hubiera dado una respuesta concreta daba lo mismo. A lo largo de los más de 30.000 folios de la causa especial 880/91 lo que sí había quedado claro en el auto de Barbero era que Filesa, Malesa y Time Export no habían elaborado ningún proyecto ni informe durante su existencia. A lo único que se dedicaban era a vender favores.

Sin embargo, es en la investigación del «caso Ollero» donde se le ven las orejas al lobo. Se constata definitivamente que el PSOE dispone de una red en cada autonomía para intermediar en la concesión de los proyectos de infraestructuras, y también que sus intermediarios mantienen una relación fluida con los máximos responsables de todas las constructoras y con algunos dirigentes de la calle de Ferraz.

* * *

A comienzos de 1992 la Dirección General de Carreteras, dependiente de la Consejería de Obras Públicas de la Junta de Andalucía, saca a concurso el desdoblamiento del puerto de Las Pedrizas-Salinas de la Carretera Nacional 321, que une Jaén con Antequera (Málaga).

El presupuesto de licitación es de 2.094.810.106 pesetas y pueden presentarse todas las empresas constructoras del país. Sin embargo, el 7 de febrero de 1992 el consejero de Obras Públicas y Transportes de la Junta, Juan José López Martos, decide declarar «de urgencia» todos los expedientes de contratación de la Dirección General de Carreteras.

Se acercaba la inauguración de la Expo y a la Junta de Andalucía le interesaba políticamente que los millones de visitantes que se esperaban para el magno acontecimiento verificaran que en la región había movimiento.

En los meses siguientes las principales constructoras del país, bien individualmente o por medio de uniones temporales de unas empresas con otras [16], se presentan al concurso. El 3 de junio de 1992, a propuesta de la mesa de contratación, el consejero de Obras Públicas, Juan José López Martos, decide adjudicar provisionalmente el proyecto a Obras y Construcciones Industriales (OCISA) por 2.854.810.106, es decir, por 760 millones por encima del precio de licitación.

El asunto no tiene más trascendencia. Hasta que, el 14 de junio de 1992, el inspector de la Policía de Sevilla José Antonio Vidal detiene al comisionista Jorge Ollero a su regreso de Madrid, a la altura del aeropuerto San Pablo de Sevilla, y se incauta de un maletín con 22 millones de pesetas en billetes nuevos de 10.000 pesetas [17].

Interrogado por la policía, Ollero cuenta que el dinero había sido pagado por la constructora OCISA como parte del «peaje» convenido con el PSOE por la concesión de la obra

---

[16] Firmecivil, Construcciones Hernando, Construcciones Padrós, Construcciones Sando, Huarte, Lasan, Sacyr, Obrascón, Corsán, Garija, Lain, Construcciones y Contratas, Auxini, Dragados y Construcciones, Azvi, Ginés y Navarro, Fomento de Obras y Construcciones, Sato, Cubiertas y Mzov, Entrecanales y Tavora, OCISA, Comylsa, Vías y Construcciones, Ferrovial, Agromán y Corviam.

[17] Un total de mil doscientos billetes de diez mil pesetas de la serie 1-I 1619001 en adelante.

de Las Pedrizas-Salinas y que la persona encargada de recogerlo en Madrid era Pedro Llach Rey, otro conocido intermediario, amigo personal de Juan Guerra.

Jorge Ollero, hermano del director general de Carreteras de la Junta de Andalucía, Manuel Ollero, va mucho más allá. En un primer momento implica en el escándalo al secretario de Finanzas del PSOE, Guillermo Galeote, al secretario general de los socialistas andaluces, Carlos Sanjuán de la Rocha, y a toda la plana mayor del partido en la comunidad autónoma así como a los consejeros de Economía y Hacienda y de Obras Públicas de la Junta de Andalucía, Jaime Montaner Roselló y Juan José López Martos.

Con la Expo-92 en marcha y los Juegos Olímpicos a punto de inaugurarse, el asunto es lo suficientemente grave como para que en la noche del 14 al 15 de junio la dirección del PSOE andaluz se movilice al completo para tratar de echar tierra sobre el asunto. Las llamadas telefónicas, las citas clandestinas y las presiones sobre amigos y familiares del detenido para que cambie su declaración y deje al partido y a sus dirigentes a salvo son incesantes.

Al día siguiente Jorge Ollero es conducido ante la juez Pilar Llorente, titular del Juzgado de Instrucción número 17 de Sevilla, que lleva cerca de un año investigando el pago de comisiones a dirigentes socialistas y ha ordenado incluso la intervención de varios teléfonos.

En su comparecencia ante el juzgado se desdice de sus declaraciones de la noche anterior y exculpa a los dirigentes socialistas. Para disipar todo género de sospechas, ese mismo día Carlos Sanjuán, como máximo responsable del PSOE andaluz, toma la iniciativa y se persona en la causa como acusación particular.

El asunto, sin embargo, no ha hecho más que empezar. En la tarde del 15, la policía lleva a cabo varios registros en la vivienda que Pedro Llach Rey tiene en la calle del Cardenal Illurdain de Sevilla y en una caja de seguridad abierta a su nombre en el Banco Zaragozano. En la casa, un viejo palacete restaurado, valorado en más de quinientos millones, se encuentra una agenda con las tapas rojas con los nombres y teléfonos privados de los directivos de las principales constructoras del país.

En sus declaraciones ante la instructora, Llach reconoce haber intermediado en la concesión de la obra de Las Pedrizas-Salinas en beneficio de OCISA a cambio de una suma de dinero cercana a los cincuenta millones. Dice que el encargo se lo había hecho el máximo responsable de la compañía, Jesús Roa Baltar, un ingeniero de Caminos coruñés, de sesenta y cuatro años, presidente de la patronal de la construcción. Y agrega haber hablado con él del asunto por teléfono, a comienzos de mayo y, posteriormente, durante una visita a su despacho de Madrid, el 7 de junio de 1992, donde le comunicó personalmente que el consejero de Obras Públicas de la Junta, López Martos, acababa de concederle la obra.

La parte más importante de su deposición la constituye, sin embargo, su reconocimiento de estar en contacto con Rafael del Pino, presidente de Ferrovial; Guillerno Visedo, consejero delegado de FOCSA; Jesús Roa Baltar, presidente de OCISA, y con el director general de Dragados y Construcciones. A los constructores les informa de los distintos proyectos pendientes de licitación y los sondea periódicamente para averiguar cuánto está dispuesta a pagar cada empresa como comisión.

Con las distintas propuestas, Llach elaboraba un estadillo en el que consignaba, junto a las obras, los nombres de las constructoras que pretendían realizar los trabajos y la cantidad que abonarían a los cobradores del PSOE si, finalmente, les eran concedidas. Uno de los listados, en el que aparecía reseñada una decena de autovías[18] en proyecto, le había sido

---

[18] Acceso a Mercamadrid, presupuesto: 4.575 millones de pesetas. Circunvalación a Granada, presupuesto: 2.866 millones. Circunvalación a Salamanca, presupuesto: 2.079 millones. Tramo Simancas-Tordesillas, presupuesto: 2.720 millones. Autovía de Levante (tramo Murcia-Alicante), presupuesto: 5.494 millones. Autovía de Aragón (obras de reforma en la intersección con la N-204), presupuesto: 2.715 millones. Autovía Madrid-Toledo (tramo Cabañas de la Sagra), presupuesto: 2.200 millones. Autovía Madrid-Valencia (puente sobre el Jarama), presupuesto: 1.382 millones. Autovía del Norte (tramo Boceguillas), presupuesto: 3.847 millones. Y autovía del Cantábrico (tramo Bilbao-Santander), presupuesto: 1.329 millones.

requisado en su casa días antes de que la juez Llorente lo enviara a prisión.

Todo ello parece demostrar que las verdaderas subastas y pujas no se hacían en las mesas de contratación del Ministerio de Obras Públicas ni de las consejerías homónimas de las distintas comunidades autónomas. Eran los intermediarios en connivencia con altos cargos socialistas quienes, aparentemente, tenían la potestad de decidir qué compañía realizaba determinado proyecto. Las obras se concedían en función del porcentaje que se estaba dispuesto a abonar a los comisionistas del partido en el poder y no en base a la capacidad técnica del ofertante y a su propuesta económica.

El sistema era el mismo que se empleaba en las alcaldías de Milán y Roma y otros importantes municipios italianos, hasta que los jueces de *Mani Pulite* decidieron erradicar el problema, a comienzos de la década de los noventa, y metieron en la cárcel a presidentes de empresas constructoras, a varios alcaldes y a altos cargos de los organismos del Estado encargados de la concesión de las contratas públicas.

En España, como el Gobierno socialista recortaba cada año el presupuesto de infraestructuras en beneficio de la sociedad del Estado del bienestar, las mafias de las contratas, con el fin de mantener su nivel de beneficios, tuvieron que perfeccionar el sistema. Y puesto que la tarta presupuestaria se reducía modificaban innecesariamente los proyectos e incrementaban artificialmente el presupuesto. Así resultaba fácil cobrar hasta dos y tres veces por el mismo túnel, o el mismo acueducto.

La práctica se pone de moda con el primer Plan de Carreteras y luego se exporta a las obras del AVE, los Juegos Olímpicos, la Expo-92 y los proyectos de reforma y mejora de puertos, aeropuertos, obras hidráulicas y edificios públicos, incluida la autovía de Leizarán, donde se gastaron 3.224 millones de pesetas en la contratación de medidas de seguridad para evitar los atentados de ETA.

La organización terrorista había iniciado una campaña de bombas contra la maquinaria de las obras para forzar al Gobierno foral a modificar el recorrido de un tramo de la vía con el fin de «salvar el ecosistema». Los representantes de la comunidad autónoma aceptaron la solución propuesta por ETA. Y además, la recompensaron. Para que no siguiera poniendo bombas, se inyectaron mil millones en empresas controladas por los círculos cercanos a los terroristas vascos.

Al margen de las anécdotas, lo cierto es que las obras públicas se convierten desde 1987 en adelante en la principal vía de financiación de los partidos políticos. Junto a ellos, de una camarilla de intermediarios como Pedro Llach, Jorge Esparza, Aida Alvarez, Florencio Ornia, Angel Sanchís, Rosendo Naseiro [19], Gustavo Durán, Jorge Ollero, José Ramón de la Torre, Juan Carlos Mangana y Sotero Jiménez, y otros grupos de «buitres», que pululan a lo largo y ancho del territorio nacional en busca de la carroña.

Las mordidas y «peajes» llegan a cobrarse con una desvergüenza y un descaro impresionantes. Hasta el punto de que José Ramón de la Torre Escandón, militante socialista por Leganés e intermediario, no se ruboriza lo más mínimo cuando presenta como prueba en el Juzgado de Instrucción número 12 de Madrid un contrato de comisionista con Agromán por el que iba a recibir más de doscientos millones en sobornos. Pretende demostrar así que no ha tenido nada que ver con la venta fraudulenta de un pagaré, por importe de sesenta millones, que Saki, una filial al cien por cien de la primera, trató de poner en circulación y luego retiró del mercado [20] al encontrar otras vías de financiación más baratas.

Pero la cuestión que más inquieta al gremio de la construcción, que representa el 8 por ciento del PIB, no es el

---

[19] Rosendo Naseiro y Angel Sanchís resultaron absueltos por la Sala Segunda del Tribunal Supremo del caso de extorsiones que se les imputaba en Valencia porque las cintas inculpatorias se obtuvieron con procedimientos ilegales. Además, el juez instructor debía haberse inhibido en favor del Supremo al aparecer como imputado un miembro de la Cámara. Los hechos, ilegales o no, para el que los quiera repasar están publicados en el libro *El dinero del poder, op. cit.*

[20] Juzgado de Instrucción número 12 de Madrid, diligencias previas 584/88-GM.

«caso Escandón». Lo único que le descompone es que un nuevo juez reabra las diligencias 307/92 del Juzgado de Instrucción número 17 de Sevilla y los presidentes de las principales constructoras del país tengan que desfilar uno tras otro ante el juzgado.

Porque el «caso Ollero», del que no se ha vuelto a hablar jamás, puso de relieve que los primeros espadas de unas empresas consideradas entre las más serias y solventes del país practicaban supuestamente una doble moral. Los mismos que aparecían en las cámaras de televisión acompañando a los ministros de Obras Públicas en las inauguraciones oficiales se dedicaban a entregar maletines bajo cuerda a los comisionistas.

Hasta el 14 de junio de 1992 podían incluso negar esta denigrante práctica. La detención de Ollero y la comparecencia ante un juzgado, en calidad de imputado, de Jesús Roa Baltar, presidente de OCISA y de la patronal del sector, eran la prueba más palpable de hasta dónde habían llegado las cosas. Por eso, a finales de ese año, iniciaron una ofensiva ante las instituciones para que se pusiera fin a los pagos políticos.

* * *

El 10 de noviembre de 1992, el ministro de Economía y Hacienda, Carlos Solchaga, comparece ante las cámaras de Antena 3 Televisión y dice:

—Tenemos que hacer un pacto entre todos para estar seguros de que podemos transmitir a la ciudadanía la idea de que la corrupción debe ser perseguida y castigada por la Justicia. No es posible que la gente siga creyendo, y quizás los constructores también, que en España se consigue una obra pública si se paga a alguien. El Gobierno está interesado en acabar con ello, caiga quien caiga.

Tres días más tarde, José Borrell, ministro de Obras Públicas, aprovecha una reunión con periodistas para abordar el asunto.

—Los constructores deben llegar a un gran pacto entre ellos para no pagar ni un duro a cualquier persona que se ofrezca a resolverles sus problemas con la Administración, sea del PSOE o no. En el ministerio que yo dirijo hay órdenes estrictas de actuar con transparencia. Si encontramos a alguna persona corrupta tomaremos las medidas oportunas para llevarla nosotros mismos ante los tribunales.

Las declaraciones de dos miembros del Gobierno, en un lapso de tiempo tan escaso, para hablar del mismo asunto eran consecuencia de la entrevista de los dirigentes de la Asociación de Empresas Constructoras de Ambito Nacional (Seopán), la patronal de la construcción, con el Presidente del Gobierno, de la que se habla en otro capítulo[21].

Las manifestaciones de Solchaga y Borrell tuvieron el efecto de un sermón en el desierto. En 1993 y 1994, tras las detenciones de Roldán, Urralburu y Aragón, se demostró que tan perversa práctica no había desaparecido. El contenido de los sumarios instruidos en Madrid y Pamplona por los jueces Ana Ferrer y Juan Manuel Fernández permite deducir que se ha convertido en un hábito, con sus normas establecidas —las mordidas se fijan exactamente entre el 3 y el 5 por ciento del precio de licitación—, y muy difícil de erradicar.

Tanto que a finales de 1994, cuando la prensa comenzó a publicar las primeras informaciones que relacionaban al ex consejero de Obras Públicas del Gobierno foral Antonio Aragón Elizalde con las comisiones de las constructoras en Navarra, la Confederación Hidrográfica del Ebro, donde trabajaba entonces, le obligó a dimitir de su cargo.

Aragón encontró acomodo días más tarde. Lo hizo en una filial de Fomento de Construcciones y Contratas, la constructora de Alicia y Esther Koplowitz, gracias a su amistad con Guillermo Visedo Navarro. El sueldo mensual que recibió hasta su encarcelamiento, en diciembre de 1995, era de 850.000 pesetas al mes. El 9 de noviembre de ese mismo año Visedo en nombre de Construcciones y Contratas y de Mantenimien-

[21] Según los datos oficiales del sector, la facturación entre 1982 y 1994 ascendió a quince billones de pesetas. El año en que se produjo el mayor volumen de contratación de obras fue 1993, con casi dos billones facturados.

to de Infraestructuras le concede poderes para mover los fondos de dos cuentas corrientes, las números 304034/33 y 304285/15, del Banco Exterior de España en la provincia de Albacete.

A través de estas dos cuentas corrientes, investigadas por el Juzgado de Instrucción número 1 de Pamplona, se cobraban las certificaciones de obra del tramo de la autovía de Levante Honrubia-Almansa, las travesías interiores y las obras de reforma de las carreteras N-301 y N-310, adjudicadas a las empresa antes citadas por el MOPU en octubre de 1992.

* * *

Eduardo Serra Rexach, ministro de Defensa en el primer Gobierno de José María Aznar y ex presidente de Cubiertas y Mzov, había quitado hierro, a su manera, al asunto de las comisiones pagadas por los empresarios de la construcción. En 1994, en el transcurso de una charla ante un grupo de inversores, había comentado: «Si hablamos de miles de millones de pesetas de pagos a los partidos en un sector que mueve seis billones de pesetas al año, el porcentaje es pequeño.»

Quizás alguien crea todavía que el país va a cambiar para mejor y que es posible una regeneración de la vida política, tal y como prometieron los dirigentes del Partido Popular a comienzos de 1996.

CAPITULO DIEZ

LOS GRANDES FRACASOS

Durante trece años en el poder los socialistas han convertido el Estado en un mero instrumento de recaudación y redistribución de la riqueza, sin tener en cuenta las necesidades reales de modernización de las infraestructuras y la creación de nuevos y mejores servicios para el país. La presión fiscal sobre los ciudadanos —la mayor de Europa en relación con el PIB y las rentas familiares— ha crecido en diez puntos pero parte del dinero inicialmente destinado a las pensiones se ha quedado en el camino, mientras el número de altos cargos aumentaba en la Administración hasta alcanzar los siete mil. Los socialistas han sido incapaces de modernizar las empresas públicas, que han acumulado más de trece billones de pérdidas y cuestan al Estado más de un billón anual en gastos financieros. Se han metido en programas de armamento inútiles que han drenado decenas de miles de millones de las arcas públicas. Pero su gran fracaso se ha producido en el terreno de la vivienda. Los precios se han disparado más en los últimos trece años que en el resto del siglo. Una casa en Madrid o Barcelona cuesta cuatro veces más que en el centro de París, Amsterdam o Nueva York, y la nueva generación necesita dedicar el sueldo íntegro de cinco años de su vida para comprar un piso.

Fue un duro y auténtico calvario para José María Aznar la exigua victoria electoral del 3 de marzo de 1996.

Con sólo ciento cincuenta y seis escaños en el Parlamento y a menos de trescientos mil votos del PSOE, el partido liberal conservador tuvo que pactar con los nacionalistas canarios, catalanes y vascos los apoyos parlamentarios suficientes para poder gobernar.

Los hombres clave en el proceso negociador con los nacionalistas catalanes fueron el vicepresidente económico del Gobierno y ministro de Hacienda, Rodrigo Rato, y el ministro para las Administraciones Públicas, Mariano Rajoy. Frente a ellos se sentaban dos pesos pesados de la política catalana, el consejero de la Generalitat, Macià Alavedra, y el portavoz del Grupo Parlamentario de CiU en el Congreso, Joaquim Molins.

Durante las veinte agotadoras jornadas de encuentros, un grupo de asesores trabajaba para Rato y Rajoy a la sombra. Uno de ellos era Juan Costa Climent, un castellonense de treinta y dos años especialista en cuestiones fiscales. Su trabajo empezaba a las ocho de la tarde y la mayoría de las veces no finalizaba hasta las cinco de la mañana.

Al igual que los zapadores del Ejército, Costa debía supervisar las propuestas de CiU y desactivar el campo de minas sembradas para evitar que los intereses del Estado quedaran atrapados en la habilidad negociadora de Pujol.

Su papel, callado y discreto, permitía a Rodrigo Rato y a Mariano Rajoy eliminar los obstáculos que retrasaban la formación de Gobierno. Por eso, cuando Rato fue nombrado ministro de Economía y Hacienda se lo llevó consigo como secretario de Estado de Hacienda.

Su trabajo, como miembro del Gobierno, era definir la partida de ingresos públicos para elaborar el proyecto de Ley de Presupuestos Generales del Estado para 1997. A finales de junio tuvo una primera reunión con el personal del Ministerio de Economía y Hacienda.

Los funcionarios, personas todas ellas altamente cualificadas a las que había encomendado los trabajos previos, le informaron de cómo iba el asunto.

—Ya tenemos los papeles que nos han enviado los distintos ministerios sobre las evaluaciones de gasto.

—Parece más correcto que estudiemos primero las previsiones de ingresos que va a tener el Estado el próximo año —sugiere Costa.

—¿Qué quiere usted decir con eso de las previsiones de ingresos?

—Sí, hombre, el dinero que vamos a recaudar por el impuesto sobre la renta, tasas, impuestos indirectos y las transferencias al Estado de Navarra y el País Vasco de acuerdo con los conciertos económicos, ¿no? —insiste el secretario de Estado.

—Lo haremos como usted quiera. Pero lo normal en Hacienda, desde los tiempos de Miguel Boyer y Carlos Solchaga, era elaborar un presupuesto conjunto de los gastos de los ministerios y entes públicos y luego cuadrar los ingresos del Estado sobre la base de esas necesidades.

Costa se explicó entonces por qué desde que llegaron los socialistas al poder la presión fiscal sobre los ciudadanos y las empresas se había incrementado en más de diez puntos, pasando del 31 por ciento sobre el PIB en 1982 al 41 por ciento en 1994, y las razones por las que en cada ejercicio económico el Gobierno afloraba cifras de déficit situadas muchas veces por encima del 4 por ciento del Producto Interior Bruto.

El incremento de los impuestos sobre ciudadanos y empresarios y el déficit constituían las consecuencias lógicas de empezar la casa por el tejado, aunque con el gasto comprometido en más de un 80 por ciento antes de empezar cada año presupuestario, el Gobierno tenía un muy escaso margen de maniobra.

* * *

Porque lo que muchos españoles ignoran es que el Estado español es probablemente uno de los países occidentales más hipotecados por los costes del paro, la deuda pública, las transferencias para enjugar las pérdidas de las empresas estatales y los centenares de miles de millones de incremento que supone universalizar la sanidad, la educación y la Seguridad Social.

De los 28,6 billones de pesetas que constituían los Presupuestos Generales del Estado consolidados[1] de 1994, 26,3 billones estaban comprometidos antes de que, a comienzos

[1] Los presupuestos consolidados se obtienen de sumar los Presupuestos Generales del Estado y los de la Seguridad Social con los de los organismos en los que el Estado tiene una participación mayoritaria:

de octubre de 1993, el ministro de Economía y Hacienda, Pedro Solbes Mira, acudiera al Congreso de los Diputados, situado en la carrera de San Jerónimo de Madrid, a presentar la ley presupuestaria.

En efecto, casi 4 billones iban destinados a pagar el sueldo a los funcionarios, 7,5 billones se invertían en las pensiones, 3,5 billones en financiar el sistema nacional de salud, 2,9 billones en amortizar los intereses de la deuda del Estado, 1 billón se destinaba a educación, 750.000 millones a defensa, 4,7 billones se transferían a las comunidades autónomas y 1 billón debía terminar en las arcas de las empresas del Estado para sufragar el déficit del sector público. El resto, algo más de 3 billones, era claramente insuficiente para atender al presupuesto de los demás ministerios y realizar las inversiones en infraestructuras —puertos, aeropuertos, plan hidrológico, carreteras, ferrocarriles y telecomunicaciones—, servicios todos ellos esenciales para el desarrollo de un país moderno.

De ahí que el Gobierno socialista se hubiera pasado trece años esquilmando las economías empresariales y familiares de 38,9 millones de españoles, cada año un poco más, sin que el país haya notado mejoras de acuerdo con lo recaudado, salvo quizás en el capítulo de las autovías, que recién inauguradas resultan insuficientes e inseguras, o en sanidad.

Convertidos en una incontrolable máquina de despilfarrar el dinero, los sucesivos gobiernos de Felipe González han concentrado sus esfuerzos en mantener un sector público elefantiásico, no competitivo y deficitario, y en alimentar burocracias. Y también en financiar una Seguridad Social, una sanidad y una enseñanza cuya universalización se planificó sin disponer previamente de los medios necesarios, que drenan cada año centenares de miles de millones de los Presupuestos Generales del Estado, restándolos de las inver-

---

Instituto Español de Comercio Exterior, Consejo de Administración del Patrimonio Nacional, Consejo de Seguridad Nuclear, Agencia Tributaria, Instituto Cervantes, Consejo Económico y Social y Agencia de Protección de Datos.

siones productivas y de otras partidas necesarias para la modernización de los servicios públicos.

El informe anual de presupuesto y gasto público del Consejo Económico y Social de 1994 es suficientemente ilustrativo al respecto. Frente a un crecimiento del PIB del 2 por ciento, los gastos financieros del Estado se disparaban al 22,2 por ciento y las transferencias al Insalud para cubrir su déficit, un 9,4 por ciento, pese a que los ingresos de la Seguridad Social habían crecido ese año en un 10 por ciento sobre el anterior.

Todo lo cual revela que la política redistributiva de los socialistas se ha hecho a costa de renunciar a la principal tarea de un Estado del siglo XX: la de modernizar las estructuras básicas del país y dotar de mejores servicios a la colectividad como factores que contribuyan a dinamizar las inversiones, fomentar el empleo y crear riqueza.

* * *

Otro de los desaciertos de los trece años de gobierno socialista lo constituye la creación de 600.000 nuevos empleos públicos que han ingresado en los distintos organismos del Estado hasta alcanzar la exorbitante cifra de casi 2,2 millones de funcionarios.

El asunto resulta especialmente escandaloso. En sólo diez años, de 1982 a 1992, mientras la población activa creció un 3 por ciento, el número de funcionarios del Estado se incrementó en un 30 por ciento[2].

La hiperburocratización de la vida pública tiene su origen en la falta de coordinación entre las distintas administraciones del Estado: central, periférica, de autonomías, diputaciones, cabildos y ayuntamientos. Pero también en gran medida es consecuencia de la política del Gobierno de contar con una administración fiel al PSOE, plegada a las conveniencias del partido y dispuesta a anteponer sus intereses ideológicos a los del Estado.

---

[2] *La España alternativa,* Ramón Tamames, Espasa Calpe, Madrid, 1993.

Así, se da la paradoja de que las comunidades autónomas continúan asumiendo competencias a lo largo de los años ochenta y noventa pero no reciben del Estado central el número correspondiente de empleados públicos dedicados a desarrollar estas nuevas tareas. Por el contrario, los gobiernos regionales y el poder central crean e incrementan sus propias burocracias para fomentar el clientelismo político, sin importarles que muchos organismos del Gobierno central se vayan quedando sin contenido, ni que sobren empleados en centenares de dependencias.

De esta manera, en el año 1994, sólo el gasto del personal al servicio de la Administración central —con cerca del 80 por ciento de las competencias transferidas a los entes autonómicos— era de casi 4 billones de pesetas anuales sobre un presupuesto de 16,5 billones[3].

El crecimiento descontrolado del funcionariado llevó aparejado un incremento del número de altos cargos —asesores, jefes de gabinete, subdirecciones y direcciones generales— para controlar a tanta burocracia. Como se cuenta en otra parte de este libro, cuando el PP llegó al poder en mayo de 1996, el nuevo secretario de Estado para las Administraciones Públicas, Francisco Villar, se encontró con que existían 7.890 personas situadas en los niveles más elevados de la Administración, ocupando la mayor parte de los puestos de confianza creados por el Gobierno socialista.

Un derroche de medios semejante no se lo permiten otros países más ricos como los Estados Unidos, Canadá o Japón. En este sentido, un estudio del Partido Popular revela que si bien el sueldo de un director general está por debajo de los diez millones de pesetas, el coste que pagan los contribuyentes para que esa persona trabaje se acerca en muchos casos a los cien millones[4].

---

[3] *Presupuesto y gasto público,* Consejo Económico Social, 1995.

[4] Cada director general tiene a su servicio, por lo menos, a otras ocho o diez personas (jefe de Gabinete, jefe de Prensa, conductor, secretaria...), con lo que el gasto se multiplica.

De todas maneras, el gran «pecado» de los socialistas fue no sólo aumentar los altos cargos y funcionarios en cifras alarmantes para crear una burocracia dócil e identificada con sus planteamientos ideológicos. También se encargaron de engrosar la Administración periférica del Estado, completamente inútil desde el momento en que las comunidades autónomas comenzaron a asumir competencias.

Un estudio del Ministerio para las Administraciones Públicas, de junio de 1996, enfatiza que en esa fecha el número de empleados del Estado central que prestaban servicios fuera de Madrid era de 338.582 personas.

La cifra resulta demasiado abultada ya que en el ordenador del Registro Central de Personal siguen apareciendo como propios los 44.892 empleados de Correos, los 15.397 funcionarios de prisiones, los 21.890 inspectores de Hacienda y técnicos de la Agencia Tributaria, los 140.466 profesores[5] y otros colectivos aún no trasvasados a los entes autonómicos.

Dejando al margen a esos y otros grupos, la Administración periférica soporta a no menos de 40.000 personas, la mayoría innecesarias, especialmente en las comunidades autónomas de Cataluña, País Vasco, Navarra, Galicia y Andalucía, donde han sido traspasadas más del 90 por ciento de las competencias.

La mayor parte de estos empleados públicos son funcionarios de los gobiernos civiles, delegados ministeriales y representantes de organismos oficiales, que reproducen de nuevo los anacrónicos esquemas de burocratización del Estado central[6]. Un solo dato es suficientemente ilustrativo para

[5] Aunque la enseñanza básica y la universitaria están transferidas al cien por cien, el profesorado continúa asignado, estadísticamente al menos, al recién creado Ministerio de Educación y Cultura.

[6] El afán de control sobre las instituciones es tal que las comunidades autónomas, a su vez, han reproducido los anacronismos de la Administración central y han creado en cada provincia delegaciones de cada consejería, por lo que los cargos está duplicados y, a veces, hasta triplicados.

determinar cuál era la situación que el PP heredó en 1996 y a la que a finales de ese año se quería poner fin con la administración única: además de los 1.357 vehículos disponibles en Madrid, el Parque Móvil, dependiente de la Dirección General del Patrimonio, tiene desplazados fuera de la capital de España 811 vehículos oficiales para llevar y traer al trabajo a otros tantos altos cargos e intentar llenar las horas libres, que en los últimos años debían ser casi todas[7].

Todos estos datos vienen a reflejar que los sucesivos gobiernos socialistas se han convertido junto con las autonomías en los mayores empleadores de España entre 1982 y 1996. La incorporación de los seiscientos mil funcionarios de nueva creación no sólo ha contribuido a crear una tremenda maraña burocrática sino que ha incidido de forma alarmante en los presupuestos. Pagar los salarios de las nuevas generaciones de empleados públicos ha obligado a las distintas administraciones a drenar recursos de sus presupuestos por un montante de 1,8 billones de pesetas anuales. Una cifra equiparable a lo que cuesta tapar el agujero de las empresas públicas.

* * *

En 1990, la Empresa Nacional Santa Bárbara, dedicada a la producción de material de defensa, tenía dos mil empleados distribuidos en ocho centros de trabajo. La caída del Muro de Berlín, los recortes presupuestarios militares en España y la falta de competitividad de la compañía para captar mercados en el exterior[8] la dejaron prácticamente sin pedidos a partir de ese año.

---

[7] De esos vehículos 43 estaban transferidos a la Junta de Andalucía sin ningún tipo de asignación específica, es decir, como coches de «incidencias», y 30, a la Generalitat de Cataluña para realizar el mismo cometido.

[8] La relación calidad/precio es tan alarmantemente favorable a otras empresas del sector dentro de la UE que el Ministerio de Defensa español se ha visto obligado a adquirir la cartuchería para las unidades militares del Ejército de Tierra, en dos ocasiones, a empresas comunitarias, obligado por las normas de libre competencia de Bruselas.

Los ministros de Industria socialistas Claudio Aranzadi y Juan Manuel Eguiagaray se plantean el cierre de cinco de los ocho centros de producción para salvar la empresa. Las huelgas de los trabajadores con cortes de autovías y quema de autobuses y trenes obligaron a Felipe González a dar marcha atrás en los planes de reconversión.

Seis años después, la Empresa Nacional Santa Bárbara continúa con la misma plantilla y prácticamente sin pedidos. Una parte de sus trabajadores lleva setenta y dos meses acudiendo todos los días a sus ocho fábricas para estar de brazos cruzados y cobrar el sueldo a fin de mes. Mantener esa situación entre 1990 y 1995 ha representado para el Estado una carga de 178.000 millones de pesetas[9].

Santa Bárbara, lamentablemente, no es el único ejemplo de la nefasta política de los anteriores gobernantes, que heredaron unas empresas en pésimas condiciones económicas e incrementaron aún mucho más sus pérdidas. De las ochocientas empresas que constituyen el sector público español, la cuarta parte se halla en parecida o peor situación que en 1982 y no parece que existan «recetas mágicas» que aplicar a corto o medio plazo.

Después de trece años de gestión socialista, Radio Televisión Española, Renfe, Iberia y los sectores de la minería, la siderurgia y la industria naval no han podido resolver su caótica situación interna. El plan de reconversión emprendido por Carlos Solchaga, a comienzos de los ochenta, cuando ocupaba la cartera de Industria, se mostró insuficiente y el conjunto de sociedades estatales representa un lastre cada vez más pesado para el Estado.

El caso más sintomático de todos tal vez sea el de RTVE. Con casi 13.000 personas en plantilla, necesita 202.000 millones de presupuesto para funcionar y sólo obtiene 79.000 millones por publicidad. Para equilibrar su presupuesto de gastos, el Estado tiene que inyectar en sus arcas cada doce meses 123.000 millones de fondos públicos.

---

[9] En 1995, la facturación fue de 7.000 millones en tanto que las pérdidas ascendieron a 28.000 millones.

Pero ni aún absorbiendo el déficit RTVE tiene resueltos sus problemas. Mientras sus estudios y platós están utilizados al 12 por ciento de su capacidad frente a las demás televisiones europeas, donde el rendimiento medio es de casi el 75 por ciento, el ente subcontrataba hasta mayo de 1996 la mayor parte de su producción propia a empresas cercanas al PSOE.

Llevada por la inercia de sus directivos —José María Calviño, Pilar Miró y Jordi García Candau— RTVE dejó pasar en dos ocasiones el tren para hacer su propia reconversión interna. En 1986, cuando aparecen las televisiones autonómicas y pierde el monopolio del mercado publicitario, su principal fuente de financiación. Y, de nuevo, en 1989, al irrumpir las televisiones privadas en el mercado como una grave amenaza a su supervivencia.

El exceso de plantilla provoca fenómenos tan inexplicables como que en el ente público haya tres departamentos superpuestos de gestión, que actúan como sociedades distintas que se pasan las facturas de una a otra, pagando tres veces el IVA. O que exista una orquesta, un Instituto de RTVE y una superestructura burocrática de supervisión, donde trabajan 1.200 personas, cuya incidencia en la calidad del producto televisivo es nula. Dos ejemplos que ilustran por qué entre 1990 y 1996 el déficit acumulado haya sido de 840.000 millones de pesetas.

La situación es aún más catastrófica en la Red Nacional de Ferrocarriles Españoles (Renfe). Mientras su presidente, Julián García Valverde, y altos cargos de la empresa se dedicaban a especular con la compra-venta de terrenos, y mientras las obras del AVE se convertían en un pretexto para organizar una de las mayores timbas del país, la compañía ferroviaria derrochaba dinero a mayor velocidad que la más potente de sus locomotoras.

La simple lectura de las cifras de sus balances provoca escalofríos. En 1990 las pérdidas eran de 186.000 millones, en 1991 ascendieron a 191.904, y en 1992, el año de la entrada en servicio del AVE, se dispararon a los 278.555 millones de pesetas.

Los compromisos de pago contraídos hasta el año de los fastos eran de 1,1 billones de pesetas, por lo que la empresa tenía que dedicar sesenta de cada cien pesetas recaudadas a amortizar gastos financieros con los bancos. El panorama futuro se presentaba aún peor. A pesar de una drástica reducción de plantilla y del ahorro en algunas partidas, mantener operativos los 14.347 kilómetros de vías, renovar el material rodante anticuado y subvencionar las líneas deficitarias representaban unas inversiones de tres billones para el Estado entre 1994 y 1998 [10].

El sector naval, la siderurgia y la minería completan la dura fotografía en blanco y negro del sector público. En la siderurgia el Estado ha invertido 800.000 millones de pesetas en planes de reconversión en la década pasada, pero el problema sigue sin resolverse [11]. Y la minería —el que no se pongan en huelga los mineros de Hunosa y que muchos de ellos cobren pensiones de 250.000 y hasta de 350.000 pesetas— le cuesta a los españoles entre 4.500 y 12.000 pesetas al año, según el consumo familiar de luz eléctrica.

Porque desde el 29 de diciembre de 1995 el 4,86 por ciento de la factura eléctrica se destina a subvencionar a la minería del carbón. Teniendo en cuenta que el consumo eléctrico en España se cifra en torno a los 153,733 millones de kilovatios al año, los españoles aportan del orden de los 110.000 millones de pesetas para sostener un sector sin futuro desde hace veinticinco años.

Todo ello ha conducido a unas deudas acumuladas del sector público que suman en conjunto más de trece billones de pesetas. Una respetable cifra que supone unos gastos financieros de más de un billón de pesetas anuales para las arcas del Estado.

---

[10] Según el contrato-programa suscrito entre Renfe y el Ministerio de Industria el 22 de septiembre de 1994, el Estado se comprometía a aportar hasta 1998 un total de 1,53 billones como subvenciones a la explotación y 1,47 billones adicionales para sufragar las infraestructuras, el déficit de las líneas regionales y el pago de los intereses de la deuda.

[11] De acuerdo con los datos facilitados por el vicepresidente del Gobierno y ministro de Economía y Hacienda, Rodrigo Rato Figaredo, en entrevista con los autores.

Un espectáculo nada alentador el que se encontraron Rodrigo Rato, Juan Costa, José Manuel Fernández Norniella y José Folgado Blanco cuando se hicieron cargo del Ministerio de Hacienda. Sobre todo teniendo en cuenta, además, que en el mismo periodo el sector público había recibido otros ocho billones de pesetas en ayudas directas, según un informe del profesor José Barea, jefe de la Oficina Presupuestaria, publicado por la fundación FAES del Partido Popular.

* * *

La mayoría de los españoles que en los últimos meses hayan leído detenidamente el recibo de la luz se habrán dado cuenta de que éste es una caja de sorpresas. Además de las 4,86 pesetas por cada cien que se pagan para la minería del carbón, la factura soporta un segundo gravamen del 3,45 por ciento.

El dinero no va destinado a pagar los kilovatios de potencia contratada ni los kilovatios/hora de electricidad consumida sino una factura muy distinta, para lo que nunca fueron consultados por los poderes públicos: los intereses de la deuda que las empresas eléctricas tienen contraída con sus proveedores por el parón nuclear impuesto por el Ejecutivo socialista, impidiendo el desarrollo de sus planes de expansión aprobados por anteriores gobiernos.

La interrupción por la fuerza de los votos del programa de creación de nuevas centrales nucleares junto con la nacionalización de la red de alta tensión eran dos de las medidas fundamentales que el PSOE llevaba en su programa de Gobierno, que le permitió alcanzar el poder en 1982.

Pese a los costes que entrañaba, el nuevo Ejecutivo esperó muy poco para imponer su moratoria nuclear al país y paralizar la construcción de las centrales en marcha. Lo hizo el 13 de octubre de 1983 mediante un decreto ley en un momento en que las plantas estaban ya en un proceso muy avanzado de ejecución.

El parón nuclear suponía, de hecho, el cierre de tres centrales que utilizaban plutonio enriquecido como combustible: la de Lemóniz, en Vizcaya, propiedad al cien por cien de

Iberdrola; la de Valdecaballeros, construida al 50 por ciento por Iberdrola y Sevillana de Electricidad, y la de Trillo, en fase de iniciación, cuyas obras eran financiadas en su totalidad por Unión Fenosa, la eléctrica del Banco Central Hispano.

En conjunto, las inversiones realizadas y el lucro cesante por la paralización de las obras supusieron para las tres compañías eléctricas afectadas unas pérdidas calculadas en dos billones de pesetas.

Los 729.309 millones invertidos hasta entonces representaban unos fuertes gastos financieros con los bancos. El Gobierno se negó a asumir las deudas. Pero, ante el riesgo de quiebra del sector por una arbitraria decisión política, los ministros de Industria y Economía y Hacienda, Carlos Solchaga y Miguel Boyer, no tuvieron más remedio que permitirles repercutir los costes financieros de las deudas a los consumidores, incrementando así en tres puntos y medio la factura por el consumo eléctrico.

De esta manera, la arbitraria decisión socialista ha supuesto para los bolsillos de los españoles, hasta diciembre de 1995, unos costes de más de un billón de pesetas en pago de intereses. El 29 de ese mes la cifra que aún quedaba pendiente de saldo eran los 729.309 millones de capital.

Para liberar a las empresas de unas cargas financieras que hipotecaban su capacidad de modernización de cara a la liberalización del sector antes del año 2000, Gobierno y empresarios decidieron recolocar la deuda a un *pool* de bancos nacionales y extranjeros [12].

El coste final para la economía española por la aplicación de este punto del programa socialista fue mucho mayor. Tras la reactivación económica de 1987 se vio que las previsiones sobre necesidades energéticas por parte del Gabinete González se habían quedado cortas.

Así, a partir de ese año, el sector eléctrico nacional, cuya capacidad de expansión quedó afectada por la decisión del

---

[12] Argentaria, Central Hispano, BBV, La Caixa, Deutsche Bank, Société Générale, Paribas, Citibank, Morgan Stanley, Ahorro Corporación (CECA) y Chemical Bank, entre otros.

primer Gobierno de Felipe González, necesitó comprar en el exterior millones de kilovatios para hacer frente a la demanda. Lo hizo a Francia, un país que produce la mayor parte de su energía eléctrica en centrales nucleares más obsoletas que las españolas y situadas a menos de cien kilómetros de la frontera pirenaica.

De esa manera, el primer equipo del ministro de Industria y Energía socialista, Carlos Solchaga, del que formó parte Carmen Mestre como directora general de la Energía, tuvo que reconocer su error. Pero quien pagó el sobrecoste de una energía importada fueron las industrias españolas, que han tenido que abonar en los últimos años la energía eléctrica más cara de Europa.

Y, además, sin evitar el riesgo de un percance nuclear. Porque si hubiera ocurrido un accidente en una central atómica francesa, similar al originado en Chernóbil en abril de 1986, ningún paraguas antinuclear socialista hubiera impedido que la nube radiactiva cruzara los Pirineos. No fue éste, sin embargo, el único fracaso del Gobierno de Felipe González que acabó repercutiendo en el bolsillo de todos los españoles.

* * *

El 19 de junio de 1996, cuarenta y cinco días después de asumir la cartera de Fomento, Rafael Arias Salgado comparecía ante la Comisión de Infraestructuras y Medio Ambiente del Congreso de los Diputados para exponer ante el Parlamento las líneas maestras de su departamento.

—La repercusión del suelo en el coste de la vivienda es ocho puntos más alta en cualquier punto de España que en el centro de París. En Holanda, con un 14 por ciento de su territorio construido, una casa es mucho más barata que en España, con menos del 6 por ciento del territorio urbanizado —enfatizó ante la comisión.

Abogado, cincuenta y cuatro años, ex ministro de la UCD y miembro del Comité Ejecutivo del PP, Arias Salgado acababa de poner el dedo en la llaga de una de las más acerantes «herencias» socialistas: el problema de la vivienda.

Un informe de la Seopán, la asociación de empresas constructoras de ámbito nacional, reflejaba que el precio medio de las casas, que era de 66.000 pesetas el metro cuadrado en 1985, se había disparado a 258.000 en 1992, diez años después de la llegada de los socialistas al poder.

En ese periodo el coste del suelo y su repercusión sobre el precio final del inmueble se había encarecido en un 740 por ciento; los gastos de edificación, en un 280 por ciento, y otros costes, como los gastos financieros y los márgenes de promotores y urbanizadores, en un 510 por ciento [13].

De todas estas partidas la que más alarmantemente había crecido era el precio de los terrenos. A pesar de la nueva Ley del Suelo promulgada por el Gobierno socialista en 1990, el metro cuadrado de suelo urbanizable, que en 1982 estaba sobre las 12.000 pesetas, se había puesto en 1992 en 111.000, representando un 43 por ciento del precio final de los pisos de nueva construcción [14].

—Esto es brutal —comentó Arias Salgado a los autores—. En la historia de España del último siglo no se ha producido un encarecimiento tan grande como durante la etapa de González.

Los datos aportados por los distintos organismos oficiales resultaban estremecedores. El Consejo Económico y Social, una entidad oficial nada sospechosa de antisocialismo, afirmaba en su informe anual correspondiente a 1993: «El precio medio de la vivienda, que en 1988 representaba en España 4,4 veces la renta disponible familiar anual, se ha situado en 1991, apenas treinta y seis meses después, en 5,5 veces la renta familiar.» [15]

La situación hizo que el número de casas iniciadas en el año 1993 fuera inferior a las 200.000, «hecho que no se había dado en España desde hacía más de treinta años». Todo ello era la consecuencia lógica del alto coste de las viviendas que

---

13 Seopán, informe económico de 1994.

14 *Revista para la financiación de la vivienda,* Banco Hipotecario de España, diciembre de 1993.

15 Memoria anual del Consejo Económico y Social de 1993.

«en los años anteriores, 1988-1990, se vendieron por encima de 204.500 pesetas el metro cuadrado, es decir, a las cotas más elevadas de toda su historia», relataba la asociación nacional de empresas constructoras.

De esta manera, el PSOE, durante los trece años que se había mantenido en el poder, había condenado a toda una generación de españoles a renunciar a una vivienda en propiedad, como otros muchos conciudadanos suyos, o a hipotecar más de la mitad de los ingresos familiares hasta más allá del año 2000.

Este panorama había dado origen a una fuerte recesión de la construcción, un sector que en España representa el 8 por ciento del Producto Interior Bruto. El número de proyectos visados por los colegios de arquitectos en toda España, uno de los tradicionales indicadores de la evolución de la economía, reflejaba una caída del 11,6 por ciento a comienzos de los noventa, hecho desconocido hasta entonces.

* * *

Junto con los 800.000 puestos de trabajo, uno de los objetivos emblemáticos con los que el Partido Socialista Obrero Español se presentó a las elecciones del 28 de octubre de 1982 fue la creación de 400.000 viviendas por año [16].

«Todos los españoles tienen derecho a una vivienda digna y nosotros cuando lleguemos al poder vamos a promover las condiciones necesarias y a establecer las normas pertinentes para hacer posible ese derecho, de acuerdo con el interés general e impidiendo la especulación de los constructores y los promotores inmobiliarios», se habían hartado de pregonar los seguidores de Pablo Iglesias como si el artículo 47 de la Constitución que regula este derecho fuera una prerrogativa suya.

Tras el desembarco en el poder, los socialistas consideraron perverso cualquier intento privado de promover la construcción de viviendas, trataron de hacer participar en las

[16] *Por el cambio*, apartado 47 de los cien puntos del programa socialista.

plusvalías que se generaran a los distintos ayuntamientos bajo su control en aquella etapa e incrementaron de forma alarmante la intervención de las corporaciones en la promoción y gestión de suelo urbano.

Dispuestos a cortar de raíz «la excesiva permisividad de que disfrutan los propietarios del suelo», los gobiernos de Felipe González introdujeron una serie de sucesivas modificaciones en la Ley del Suelo de 1976, la última el 25 de julio de 1990, tratando de coartar cualquier iniciativa que no fuera controlada directamente por ellos desde el Gobierno, las comunidades autónomas o los ayuntamientos bajo su mandato.

Esta política resultó beneficiosa para muchos ayuntamientos controlados por el partido del puño y la rosa. En pocos años vieron incrementar sus ingresos que, en más de un 70 por ciento, procedían de la transformación de suelo rústico en urbanizable y de la promoción y construcción de viviendas [17]. Sin embargo, resultó perniciosa para los pequeños ahorradores, las familias y personas dispuestas a comprarse una casa, y había tenido unos efectos negativos para el medio ambiente, según denunciaba el Tribunal de Defensa de la Competencia:

«La legislación del suelo es una herencia del régimen anterior aparentemente destinada a proteger el entorno urbano. Sin embargo, sus resultados han sido los contrarios. España ha conseguido con su aplicación, probablemente, uno de los mayores desastres urbanísticos de todos los países de la OCDE.»

En 1993 los hechos demostraban, además, que Madrid y Barcelona eran los lugares más caros de Europa para hacerse una vivienda y que las tasas de especulación, lejos de corregirse, habían aumentado a límites intolerables.

---

[17] Los ayuntamientos pueden imponer cinco tributos: Impuesto sobre Bienes Inmuebles (IBI), Impuesto sobre el Incremento del Valor de los Terrenos de Naturaleza Urbana (IVTNU), Impuesto sobre Construcciones, Instalaciones y Obras, (ICIO), Impuesto sobre Actividades Económicas (IAE) e Impuesto sobre Vehículos de Tracción Mecánica (IVTC). De ellos los tres primeros están destinados a gravar el valor de la vivienda.

Los informes habían sido corroborados por el anterior ministro de Obras Públicas, Transportes y Medio Ambiente, José Borrell. Alarmado por la situación de los elevados precios de las viviendas en España, el 5 de noviembre de 1993 Borrell había creado, dentro de la Dirección General para la Vivienda, el Urbanismo y el Medio Ambiente, una comisión de expertos para analizar el problema y tratar de buscarle soluciones. Sus resultados fueron éstos[18]:

—«El precio de la vivienda nueva en España, en el año 1992, multiplicó por 2,8 el precio del año 1985, en valores constantes, mientras que el precio al consumo lo hizo por 1,45. En las comunidades autónomas de Madrid y Cataluña se multiplicaron por 3 y 3,9 respectivamente.»

—«El 55 por ciento del incremento del precio de la vivienda entre 1985 y 1992 responde al coste del suelo y sólo el restante 45 por ciento es atribuible a incrementos del coste de construcción, gestión y beneficios; al mismo tiempo, la repercusión del precio del suelo en el coste de la vivienda llega a alcanzar el 43 por ciento del precio total en 1992, cuando al inicio del periodo, en 1985, representaba menos del 25 por ciento.»

—«Los precios de las viviendas y del suelo urbanizado son de los más elevados de Europa en las áreas metropolitanas y reducen la competitividad para atraer inversiones en una economía globalizada.»

—«El sector de la construcción supuso en 1993 un 8,2 por ciento del producto interior bruto (PIB) y ocupó al 9,2 por ciento de la población con trabajo. Consecuentemente, la inestabilidad en los precios del suelo produce efectos negativos en la actividad económica en general.»

El «informe Borrell», sin embargo, sirvió para muy poco. Con más de trescientos artículos la Ley del Suelo socialista es un verdadero galimatías que muy pocas personas llegan a entender del todo.

---

[18] *Informe sobre el suelo y el urbanismo de España*, editado por el MOPU en 1995 dentro de su colección de series monográficas.

—Yo, que soy jurista de profesión, aún no tengo claro para qué sirven muchos de los artículos ni qué sentido tienen —asegura el ministro Arias Salgado.

Sin embargo, lo que la mayoría de españoles tampoco entienden es que en Castilla o en Cataluña, donde hay inmensas cantidades de suelo susceptibles de ser urbanizadas, una casa cueste más que en el centro de París, en la isla de Manhattan (Nueva York) o en el barrio de Chelsea (Londres), donde el terreno es necesariamente un bien escaso y, por lo tanto, caro.

El coste de la vivienda es sólo un aspecto más de un abanico mucho más amplio que va a impedir al Partido Popular cumplir sus compromisos electorales de reducir los impuestos a los españoles. Mantener un Estado del bienestar que cuesta 16 billones de pesetas, amortizar 3,5 billones de gastos financieros por la deuda, dedicar 4 billones a abonar los salarios de los funcionarios y pagar los 13 billones de deudas que arrastran las empresas públicas es un objetivo casi imposible de conseguir para un país mediano, con un PIB que se va a mover en los próximos años entre los 70 y los 80 billones de pesetas.

Mucho más difícil va a ser suprimir el servicio militar y crear un ejército profesional, como proponía José María Aznar en la campaña de 1996.

* * *

En el año 2000 el Ejército español tendrá 90.000 soldados, frente a los 300.000 con que contaba en 1982, cuando Felipe González llegó al poder. En lugar de las veintidós brigadas operativas de entonces, mal armadas y al 50 por ciento de sus efectivos, habrá sólo ocho. Pero con una potencia de fuego diez veces superior y una capacidad de disuasión mucho mayor.

Existirán, además, otras cuatro brigadas de reserva, dotadas al 50 por ciento de sus medios pero preparadas para equiparse y entrar en combate en treinta días. Los soldados de reemplazo serán sustituidos por militares profesionales, adiestrados para pilotar helicópteros, conducir los fabulosos carros de combate Leopard II modernizados y los vehículos acorazados Pizarro de fabricación española.

Las Fuerzas Armadas españolas dejarán así de ser el ejército decimonónico y obsoleto del pasado para entrar en el siglo XXI. Las unidades masivas de soldados mal entrenados, realmente muy parecidas a las utilizadas como carne de cañón en Annual [19], Alhucemas y Cuba, desaparecerán para dar paso a formaciones mucho más pequeñas, mejor entrenadas y equipadas. Su mayor movilidad en el terreno, gracias a los aviones y helicópteros, y su enorme eficacia a la hora de localizar los objetivos para destruirlos, merced a sus sistemas tácticos de comunicaciones por satélite, a los equipos de guerra electrónica para distorsionar los aparatos de escucha del enemigo, a la capacidad de sus radares e iluminadores de láser para localizar y fijar los blancos, serán las claves del éxito junto con la potencia de fuego de sus unidades de misiles.

El Ejército español estará así a la altura de las tropas norteamericanas que lucharon contra Sadam Hussein en 1991 en la Guerra del Golfo. Los hombres serán sustituidos por máquinas inteligentes y los soldados de reemplazo por tropas profesionales, especializadas en el manejo de las últimas generaciones de armas.

Esto es lo que imaginaban en 1995 los dirigentes del Partido Popular cuando decidieron suprimir el servicio militar obligatorio y crear un ejército profesional reducido en número de soldados pero dotado de una mayor disciplina y de muchos más medios materiales.

Lo malo de todo ello es que, al margen de sentimentalismos sobre la moralidad o la inmoralidad de que los hombres se maten entre sí, las guerras no son precisamente baratas. Y los ejércitos modernos, donde el trabajo de decenas de miles de soldados se sustituye por modernos sistemas de armas, son más caros todavía.

Antes que José María Aznar lo experimentó en carne propia el ministro de Defensa socialista Narcís Serra. A me-

---

[19] Las últimas guerras coloniales españolas de finales del siglo XIX y comienzos del XX acabaron en grandes desastres para los ejércitos en las Antillas y Marruecos debido a la ayuda norteamericana —en el caso de Cuba— o a la nula preparación de las tropas.

diados de los ochenta, el ex alcalde de Barcelona, recién llegado a la cartera de Defensa, pensó que las Fuerzas Armadas españolas debían sustituir las obsoletas piezas de artillería de 105 milímetros por los últimos sistemas de misiles.

Con España recién incorporada a la OTAN, los socialistas tenían que demostrar que eran tan atlantistas como Ronald Reagan o el jefe de las fuerzas aliadas, general Alexander Haig. Entre 1987 y 1990 el Ministerio de Defensa incorporó a España prácticamente a todos los planes de investigación y desarrollo (I+D) de la Alianza Atlántica.

Así, a través de la Ley de Dotación de las Fuerzas Armadas, el país comenzó a participar en el desarrollo de los tres proyectos de misiles europeos (naval, antiaéreo y contra carro); en el programa de la fragata de los años noventa; en el futuro carro de combate de la OTAN; en el helicóptero AB 129; en los planes de modernización de los sistemas tácticos de comunicaciones y de radares, y en el proyecto EFA, encaminado a dotar a los ejércitos europeos de un moderno avión de combate polivalente, capaz de actuar simultáneamente como caza y avión de ataque al suelo.

La participación española en todos estos proyectos de I + D representaba un desembolso de dos billones de pesetas entre 1988 y el año 2000. Constituía la inversión militar más alta de un país caracterizado por no gastar demasiado en sus ejércitos[20], y muchos mandos se sentían felices al ver cómo, por primera vez en la historia, el presupuesto en investigación de nuevas tecnologías bélicas superaba al propio presupuesto de las Fuerzas Armadas durante varios ejercicios consecutivos.

La idea de los nuevos responsables del ministerio era adquirir capacidad tecnológica suficiente para modernizar Construcciones Aeronáuticas, Empresa Nacional Santa Bárbara, Unión Española de Explosivos, Empresa Nacional Bazán de construcciones navales e Inisel, la empresa bandera de la división de electrónica del INI. Se pretendía crear así un

---

[20] El presupuesto de defensa de los países europeos se sitúa entre el 1,4 y el 1,2 por ciento del PIB. España nunca había superado el 1,2 por ciento de la riqueza nacional.

gran *holding* armamentístico estatal español. De esa forma se mataban dos pájaros de un tiro: se acababa con la dependencia exterior de las Fuerzas Armadas en cuanto a suministros y España se convertía en una gran potencia en materia militar, al estilo de Francia, Alemania, Israel o los Estados Unidos.

A Felipe González y a Alfonso Guerra, que habían estado a mediados de 1977 en la URSS firmando un acuerdo de cooperación entre el PSOE y el PCUS, sólo les falló una cosa. No prever que el 15 de mayo de 1985 con la llegada de Mijail Gorbachov se iniciaría la *perestroika,* una etapa de transformaciones políticas y militares trascendentales en la hoy extinta Unión Soviética.

Tras la firma de los acuerdos de desarme Salt-1 y Salt-2 entre el líder soviético y los dirigentes norteamericanos Ronald Reagan y George Bush, el mundo entra en una nueva era de distensión. Los países europeos pasan a un segundo plano las investigaciones en materia de defensa y el Gobierno español pierde de un plumazo los cerca de 150.000 millones de pesetas gastados hasta entonces.

De los doce programas de armamento en que participaba la industria militar española, sólo uno de ellos —el del Avión Europeo de Combate 2000— continúa en marcha. Si el aparato comienza a producirse en serie se podrán recuperar los casi 250.000 millones invertidos en modernizar Construcciones Aeronáuticas (CASA) y en montar la empresa ITP de Zamudio (Vizcaya) para construir los reactores en colaboración con la Rolls Royce británica.

Si los países europeos involucrados en el proyecto (Alemania, Italia y el Reino Unido) deciden en el año 2000 seguir adelante y existen pedidos suficientes, España comprará ochenta y siete aparatos del Avión de Combate Europeo (EFA) para el Ejército del Aire, con un coste de 854.000 millones de pesetas, y rentabilizará parte de las inversiones. En el caso contrario, se habrán perdido 250.000 millones de pesetas más, 500.000 en total, en adquisición de tecnología.

Un dinero por el que a los socialistas, acostumbrados a tirar con pólvora de rey, nadie les pedirá cuentas, pese a que España hoy no pueda modernizar su Ejército y crear uno profesional por restricciones presupuestarias. De la misma manera que no han dado explicaciones por la política comercial y marítima que ha llevado a la práctica desaparición de la flota mercante.

* * *

En noviembre de 1993 el recién creado grupo Argentaria traspasó al Instituto de Crédito Oficial (ICO) 500.000 millones de pesetas de operaciones fallidas procedentes de la banca estatal. Muchos de los impagados procedían del Banco de Crédito Industrial. Eran préstamos concedidos a navieros españoles para construir barcos de cabotaje a finales de los setenta y comienzos de los ochenta.

La política del Banco de Crédito Industrial (BCI) de aquellos años iba encaminada a dotar a España de una potente flota mercante, adecuada a las necesidades del tráfico marítimo de mercancías, y a reactivar el sector naval. La dura competencia de las empresas japonesas y coreanas, que lanzaban sus productos al mercado a unos precios en ocasiones tres veces más baratos que los de fabricación nacional, trataban de contrarrestarse, como siempre, con ayudas.

La estrategia tuvo consecuencias negativas y positivas. El BCI no supo valorar sus riesgos, dio dinero a todo el mundo, muchos navieros se arruinaron, dejaron de pagar sus préstamos y la entidad estatal se convirtió en el primer mayor armador varado del país. La marina mercante, con 7,192 millones de toneladas de registro bruto, se situó, sin embargo, entre las primeras del mundo[21].

En 1995 la situación ha cambiado drásticamente. El 60 por ciento de las compañías navieras ha desaparecido y otro 20 por ciento trabaja bajo banderas de conveniencia; la flota se sitúa en el número 34 del *ranking* mundial y en el séptimo

---

[21] Algunos navieros sin escrúpulos solicitaron los créditos, se embolsaron gran parte del dinero y con el resto construyeron barcos de mala calidad, con motores e instrumental en ocasiones de segunda mano, sabiendo que no los pagarían y que serían incautados por el BCI.

lugar de Europa[22]. Su capacidad, medida en toneladas de registro bruto, ha descendido incluso por debajo del millón, incluyendo los barcos de transporte de pasajeros de Trasmediterránea.

Al mismo tiempo, el tráfico de mercancías por vía marítima viene creciendo año tras año entre el 3 y el 6 por ciento de media, especialmente el transporte de crudos, de los que se importaron en 1995 un total de 55,6 millones de toneladas, y el tráfico de contenedores experimenta un incremento similar.

De los 240.000 millones de toneladas de mercancías transportadas a puertos españoles en 1995, el 80 por ciento de los fletes tuvo que contratarse fuera de España.

Las presiones del Sindicato Libre de la Marina Mercante en la década de los ochenta y la escasa sensibilidad del Gobierno para convencer a armadores y a sindicatos de la necesidad de sentarse a una mesa de negociaciones contribuyeron al desastre. En 1996 la situación de la flota mercante española es similar a la de la Armada Invencible tras la batalla con los ingleses en el siglo XVI.

Para el Gobierno socialista la práctica desaparición de la flota de cabotaje española no era un problema importante. Los marineros se sitúan ideológicamente a la izquierda del PSOE y además, como están embarcados, la mayoría de ellos ni siquiera votan.

---

[22] *La marina mercante en 1995-1996,* Asociación de Navieros Española (ANAVE), 1996.

CAPITULO ONCE

EL CONTROL DE LA SOCIEDAD CIVIL

Desde 1989 a 1996 los gobiernos socialistas han invertido más de 2,8 billones de pesetas en un ministerio creado especialmente para dar subvenciones a las fundaciones del partido y a centenares de extrañas organizaciones montadas improvisadamente para captar el voto. Obsesionado por el control de la sociedad civil, el PSOE creó en 1989 el Ministerio de Asuntos Sociales para que no se le escapara ni un solo voto. Así, por medio del Instituto de la Mujer, integrado en este organismo, controlaba el sufragio femenino; el Instituto de la Juventud le permitía llegar a los cinco millones de jóvenes con derecho a expresar su opinión en las urnas, y el Inserso, a los casi seis millones de pensionistas censados, para los que se han llegado a organizar corridas de toros y espectáculos en el Scala de Madrid en campaña electoral. La Administración del Estado —dos millones de votos directos— no podía escapar al dominio del PSOE, lo mismo que la agencia Efe y el Parque Móvil Ministerial —el cuerpo de conductores oficiales—, cuyas cifras de personal se han duplicado para dar entrada en muchos casos a los militantes con carnet que han copado muchos de los puestos más altos de los escalafones. Todo un panorama donde muchas de las asociaciones fantasma creadas por el PSOE y financiadas por el Gobierno, que obtenían subvenciones de hasta seis ministerios a la vez, han acabado en los tribunales y con los bienes embargados. Los sindicatos, aunque recibieron con Felipe González centenares de miles de millones en ayudas directas y para planes de formación, fueron la única fuerza a la que el poder no logró doblegar.

Héctor Maravall Gómez Allende, trabajador serio y honrado, era hasta noviembre de 1992 un representante de Comisiones Obreras en la comisión ejecutiva del Instituto Nacional de Servicios Sociales (Inserso), en Madrid.

Como activista sindical se había convertido en los últimos años en el látigo de la ministra de Asuntos Sociales, Matilde Fernández Sanz, a la que censuraba permanentemente el uso partidista que se venía haciendo de la institución en beneficio del PSOE y en perjuicio del resto de las formaciones políticas.

El 6 de noviembre de ese año, a raíz de los escándalos de Viajes Ceres y Enatcar protagonizados por altos cargos socialistas utilizando los fondos de la institución, Matilde Fernández le llama un día a su despacho, un antiguo palacete situado en la calle de José Abascal de Madrid.

—Necesito una persona seria, que esté dispuesta a poner orden en el Inserso, ¿estás dispuesto?

—Yo no soy militante socialista, ya lo sabes, ¿no? —se justificó Maravall.

—Precisamente, por eso. Quiero una persona independiente que corte de raíz las especulaciones de que estamos utilizando la institución para sacar votos.

Desde la creación del Ministerio de Asuntos Sociales en 1988 hasta finales de 1992, el Inserso había estado en primera página de todos los periódicos prácticamente todos los días. Responsables del organismo, de acuerdo con Juan Bautista Calatayud y otros destacados financieros del PSOE balear, habían montado una empresa, Viajes Ceres, para desviar fondos de la institución al partido, por medio de los programas de vacaciones a la tercera edad[1].

El asunto se había destapado, como casi siempre, por la rivalidad entre dos compañías, Viajes Cemo y Viajes Ceres, que se disputaban una tarta de 20.000 millones anuales.

---

[1] El Inserso manejó en esa etapa entre 20.000 y 25.000 millones de pesetas anuales para pagar viajes de recreo a jubilados y pensionistas y como vía de captación de los votos de las personas mayores hacia el PSOE. Parte de ese dinero se desvió a la compra de hoteles y otros negocios de personas cercanas al partido.

Cuando el Inserso, por motivos políticos, se decantó a favor de la empresa cercana al PSOE, los dirigentes de Viajes Cemo acudieron a los tribunales y a la prensa en defensa de sus legítimos intereses.

En Palma de Mallorca y Madrid se abrieron entonces diligencias sumariales y Viajes Ceres liquidó los activos, puso parte del dinero a buen recaudo en Suiza y cerró sus oficinas, legando a la Justicia unos libros de cuentas y actas incompletos y falsificados [2].

El caso se había complicado al aparecer sus dirigentes involucrados en el «*affaire* Enatcar», un tinglado montado por los máximos responsables de la UGT con los autobuses de Renfe para financiar el sindicato, que acabó igualmente en los tribunales.

Por todo ello, Matilde Fernández quería poner al frente de la entidad a una persona independiente de verdad, que no tuviera nada que ver con el PSOE, cuyo cargo no dependiera de Ferraz y a la que no le temblara el pulso a la hora de poner freno a los «comisionistas» del partido.

Héctor Maravall aceptó el reto de limpiar el Inserso y el 6 de noviembre de 1992 sustituía en el cargo a Angel Rodríguez Castedo y ocupaba un amplio despacho en un edificio moderno situado frente al centro comercial de La Vaguada, en el barrio del Pilar de Madrid.

Sus primeros meses de trabajo transcurren con normalidad. A medida que se acercan las elecciones generales del 6 de junio de 1993, Maravall detecta que varios dirigentes socialistas y cargos provinciales del Inserso intentan utilizar la capacidad de influencia que tiene la institución entre casi seis millones de jubilados y pensionistas [3] para que voten al PSOE.

No ocurre, sin embargo, nada que se salga de las típicas llamadas por teléfono o las visitas a las veinte asociaciones de jubilados y a las cuarenta y cinco de minusválidos que reciben

---

[2] El caso se investiga en el Juzgado de Instrucción número 26 de Madrid. Diligencias previas.

[3] El 15,3 por ciento de la población española en 1995. *La Seguridad Social en el siglo XXI*, Ministerio de Trabajo y Seguridad Social, 1996.

ayudas del Inserso. Hasta que un día llega a sus oídos que el director provincial de Madrid, Manuel Sánchez Montañés, está utilizando parte del presupuesto de 12.000 millones de pesetas anuales que maneja para organizar mítines y fiestas con los jubilados a los que invita a ministros y ex ministros del Gobierno.

El dirigente de Comisiones Obreras inicia una investigación y verifica que, en plena campaña electoral, el Inserso se ha gastado cuatro millones en organizar una corrida de toros y una fiesta en Alcorcón para los ancianos y jubilados de la comarca.

En plena faena taurina se presentan en la plaza Javier Solana y Joaquín Almunia, le estrechan la mano a muchos de los asistentes, les entregan propaganda del PSOE y les dicen que ya saben a quiénes tienen que votar si no quieren perder sus pensiones y que sigan existiendo fiestas como aquella.

Maravall abre un expediente en el que aparecen nuevas irregularidades. Entre ellas, que el Inserso se dedica a organizar excursiones nocturnas de ancianos al hotel Meliá Castilla de Madrid, para presenciar el espectáculo lúdico-nudista del Scala, con carácter electoralista ya que en las visitas les acompaña, a veces, el ex alcalde socialista de Madrid Juan Barranco.

El sindicalista piensa que la actitud del director provincial del Inserso ha llegado a su límite. Un día lo llama a su despacho y le pide explicaciones.

—¿Qué hace el Inserso organizando corridas de toros y fiestas en el Scala? ¿No hay otras necesidades más perentorias que cumplir? —pregunta.

Ante la falta de una respuesta satisfactoria, en septiembre de 1993 lo destituye. En realidad el director general del Inserso no sabe todavía que lo que ha conseguido es promocionarlo.

Por presiones de Barranco y Solana, la ministra Cristina Alberdi, que ha sustituido a Matilde Fernández en Asuntos Sociales, retiene el expediente cuatro meses en un cajón. En enero de 1994 Alberdi acaba destituyéndolo en el Inserso pero, al mismo tiempo, lo nombra vocal asesor suyo.

De esta manera, de cobrar un sueldo de nivel 27, Manuel Sánchez pasa al nivel 30, la máxima categoría salarial existente en la Administración.

El «caso Sánchez» revela, una vez más, la utilización

partidista y selectiva por parte de los distintos gobiernos de Felipe González de los bienes públicos para favorecer a unos segmentos de la población en relación a otros y captar votos. El Ministerio de Asuntos Sociales es el ejemplo más representativo de esa política.

* * *

En 1979, cuando los socialistas se instalan por primera vez en la mayoría de las alcaldías de España y comienzan a copar muchas de las comunidades autónomas, el PSOE reparte un folleto entre sus militantes:

> «El Partido Socialista para ser un verdadero partido de masas tiene que estar presente en el futuro en todas las instituciones participativas del país, asociaciones de vecinos, amas de casa, asociaciones juveniles, asociaciones feministas, Iglesia, centros de trabajo, fábricas, Administración pública, escuelas, centros de Formación Profesional, universidades [...], y llegar a todas las capas sociales desde los pensionistas, jubilados a los sectores más marginales de minusválidos, grupos pro abortistas, de lesbianas, homosexuales [...]» [4]

La estrategia socialista no es más que la plasmación práctica de las sesudas reflexiones de los teóricos del socialismo (Antonio Gramsci, Karl Kautsky, Herbert Marcuse) sobre el control de la sociedad por medio de sus estadios intermedios y que han tenido su reflejo satírico en la realidad cotidiana en la obra del escritor vallisoletano Miguel Delibes *El disputado voto del señor Cayo.*[5]

---

[4] De un folleto interno del PSOE, elaborado en 1989.

[5] Una sátira mordaz que caricaturiza los largos viajes y peripecias de tres candidatos socialistas con destino a un pueblo olvidado de Castilla, para captar el voto de su único habitante, un viejo campesino lleno de sabiduría popular. La novela fue magistralmente llevada al cine por Antonio Giménez-Rico en 1986. El actor Paco Rabal interpreta el papel del escéptico señor Cayo, mientras que Juan Luis Galiardo, Iñaki Miramón y Lydia Bosch dan vida a los tres cargos socialistas en busca de un voto perdido.

Con esta política el PSOE no hacía otra cosa que apropiarse de la estrategia del Partido Comunista de España (PCE) y de Comisiones Obreras, durante la clandestinidad, de extender su influencia a todas las esferas de la sociedad y tratar de controlar mítines y asambleas para realizar su «revolución silenciosa». Seguía así la vieja doctrina de Vladimir Ilich Ulianov y Josiv Vissarionovich Dzhugashvili, ambos más conocidos por Lenin y Stalin, y de otros teóricos del comunismo marxista.

La consigna se repitió en todas las agrupaciones locales, comarcales y provinciales del partido hasta convertirse en un dogma de fe para muchos militantes socialistas. De este modo el partido de los «cien años de honradez y cuarenta de vacaciones» [6] pasó de contar con un escaso número de militantes a comienzos de 1977, cuando se aprobó la Ley de la Reforma Política, a los doscientos mil que se movilizaron para las elecciones generales de 1982.

Una vez instalados en el poder central y perdida en parte esa primera fe revolucionaria, la que ha movido montañas y ha hecho caer dictaduras en todo el mundo a lo largo de la Historia, en la sede central del PSOE, situada en la calle de Ferraz de Madrid, se diseñan nuevos métodos y estrategias para adaptar la realidad del partido a las necesidades del momento.

Con este fin el Gobierno crea, en 1988, todo un ministerio, el de Asuntos Sociales, que surge asumiendo algunas competencias de los de Trabajo, Justicia y Cultura, e integrando en su seno al organismo autónomo Instituto de la Mujer.

Configurado como el «ministerio de los votos», Asuntos Sociales es el único departamento que en cinco años logra duplicar su presupuesto. De una cifra situada por debajo de los 200.000 millones de pesetas en 1989 pasa a gestionar directamente fondos públicos por importe de 451.925 millones en 1994. En cifras globales, el dinero manejado en el

---

[6] Según la malvada frase atribuida a los dirigentes comunistas. Achacaban al PSOE el haberse quedado tranquilamente en casa mientras el PCE, en solitario, abanderaba la lucha antifranquista contra la dictadura, y sus militantes eran perseguidos y encarcelados por la policía política del régimen anterior.

periodo 1989-1996 por el «ministerio de los votos» es de 2,8 billones de pesetas[7].

El objetivo del nuevo organismo es realizar la política social del Gobierno, por lo que recibe transferencias de capital del Inem, con destino al Inserso, y parte del 0,5 por ciento de la recaudación del Impuesto sobre la Renta de las Personas Físicas (IRPF), correspondiente a la casilla «a otros fines sociales» [8].

* * *

No son tan atractivas como Fili Houteman, la «mujer fatal» que protagonizó a finales del verano de 1996 el *affaire* amoroso más importante del año con el piloto automovilístico Daniel Ducruet, marido de Estefanía de Mónaco, y provocó la crisis más grave ocurrida en el país monegasco desde la muerte de la princesa Grace Kelly, la mujer del príncipe Rainiero.

Son jóvenes con edades comprendidas entre los quince y los veinte años, algunas de ellas de doce. Una gran parte procede de países africanos, carece de documentación, de cartilla de la Seguridad Social y de vivienda estable.

Se las suele ver en las cunetas de la Casa de Campo, el «pulmón» de Madrid, apoyadas en las furgonetas de sus chulos en actitud provocativa o simplemente en grupos, charlando entre sí en espera de clientes.

La mayor parte de las prostitutas asentadas en esta zona de la capital de España tiene una de estas dos enfermedades: están infectadas por el VIH, el virus del sida, o son toxicómanas. Muchas sufren los dos problemas a la vez.

Una vez por semana, un autobús de la Asociación Apran conocido con el sobrenombre de *putibús*[9] se desplaza hasta su «territorio» con el fin de repartirles preservativos, para que puedan mantener relaciones sexuales sin riesgo de con-

---

[7] Un total de 201.023 millones en 1989; 225.320, en 1990; 233.196, en 1991; 389.023, en 1992; 404.709, en 1993; 451.925, en 1994; 452.625 millones en 1995 y una cifra similar en 1996.

[8] Esta cifra era de algo más de 9.000 millones en 1989 y se ha situado en los últimos años en torno a los 12.000 millones.

[9] Así se conoce al vehículo en el Ministerio de Asuntos Sociales.

tagio para el resto de la población, y jeringuillas desechables, para que no usen la misma aguja entre varias al pincharse la heroína y se evite así la expansión del sida.

Durante el día, esta porción de terreno semisalvaje del Madrid periférico se convierte en patio de juego infantil. En los veranos, y especialmente durante los fines de semana, centenares de niños acuden al parque a jugar al balón o a montar en bicicleta, expuestos a las agujas hipodérmicas que pueden quedar abandonadas en el suelo.

Es la cara y la cruz del Madrid inhóspito, sobrepoblado, lleno de sorpresas e inquietante de los últimos tiempos. Hasta hace algunos años «las samaritanas del amor», como las llamó el cantante José Luis Perales, estaban desprotegidas social y profesionalmente.

Tras la creación del Ministerio de Asuntos Sociales, en 1988, existe una partida de 77 millones de pesetas para prestarles asistencia, y el Instituto de la Mujer les da conferencias sobre cómo protegerse de los chulos, lo cual es socialmente encomiable. Pero como el sufragio universal también abarca afortunadamente a los grupos marginales, de paso las adoctrina en los periodos preelectorales sobre las bondades del socialismo gobernante.

Las profesionales del sexo de la Casa de Campo de Madrid no son el único colectivo subvencionado persiguiendo esos fines por el «ministerio de los votos» del PSOE. En la etapa en que Matilde Fernández y Cristina Alberdi estuvieron al frente de este organismo, al menos otras trescientas cuarenta y nueve organizaciones no gubernamentales recibieron ayudas oficiales del Estado para apoyar actividades —por otra parte perfectamente lícitas— como la homosexualidad.

El dinero procedente del 0,5 por ciento del IRPF, que los españoles pueden dedicar libremente a «otros fines de interés social», se distribuía en algunos pintorescos casos entre grupos de *rock*, organizaciones feministas [10], entidades juveni-

---

[10] Asociación de Mujeres de la Feria, Amazonas, Mujeres sin Fronteras, Asociación de Mujeres Solteras de Zafra, Colectivo Marimaguada, Colectivo de Mujeres Isadora Duncan, Federació de Dones de Catalunya,

les, agrupaciones de padres de alumnos y asociaciones de todo tipo y condición siempre que llevaran el marchamo de «progresismo», «joven», «vanguardia», «lucha», «combate» o «revolución».

Se trataba de potenciar en todas las provincias españolas una serie de entidades con una marca registrada determinada, que se identificara y equiparara con la ideología del PSOE. La estrategia fue desenmascarada por el Partido Popular ya en 1989, al detectar la forma en que el Ministerio de Asuntos Sociales hacía partidismo y proselitismo con los 12.055 millones procedentes del 0,5 por ciento del IRPF[11].

En junio de ese año la diputada de esta formación política por Málaga, Celia Villalobos, pidió la creación de una comisión de investigación parlamentaria en el Congreso de los Diputados. El presidente de la Cámara, Félix Pons, y el representante del Grupo Parlamentario Socialista, Eduardo Martín Toval, se opusieron a que las Cortes generales fiscalizaran al Gobierno, y el asunto quedó bloqueado para siempre.

De esta manera, entre 1989 y 1996, mientras Cuca Solana se dedicaba desde la Pasarela Cibeles a captar el voto de las altas capas sociales bajo el pretexto de dar a conocer la moda española en el mundo, Matilde Fernández y Cristina Alberdi, desde el Ministerio de Asuntos Sociales, invertían un total de 96.287 millones de pesetas de todos los españoles para beneficiar a un conjunto de novecientas seis asociaciones y entidades de todo tipo y convertirlas en las plataformas de penetración del partido en toda España.

Mujeres Artistas, Movimiento por la Liberación de la Mujer, Asociación de Mujeres Emigrantes Marroquíes, Asociación de Mujeres Dominicanas, Coordinadora Feminista de Las Palmas, Colectivo de Mujeres Libertarias, Aula de Formación Feminista, Asociación Feminista de Autodefensa Walkirias, Asociación de Mujeres Uruguayas Lourdes Pintos, Asociación de Mujeres Simone de Beauvoir, Asociación de Mujeres Agredidas y Maltratadas, y otras.

[11] José Antonio Sánchez, Santiago Martín y Angel Collado, en el diario *ABC*, junio y julio de 1989.

Estas asociaciones constituían sólo una parte del conglomerado de intereses partidistas que se movía desde un organismo oficial.

* * *

Amalia Gómez Gómez es probablemente una de las mujeres más capacitadas —y decididas— del Partido Popular.

Diputada regional por Andalucía, en mayo de 1996 pasó a formar parte del equipo del ministro de Trabajo, Javier Arenas, como secretaria general de Asuntos Sociales. Al llegar a su despacho del antiguo ministerio una de sus primeras actuaciones fue enviar al abogado del Estado el expediente de la Fundación Solidaridad Democrática, pedir al Ministerio de Justicia su extinción [12] e interponer una querella ante los tribunales contra sus gestores por presunta malversación de caudales públicos.

Fundada por Carmen García Bloise, miembro del comité ejecutivo del PSOE, fallecida en 1995, e integrada por Javier de Paz, Paulino Barrabés, Ciriaco de Vicente, Donato Fuejo, Manuel Simón, José Luis Moneo y Carlos Revilla, todos ellos dirigentes del partido fundado por Pablo Iglesias, Solidaridad Democrática había recibido durante los últimos años más de 3.000 millones de pesetas en subvenciones de diversos organismos del Estado, comunidades autónomas y ayuntamientos.

Cuando Amalia Gómez asumió la Secretaría General de Asuntos Sociales —el organismo que con inferior rango sustituyó al Ministerio de Asuntos Sociales socialista—, la entidad no había justificado los 600 millones que le habían concedido Matilde Fernández y Cristina Alberdi. Además sus patronos habían renunciado a los cargos, siendo sustituidos por un administrador único, habían dejado de pagar a sus proveedores, tres juzgados de Madrid trataban de embargar sus bienes, Telefónica les había cortado las líneas por falta de pago y en su domicilio social de la calle de San Filiberto de Madrid no contestaba nadie.

[12] Expediente del Ministerio de Justicia 368/96.

Toda una carta de presentación para haber recibido la no despreciable cantidad de 3.000 millones procedentes de los bolsillos de los españoles. El caso no era único. Solidaridad Democrática formaba parte de un entramado de treinta fundaciones [13] creadas por el PSOE como vía para recaudar dinero para el partido, para llevar a cabo actividades culturales y de integración social en el Tercer Mundo, o con el fin de fomentar el pensamiento socialista [14], formar cuadros del partido [15] o investigar los nuevos modelos de economía social en el mundo.

Un conjunto de actividades, salvo la de allegar fondos para el PSOE, completamente legítimas. Lo anormal y moralmente inaceptable era que todas estas entidades se financiaran pura y exclusivamente con subvenciones públicas, concedidas sin ningún tipo de control parlamentario, y que al menos seis ministerios [16], entre ellos los de Trabajo, Obras Públicas, Presidencia y Asuntos Exteriores, que nada tienen que ver con la cultura y el desarrollo del pensamiento socialista, distrajeran partidas importantes de sus fondos

[13] Pablo Iglesias, Largo Caballero, Julián Besteiro, Pascual Tomás, Josep Comaposada, María Aurelia Campmany, José Barreiro, Jaime Vera, Rafael Campalans, Solidaridad Internacional, Solidaridad Democrática, Fundescoop, IFES (Instituto de Formación y Estudios Sociales), Ipade (Instituto de Promoción y Apoyo), Sistema, Españoles en el Mundo, Utopía, Liguere Cinca, Federación para el Estudio y Desarrollo de la Salud (FEDES), Renovación de la Escuela, Cernafe, Cultural Asturias, Recursos para el Desarrollo de la Economía Social (Redes), Instituto Sindical de Estudios Cooperativistas y otras menos representativas.

[14] Revista de pensamiento *Sistema,* presidida por Alfonso Guerra, y de cuyo *staff* editorial formaba parte todo el ala izquierdista del PSOE. Revista *Españoles en el Mundo,* destinada a la emigración.

[15] Escuela de Formación de Cuadros Jaime Vera, por donde han pasado más de quince mil militantes socialistas y en la que han impartido cursos desde Felipe González y Alfonso Guerra hasta Miguel Boyer, Carlos Solchaga, Ernest Lluch o José María Maravall, todos ellos ministros socialistas.

[16] Cultura, Asuntos Sociales, Trabajo y Seguridad Social, Asuntos Exteriores, Presidencia del Gobierno, y Obras Públicas, Transporte y Medioambiente.

para beneficiar a los compañeros y correligionarios del partido.

El asunto tenía tal calado político y las subvenciones habían sido tan escandalosas que en el verano de 1995 el Partido Popular encargó a su diputado Rafael Hernando interpelar al Gabinete González en el Congreso y pedir, de nuevo, la creación de una comisión de investigación.

El trabajo del PP en la Cámara permitió descubrir así que en los trece años largos de gobierno socialista el Ejecutivo, por medio de sus ministerios, había dedicado más de 40.000 millones a financiar entidades relacionadas con el aparato ideológico y de propaganda del PSOE que se ocultaba bajo las fundaciones, de la misma manera que, salvando las distancias, Francisco Franco apoyaba desde el Consejo Nacional del Movimiento todo el sistema de adoctrinamiento y adhesiones inquebrantables del régimen anterior.

El empleo del dinero público para fines partidistas se hacía, además, sin ningún recato. Al frente de la mayoría de las fundaciones aparecían nombres tan conocidos e identificados con el socialismo como Ramón Rubial, Felipe González, Alfonso Guerra, Alejandro Cercas, Manuel Chaves, Francisco Fernández Marugán, Eduardo Martín Toval, José María Benegas, Luis y Angela Yáñez, o sindicalistas de trayectoria marcadamente socialista como Nicolás Redondo, José Manzanares, Paulino Barrabés, Sebastián Reyna, Cándido Méndez, Manuel Garnacho, José María Zufiaur, Ramón Salabert, Valeriano Sánchez, Antón Saracíbar o José Luis Daza.

La simple lectura de estos datos demuestra la identificación que desde las filas del PSOE se trató de hacer entre Gobierno y partido, donde uno y otro actuaban en perfecta simbiosis, utilizando el patrimonio público como un bien compartido por unos y otros, sin distinguir dónde acababa la labor del partido y dónde empezaban las tareas del Gobierno.

Esta concepción totalitaria de la sociedad y del Estado no exime al PSOE de devolver el dinero detraído alegremente de los Presupuestos Generales del Estado, que sería lo más natural en una situación democrática.

En España, el *affaire* se resolvió con unos cuantos artículos de prensa y sin la intervención del fiscal general del Estado ni de ningún tribunal de justicia. Antes del 3 de marzo de 1996 porque Partido Popular e Izquierda Unida no llegaron a planteárselo. Después de las elecciones generales de 1996 debido a que la formación política de centro derecha que ostenta el poder ha decidido eliminar la «basura» de la memoria colectiva de los españoles como el que borra el disquete de un ordenador.

Lo relatado hasta ahora es, sin embargo, una mínima parte de los mecanismos y engranajes montados desde el poder para el control civil de la sociedad, donde la alienación ideológica de la mujer, bajo el pretexto de luchar por su emancipación, juega un papel preponderante.

* * *

De los 38.872.279 habitantes de hecho que tenía España en 1991, el 51 por ciento eran mujeres. De ellas, un 62 por ciento realizaba estudios superiores para independizarse económicamente. La tasa de ocupación en el campo había descendido de 559.900 en el 82 a 346.100 mientras se mantenía casi igual en la industria[17] y se disparaba de forma impresionante en el sector servicios. De 2.039.800 en 1982 se había pasado a 3.073.500 diez años más tarde[18].

La mujer española en ese periodo no ha hecho más que seguir la evolución natural del resto de los países occidentales. Como consecuencia de la emancipación ha descendido la tasa de matrimonios y el número de hijos, y ha aumentado el número de abortos y el número de mujeres violadas y maltratadas.

Los socialistas llevan midiendo desde 1982 todos estos datos, que para la mayoría de los españoles son motivo de reflexión, en porcentajes de votos. Por eso, una de las primeras medidas que adoptó el PSOE nada más llegar al poder no

[17] En torno a las 580.000 mujeres.

[18] Encuesta de Población Activa del Instituto Nacional de Estadística, cuarto trimestre de 1992.

fue ocuparse del colectivo de parados, sino crear el Instituto de la Mujer [19].

La entidad comenzó siendo organismo autónomo. Lo importante para que funcionara era poner a su frente a la persona adecuada, y Felipe González acertó de lleno desde el primer momento en la persona de Carlota Bustelo, la única mujer en una familia de cinco hermanos, todos ellos dedicados a la política, socialista desde 1973 y una feminista activa.

De esa manera, el PSOE arrancaba la bandera del feminismo a otros partidos políticos y atraía a sus filas a gran parte del colectivo que lucha por la igualdad de sexos. Desde 1983, el instituto ha funcionado como una máquina eficaz para llegar a la conciencia de las mujeres y captar el voto femenino.

No es extraño, por tanto, que la primera actividad que realice el instituto sean unas jornadas para enseñar a las mujeres a no ser maltratadas [20], un problema real de la sociedad con fuerte «gancho» periodístico. Desde entonces el organismo ha trabajado para que las Cortes generales aprobaran la ley de despenalización del aborto, ha organizado jornadas contra el acoso sexual, ha defendido sin demasiada convicción la igualdad de trato ante el servicio militar, el acceso en igualdad de condiciones a la política y la Administración pública, y ha dado una gran batalla para acabar con el sexismo en el lenguaje.

Por encima del feminismo, sus cuatro directoras generales —Carlota Bustelo, Carmen Martínez Ten, Purificación Gutiérrez López y Marina Subirats Martoli— han tenido muy claras las ideas políticas que defendían desde el principio. Así y no de otra manera se explica que en las primeras jornadas que celebra sobre «proxenetismo y prostitución» la conclusión a la que se llega no es la de acabar con la prostitución como lacra social, sino con el proxeneta; que se editen 3.110.000

---

[19] Ley 16/1983, de 24 de octubre de 1983, sobre creación del organismo autónomo Instituto de la Mujer.

[20] *Diez años del Instituto de la Mujer*, publicación monográfica editada en 1993 por el Instituto de la Mujer.

ejemplares de una guía de salud para enseñar a las mujeres a usar los anticonceptivos y sólo 325.000 para instruir a las que quieren tener hijos; que se imprima un millón de folletos para informar al personal doméstico de sus derechos y no se dedique ni una línea a los siete millones de mujeres que viven aún en áreas rurales o a las amas de casa, a las que se trata como a semianalfabetas[21].

—A estas, con que le paguemos el PER a sus maridos, es suficiente —llegó a decir una vez en público una de las responsables del organismo[22].

La obsesión por ganarse a las mujeres es tal que las dirigentes del instituto pierden, a veces, el sentido del ridículo. Así ocurre cuando, desde un partido agnóstico, se resalta como un hecho positivo que la Iglesia anglicana permita el acceso de la mujer al sacerdocio, o desde el momento en que, desde una ideología socialista, se destaca una sentencia que reconoce la igualdad de derechos en la sucesión nobiliaria y equipara a mujeres y hombres.

En la misma línea se explica que el Instituto de la Mujer se haya preocupado de manera especial de colectivos muy cualificados frente a otros más numerosos pero socialmente menos influyentes. Así, la institución trata de atraer a sus filas a abogadas, profesoras universitarias o funcionarias de la Administración pública, organizando seminarios específicos para aquellas que, por su formación intelectual, su posición social, sus relaciones sociales y el acceso a los medios de comunicación, tienen más capacidad de transmitir las ideas socialistas que las trabajadoras de Telefónica o las empleadas de los grandes almacenes.

---

[21] En la misma línea puede inscribirse la campaña «Póntelo, pónselo», invitando a las mujeres a tomar la iniciativa y usar el preservativo como método de prevención del embarazo y del sida. En esta campaña, conocida de todos, Sanidad y Asuntos Sociales se gastaron 600 millones en publicidad en radio y televisión, se editaron 600.000 folletos, se insertaron carteles publicitarios en 3.500 cabinas telefónicas y se distribuyeron miles de pegatinas, camisetas y chapas con el eslogan.

[22] Por tratarse de una persona fallecida, los autores del libro han decidido no publicar su nombre.

Preocupado por que no se utilice el cuerpo femenino como arma publicitaria —algo obviamente lógico y defendible desde una posición neutral— para vender viajes turísticos o pantalones vaqueros, el Instituto de la Mujer no duda en emplear similares métodos para hacer proselitismo político. Así, en las colecciones de libros o sellos se emplean los nombres de mujeres ilustres —Victoria Kent, Dolores Ibárruri, Clara Campoamor, Concepción Arenal— identificándolas machaconamente con el partido del cambio, aunque alguna de ellas jamás hubiera votado al PSOE.

Con un presupuesto inicial de 707 millones de pesetas, que a finales de 1995 se acercaba a los 2.000, el Instituto de la Mujer hizo más por el socialismo que muchos ministros del Gobierno. Según la memoria de 1993, en sus diez primeros años organizó 8.497 conferencias, editó 462 libros y distribuyó 593 vídeos.

Basta una simple ojeada a la revista de la entidad[23] para descubrir cuáles son las mujeres que se reiteran como modelos de feminismo: Carmen Romero, Cristina Alberdi, Francisca Sauquillo, Carmen Briones, María Teresa Fernández de la Vega, Ana María Ruiz Tagle, Rosa Conde, Ana Balletbó, Carmen Alborch, María de los Angeles Amador, Pilar Miró. Es decir, toda la plana mayor del PSOE incluida Carmen Mestre, la defenestrada presidenta de la Cruz Roja Española.

El sectarismo del organismo oficial se refleja también en los congresos internacionales. La delegación que acudió en 1985 a Nairobi (Kenia) a defender los derechos de la mujer en la conferencia mundial estaba formada en su mayoría por mujeres afines al PSOE. La situación se repitió en 1995 en Beijing (Pekín) con motivo de la IV Conferencia Mundial sobre Mujeres.

En esta ocasión el Ministerio de Asuntos Sociales tuvo la generosidad de gastarse 126 millones de pesetas en financiar

[23] La revista *Mujeres*, financiada por el Estado, con una tirada inicial de veinte mil ejemplares que se redujeron a la mitad a finales de los ochenta.

el viaje y la estancia en la República Popular China de cerca de un centenar de dirigentes socialistas, algunas de las cuales llevaban cerca de cuatro años residiendo en los Estados Unidos, y otros 22 millones en realizar un vídeo que no se llegó a emitir nunca. Y no porque fuera de mala calidad sino porque a la ministra Cristina Alberdi no le gustó su contenido, especialmente una idea que reflejaba la cruda realidad: que donde más mujeres sojuzgadas existen es en los países socialistas, el mundo árabe y el Tercer Mundo. Nuevamente, todo un alarde de imparcialidad, la ocultación del reportaje por Alberdi.

La discriminación llegó a tales niveles que en junio de 1996, cuando José María Aznar llevaba más de un mes en La Moncloa, la secretaria general de Asuntos Sociales, Amalia Gómez, tuvo que suspender un seminario sobre la mujer que se iba a celebrar en España, al que estaba previsto que acudiera la ministra chilena del Servicio Nacional de la Mujer, Josefina Bilbao, porque las ponentes eran todas dirigentes socialistas[24]. La pluralidad no era la característica que definía al «ministerio de los votos».

La situación se refleja igualmente en el Instituto de la Juventud, la plataforma política del PSOE para incidir sobre los cinco millones de españoles en edad escolar, que ha utilizado las subvenciones como arma para hacer proselitismo.

Así, mientras los ministros de Defensa Narcís Serra y Julián García Vargas trataban de convencer a los jóvenes para que hicieran el servicio militar, desde el Instituto de la Juventud se financiaban las actividades de organizaciones antimilitaristas y se repartía dinero entre algunos colectivos de objetores de conciencia.

La situación más sintomática, que reflejaba el nivel al que habían llegado las cosas, se la encontró la ministra de Educación y Cultura por el Partido Popular, Esperanza Aguirre, nada más poner el pie en el ministerio. Para cobrar la misma

---

[24] Unas semanas antes, con el PP ya en el poder, la directora general del Instituto de la Mujer, la socialista Marina Subirats, viajó a Roma a una conferencia sobre la mujer, «representando» al Gobierno conservador.

subvención dos veces, una asociación estudiantil de Majadahonda utilizaba dos nombres distintos —el oficial y otro «fantasma»— sin que en etapas anteriores se hubiera detectado la anomalía.

Pero el control socialista de la sociedad civil no parecía tener barreras y llegaba a otros ámbitos y colectivos profesionales.

* * *

A finales del mes de septiembre de 1996, el Presidente del Gobierno, José María Aznar, y la mayoría de los ministros del Partido Popular se hallan francamente preocupados.

Están convencidos de que muchos de los acuerdos del Consejo de Ministros, incluidos aquellos que figuran en el llamado «índice rojo» [25], son conocidos horas después de su estudio por el Gabinete en la sede del PSOE de la calle de Gobelas de Madrid. En este edificio, emplazado a las afueras de la capital de España, tiene su despacho desde que abandonó La Moncloa Felipe González, a quien acompañan los ex ministros Rosa Conde y Alfredo Pérez Rubalcaba, que se han convertido en sus colaboradores más cercanos.

El asunto es de especial relevancia para los populares. Una investigación interna ordenada desde La Moncloa les ha permitido conocer que muchos de los polémicos estudios del Gobierno, como la implantación de una tasa sobre los medicamentos o del peaje en las autovías, que han ido apareciendo en la prensa desde que asumieron el poder, el 5 de mayo de 1996, han sido «filtrados» desde la sede del PSOE de Gobelas.

---

[25] Los asuntos que se llevan al Consejo de Ministros, que se celebra todos los viernes, aparecen reseñados en dos índices, el verde y el rojo. Los que figuran en el índice verde se consideran cuestiones de mero trámite, que han sido estudiadas previamente por el consejo de subsecretarios que preside los miércoles el vicepresidente político, Francisco Alvarez Cascos. Los temas que van en el índice rojo, en cambio, por su importancia deben ser abordados por el Presidente y, en muchas ocasiones, sometidos a discusión entre los miembros del Gabinete.

La presencia de «topos» en las altas esferas de la Administración había sido captada por el vicepresidente Francisco Alvarez Cascos nada más poner el pie en el palacio presidencial. Por eso, en la segunda semana de mayo reunió a todos los altos cargos para advertirles:

—No contéis cosas importantes por teléfono, y menos por los del Gabinete, que sé que nos están espiando. Si tenéis algo importante que decir utilizad los teléfonos móviles, especialmente los GSM. Estos, al ser digitales, emiten la señal en código binario. Yo sé que ni el Cesid dispone aún de la tecnología para intervenirlos.

Dos días más tarde, el vicepresidente reunió a los jefes de Prensa de los distintos ministerios para hacerles la misma advertencia:

—El despacho donde trabajáis está lleno de goteras por donde se filtra la información. Sólo os pido que dentro de estas oficinas con inmensas goteras construyáis vuestra propia choza.

El asunto que colmó la paciencia de los miembros del Gobierno fue la publicación en el diario *El Mundo* del anteproyecto de Ley de Secretos Oficiales aprobado por el Consejo de Ministros en su reunión del 24 de agosto.

El Gobierno montó una «caza de brujas» para capturar al delator y se movilizó toda la estructura del partido y del Grupo Parlamentario Popular para sonsacar a sus adversarios quién le había entregado el borrador al periódico de Pedro J. Ramírez. En las filas del PSOE el asunto les había cogido también en fuera de juego.

—Fíjate que ni el propio Rubalcaba sabe de dónde ha podido salir el documento —le contaron al diputado por Almería Rafael Hernando.

* * *

Cántabro, de Solares, cuarenta y tres años, Alfredo Pérez Rubalcaba estaba considerado desde mayo de 1996 el hombre mejor informado de lo que hacían José María Aznar y sus ministros. Y no era porque se hubiera dedicado a colocar micrófonos en los despachos de La Moncloa como puede sospechar alguna mente calenturienta.

Su capacidad de información se debía al control que él y muchos de sus compañeros tenían sobre el aparato de la Administración del Estado.

Cuando el PSOE asumió el gobierno de la nación en 1982 se encontró con una Administración hostil, controlada por los llamados «sindicatos amarillistas», tradicionalmente enfrentados a los de clase UGT y Comisiones Obreras.

En la sede del sindicato de inspiración socialista, en la avenida de los Toreros de Madrid, el responsable de Administración Pública, Justo Zambrana, se desesperaba. La mayoría de las veces que un compañero de otra rama sindical necesitaba hacer alguna gestión en un departamento de la Administración y pedía que le facilitasen un contacto del sindicato, la respuesta era negativa.

Por eso, cuando llegaron al poder, una de las primeras medidas que adoptaron fue obligar a todos los funcionarios a llegar a sus puestos de trabajo a las ocho de la mañana y a cumplir un horario estricto.

Luego la situación se relajó un poco. Castigar indefinidamente a un colectivo de dos millones de personas[26] era a la larga una medida contraproducente. Así que desde el Gobierno se optó por una estrategia mucho más sutil y más rentable a largo plazo: colocar en los altos cargos de la Administración a militantes o simpatizantes del partido o, al menos, a funcionarios que no fueran hostiles a la causa del socialismo.

El trabajo, lento y silencioso, dio sus resultados en los casi catorce años de mandato socialista. De 1.302 funcionarios de nivel 28 que existían en la Administración en 1982, catorce años después se había pasado a 4.616. Con el nivel 29 ocurrió lo mismo. Las 423 personas que disfrutaban de esa categoría (asimilada al puesto de subdirector general) se habían convertido en 1.538 a fecha 1 de junio de 1996. En el nivel 30

---

[26] Incluidas Fuerzas de Seguridad, profesorado, Fuerzas Armadas y funcionarios de las comunidades autónomas.

(directores generales y asimilados), las 983 de 1982 se habían transformado en junio de 1996 en 1.736 personas [27].

Por lo tanto, los 2.711 altos cargos de la Administración que dejó Leopoldo Calvo Sotelo cuando abandonó el poder en diciembre de 1982 se han convertido en los 7.890 que ha heredado José María Aznar trece años y cinco meses después, lo que representa un incremento de un 291 por ciento [28].

El PSOE, de esta manera, ha hecho una Administración a su medida ya que, obviamente, es en los niveles más altos donde se criba la información y donde se toman las decisiones importantes. Situando a esas 7.890 personas, Felipe González tuvo durante muchos años el poder efectivo de un aparato corroído por la burocracia, anquilosado y acostumbrado a trabajar con la lentitud de un paquidermo. Para gobernar con un cierto margen de confianza en la Administración, José María Aznar necesitaba crear una nueva superburocracia similar a la socialista, con el consiguiente gasto para el erario público, o exponerse a que las decisiones de su Gabinete se supieran antes en la sede del PSOE que en la de su propio partido.

El cambio socialista ha afectado a todos los escalones de la Administración sin distinciones. Por poner sólo dos ejemplos, la plantilla de conductores del Parque Móvil ministerial de unas 600 personas en 1982, a 1 de junio de 1996 se había

---

[27] Los datos proceden del Registro Central de Personal, un organismo creado en 1986 y dependiente del Ministerio para las Administraciones Públicas. Los datos anteriores a 1986 se han tomado de listados e informes. La evolución posterior a 1990 ha sido obtenida por procedimientos informáticos ya que desde ese año el Gobierno cuenta con una información procesada y al día sobre el número de funcionarios, destino, cualificación, complementos, antigüedad y salarios.

[28] Los ministerios con mayor número de funcionarios de alto nivel son Economía y Hacienda, con 1.226 (sin contar la Agencia Tributaria, que tiene casi otros tantos); Educación y Ciencia, con 1.144; Obras Públicas, con 736; Asuntos Exteriores, con 546, y Trabajo y Seguridad Social (sin contar Asuntos Sociales), con 492. En Presidencia trabajan 194 funcionarios con niveles 28, 29 y 30. El ministerio con menos altos cargos es Defensa, con sólo 116.

incrementado hasta 1.357[29] conductores, y la de la agencia Efe pasó de 660 a 1.200 periodistas.

En el caso de los conductores, la selección utilizando criterios ideológicos fue demoledora. Tras llegar el PSOE al Gobierno, los chóferes de los ministros y altos cargos dejaron de elegirse por antigüedad y se impuso el criterio de la «cualificación» profesional. Con un único inconveniente: a los cursillos de «conducción agresiva y defensiva», para resolver situaciones de emergencia, era seleccionado mayoritariamente el personal de la UGT.

Claro que bastante más inquietante es el poder de los sindicatos en la Administración, donde unas veces actuaron como aliados de los gobiernos socialistas y otras se colocaron enfrente, planificando y organizando varias huelgas generales, según sus intereses en cada momento. Pese a todo, han sido los «privilegiados de oro» de un régimen que se apoyó en ellos para llevar a cabo su política social hasta el 3 de marzo de 1996.

En este caso, la paz social tenía un precio, por cierto nada barato.

* * *

Cuando Alberto Ruiz Gallardón llegó en 1995 a la Comunidad Autónoma de Madrid una de las primeras sorpresas con las que se encontró fue con que, en determinadas dependencias de la Administración, se habían pagado decenas de millones de pesetas por informes al estilo del «caso Filesa».

Uno de los departamentos afectados era la Consejería de Hacienda, que dirige Antonio Betteta.

—¿Y quién encargó ese informe? —preguntó un día Betteta.

—No está claro. Se dice que lo trajeron los sindicatos.

—Pero, ¿lo encargó alguien? ¿Sirve, al menos, para algo? —Betteta estaba fuera de sus casillas.

---

[29] Unos 1.203 con trabajo asignado y 154 conductores para cubrir bajas por enfermedad, vacaciones y servicios extraordinarios.

—¡Qué va! Es la traducción de la reglamentación europea. Me han dicho que es el peaje anual que hay que pagar a los sindicatos —le dijo su interlocutor.

El caso, lamentablemente, no es anecdótico. De la misma manera que los partidos políticos son financiados con cargo a los Presupuestos Generales del Estado, los sindicatos reciben el mismo tratamiento. Y, además, cuando necesitan allegar fondos para sostener sus burocratizadas estructuras, no dudan en recurrir al sistema mexicano de la mordida.

De ahí que en abril de 1996, cuando PP y PNV negociaban el traspaso de algunas competencias en materia de Seguridad Social al Gobierno autónomo vasco, como contrapartida al apoyo a José María Aznar en la inminente sesión de investidura, Iñaki Anasagasti acusara a CC OO y UGT de comportarse como «Al Capone en los años treinta».

El portavoz del Grupo Vasco en el Congreso de los Diputados no hacía más que poner el dedo en la llaga de un asunto sobre el que muchos políticos prefieren pasar por alto: el poder y la capacidad de chantaje de las organizaciones sindicales frente al Estado.

Un informe del Gobierno[30] revela que sindicatos y patronal ocupan desde finales de los setenta un patrimonio del Estado de 508 inmuebles, con un total de 362.039 metros cuadrados, valorado en 1990 en más de 80.000 millones de pesetas[31]. Pero sus miembros no reciben el mismo tratamiento que el resto de los ciudadanos. Ni los sindicatos ni la patronal pagan el agua, la luz, la calefacción, el gas ni los gastos de limpieza, reparaciones, ascensores y combustible.

A fecha 31 de diciembre los gastos generados por estos conceptos eran de 242.014.191 pesetas en treinta provincias, cantidad a la que el Estado tuvo que hacer frente para evitar

---

[30] Aportaciones económicas del Estado a las organizaciones sindicales, empresariales y federaciones profesionales, Ministerio de la Presidencia, 1995.

[31] Se trata del antiguo patrimonio sindical del franquismo. UGT ocupa 150.319 metros; CC OO, 132.211, y la CEOE, 58.353. El resto se distribuye entre los demás sindicatos, incluidos USO, ELA-STV y CGT.

el embargo por parte de Telefónica, Gas Natural o Hidroeléctrica Española[32].

Además del billón de pesetas que las organizaciones sindicales han recibido de la Comunidad Europea en los diez últimos años, por medio del Instituto Nacional de Empleo (Inem), para dar cursillos a los parados, aspecto abordado en otro capítulo, el Estado español ha puesto en manos de las organizaciones obreras y la patronal, entre 1993 y 1996, otros 218.000 millones para reeducar a los desempleados dentro de los planes de formación continua (FORCEM) del Ministerio de Trabajo y Seguridad Social[33].

Con esta abultada cantidad de dinero se deberían haber formado 1,8 millones de trabajadores en los últimos cuatro años. Y de ellos, un millón en los últimos doce meses, según cifras oficiales[34], lo que implica que al menos durante unos meses de 1996 el 15 por ciento de la población activa estuvo en periodo de reciclaje, en lugar de encontrarse en su puesto de trabajo.

Frente a estas cifras tan optimistas, fuentes del Gobierno estiman que entre el 20 y el 30 por ciento del dinero que se destina al FORCEM se utiliza irregularmente por sindicatos, patronal y escuelas-taller para otras actividades. Un ejemplo de ello es que en 1993 la sociedad Forja XXI, de la que formaban parte el consejero delegado de la Expo, Jacinto Pellón, el ex presidente del Parlamento andaluz, Antonio Ojeda, y el ex consejero de Trabajo de la Junta de Andalucía, Francisco Oliva, recibió 800 millones para formación y lo destinó a otras actividades[35].

---

[32] La deuda se distribuía así: Unión General de Trabajadores, 133.214.410 pesetas; Comisiones Obreras, 80.848.308 pesetas, y Confederación Española de Organizaciones Empresariales, 19.285.069 pesetas. El resto, hasta los 242 millones, se repartía entre otras entidades menos significativas.

[33] El «pastel» se distribuye, por anualidades, de la siguiente manera: 18.000 millones en 1993, 53.000 millones en 1994, 67.000 millones en 1995 y 80.000 millones en 1996.

[34] Javier Millán-Astray Romero, presidente de la Fundación para la Formación Continua, en *Cinco Días*, 23 de septiembre de 1996.

[35] Covadonga Fernández en *ABC*, 16 de mayo de 1996.

Al margen de esa importante suma de dinero, el Ministerio de Trabajo y Seguridad Social ha entregado a los sindicatos 18.384,4 millones de pesetas para financiar sus actividades[36] en los catorce últimos años y otros 6.139,6 millones como compensación económica por su participación en ocho órganos consultivos del propio ministerio[37] en los diez últimos años, es decir, a un promedio de 613,9 millones por año.

Las subvenciones por participar en organismos consultivos son similares en el resto de los ministerios y en la mayoría de las empresas públicas. Por eso las organizaciones sindicales, que tienen más de veinte mil «liberados» sólo en el sector público[38], se han atrincherado en Telefónica, Hunosa, Renfe, RTVE, Repsol, Endesa y Ensidesa y tratan de impedir su privatización o reconversión.

Las organizaciones sindicales, que deberían estar de forma voluntaria y gratuita en todos estos organismos para defender los derechos de los trabajadores, se convierten de hecho en unos asalariados del Estado. Cobran, además, por partida doble, ya que muchos de los representantes de UGT y CC OO en el Instituto Nacional de la Seguridad Social o en la Comisión de Convenios Colectivos son, a su vez, funcionarios «liberados» de la Administración, que perciben un salario por no trabajar.

---

[36] La cifra se distribuye así: 800 millones de pesetas en 1982, 896 millones en 1983, 967,7 millones en 1984, 1.035,4 millones en 1985, 1.118,3 millones en 1986, 1.174,2 millones en 1987, 1.174,2 millones en 1988, 1.276 millones en 1989, 1.426 millones en 1990, 1.339,8 millones en 1991, 1.339,8 millones en 1992, 1.326,6 millones en 1993, 1.591,9 millones en 1995 y 1.591,9 millones en 1996.

[37] Los órganos consultivos son el Instituto Nacional de la Seguridad Social, el Fondo de Garantía Salarial, el Instituto Nacional de Seguridad e Higiene en el Trabajo, la Comisión Consultiva de Convenios Colectivos, la Comisión Consultiva del Patrimonio Sindical, el Consejo General de Formación Profesional, los consejos comarcales del Instituto Nacional de Empleo y la Comisión de Control de Contratación.

[38] El número de trabajadores liberados de sus tareas habituales para dedicarse a actividades sindicales se acerca a los cuarenta mil en toda España.

Y es que las organizaciones sindicales han encontrado una «mina de oro» en el Estado gracias a la presencia en los distintos gobiernos socialistas de una serie de ministros como Manuel Chaves, José Luis Corcuera, Matilde Fernández o Jerónimo Saavedra [39], forjados en el sindicalismo activo. Sus dirigentes son conscientes de que si pierden el «filón» no lo van a recuperar nunca.

Sin contar la posible utilización fraudulenta de los fondos del FORCEM [40] y de las ayudas del Fondo Social Europeo, cálculos moderadamente optimistas permiten establecer que los sindicatos reciben no menos de 20.000 millones de pesetas anuales del Estado y del sector público estatal y autonómico, cada vez con más peso dentro de las economías regionales.

Este caudal de dinero es el que les permite tener alrededor de cuarenta mil «liberados» en toda España, cifra que ni siquiera el Sindicato Vertical, la vieja organización sindical, logró tener en tiempos de Rodolfo Martín Villa. Esta cifra es, sin duda, la mayor de toda Europa, ya que mientras que en Suecia o Alemania hay un sindicalista con derecho a vacaciones permanentes por cada quinientos trabajadores, en España este número se reduce a trescientos [41].

Pese a todas estas prebendas y sinecuras, excepto en el caso de la PSV con la defenestración de Nicolás Redondo, las organizaciones sindicales no sucumbieron en los asuntos importantes ante el multimillonario embrujo socialista. Lo que viene a confirmar que toda regla tiene su excepción.

---

[39] Catedrático de Derecho del Trabajo por la Universidad de La Laguna a finales de los años setenta, Saavedra era uno de los asesores jurídicos de la UGT.

[40] Dinero que también utilizan fraudulentamente las escuelas-taller y las organizaciones empresariales.

[41] Sobre una población activa de doce millones de personas.

CAPITULO DOCE

LA CULTURA DEL *CONVOLUTO*

Al general coruñés José Millán Astray, fundador de la Legión española, se le atribuye una frase que ha hecho historia: «Cuando oigo nombrar la palabra cultura echo mano a la pistola.» Setenta y seis años después de la creación de las tropas expedicionarias de Africa, a los socialistas se les atribuye otra no menos expresiva: «Cuando oigo la palabra cultura echo mano a la cartera.» Y es que desde la llegada de Javier Solana Madariaga al Ministerio de Cultura socialista, una de las cuestiones más importantes que se planteó el PSOE fue cómo atraer al mundo de la intelectualidad a las filas del partido fundado por Pablo Iglesias. Los socialistas, que conocen el poder revolucionario de pensadores y artistas, han utilizado desde entonces centenares de miles de millones de pesetas para comprar voluntades y llenar estómagos como instrumentos para acallar el espíritu crítico y la rebeldía permanente de los intelectuales. Si es cierto que las penas con pan son menos, la cultura, con «c» de convoluto, *resulta más llevadera. Lo malo es que el lenguaje de las pistolas, lo mismo que la cultura del* convoluto, *parecen dos enfermedades que se heredan y cuyo contagio es muy fácil. De ahí que muchos de los intelectuales que meses antes de la llegada del PP al poder predicaban la buena nueva del socialismo, se hayan pasado ahora con armas y bagajes al Gobierno de José María Aznar. Rectificar es de sabios y de listos también.*

Esperanza Aguirre, abogada de cuarenta y cuatro años, fue en 1981, antes de ingresar en el Partido Popular, directora técnica del Libro y Cinematografía, en la etapa en que Soledad Becerril estuvo al frente de la cartera de Cultura durante el último Gobierno de UCD.

Quince años después volvía a ocupar un despacho en el mismo departamento. Pero esta vez como ministra de Educación y Cultura del primer Gobierno de José María Aznar.

Cuando llegó al ministerio, un viejo edificio situado en la plaza del Rey, conocido como el palacio de las Siete Chimeneas, y recorrió todas las dependencias para saludar al personal, una de las cosas que más le llamó la atención fue descubrir que había un enorme almacén de libros antiguos, descatalogados y dados de baja como activos en el patrimonio de Cultura.

La ministra pidió visitar el depósito. Las sorpresas fueron *in crescendo.* Si resultaba extraño tener una pila de libros teóricamente inservibles, con valor cero en las estadísticas oficiales, más sorprendente resultaba que para vigilar el almacén hubiera contratadas cuarenta y cinco personas.

El coste de esos cuarenta y cinco empleados, pagados con cargo al erario público, sin nada que hacer, es una parte de los 333.297 millones de pesetas que Gobierno central, comunidades autónomas y ayuntamientos se gastan anualmente en promocionar la cultura, según un estudio realizado por el anterior Gobierno [1].

El dinero, sin embargo, no se invierte homogéneamente ni con los mismos resultados. Mientras el conjunto de las autonomías gastó 87.000 millones de pesetas en promocionar exposiciones, editar libros y financiar espectáculos, los ayuntamientos desembolsaron 148.900 millones y el Ministerio de Cultura el resto: 67.000 millones.

El reparto tampoco parece haber sido equitativo con la calidad de los artistas, el nivel de las obras de teatro o el ingenio y la cuidada selección de las imágenes de los directores de cine para contar sus historias. Y es que el Gobierno

---

[1] *Mapa de Infraestructuras, operadores y recursos culturales*, Ministerio de Cultura, 1993.

socialista ha preferido tener una «cuadra» de intelectuales adictos para pasearlos y utilizarlos como reclamo electoral cada cuatro años a promocionar un cine, un teatro y una música independientes y de calidad.

Así, si al general Millán Astray, fundador de la Legión, la palabra «cultura» le provocaba un irrefrenable impulso de abrir la cartuchera y tirar de pistola, a muchos dirigentes socialistas la misma palabra les llevaba a echar mano de la cartera para repartir subvenciones a diestra y siniestra. Pero si era a siniestra, mucho mejor.

Eso explica que gran parte de los casi 800.000 millones de pesetas que manejó el Ministerio de Cultura entre 1982 y 1995 se repartieran entre grupos de intelectuales y pseudointelectuales que no pasaban de las cien personas.

Un centenar de personas que parecían quinientas o mil porque eran omnipresentes. Daba lo mismo ir al cine o al teatro, conectar con la primera o la segunda cadenas de televisión o asistir a una conferencia en la Universidad Menéndez Pelayo de Santander para comprobar que los rostros y los discursos eran siempre los mismos.

Los criterios de selección cultural que han emanado desde la Administración siempre se han inclinado hacia el mismo lado. El escándalo de la lista de creadores literarios elaborada por el Ministerio de Cultura para representar a España en el Salón del Libro de París en 1995 es un ejemplo ilustrativo: se eligió a José María Merino y Cristina Fernández Cubas como escritores; a Jorge Semprún, Javier Pradera [2] y Javier Tusell como ensayistas; a Juan Carlos Súñen, Blanca Andreu y Ana María Moix como poetas, y a Lluís Pasqual y Angel Berenguer como dramaturgos.

Olvidados y muertos de aburrimiento se quedaron nombres como Camilo José Cela, Antonio Buero Vallejo, Antonio Gala, Carlos Bousoño y muchos otros, quienes nunca fueron invitados a las tertulias de Carmen Romero en el restaurante

---

[2] Pradera, editorialista de *El País* y amigo de Felipe González, no ha escrito, que se sepa, ningún libro de ensayos.

Belarmino de Madrid ni a las *tournees* organizadas por el Ministerio de Cultura.

La llamada cultura, con «c» de *convoluto*[3], se muestra como una de las siete plagas de Egipto: se extiende a la velocidad del rayo y, en poco tiempo, contagia a todos, en especial, a quienes creen que las páginas de los libros se escriben para pasarlas sin leerlas previamente. En España y en cualquier parte del mundo donde se practique una política de patrimonialización del Estado, sirve para despertar lo mismo las más fervorosas adhesiones que los silencios más vergonzantes.

* * *

Muchos de los que se alimentaron de la «sopa boba» de la cultura socialista siguen degustándola con el PP. Este es el caso del director de teatro catalán Lluís Pasqual, estrella en la apertura del Festival de Otoño de Madrid de 1996, en esta ocasión gracias a la deferencia de los hombres de la cultura de Alberto Ruiz-Gallardón en la Comunidad de Madrid. Pasqual, uno de los mejores directores de teatro de Europa en opinión de los expertos, es sin embargo un hombre que durante años ha sido puntal básico de la política del dirigismo cultural socialista como director del Centro Dramático Nacional (CDN), donde todavía continúa cobrando por sentarse en su consejo.

En las elecciones de 1996 pidió expresamente el voto para Felipe González, lo que no le ha impedido seguir trabajando con sus opositores. Incluso continúa con gran parte de sus equipos de asesores, que ya en el periodo socialista percibían del Ministerio de Cultura cinco millones y medio de pesetas anuales uno de ellos, y otro, de lectura, cuatro millones.

En el mundo del teatro aún se recuerda la época de Lluís Pasqual en el CDN, donde hizo y deshizo a su criterio, con la

---

[3] Extraña palabreja, utilizada como eufemismo por el ex embajador de la República Federal de Alemania, Guido Brunner, para explicar el envoltorio en el que venían los billetes con los que se pagó una comisión a personas cercanas al PSOE por la venta de Seat a la multinacional Volkswagen.

fastuosidad asiática de los nuevos ricos. Impuso hasta el estragamiento todo tipo de muestras del teatro procedente de Cataluña, donde él había trabajado como miembro del Teatre Lliure. Pasqual fue nombrado director del Odeón Théatre de l'Europe —cargo que compatibilizó con la dirección del CDN— por el ministro socialista francés Jack Lang. El Gobierno español permitió que mantuviese los dos puestos debido a un cierto papanatismo del ministro de Cultura español Jorge Semprún y de sus sucesores Jordi Solé Tura y Carmen Alborch, quienes parecen convencidos de que cualquier obra literaria no es buena hasta que los franceses no le han otorgado su bendición.

Fiel a ese complejo socialista, Pasqual tuvo el encargo especial de llevar a Francia a varias compañías de teatro españolas que, entre otras, representaron en París obras de don Ramón del Valle-Inclán, un repertorio de piezas clásicas y hasta zarzuela. El pago, además de su nómina oficial en el CDN, fue un contrato para que escribiera la obra *Haciendo Lorca*, en coproducción con el Odeón de París. La obra, basada en textos de Federico García Lorca, se estrenó el 24 de abril de 1996 con Nuria Espert y Alfredo Picón como protagonistas. Tuvo 5.865 espectadores en treinta y dos representaciones (lo que en total representó menos del 25 por ciento del aforo) y le costó 37 millones al Ministerio de Cultura. Pasqual aparecía en ella como adaptador, iluminador, figurinista y director de escena. Sólo por el diseño de la iluminación y del vestuario cobró 1.300.000 pesetas. La crítica dice en su descargo que, gracias a su influencia, no sólo pudieron los franceses descubrir a los clásicos españoles, sino que las manifestaciones culturales con sello hispano se multiplicaron en la capital del Sena entre 1983 y 1993. Así, cantantes de la talla de Montserrat Caballé, Plácido Domingo, José Carreras, Victoria de los Angeles o Teresa Berganza tuvieron las puertas abiertas como medio siglo antes había ocurrido con el cineasta Luis Buñuel o el pintor Pablo Picasso.

Desde entonces, Le Grand Palais, Le Petit Palais, el Centro Pompidou, el Museo de Arte Moderno, la Biblioteca Nacional de París, todos los santuarios de la cultura francesa se han abierto al arte y a la cultura españoles. Incluso el ministro de Cultura Jordi Solé Tura inauguró en París en 1992 el primer centro del Instituto Cervantes, uno de los más significativos híbridos inoperantes de la cultura socialista.

* * *

En 1982, cuando los socialistas llegan al poder, los tres países más representativos de Europa, Francia, la República Federal de Alemania y el Reino Unido, cuentan desde hace años con un instrumento para la promoción y defensa de su lengua y su cultura en el mundo.

La Aliance Française, el British Council, y el Instituto Goethe, actúan así como grandes plataformas para expandir sus idiomas y su pensamiento y unificar los criterios de acción fuera de sus fronteras.

A la vista de la dispersión cultural española en el exterior, donde varios ministerios realizaban actividades aisladamente y sin control, el titular de Cultura Jorge Semprún propuso al Gobierno crear el Instituto Cervantes a semejanza de los buques insignia de la lengua de los países del entorno.

Pero la institución, creada a principios de 1991, nació con mal pie. La idea del ministro de Cultura era colocar a su frente a una persona de talla política e intelectual que fuera, al mismo tiempo, un gran gestor.

Semprún pretendía por entonces situar al frente de la Biblioteca Nacional al profesor Nicolás Sánchez Albornoz, uno de los grandes historiadores españoles que vivió en el exilio hasta su jubilación y a quien el ministro de Cultura había conocido meses antes en Nueva York. El cargo del Instituto Cervantes lo tenía reservado a Fernando Morán[4]. Pero es entonces cuando se cruza por medio Alfonso Guerra, que tenía sus particulares ideas sobre la cultura. Al margen del titular del ministerio Guerra urde un plan —que culminaría con éxito aprovechando la salida de Semprún de la

[4] El ex ministro de Asuntos Exteriores, Fernando Morán, renunció al cargo por no tener rango de secretaría de Estado.

política— para llevar a la Biblioteca Nacional a su amiga Carmen Lacambra Montero. Como se había traído a Sánchez Albornoz desde Nueva York, donde había desmantelado incluso su casa, aparentemente para nada, Semprún habló con Felipe González desde París y el viejo profesor fue acomodado en el Instituto Cervantes, un cargo ejecutivo y de gestión para el que no era la persona más idónea.

De esta manera, el Instituto Cervantes, que maneja un presupuesto de 4.600 millones y depende de tres ministerios, no ha cumplido su función. Ha servido a lo largo de sus cuatro años de vida para «becar» a Félix de Azúa, a Roman Gubern y a Federico Arbós y mandarlos a París, Roma o El Cairo como directores de la institución en esas capitales[5]. O para premiar a algunos amiguetes del poder invitándolos a viajes y conferencias fuera de España con el pretexto del fomento del idioma. La lista de beneficiados es casi tan amplia como la de firmantes de los manifiestos de intelectuales a favor del PSOE en las campañas electorales. Hasta la ex novia de Felipe González, Concha Romero, hoy profesora en un instituto madrileño, una cordobesa con vocación de actriz que el líder socialista dejó plantada por Carmen Romero, ha sido conferenciante sobre el arte escénico español. Y Antonio Buero Vallejo, entre tanto, mendigando inútilmente un teatro para poder estrenar sus últimas obras.

El clientelismo parece no tener cura sea cual sea el color del partido político en el Gobierno.

* * *

A José María Aznar lo primero que se le ocurrió para arreglar el desbarajuste del Instituto Cervantes fue llamar a su amigo el escritor de origen peruano Mario Vargas Llosa

[5] Félix de Azúa y Federico Arbós se han quejado públicamente del mal funcionamiento de la entidad, algunos de cuyos centros, treinta y uno en todo el mundo no se habían ni siquiera legalizado, no pagaban sus impuestos, realizaban contratos fantasmas con el profesorado y no cotizaban a la Seguridad Social.

para proponerle la dirección del Instituto Cervantes. El autor de *La ciudad y los perros* nacionalizado por el Gobierno del PSOE y orientado hacia el PP se reunió con Aznar, le agradeció el ofrecimiento y no aceptó el cargo en coherencia con su talante liberal o quizá prisionero de sus propias palabras cuando dijo: «El subsidio, mala palabra en toda sociedad moderna, en España aún es buena, y, en el campo de la cultura, sacrosanta.»

El Presidente del Gobierno tuvo finalmente que echar mano de otro amigo, Santiago Mora Figueroa, marqués de Tamarón, para arreglar el desbarajuste del Instituto Cervantes.

Vargas Llosa hizo bien al rechazar el ofrecimiento. De haber aceptado el puesto no hubiera tenido presupuesto ni para café. Porque una de las últimas acciones de la ministra Carmen Alborch antes de abandonar el Ministerio de Cultura fue gastarse el 70 por ciento del presupuesto[6] en tres meses en, entre otras cosas, invitar a directores de cine, teatro y conferenciantes adeptos a viajar a Sudamérica, especialmente a Cuba y los países del Caribe, a pasárselo bien unos días y, de paso, a participar en algún evento real o inventado.

Este tipo de «excursiones trasatlánticas» habitualmente se organizaban una vez al año y con algo más de seriedad. Pero, a comienzos de 1996, como había que dilapidar el dinero, se programaron cada treinta días, de manera que en el mes de mayo, cuando el PP llevaba un mes instalado en La Moncloa, había todavía intelectuales españoles beneficiados por Alborch disfrutando de las playas de Varadero a costa del erario público.

Si bien años antes el ministro Semprún había recomendado a los españoles «viajar más y leer menos los periódicos», algunos dirigentes socialistas reconocen que en los últimos meses de la ministra Alborch se cometieron excesos. Claro que en cuanto a derroches nada es equiparable a la distribución de los 40.000 millones de pesetas con que el PSOE subvencionó el cine español en los últimos años.

---

[6] Cultura disponía en 1996 de un total de 72.584.165.000 pesetas para sus actividades.

Un dinero repartido graciosamente entre productores cinematográficos próximos al Gobierno socialista y del que en muchos casos no aparecen ni las facturas. En parte, para películas que han hecho ricos a sus promotores porque han funcionado en taquilla y, por lo tanto, no precisaban de ninguna ayuda oficial. Y también para verdaderos bodrios, algunos de los cuales no llegaron a estrenarse sin que sus productores se ruborizaran lo más mínimo ni devolvieran el dinero de las subvenciones públicas.

* * *

Entre todos los beneficiados del maná del cine, el campeón que hoy copa la mayoría de las producciones españolas es Andrés Vicente Gómez. Hasta el ejercicio de 1995, sus empresas, entre las que destaca Lola Films, S.A., se habían llevado 3.208.099.096 pesetas. Sólo para filmar *El Dorado*, superproducción pretenciosa rodada a mitad de los años ochenta que resultó un fracaso estrepitoso de taquilla y de crítica y que reveló a la modelo Inés Sastre como una belleza negada para el séptimo arte, le concedieron la friolera de 214.010.446 pesetas.

Amigo de Felipe González y de todo lo que le rodeaba, dispuesto a pasar por alto los errores socialistas y a asumir su gestión pública como modelo de perfección, Vicente Gómez consiguió su «Eldorado» con el PSOE. Incluso pasó al celuloide tres libros de éxito de su compañera, la brillante y mordaz periodista y escritora Carmen Rico-Godoy; tres producciones por las que recibió una subvención global de 279.462.920 pesetas. Para que luego digan que «papá Estado» ahoga.

Andrés Vicente Gómez se llevó en la época socialista hasta la película sobre los Juegos Olímpicos del 92, con el consiguiente enfado del club de cineastas de Jordi Pujol, que, como siempre, vieron en el asunto una agresión a la cultura catalana, y de los grandes productores de cine mundiales que se presentaron al concurso público.

Su verdadero filón fue, sin embargo, el Ministerio de Cultura. La cifras cantan: 208.773.718 para *Ay Carmela*, 205.919.490

para *Two much*; 198.907.175 para *La pasión turca*, 138.888.953 para *Las edades de Lulú*, 173.682.296 para *El día de la bestia*, 196.497.000 para *Belle époque*, 160.051.750 para *Jamón, jamón* y 156.039.096 para *La teta y la luna*, por citar algunos filmes de los más beneficiados. En total, diecisiete películas de las productoras de Andrés Vicente Gómez recibieron subvenciones muy por encima de los cien millones de pesetas cada una.

* * *

Cuando a mitad del verano de 1996 el secretario de Estado de Cultura, Miguel Angel Cortés, dijo que los últimos trece años «han sido los peores del cine español», anunciando la reforma del sistema de subvenciones por una política menos proteccionista, el director de cine Pedro Almodóvar y otros cineastas se le lanzaron a la yugular y le acusaron de ser el verdugo del cine español.

El cineasta manchego, tan temperamental como es siempre, se puso poco menos que al borde de un ataque de nervios cuando descubrió que las verdaderas intenciones del Gobierno del PP eran acabar, prácticamente, con las subvenciones al cine. No le faltaban razones para quejarse: Almodóvar y El Deseo, la productora que lleva con su hermano Agustín, quien por cierto formó parte de la comisión del Ministerio de Cultura que adjudicaba las subvenciones, se han embolsado 1.331.673.443 pesetas de ayuda del Estado durante la época socialista. Esta productora siempre ha recibido inyecciones de las arcas públicas por encima de los doscientos millones, salvo en *La ley del deseo* (98.227.223 pesetas), *Tierra fría* (15.520.989), que figura como no estrenada, *Acción mutante* (124.652.519) y *Mujeres al borde de un ataque de nervios* (148.657.800).

De la misma manera que Almodóvar o Vicente Gómez, películas dirigidas por la ex responsable oficial del cine, Pilar Miró, o por Fernando Trueba, por poner dos ejemplos, percibieron 819.436. 917 y 289.703.416 pesetas respectivamente. Elías Querejeta, Fernando Colomo, Bigas Luna, Imanol Uribe, José Luis Cuerda, José Luis García Sánchez, Francisco Regueiro, Juanma Bajo Ulloa, Luis García Berlanga, Carlos

Saura, Jaime Chávarri y Gonzalo Suárez son otros de los productores y directores cuyas películas se han visto recompensadas por las ayudas estatales, aunque no todas por motivos ideológicos. Sólo Luis García Berlanga se ha atrevido a llamar a las cosas por su nombre: «La política de las subvenciones es un error. Los tiempos de la República y la postguerra, cuando no había ayudas, fueron los más brillantes de la cinematografía española» [7].

Miguel Angel Cortés tuvo que matizar sus palabras sobre la calidad del cine español, aduciendo que se refería en términos industriales y no de crítica cinematográfica. Pero, queriendo o no, había puesto el dedo en la llaga de un sistema arbitrario que le cuesta un riñón, anualmente, al Estado y que en su desarrollo no ha servido ni para impulsar industrialmente el cine ni su calidad creativa. Algunos datos corroboran la calamitosa situación que vive el sector.

* * *

En 1982 se registraron 36 millones de espectadores cinematográficos en películas españolas, y en 1994, sólo 7 millones. Por contra, el descenso de los espectadores de películas extranjeras fue proporcionalmente menor: sólo de 119 a 82 millones. El número de salas de exhibición en España también se redujo de 3.939 a 1.884 en ese mismo periodo de tiempo.

Así, coincidiendo con la llegada de los socialistas al poder se ha producido una de las crisis más importantes para la historia del cine en España, que descendió a cuotas tan bajas como las alcanzadas en los años posteriores a la Guerra Civil [8].

Si en el periodo anterior a 1982, el volumen medio de producción se situó entre los 120 y 150 largometrajes por año, en la década de los ochenta las películas producidas en España se redujeron a 48 en el año 1989, 47 en el año 1990

[7] En una conferencia en Benicasim (Castellón), el 28 de agosto de 1986.

[8] *La Industria Cinematográfica en España (1980-1991)*, coedición del Ministerio de Cultura y Fundesco, 1993.

y 64 en 1991. La recaudación cayó también a cifras nunca conocidas hasta entonces.

La crisis era, en cierta manera, la consecuencia de la competencia de otros medios audiovisuales —especialmente de la Televisión— y el reflejo de lo que ocurría en el resto de Europa. Sin embargo, no es justo echarle la culpa de los males del cine español a lo que ocurre al otro lado de los Pirineos.

En 1988 había censadas en el Registro de Empresas Cinematográficas Españolas nada menos que 1.600 compañías relacionadas con el mundo del celuloide, la mayoría de las cuales acababan de constituirse para acogerse a las subvenciones del Ministerio de Cultura. Los sucesivos responsables de la Dirección General de Cinematografía —entre ellos, Pilar Miró, jefa de imagen de Felipe González en las campañas electorales— repartieron las subvenciones a manos llenas primando el cine de autor bajo el pretexto de no favorecer a los productores, que eran quienes, hasta entonces, se llevaban las ayudas y se hacían ricos a costa de «explotar» a los pobres actores y directores.

El resultado fue catastrófico. Porque si nos atenemos al aserto de que cada español lleva un artista dentro, los hechos demuestran que no todos los artistas aciertan a plasmar en el celuloide lo que llevan en su interior.

* * *

Los criterios del reparto del pastel de las subvenciones previas —concesión de ayuda económica ante la presentación de un proyecto— han llegado a la desfachatez de primar a cualquier amiguete que fuera capaz de presentar dos simples folios con una idea sin desarrollar todavía en un guión y menos aún en un proyecto de rodaje. Así ha ocurrido que de los 179 guiones financiados por el Ministerio de Cultura en la etapa socialista, sólo once se llevaron al cine[9].

[9] Una buena parte de ellos ni siquiera se entregaron y a sus autores no se les ha reclamado la subvención entregada por adelantado. Además, la mayoría de los textos escritos no han sido leídos por nadie, por lo que constituyen un material inútil con el que no se sabe qué hacer.

Algunos episodios registrados en torno a las subvenciones darían pie para una película de risa y, desde luego, resultaría divertida si su argumento no resultara tan caro. Sin entrar en una más que dudosa calidad de la mayoría de los filmes subvencionados, algunos datos extraídos de los taquillajes que ha dado su explotación comercial pueden poner en guardia al espíritu más cándido. Se han dado casos tan estrambóticos como el de *La mansión de Cthulu*, coproducida por Filmagic con Inglaterra, que fue subvencionada en 1990 con 40 millones de pesetas y que sólo recaudó 950 pesetas.

Hasta el propio Andrés Vicente Gómez llegaría a besar el suelo del ridículo produciendo *Boris Godunov*, un bodrio que sólo vieron trece incautos espectadores, que se dejaron en taquilla la cantidad de 5.200 pesetas. Afortunadamente esa vez no se le dio un duro.

El *ranking* de los pobres —en recaudación, que no en subvenciones— es grande y habla por sí solo del rigor y del acierto de los encargados por el Ministerio de Cultura para seleccionar los proyectos cinematográficos merecedores de los millones del contribuyente. Entre 1984 y 1993 se concedieron más de 1.200 millones de pesetas para 350 películas, de las que 43 recaudaron menos de cinco millones.

Es el caso de *Doblones de a ocho*, producida por Andrés Linares Capel, recaudó 3.150 pesetas en 1989 pero había recibido 35 millones de subvención. *El tesoro*, de Escorpión Films, S.A., un año antes, no se quedó muy lejos: 13.800 pesetas, pero fue subvencionada con 50 millones, con lo que los duelos artísticos con pan son menores; *Hay que zurrar a los pobres*, de Altair P.F. S.A. y Moria Films, S.A., hizo en 1991 una taquilla de 16.000 pesetas. Ese mismo año, *Luz negra*, producida por El Tesoro P.C.S.L., recaudó 37.350 pesetas en taquilla y 37 millones en los despachos del Ministerio de Cultura. Y en 1992 *El sueño de Mauren*, de Quasar, S.A. —un sueño de verdad—, 43.250 pesetas de recaudación y 45 millones de subvención.

La desfachatez cubre las cotas más altas de tan estrepitosos fracasos taquilleros multimillonariamente subvencionados. Entre 1986 y 1993 se entregaron más de 860 millones de pesetas para 27 películas que no se llegaron a estrenar, tal como ordenaba la ley que les otorgaba el dinero público. Y no eran regalos simbólicos, no.

Por ejemplo, en 1986, las productoras de Javier Aguirre (Actual Films) y Manuel Muñoz Pombo (Capricornio III P.C.) recibieron 34 millones para una película que nadie ha visto: *El polizón de Ulises*. En 1987, Brumal P.C. S.A. recibió 35 millones para la película *Brumal*. En 1988, Luis Ariño P.C. S.A. recibió 40 millones para *Los días del cometa*; Octavio Martí, 30 millones para *Una mujer en mi jardín*; Santiago Lapeira Gimeno y Carlos Balagué Mazón, otros 30 para *Perfidia*; y Amalio José Cuevas, 30 para *Bazar Viena*. En 1989 subieron las subvenciones a películas no estrenadas: 40 millones a Tornasol Films, S.A. por *Nao o la vanagloria de mandar*, otros 40 a Serafín García Trueba para *La puerta grande* y 35 a Aura Films, S.A. para *Barcelona Berlín*[10].

El dinero de las subvenciones ha debido ser tan fácil de obtener que hasta Broadcast, una empresa creada por los agentes del Cesid Miguel Ruiz Martínez, alias «El Lobo», y José Manuel Trujillo como tapadera para escuchas ilegales, acudió al panal a través del director de cine socialista, Santiago Lapeira, pidiendo 40 millones para hacer una película sobre los cabezas rapadas. O bien en el ministerio no había un duro o bien los solicitantes no llegaron a descubrir el camino a la subvención. El Comité de Ayudas a la Cinematografía opinó que el guión tenía escasa calidad. Cómo sería comparado con los históricos patinazos ya reseñados que sí se colaron.

---

[10] Además, en 1990, Fair Playo Producciones, S.A. se llevó 30 millones para *Escrito en las estrellas*. En 1991, Filmagic, S.L. recibió 60 millones para *Espadas y brujerías*. En 1992, Virginia Films, S.L, 45 millones para *El árbol del paraíso*; y Septimania Films, S.A., otros 45 millones para *Nexo*. Las partidas de las subvenciones en 1993 a cuatro películas no estrenadas elevan el nivel del dinero y del escándalo: Ibergroup P.C. S.A. (de Andrés Vicente Gómez) recibió 80 millones para *Marathon*; otros 65 millones fueron para *Tatiana la muñeca rusa*, de HI Producciones S.L.; 60 más para Atlántico Films, S.L. por *La leyenda de la doncella*, y 45 para Dexiderius, S.L. por *El día nunca por la tarde*.

Igual que Pedro Almodóvar, otros cineastas, curiosamente beneficiarios de las subvenciones, han puesto el grito en el cielo ante el proyecto del Gobierno del PP de recortar drásticamente las ayudas al cine tal como las venía desarrollando el Gobierno socialista. Es decir, eliminando la alegría en la concesión del dinero a diestra y siniestra que pueda llevar el sistema a la corrupción y reservando sólo subvenciones automáticas en base a los resultados de taquilla y estímulos sólo a los nuevos creadores y a proyectos de especial calidad.

El productor Andrés Vicente Gómez argumenta[11] que se podrán criticar algunas políticas del Gobierno socialista, pero no la política relacionada con el cine, donde «nunca ha habido corrupción y las ayudas han sido medidas de fomento a las que se ha respondido con esfuerzo». Está claro que cada uno habla de la feria según le va en ella.

* * *

Distribuir tanta subvención no debía ser para los socialistas, por otra parte, tarea fácil, salvo en el caso de los amigos, naturalmente.

Miguel Angel Cortés lo supo un día en que le pasaron la lista de personas encargadas de resolver tan difícil problema. Para cada asunto —teatro, cine, arte dramático, guiones— había al menos tres o cuatro comisiones.

Eran, además, comisiones de las de verdad: con quince o veinte miembros cada una. Y, para colmo, trabajaban a destajo, sin concederse un minuto para el descanso, parecían un ejemplo de entrega pública. Había dos comités especialmente activos, los dedicados a la lectura de guiones y a promocionar a los jóvenes realizadores. Vallisoletano, treinta y ocho años, licenciado en Derecho, a Cortés le picó un día la curiosidad y le preguntó a uno de los funcionarios.

—Y esta gente, ¿por qué trabaja tanto?

—¿No lo sabe usted todavía?

—Pues no. ¿Qué ocurre?

---

[11] En declaraciones a la agencia EFE, julio de 1996.

—Es que desde la llegada del PSOE, la gente de los comités es personal externo en su mayoría, que trabaja a comisión.

El secretario de Estado de Cultura le echó un vistazo a los números. ¡Cómo no iban a estar ocupados! Cada sesión de trabajo de cada uno de los miembros del comité le costaba al contribuyente 50.000 pesetas.

Una razón de peso para estar reunidos las ocasiones que hiciera falta. Las cuentas del Ministerio de Cultura revelan que, de esta manera, existía un puñado de personas que a final de mes se llevaban a casa quinientas mil pesetas por sólo diez días de trabajo.

* * *

Si Miguel Angel Cortés pudo comprobar al llegar al Gobierno que el Ministerio de Cultura actuaba como un clan, antes que él, Jorge Semprún, ministro de Cultura, hombre de izquierdas fichado en 1988 por Felipe González como la guinda intelectual de su Gobierno, lo reconoció con toda sinceridad: la mayoría de las subvenciones concedidas por la entidad oficial durante 1989 lo habían sido a organismos e instituciones socialistas o vinculadas al PSOE.

Así se explica que en ese año a la Fundación Pablo Iglesias se le concedan 88 millones de subvención y a la Real Academia de la Lengua sólo 200.000 pesetas para organizar el XXIV Congreso de Filología.

To p'al pueblo, que diría Alfonso Guerra, por lo que resulta de una candidez casi virginal que en 1995 el PP insistiera en saber con detalle a dónde habían ido a parar 1.600 millones desviados de los presupuestos del Ministerio de Cultura para estudios y trabajos técnicos y supuestamente encargados a empresas y profesionales fuera del sector público [12]. Pero ¿qué es esa miseria entre los 333.000 millones que las administraciones —Gobierno central, ejecutivos autónomos, diputaciones y ayuntamientos— gastaban al año en cultura?

---

[12] Diario *ABC*, 2 de septiembre de 1995.

No ha sido una práctica excepcional encargar informes y asesorías a empresas privadas por parte de algunos ministerios. Durante 1994, junto a Cultura, otros cuatro departamentos —Economía, Justicia e Interior, Agricultura y Obras Públicas, Transportes y Medio Ambiente— se gastaron unos 22.000 millones en informes externos que podían encargarse a los funcionarios.

Algunos de los estudios, adjudicados a dedo, versaban sobre cuestiones tan actuales e inquietantes como *Un mercado medieval en los caminos de Santiago*, por el que la empresa Estampida Medieval S.A. se embolsó 105.470.000 pesetas de las arcas públicas.

A veces, incluso no era necesario recurrir a amiguetes o familiares de altos cargos en el exterior de los ministerios y todo quedaba dentro de casa. Cinco personas de la Dirección General del Libro [13] recibieron cinco millones de pesetas como anticipos y sobresueldos por trabajos realizados para la Fundación para el Desarrollo de las Bibliotecas. Todo normal, sólo que la citada fundación la presidía el director general del Libro, Francisco Bobillo.

* * *

William Layton, fallecido director norteamericano de teatro, fundó en Madrid un taller considerado como uno de los mejores de Europa en la preparación de actores. Layton abanderó las corrientes más modernas del teatro español en las décadas 70 y 80, pero su prestigio no sirvió de mucho. El Consejo de Teatro, otro órgano del Ministerio de Cultura dedicado a repartir las subvenciones para actividades teatrales, le negó a principios de los noventa la subvención de dos millones de pesetas que normalmente se venían concediendo a su escuela teatral. Ese dinero se desvió a la Federación Estatal de Gays y Lesbianas, como si esa condición sexual, tuviera algo que ver con la escena, por mucho que sus detractores se empeñen en calificarla como un desagradable espectáculo social.

---

[13] La ministra de Cultura, Carmen Alborch, reconoció esas irregularidades en el Congreso de los Diputados, alegando que se enteró por *ABC*.

En ocasiones habrá resultado fácil acceder al regalo de millones del Estado pero algunas veces tal acontecimiento ha parecido más una cuestión de suerte, como tocarle a uno la Primitiva, que una gracia del poder. ¿Cómo si no explicarse que el periodista Moncho Alpuente recibiera 40 millones para montar su función teatral *La Reina del Nilo* que resultó un desastre mientras la mayoría de los dramaturgos españoles han estado a dos velas durante décadas? Así han ido las cosas en el teatro, aunque con menos dinero que en el cine, porque éste es un sector que está considerado como la Cenicienta de las actividades artísticas en España, donde en la última década se han cerrado 40 salas.

El teatro es la Cenicienta en España según se mire, porque si se echan cuentas de lo que va a costar al erario público el mastodóntico Teatro Real, de Madrid, aparte de su mantenimiento, es para asustarse o para creer que sobra el dinero: hasta 1996 se han invertido más de 20.000 millones de pesetas en una reforma, cuyo coste inicial estaba cifrado en unos 6.000 millones de pesetas y que, tras ocho años de obras, sigue encareciéndose y acumulando polémicas y escándalos. Desde la resistencia numantina a dejar el puesto de su primera directora, Elena Salgado, nombrada por el Gobierno socialista, hasta el desbarajuste del accidente que dio con la lámpara central en el suelo y, por consiguiente, con más de 1.000 millones hechos añicos.

Pero aquí lo de las cifras multimillonarias tampoco parece asustar. La recién descubierta pasión socialista por la ópera debe obedecer a cualquier extraña fijación todavía no analizada por los pensadores del partido. En 1995 el Ministerio de Cultura destinó más dinero (1.000 millones de pesetas) a la reconstrucción del teatro del Liceo de Barcelona, una entidad privada y elitista, que a la restauración y conservación de las 93 catedrales españolas, el 90 por ciento de ellas en mal estado. Las catedrales, la mayoría bellísimas joyas históricas, patrimonio y orgullo de la Humanidad, sólo recibieron 633 millones, cifra ridícula si se compara el dinero presupuestado para otras actividades.

Porque caras van a salir las arias que puedan cantarse en

el Teatro Real por muy bellas que suenen a los oídos privilegiados de los que puedan acceder a sus butacas. Sólo el telón de boca ha costado 80 millones de pesetas, el más caro del mundo. Y el escenario, el más grande de todos los teatros líricos existentes, que permite manejar hasta doce decorados simultáneamente, supone un incremento de varios miles de millones de pesetas al haber sido necesario construir una estructura con otras tantas alturas por debajo del patio de butacas. Además, con un inconveniente añadido. Por sus enormes dimensiones, los montajes del lírico no podrán ser reutilizados en escenarios convencionales.

Este teatro tal como está concebido parece una trampa diabólica: resultará costoso aunque esté cerrado[14], unos 500 millones de pesetas, y si se organiza una temporada de ópera puede salir por unos 15.000 millones al año. Si la ópera tenía fama de elitista, cuando se inaugure el Teatro Real, el público se va a enterar de verdad.

Con estas cifras no resulta extraño que la directora Elena Salgado, ex secretaria de Estado de Telecomunicaciones, con el ministro socialista José Borrell, tirara con pólvora de rey aunque todavía faltaba mucho tiempo para la inauguración del teatro y desde luego, extraña menos que no quisiera perder el chollo.

Su sueldo era de 19 millones de pesetas anuales, además de una cantidad de dos millones anuales, en concepto de retribución variable y en cumplimiento de los objetivos. Tenía chófer, un jefe de Prensa, un jefe de protocolo y una secretaria. Había alquilado un piso en el Paseo de Recoletos por el que se pagaban 1.160.000 pesetas al mes[15]. Al final, su puesto, desde el que dirigía a dieciséis personas, costaba al contribuyente cerca de cien millones de pesetas.

---

[14] Sólo los quince miembros del patronato, directores artísticos y demás personal fijo suman unos honorarios próximos a los 150 millones de pesetas.

[15] La decisión de alquilar un piso la tomó, según fuentes del Gobierno, después de que el Ministerio de Cultura le impidiera remodelar un despacho existente en el Teatro Real, por un coste de unos 20 millones, en la etapa de la ministra Alborch.

Salgado fue destituida por la ministra de Educación y Cultura, Esperanza Aguirre, dada su trayectoria en anteriores cargos de confianza del Gobierno socialista. Pero la resistencia continúa en los tribunales, donde Elena Salgado reclama 55 millones por despido improcedente con la cuestión de fondo de haber hecho política con el PSOE. Por si no era suficiente el derroche de millones en el teatro, otros 55, los de la supuesta indemnización, están en el alero.

El dinero invertido por el Ministerio de Cultura y el Ayuntamiento de Madrid en rehabilitar el Teatro Real es, en realidad, una cantidad ridícula si se compara con las cifras que el Gobierno socialista destinaba cada año a editar libros, folletos y publicaciones de todo tipo, muchos de ellos con el claro objetivo de transmitir la ideología y el pensamiento de Pablo Iglesias a la sociedad. El Gobierno socialista, como editor, ha dejado en mantillas a Planeta y a todos los grandes grupos editoriales del país: el 17 por 100 de la producción editorial española.

* * *

Fernando Rodríguez Lafuente no podía ni imaginárselo cuando, a mediados de mayo de 1996, sustituyó a Andrés Mata Ontaba al frente de la Dirección General del Libro, Archivos y Bibliotecas: de los 51.048 títulos publicados en 1994 en España, según la agencia del ISBN (International Standard Book Number), 9.810 (el 19,22 por ciento de las ediciones) correspondían al Estado en su conjunto, es decir, al Gobierno central, comunidades autónomas y ayuntamientos.

La figura prepotente del Estado se convierte así en la primera empresa editora de libros del país sin importarle la competencia desleal que representa para las editoriales privadas. El valor de esta ingente producción ha dado en los últimos años un salto descomunal. En 1985, su valor a precios de mercado era de 29.000 millones. En 1994, nueve años después, casi se había triplicado, alcanzando los 72.000 millones[16].

---

[16] Diario *ABC*, 12 de enero de 1996.

Se trata, además, de una producción en gran parte inútil, según reconocen las estadísticas oficiales del Ministerio de Cultura: el 85 por ciento de los ejemplares impresos por los distintos organismos del Estado no se comercializa en las grandes librerías. De esta manera, es bastante frecuente que en los ministerios existan almacenes repletos de libros, que llevan entre 40 y 50 años guardados y de los que nadie sabe de su existencia al haber sido descatalogados.

El despilfarro que la política editorial oficial supone para el contribuyente aparece reflejado en un nuevo dato: de los 5.440 millones de pesetas invertidos en 1995 en proyectos editoriales por los servicios de publicaciones de los catorce ministerios socialistas, sólo se recuperaron 2.258 millones de pesetas, es decir, poco más de la mitad del dinero gastado [17]. El esquema se reproduce, con la misma alegría, en las comunidades autónomas y ayuntamientos, que pierden en conjunto entre 2.500 y 3.000 millones de pesetas anuales.

Como, además, desde el año 1982 la situación es la misma, altos cargos del nuevo Gobierno estiman que entre setenta y ochenta mil millones de pesetas en publicaciones se encuentran almacenados por la Administración, sin contar los destruidos por falta de espacio.

No es infrecuente que el criterio por el que se edita un libro oficial sea el de satisfacer los deseos de protagonismo malamente disimulado del responsable político del departamento; cumplir con desgana el compromiso adquirido tras una recomendación de instancias más altas; pagar la prebenda de un amiguete al que las editoriales privadas no han encontrado de su interés o «inventarse» literalmente la historia de una región.

Asomarse a los sótanos del Ministerio de Trabajo y Seguridad Social puede dar una idea del desastre: allí se conservan todavía ediciones enteras, sin desembalar siquiera, sobre

[17] Curiosamente, los ministerios que más dinero gastaron en la edición de libros fueron Defensa, con 621 millones; Justicia e Interior, con 592; Trabajo y Seguridad Social, con 459; Agricultura, con 454 y Asuntos Sociales con idéntica cifra. Cultura, en cambio, sólo invirtió 329 millones.

el pensamiento de Ramiro Ledesma Ramos, José Antonio Primo de Rivera o los discursos del ex ministro franquista José Antonio Girón, mientras que en el departamento de publicaciones de la primera planta pueden adquirirse ejemplares de *Oligarquía y caciquismo como la forma actual de Gobierno en España: urgencia y modo de cambiarla*, de Javier Cuadrat; *Ensayos fabianos sobre pensamiento socialista*, de Ben Pimplott o *El foureirismo en España*, de Antonio Elorza, títulos todos ellos con una clara connotación política.

Porque una de las situaciones más extrañas con las que se encontraron los dirigentes del Partido Popular al llegar al poder es que todos los ministerios tenían su servicio oficial de publicaciones abierto al público como una dependencia más dedicada a vender de cara al exterior la imagen del Gobierno y a hacer proselitismo entre los compradores directos y suscriptores [18].

Puestas así las cosas, no es extraño que en el periodo 1982-1995, el conjunto de las administraciones públicas se haya gastado más de 150.000 millones de pesetas en editar toda clase de publicaciones [19], en parte para gloria y boato de los encargados de regir los destinos del país en cada momento.

Cuando Joaquín Almunia llegó a Administraciones Públicas, el 26 de julio de 1986, una de las primeras decisiones que tomó fue encargar a una historiadora un trabajo sobre la *Casa Palacio del Marques de Villamejor*, el edificio que albergaba el ministerio.

La monografía se publicó en forma de libro con formato 60x40, decenas de láminas en color, y un prólogo-presentación, ¡cómo no!, del propio Almunia. Aunque el volumen estaba destinado a regalo, de la edición se debieron hacer tantos ejemplares que cuando Mariano Rajoy, del Partido Popular, asumió la cartera aún quedaban centenares de copias en los almacenes.

---

[18] Algunos ministerios, como Cultura, Defensa y Educación, contaban incluso con imprenta propia.

[19] Los datos proceden de la Dirección General del Libro, Archivos y Bibliotecas.

Lo que resultó más curioso para Rajoy fue descubrir que los sucesores de Almunia en Administraciones Públicas, los ministros socialistas Juan Manuel Eguiagaray, Jerónimo Saavedra y Joan Lerma obsequiaban a sus ilustres invitados con el libro de Almunia. Pero antes de hacer entrega del presente, un bedel se encargaba de arrancar cuidadosamente la hoja que contenía el prólogo firmado por Almunia. Una chapuza demasiado complicada y absurda porque había que suprimir exactamente 15 líneas de texto.

Ejemplos similares existen a decenas en la Administración de la era González, donde cada ministro rivalizaba con Pablo Iglesias, el fundador, no tanto en defender la ideología del partido como patrimonio cultural e intelectual, sino en una segunda faceta menos conocida del padre espiritual: la de impresor, su verdadero oficio.

En esa carrera impresora de los gobernantes socialistas, el récord de obras publicadas por organismos del Estado, lo ostenta el Ministerio de Obras Públicas, Transportes y Comunicaciones. Durante la etapa de José Borrell se editaron nada menos que 1.200 títulos. Le siguen Agricultura, que en la época de Luis Atienza editó 1.100 obras; Manuel Chaves y José Antonio Griñán, a su paso por Trabajo y Seguridad Social, publicaron 939 volúmenes; Economía y Hacienda, con 904 en el periodo de Pedro Solbes y Administraciones Públicas, con 407, impresos conjuntamente por Jerónimo Saavedra y Joan Lerma.

Tan profusa «producción literaria» por parte de instituciones del Estado cuya función es fomentar el empleo y construir carreteras, entre otros menesteres, no parece casualidad. Un tercio de los volúmenes se dedican a vender entre los lectores las ideas de paz, igualdad, solidaridad —fácilmente identificables con el socialismo— y a denostar otras como liberalismo o capitalismo, al presentarlas como valores retrógrados y contrapuestos a los avances y a la modernización de la sociedad.

Naturalmente, no todo es política. Junto con las habituales publicaciones sobre carreteras e inversiones en infraestructuras, en el servicio de publicaciones del Ministerio de

Obras Públicas, puede adquirirse, desde el *Nuevo Atlas nacional de Cuba*, por 32.000 pesetas, hasta *Mapa en relieve de Cercedilla* (3.000 pesetas), *Plano del Metro de Madrid en Braille* (1.100 pesetas), *Puzzle de la Carta de Juan de la Cierva del año 1.500* (1.400 pesetas); *Dinámica marina de la ría de Pontevedra* (600 pesetas), *Catálogo sísmico del Perú* (1.000 pesetas), *Estudio del viento en Zaragoza* (75 pesetas) o diversos informes climatológicos de las fiestas de San Isidro, en Madrid; del Pilar, en Zaragoza; o del Apóstol Santiago, en Santiago de Compostela (Galicia).

El boletín de novedades de publicaciones oficiales del Estado de 1995 ofrece títulos como *El altramuz* (1.200 pesetas); *Efecto de la presión urbana sobre las abejas y las avispas en Salamanca* (2.800 pesetas); *Determinación del crecimiento de la sardina en aguas gallegas* (400 pesetas); *El boicot de la derecha a las reformas durante la II República* (900 pesetas); *Antropología de la ferocidad cotidiana: superviviencia* y *trabajo en la comunidad cántabra* (375 pesetas) o *Tierra, trabajo y reproducción social en una aldea gallega del siglo XIII: muerte de unos, vida de otros* (3.300 pesetas); *Francisco Largo Caballero* (2.800 pesetas); *La herejía lesbiana. Una perspectiva feminista de la revolución sexual lesbiana* (3.300 pesetas); *Historia e influencia social de la patata* (4.500 pesetas); *Tres novelas inmorales* (2.200 pesetas); *El Ampurdán, tierra de artistas* (2.000 pesetas); *El Gobierno en acción* (1.500 pesetas) o *El Horóscopo de Felipe II* (4.500 pesetas); *Registro y matrícula de caballos, yeguas y razas de tiro* (2.000 pesetas) o *Sementales selectos del Estado* (3.500 pesetas) [20].

Esta fiebre editorial es un somero ejemplo del desprecio al dinero público y a lo que cuesta a los ciudadanos pagar sus impuestos en un país donde la reducción del déficit y el proceso de convergencia con Maastricht ha obligado al Gobierno de José María Aznar a recortar el sueldo de los funcionarios y a resucitar el viejo sistema de tasas.

[20] En los sucesivos catálogos publicados los precios fueron sometidos a continuas revisiones.

Sin embargo, la estrategia para crear en todos los ámbitos de la sociedad una red de conexiones que, de un modo u otro, sirviera para propagar la filosofía del poder, ha llegado a implantarse incluso hasta en los enfermos a los que se les proporciona lectura gratuita, eso sí, cuidadosamente seleccionada por los comisarios del partido en el Ministerio de Cultura.

* * *

Todas las tardes, entre seis y ocho, un celador suele recorrer todas las plantas del Hospital Insular de Menorca con dos gruesos catálogos bajo el brazo.

El funcionario habla con los pacientes, les muestra los catálogos y les da a elegir un libro, entre un repertorio de dos mil volúmenes. El servicio de lectura es gratuito y forma parte de una campaña de promoción del libro entre los enfermos, aprovechando el abundante tiempo libre de los periodos de convalecencia.

El sistema funciona en la mayoría de los centros hospitalarios españoles y entró en vigor en 1989, tras un convenio suscrito entre el Ministerio de Sanidad y Consumo y el Ministerio de Cultura para dotar a los hospitales de un fondo editorial de dos mil libros para adultos y otros quinientos para niños y jóvenes.

En el fondo pueden encontrarse todo tipo de publicaciones. Desde los sesudos tratados de Economía, Política o Derecho hasta las novelas policíacas, de acción, libros de cocina, de ocultismo, cuentos, relatos cortos, poesía y libros de actualidad.

En la selección de los títulos, sin embargo, se advierte la ideología del funcionario de Cultura al servicio del partido. Mientras no falta ni una novela de Manuel Vázquez Montalbán, los libros de Carmen Rico-Godoy, o la *Transición democrática española*, de José Félix Tezanos, Ramón Cotarelo y Andrés de Blas, se echan de menos, entre otros, *La España alternativa*, de Ramón Tamames; *El «caso Interior»*, de Manuel Cerdán y Antonio Rubio; *El Agujero*, de Manuel Hermógenes y Alfonso Torres; *Lo que queda de España*, de Federico Jiménez

Losantos; *Yo sí me acuerdo*, de Pablo Castellano o *Amedo, el Estado contra ETA*, de Melchor Miralles y Ricardo Arques, sólo por citar algunos autores.

Trece años de régimen resulta un periodo demasiado largo en el que hay tiempo para todo. Hasta para tratar de consolar a los enfermos con la fe redentora del socialismo.

Tal y como se relata más ampliamente en otro apartado de este libro[21], los gobiernos de Felipe González tuvieron a su servicio a una legión de periodistas, duplicaron los efectivos de la agencia EFE[22] y RTVE para situar, en parte, a sus amigos y convertir a estas instituciones, donde trabajan numerosos profesionales honrados e independientes, en dos aparatos de propaganda del «régimen».

Además, pusieron en circulación centenares de revistas conocidas en la Administración como las tres aes (adulación, autobombo y autocomplacencia) la mayoría de las cuales no salen del ámbito del ministerio que las financia. Tanto alarde editorial no se comprende en un país donde el 63 por ciento de los adultos no compra ni tan siquiera un libro[23]. Lo cual no impide que en el año 1992, bajo el pretexto de diversos acontecimientos culturales, el Estado echara la casa por la ventana.

* * *

Ocurrió durante una visita de un grupo de periodistas españoles a la ciudad de Luxemburgo, con motivo de su elección como Capital Europea de la Cultura en 1995. Todos habían alabado el eclecticismo de su programa, en el que no faltaba de nada, incluida una variada representación de la cultura española.

—¿Cuánto dinero público le va a costar a Luxemburgo la celebración de la capitalidad de la cultura?

---

[21] Para más detalles, ver capítulo cuatro.

[22] Para pagar los incrementos de gastos de la agencia estatal de noticias, el Ministerio de Presidencia tuvo que habilitar una partida anual de 5.000 millones de pesetas.

[23] Estudio del Grupo Metis para el Ministerio de Cultura, en 1991.

La pregunta de uno de los periodistas españoles en una rueda de Prensa con responsables culturales del Gran Ducado, fue contestada tajantemente:

—Poco más de 1.000 millones de pesetas.

—Les felicito —dijo el periodista español— porque les va a representar muy poco más de lo que costó sólo algunos de los actos organizados por Madrid en 1992.

Lo peor de la capitalidad europea de Madrid en 1992, una especie de compensación tonta por las fastuosidades destinadas en ese mismo año a Sevilla (Expo-92) y Barcelona (Juegos Olímpicos), no sólo fue que se derrocharan decenas de miles de millones, sino que, además, tuvo que competir con los programas de Sevilla y Barcelona, donde estaba centrada la atención de todo el mundo.

Los actos culturales de Madrid, en un desbarajuste absoluto, programando porque sí hasta el atosigamiento, se diluyeron de tal manera que muchos madrileños aún no se han enterado de que su ciudad tuvo tamaña distinción europea.

«Cultura de escaparate y pasión de nuevos ricos» es la definición que aplica el escritor y académico Antonio Muñoz Molina a este afán socialista —con los caudales del Estado— de sobresaturar de espectáculo toda acción cultural, en lugar de trazar líneas de mayor calado en la sociedad.

Esa política de espectáculo presidió el año en que España se empeñó hasta las cejas. El Gobierno español se comportó durante la Expo-92 como un imperio estúpido que no sabe dónde gastar el dinero. Para que luego digan que en la sociedad española hay poca cultura. No será porque no le dedica esfuerzos. Y para muestra algunos botones:

Desde abril a octubre, el tiempo que duró la exposición universal, el espectáculo del lago que se ofrecía ante el pabellón de España costó 11 millones de pesetas diarios.

Sólo en contrataciones para espectáculos se gastaron 6.640 millones de pesetas, que fueron a los bolsillos de unos pocos privilegiados. Sin entrar en valoraciones ideológicas este despilfarro artístico escandalizó hasta a los sesudos técnicos del Tribunal de Cuentas del Reino[24].

Con tanto famoso contratado a precio de oro, los responsables del magno acontecimiento pensaron en hacer el negocio del siglo. Debían de estar muy confiados porque sólo en invitaciones se invirtieron 200 millones de pesetas. El resultado fue una verdadera ruina: se perdieron 5.789 millones sólo en espectáculos.

Y no sólo fueron los 200 millones en entradas de gorra los motivos principales que ocasionaron el descalabro. Con los *cachés* pagados a los artistas contratados a través de adjudicación directa, el negocio estaba condenado, de antemano, al fracaso.

Sin embargo, muchos artistas ya quisieran alegrías como las de Sevilla: el director de teatro italiano Mauricio Scaparro cobró 170 millones de pesetas por su asesoramiento y otros trabajos realizados; el tenor Plácido Domingo, 123 por asesoramiento y por tres representaciones; su esposa, Marta Ornelas, recibió 2,5 millones por la dirección artística de *Tosca* en la que actuaba su marido. Buena compenetración conyugal. Como la de la actriz Concha Velasco, a la que abonaron 122 millones por un montaje que hizo su marido Francisco Marsó.

Algunos hicieron su agosto y parece que aún no se lo creen pese al paso del tiempo, como el cantante Sisa que cobró 8 millones por una sola actuación, la folclórica María del Monte, 12 millones por una sola actuación y el grupo Mecano, 18 millones también por un debut y despedida.

Las folclóricas, ya se ve el ejemplo de María del Monte, no se fueron de vacío: el espectáculo *Azabache,* costó 780 millones (el escenógrafo Gerardo Vera cobró más de 22 millones por el montaje) y generó empleo al sector de la castañuela y la bata de cola, en el que la musa socialista Rocío Jurado se llevó la palma y la pasta: cinco millones por noche hasta un

---

[24] Un informe del Tribunal de Cuentas advierte que, pese a la fama de algunos artistas, no considera justificada su contratación para atraer gente a la Expo.

total por encima de los 80 millones. Allí le tocó la lotería hasta a alguna «costurera»: por los trajes de *Azabache* se llegaron a pagar hasta 10 millones de pesetas.

El autor italiano Giorgio Strehler cobró 10 millones por una clase de dramaturgia. Alfredo Kraus cobró 48,5 millones por seis actuaciones y un recital. José Carreras, 18 millones por tres funciones, Teresa Berganza, 27,5 y Montserrat Caballé 9,5 millones.

El director teatral José Tamayo se llevó 400 millones para su *Antología de la Zarzuela*, el Metropolitan Opera House, más de 300 y el Teatro Estable de Génova, 110. Incluso, un conocido intermediario del mundillo artístico, el argentino Alejandro Sterenfeld, se embolsó 62 millones por hacer un par de gestiones *in situ* y varias llamadas telefónicas a Nueva York para traer al Metropolitan cuando, en realidad, el encargado de organizar los espectáculos operísticos era Plácido Domingo, que no renunció a sus 123 millones.

Adolfo Marsillach y Miguel Bosé ni siquiera actuaron. Estrenaron profesión como asesores y percibieron 14,5 millones y 24,5, respectivamente. Buen debut profesional.

Sevilla, desde luego, fue una bendición para todo el mundo menos para los andaluces. Pero quienes se llevaron la tajada fueron, de nuevo, los elegidos de la cultura del *convoluto.*

CAPITULO TRECE

LA QUIEBRA DEL ESTADO DE BIENESTAR

En el año 1996, sesenta y dos de cada cien pesetas pagadas por los españoles a Hacienda se dedicaron a financiar el Estado de bienestar. Con una inversión global de 18,5 billones de pesetas, la cifra es seis veces más alta que lo que se gastaba en 1982. Pese a ese enorme esfuerzo, en los casi catorce años transcurridos los españoles no perciben en los servicios que reciben del Estado una mejora en las prestaciones proporcional al incremento de la presión fiscal que soportan. Aunque España dista mucho todavía de equipararse al resto de los países comunitarios, el welfare state *constituye a la vez el gran fraude del Gobierno socialista y uno de los mayores instrumentos de corrupción jamás conocidos, una máquina de fabricar parados y uno de los más perversos sistemas de captación de votos. Según se recoge en la memoria de los Presupuestos Generales del Estado correspondientes a 1994, el Gobierno invirtió ese año en abonar subsidios a los desempleados el equivalente al gasto realizado en infraestructuras, industria y energía, vivienda, defensa y política exterior, es decir, el presupuesto de cuatro ministerios*[1]. *Con esta política de derroche sin control no es extraño que España encabece la lista de los países europeos con peor educación secundaria o que los centros de enseñanza superior españoles —con menos del 45 por*

[1] Pedro Solbes en el pleno del Congreso de los Diputados del 20 de octubre de 1993.

*ciento de catedráticos— se hayan convertido en «universidades-*parking» *o que el gasto farmacéutico se incremente año tras año en medio billón de pesetas.*

El 6 de febrero de 1996, José María Aznar ofreció su primer mitin en Córdoba, dentro de la campaña para las elecciones generales.

Eufórico, lleno de vitalidad, con el triunfo que le daban las encuestas en el bolsillo, el representante de la nueva derecha española se dirigió aquella mañana a un auditorio de más de treinta mil personas que, en perfecta comunión espiritual con su líder, se emocionaban, sonreían, aplaudían y vibraban ante cualquier palabra suya.

Con la seguridad rotunda de que en breve iba a ser el nuevo Presidente del Gobierno, el dirigente del Partido Popular había hecho todo lo posible por conectar con el pueblo. Su discurso había sido llano, abierto, y los asuntos tratados interesaban a todo el mundo. Aznar habló de bajar los impuestos, de mantener las pensiones, de mejorar la sanidad, acabar con las listas de espera, y de regenerar la vida política del país. En la comunidad autónoma con mayor índice de desempleo de España, una alusión a este lacerante problema era inevitable.

—El paro es el drama que afecta a toda la sociedad española y, en especial, a Andalucía. Por eso, si llegamos al Gobierno de la nación, yo me comprometo solemnemente a crear trabajo y a acabar con la precariedad en el empleo —señaló poniendo especial énfasis en cada una de sus palabras.

En el recinto se encontraban personas llegadas de Los Morales, Torres Cabrera, Pozoblanco, Posadas, Los Villares, Guadalcázar, El Carpio, Quintana y otros pueblos de la provincia. Cuando el líder popular habló de acabar con el desempleo, una de las personas instaladas en las últimas filas comentó con su compañero:

—Otro que nos quiere mandar a trabajar para que el Rubio, ése del Banco de España, y el Roldán sigan robando y forrándose.

La fugaz conversación puede ser una simple anécdota pero revela todo un estado de opinión. A poca gente le ilusiona el trabajo. Una encuesta realizada recientemente por el Ministerio de Trabajo y Seguridad Social revela que sólo el 40 por ciento de los parados aspira realmente a volver a la vida laboral[2].

Y es que uno de los inconvenientes del Estado del bienestar radica en que crea en la población una cultura tendente a pensar que el Estado es un ente gigantesco, con un presupuesto inmenso e inagotable, que puede absorber las necesidades de decenas de millones de personas.

De ahí que en Europa gran parte de su población esté convencida de la bondad del Estado providencia como panacea de todos los males. Y que, incluso, a los grandes empresarios, cuando tienen pérdidas o exceso de personal, la primera solución que se les ocurra sea traspasarle sus problemas al Estado.

* * *

El 27 de marzo de 1996 el Tribunal de Cuentas remitía al Congreso de los Diputados un informe de fiscalización especial sobre una serie de empresas subsidiarias o relacionadas con Renfe.

El documento revela cómo la Red Nacional de Ferrocarriles Españoles había contratado en 1988 los servicios de una sociedad, Medicalia S.A., para transferir a la Seguridad Social a los trabajadores de menos de cincuenta y dos años cumplidos, que no podían acogerse a la jubilación anticipada.

La documentación fiscalizada por los inspectores del alto tribunal demuestra que Medicalia era en 1982 una empresa de construcción llamada Yesos Bisbal. El 27 de diciembre de 1984 cambia su denominación a Medicalia y de poner ladrillos pasa a ser una empresa de servicios médicos.

---

[2] Según los datos que maneja el secretario de Estado del Ministerio de Trabajo y Seguridad Social, Juan Carlos Aparicio, con quien los autores del libro se entrevistaron en dos ocasiones durante el verano de 1996.

La compañía carece de estructura y servicios de personal cualificados[3]. En 1988 firma un acuerdo con Renfe por el que se compromete a reducir su plantilla, transfiriendo a la Seguridad Social a los trabajadores con menos de cincuenta y dos años.

El trabajo de Medicalia consiste en realizar una serie de informes médicos al personal de Renfe que quiera darse de baja voluntariamente y hacerlos pasar por inválidos permanentes para que puedan cobrar su jubilación al completo. Los expedientes deben ser aprobados, además, por el Instituto Nacional de la Salud (Insalud).

De esta manera, entre 1988 y 1991 en la Red Nacional de Ferrocarriles apareció, de pronto, una epidemia mucho mayor que la del aceite de colza. Los cincuenta médicos que el organismo tenía en plantilla no se enteraron de lo que había ocurrido. Sí lo hizo, en cambio, una empresa contratada externamente, Medicalia, que convirtió a ochocientos diecisiete trabajadores en inválidos totales, cobró por provocar la «catástrofe» 787,4 millones de pesetas de Renfe y obligó a la Seguridad Social a asumir las cargas.

La factura de Renfe representa sólo el 18,6 por ciento de los ingresos que entre 1989 y 1993 obtiene Medicalia por dejar tullidas y paralíticas a centenares de personas. Por eso el Tribunal de Cuentas da por hecho que otras compañías estatales como Seat, Iberia, la minería, el sector naval y el metalúrgico se han dedicado a «matar» laboralmente a miles de trabajadores aunque, como en una versión apócrifa del *Tenorio,* aquí «los muertos que vos matáis gozan de buena salud».

Como estas maniobras son ilegales, las bajas por invalidez se hacen por medio de una serie de sociedades fantasma, como Medicalia, con unos enormes costes económicos, cuando Seat, la minería y la metalurgia disponen de decenas de médicos de empresa.

El secretario de Estado de Trabajo, Juan Carlos Aparicio, un burgalés de cuarenta y un años, químico de profesión, es

[3] Los gastos de personal en 1989 eran de 22,7 millones de pesetas.

consciente del enorme fraude que se ha montado desde 1982 con las pensiones de invalidez total, hasta el punto de que el 1 de octubre de 1995 había censados en España 1.674.105 inválidos adscritos al sistema de pensiones de la Seguridad Social.

—Tenemos más inválidos ahora que después de la Guerra Civil y, que yo sepa, en los últimos cincuenta años no ha habido ninguna contienda, terremoto o epidemia que haya dejado a tantas personas inútiles para el trabajo —dice Aparicio.

Este no es, sin embargo, el único sistema de fraude con el dinero público.

* * *

Durante el año 1982, el día 28 de cada mes una furgoneta blindada y protegida por una patrulla de la Guardia Civil entraba en los sótanos del Banco de España, cargaba 12.000 millones de pesetas en su interior y tomaba la ruta de Andalucía. Era el dinero para pagar el PER y los subsidios familiares a los desempleados del campo. En 1996 la operación es similar, pero para transportar los fondos hacen falta tres furgonetas[4].

Y es que, de repente, en las listas del paro andaluz han aparecido más mujeres que hombres —cuando el varón es quien tradicionalmente realiza las labores fuera de la casa—. El PSOE flexibilizó el sistema de peonadas para tener acceso al PER con el fin de favorecer el clientelismo político en el sector agrario, donde todavía trabajan un millón de personas en toda España. Las mujeres no iban a ser menos, al fin y al cabo su voto tiene el mismo valor que el de los hombres.

La Seguridad Social sufrió otro serio desajuste en 1991, cuando se universalizaron las ayudas sociales creando las pensiones no contributivas y ampliando la cobertura de la Seguridad Social a las personas que no habían cotizado nunca.

---

[4] Las cantidades anuales destinadas por la Seguridad Social a subvenciones fueron de 496.066 millones de pesetas en 1992 y de 718.388 millones en 1993. Al año siguiente, en 1994, la cifra se situó en 577.923 millones de pesetas.

El primer año se acogieron al programa de pensiones no contributivas 6.291 personas. Al año siguiente, la cifra aumentó a 57.395. En 1993 los beneficiarios son 100.472. Un año después la cifra se dispara hasta 144.051 y en 1996 las ayudas llegan a 250.042 personas. De esta manera, el presupuesto de 190.669 millones de pesetas que se destina a este capítulo en 1995 se convierte en 220.515 millones en 1996.

Aunque hubiera resultado lógico que este tipo de pensiones creciera de forma espectacular en los primeros años y luego se estabilizara, ya que el sistema de cobertura de la Seguridad Social alcanza a casi el cien por cien de la población, lo cierto es que el número de pensiones no contributivas continúa incrementándose a un ritmo del 10 por ciento anual.

Las razones son muy sencillas. La tramitación y gestión de estas ayudas corre a cuenta de las comunidades autónomas, pero no de sus presupuestos. Los pagos los hace la Tesorería de la Seguridad Social. De ahí que ninguna comunidad se esfuerce en comprobar si las personas que las solicitan tienen derecho a ellas, y que el grado de fraude sea así muy alto.

Pero a los responsables de los organismos autónomos perseguir las posibles ilegalidades que se cometen parece traerles sin cuidado. Si un hombre es un voto, una pensión por mínima que sea es un voto seguro para el que la gestiona.

* * *

En la década de los ochenta y comienzos de la de los noventa la banca española ha experimentado la transformación más importante de todo el siglo. Las ciento trece marcas nacionales existentes en el mercado se han reducido a menos de la mitad[5] y los grandes mastodontes —Bilbao, Vizcaya, Central, Hispano, Banesto, Exterior de España, Crédito Industrial, Crédito Agrícola, Caja Postal y Crédito Local— se han fusionado para fomentar la competitividad o han caído en manos de otras entidades financieras.

---

[5] Cincuenta y ocho de ellos, más de la mitad de los existentes en 1977, quebraron entre ese año y 1985.

El proceso de reconversión se hizo con un coste social muy alto. Unos 45.000 trabajadores de toda España tuvieron que jubilarse con cincuenta y dos y cincuenta y cuatro años para reducir plantillas y adecuar los gastos de personal a las nuevas estructuras. La modernización de las oficinas y la implantación de la informática lanzaron, por su parte, a otros miles de empleados a la calle.

En los sectores siderúrgico y minero hubo también drásticos recortes de personal con el fin de optimizar las plantillas tradicionalmente sobredimensionadas. Muchos mineros, algunos de ellos con treinta y nueve años de edad [6], abandonaron el mono azul y el casco y se fueron a sus casas.

Fueron las dos únicas revoluciones silenciosas de los últimos veinte años. Ni un solo trabajador de banca salió a la calle a protestar por los despidos y muy pocos mineros tuvieron que manifestarse, salvo en los últimos años cuando se han tratado de cerrar, de golpe, varias explotaciones.

La razón parece clara. A muchos trabajadores de la siderurgia y de la minería se les jubiló con pensiones que oscilaban entre las 200.000 y las 250.000 pesetas mensuales [7]. A los empleados de banca se les aplicó por anticipado el pago de dos convenios colectivos y se les garantizó que al cumplir los sesenta y cinco años su pensión sería igual a la del resto de sus compañeros de similar categoría.

La sobrecarga que sufrió la Seguridad Social al tener que asumir a varias decenas de miles de trabajadores antes de la edad reglamentaria de jubilación y el lucro cesante por dejar de recibir unos ingresos con diez años de anticipación supuso para el sistema unos costes de dos billones de pesetas [8].

* * *

---

[6] Según el ministro de Trabajo y Seguridad Social, Javier Arenas, en entrevista con los autores del libro.

[7] Las pensiones de la minería del carbón son las más altas de España. A 1 de junio de 1996 había 76.612 jubilados cobrando una pensión media de 117.530 pesetas. La pensión máxima pagada por la Seguridad Social se cifraba en 1996 en 276.996 pesetas.

[8] De acuerdo con los estudios que maneja Juan Carlos Aparicio.

El 20 de octubre de 1993, al presentar la Ley de Presupuestos Generales del Estado ante las Cortes generales, el ministro de Economía y Hacienda, Pedro Solbes Mira, se mostraba altamente satisfecho. La razón de su alegría no estribaba en haber reducido la tasa de paro en España, la más alta de Europa, ni en que su Gobierno estuviera dispuesto a realizar un plan de inversiones de choque para crear empleo, sino en el dinero que el Ejecutivo se iba a gastar ese año en mantener inactivo a un auténtico ejército de parados.

«Desde el año 1985 al 1993, el sistema de protección por desempleo ha pasado del 2,7 al 3,5 por ciento del PIB. En el momento actual representa el 7 por ciento del gasto total del Estado. Para que tengamos una idea, es igual al gasto de infraestructuras, industria y energía, vivienda, defensa y política exterior», confesaba. Y añadía, sin el más mínimo rubor:

«El número de beneficiarios ha evolucionado de forma enormemente favorable. Hemos pasado de una cobertura del 45 por ciento en 1985 a una tasa del 80 por ciento en 1993. La generosidad española con sus desempleados es superior a la media de los países de la OCDE.» [9]

De una población desempleada de 2,2 millones de personas en 1982, la tasa de paro había crecido a 3,5 millones en 1993 [10]. De esa manera, de los 613.356 millones (el 3,5 por ciento del PIB) invertidos en 1982 en pagar subsidios y mantener un organismo inútil como el Inem (Instituto Nacional de Empleo) el Estado había pasado a desembolsar 2,14 billones de pesetas (el 4,72 por ciento del PIB) en 1993 [11].

---

[9] Para más detalles, consultar *Diario de Sesiones* del Congreso de los Diputados.

[10] El 22,2 por ciento de la población en edad de trabajar.

[11] *La Seguridad Social en el umbral del siglo XXI,* Ministerio de Trabajo y Seguridad Social, 1996. El dato en cuanto a porcentajes del PIB contradice las cifras facilitadas por Solbes en el Congreso de los Diputados. Los autores del libro damos mayor credibilidad a los datos que aparecen en el informe de la Seguridad Social, ya que cuando el ministro de Economía y Hacienda hablaba ante la Cámara baja se refería a evaluaciones presupuestarias que, generalmente, resultan desbordadas al alza por la realidad.

Los 2,26 millones de parados que percibían subsidios encubrían, según evaluaciones oficiales, por lo menos a un 30 por ciento de supuestos desempleados que estaban cobrando del Estado y al mismo tiempo practicando la «economía sumergida». El fraude al sistema de la Seguridad Social ascendía a casi 700.000 millones de pesetas.

A esta cifra habría que añadir un número no cuantificado de personas que, pudiendo tener acceso a un empleo ocasional o estable, prefieren seguir viviendo de las subvenciones públicas. Este hecho viene refrendado por la encuesta oficial a la que hemos hecho referencia anteriormente, según la cual sólo el 40 por ciento de los parados prefiere tener un empleo a cobrar del Estado [12].

Todo ello viene a demostrar, aunque no probablemente con la contundencia con que lo expresa el economista Ramón Tamames, que el actual sistema de subvenciones al desempleo es un incentivo para que muchas personas no quieran buscar empleo y se conviertan en vagas de por vida, dispuestas a vivir de las limosnas de «papá Estado».

Sin embargo, la culpa del desempleo que sufre el país no es achacable a los parados, auténticas víctimas de una situación injusta. La responsabilidad máxima recae en el Gobierno socialista, cuya política económica lo ha convertido en el mayor destructor de empleo en las últimas décadas.

A partir de 1984, cuando se inicia la reconversión industrial, los equipos de Carlos Solchaga, Joan Majó y Claudio Aranzadi dejan en la calle, sin ninguna otra alternativa, a 750.000 trabajadores de las acerías, la minería, la siderurgia y el sector naval. Como se cuenta en otro capítulo, la crisis se agudiza con la entrada en la Comunidad Europea y con el desarme arancelario subsiguiente, que coloca a las empresas nacionales en inferioridad de condiciones para competir en los mercados internos y externos. Los recortes de producción

[12] El 75 por ciento de los parados se niega a aceptar los planes de empleo formativo del Instituto Nacional de Empleo, según el ministro Arenas.

que se pactan en la agricultura y el sector pesquero, sin tomar medidas previamente, añaden más inestabilidad a nuestras empresas.

Esta es la estampa dura y trágica que presenta la realidad del país, que ha llevado a muchas empresas a no pagar a la Seguridad Social en los últimos años como última alternativa para evitar la quiebra. Una práctica que las empresas públicas no dudan en adoptar.

* * *

Javier Arenas Bocanegra, sevillano, treinta y ocho años, abogado, no se hubiera imaginado nunca que un ex ministro de Trabajo y abogado laboralista, que presumía de haber luchado durante toda su vida por mejorar las condiciones económicas de la llamada clase obrera, dejara de pagar las cuotas a la Seguridad Social.

Pero ante sí tenía el listado de los morosos del sector público con la Seguridad Social, que le había suministrado la Tesorería del organismo.

La comunidad autónoma andaluza que presidía Manuel Chaves, ministro de Trabajo socialista entre julio de 1986 y mayo de 1990, tenía pendientes de pago nada menos que 41.584.910.398 pesetas [13].

Javier Arenas llevaba apenas una semana al frente del Ministerio de Trabajo y no salía de su asombro. A esta cifra había que sumar otros 30.900 millones de pesetas correspondientes a impagados del Servicio Andaluz de Salud (SAS), cuyos hospitales y centros de atención primaria habían dejado de abonar las cuotas correspondientes a sus trabajadores desde 1988. Con los recargos generados, de 20.267 millones de pesetas, la morosidad acumulada ascendía a 51.167 millones.

Lo que ya le parecía a Arenas un descaro era que, el 26 de febrero de 1996, cinco días antes de las elecciones gene-

[13] De ellos, 40.834 millones correspondían a impagados de la comunidad; 133, a deudas de los centros docentes dependientes de la Junta de Andalucía; 578, a morosos de diversos organismos autónomos, y 39, a atrasos de las empresas públicas dependientes de la Junta.

rales, su antecesor en el cargo, José Antonio Griñán Martínez, hubiera firmado un decreto condonando al SAS el pago de los 20.267 millones de recargos y concediendo al organismo responsable de la sanidad andaluza una moratoria de diez años, sin interés, más otros tres de carencia.

La medida, basada en una ley de 1994, supone un acto discriminatorio en favor de la Administración socialista andaluza, ya que en el mismo mes no se da igual tratamiento a otros organismos oficiales que lo tienen solicitado.

Los casi cien mil millones de pesetas de morosidad de la Junta de Andalucía constituían, sin embargo, sólo una parte de la deuda. Cuando Arenas asume la cartera de Trabajo y Seguridad Social uno de los principales problemas a los que tiene que enfrentarse es el de intentar cobrar los 1,3 billones de pesetas que adeudan empresas privadas y organismos públicos [14].

La ejecución por vía judicial de la morosidad, en años anteriores, había convertido a la Seguridad Social en propietaria de un variopinto patrimonio. En los registros públicos aparecían inscritas a favor del organismo más de mil fincas rústicas, entre ellas una granja de cerdos en Castilla y León, y alrededor de novecientas fincas urbanas, campos de golf, cafeterías, cuberterías, seis helicópteros, un bingo, varios panteones, sillas y mesas de oficina, ordenadores, *roulottes,* camiones, furgonetas de reparto, coches, motos, quioscos de prensa, aparatos de televisión, cuadros, muebles, electrodomésticos, cajas registradoras, hormigoneras, abrigos de piel, camisas y hasta un millón de bragas de señora.

Con los bienes embargados por la institución se podían equipar dos o tres ciudades de veinticinco mil habitantes sin coste alguno. Gran parte de ese patrimonio se conservaba desde hacía años en más de ciento cincuenta almacenes y solares que la Seguridad Social había tenido que alquilar en

---

[14] Un billón las empresas privadas y 300.000 millones los organismos del Estado.

todo el país. Su coste con cargo al erario público representaba un desembolso de varios cientos de millones de pesetas anuales.

Todo aquel patrimonio llevaba, además, varios años deteriorándose sin que nadie se hubiera preocupado de sacarlo a subasta y enjugar con ello una parte del déficit de la institución.

Los datos de Arenas revelaban que la Seguridad Social se había convertido, además, en uno de esos monstruos incontrolables tras trece años de Gobierno socialista. De 11 millones de afiliados en 1982 había pasado a 13,6 millones en 1995, de los cuales 1,3 millones eran desempleados.

Sus ingresos por las cuotas de afiliados se habían multiplicado por 3,6 al saltar de los 1,97 billones de 1982 a los 7,18 de 1995. Con ese dinero tenía que atender a siete millones de pensiones, a casi millón y medio de parados y a centenares de miles de agricultores de Extremadura y Andalucía acogidos a los subsidios del PER y a las subvenciones al campo.

El sistema había funcionado con más o menos éxito hasta finales de los ochenta. Sin embargo, aunque el modelo es uno de los más débiles de Europa y la cuantía de las ayudas, una de las más bajas de la Unión Europea, en 1989 el Gobierno socialista decide universalizar el sistema de pensiones a todas las capas sociales.

La Seguridad Social tiene que sufragar con cargo a su presupuesto las pensiones no contributivas, los planes de empleo rural, las decenas de miles de personas que se jubilan anticipadamente para que los banqueros incrementen sus resultados y los centenares de miles que se quedan en el paro a raíz de la reconversión industrial. Y mantener, además, su plantilla de funcionarios y su red de hospitales y centros de asistencia primaria.

La suma de estas cargas, muchas de ellas ajenas al sistema, unida a la creciente morosidad de sus afiliados conducen a la Seguridad Social a un déficit permanente en los últimos años. Frente a los 7,18 billones de pesetas de ingresos por cuotas de afiliados, en 1995 gastó alrededor de 10,9 billones para atender sus necesidades [15], por lo que precisó una transferencia del Estado de 2,9 billones de pesetas.

La situación, aunque grave, no resulta aún catastrófica. Puede serlo dentro de unos años cuando la población activa disminuya por la incidencia de la tasa de natalidad registrada durante los años ochenta y noventa —una de las más bajas del mundo—, la generación nacida entre las décadas de los cincuenta y los sesenta se jubile y el paro estructural continúe afectando a amplias capas de la población [16].

Y es que el actual modelo de Seguridad Social es un buen instrumento redistributivo en época de expansión económica pero se muestra ineficaz a la hora de repartir las penurias. Hasta hace pocos años funcionaba bien gracias a la jubilación de los trabajadores a los setenta años y a que su vida se prolongaba generalmente hasta los ochenta años, la seguridad social les pagaba su pensión sólo durante diez años. En 1996 la gente se jubila con sesenta y cinco o menos años y la vida media supera los ochenta y cinco. El sistema tiene que hacer frente a pensiones durante veinte años e incluso más tiempo.

Nadie parece reaccionar ante esta situación. Los partidos de izquierda y derecha y los sindicatos no quieren entrar en lo más duro del problema por clientelismo político y porque les permite cogestionar un presupuesto que representa la cuarta parte del PIB. Las organizaciones sindicales parecen dispuestas a sostener y a defender a capa y espada un Estado del bienestar que se apunta como condenado al fracaso.

* * *

En febrero de 1996, en plena campaña para las elecciones generales del 3 de marzo, Felipe González lo dejó claro durante una visita a una residencia de ancianos:

---

[15] De los 10,9 billones se destinaron 7,1 a pagar las prestaciones económicas; 3,3 billones, a asistencia sanitaria, y 250.752 millones, a servicios sociales. El resto, a gastos internos, informática y transferencias de capital.

[16] José Barea, responsable de la Oficina Presupuestaria del Gobierno.

«Ningún partido va a poner en cuestión el sistema público de pensiones que hemos creado. No hay que ser partidista en esto, por lo que quiero dar tranquilidad.»

José María Aznar lo remachó en julio de 1996, dos meses después de llegar al poder: «Va a haber recortes para todo el mundo, salvo para los pensionistas.» [17]

Las declaraciones idénticas de los dos líderes políticos no eran mera casualidad. Un año antes, el 4 de febrero de 1995, todos los grupos políticos con representación parlamentaria, Partido Popular, PSOE, Izquierda Unida, Convergència i Unió, Partido Nacionalista Vasco, Coalición Canaria y Grupo Mixto, se reunían en Toledo para debatir el futuro de las prestaciones sociales.

Tras llegar a un pacto para mantener el sistema vigente de pensiones y su revalorización automática de acuerdo con el índice de precios al consumo, los partidos firmantes lo convertían en ley el 30 de marzo de ese año al ser aprobado por el Congreso de los Diputados.

Lo mismo que han hecho sus socios europeos en tiempos pasados, izquierda y derecha han aceptado en España el término *igualdad* como sinónimo de iguales prestaciones para todos. Así, desde que el príncipe Otto von Bismarck introdujera las prestaciones sociales en Alemania, hasta la CGT francesa que considera la uniformidad de las prestaciones familiares como signo de una sociedad más justa, pasando por lord William Henry Beveridge que inventó la medicina nacionalizada británica, se impone una igualdad contra natura en todo el continente [18].

Izquierda y derecha piensan que la equiparación de las prestaciones asegura la igualdad de los ciudadanos, independientemente de su situación social de partida, y que la acumulación de ventajas acabará por unificar las condiciones sociales, sin tener en cuenta que es tanto como perseguir una utopía. Y es que la salvación del sistema, al decir de los

---

[17] Entrevista con Jesús Ceberio en *El País,* 14 de julio de 1996.

[18] *La borrachera democrática, op. cit.*

expertos, está en un régimen mixto que complemente la acción del Estado.

Según reconoce el propio Aparicio, en 1994, al cruzar las declaraciones de la renta con las pensiones, se demostró que había 120.000 personas que cobraban cantidades a las que no tenían derecho. Se sabe también que existe medio millón de personas que cobran más de una pensión, aunque no se puede determinar cuántas superan el tope máximo de 276.000 pesetas. Todo un modelo de corrupción que tiende a perpetuarse por muchos paños calientes que se pongan.

La sanidad, otro de los apéndices del Estado del bienestar, no se encuentra en mejor estado.

* * *

Cuando el dirigente del Partido Popular por Burgos, Juan Carlos Aparicio, se hizo cargo de la Seguridad Social, en cuyo presupuesto se engloba parte de los gastos sanitarios del Estado, una de las cosas que más le llamó la atención fue que varias decenas de miles de mujeres mayores de sesenta y cinco años iban al médico para que les recetara la píldora anticonceptiva.

Hombre con una mente bastante abierta, a Aparicio le parecía saludable que los mayores mantuvieran un alto nivel de relaciones sexuales. Pero de ahí a tomar la píldora *antibaby* le resultaba sarcástico.

Así que ese mismo día comenzó a hacer indagaciones. De esa manera se enteró de que los anticonceptivos constituyen uno de los fraudes más habituales a la Seguridad Social. Se lleva a cabo en casi todos los centros de atención primaria del país, con la participación de pacientes y médicos, como si se tratara de la cosa más normal del mundo.

El truco consistía en que muchos jubilados se valían del derecho a recibir gratuitamente cualquier tipo de medicamento para abastecer a los familiares que no ostentaban ese privilegio. Así podían suministrar anticonceptivos gratuitos a todas las mujeres de su familia que los necesitaran.

El caso de las píldoras era como una gota en un vaso de agua. Un estudio realizado por Sanidad sobre 454 principios activos farmacológicos registrados demostraba que en más de la mitad no estaba comprobada su utilidad y en el resto la incidencia terapéutica sobre el paciente era prácticamente nula.

No valdrán para nada, pero la Seguridad Social los tiene incluidos en sus listas de medicamentos, a pesar de que el gasto farmacéutico se haya convertido en 1996 en el primer problema del ministro de Sanidad, José Manuel Romay Beccaría. De 178.348 millones de pesetas gastados en 1984 se ha pasado a 643.701 millones diez años después, es decir 3,6 veces más, y a 750.000 millones en 1995.

Y es que para muchos españoles la amoxicilina o el paracetamol [19] se han convertido en productos de máximo consumo, como la cerveza o el vino. El resto de específicos no le va a la zaga. Así, mientras el IPC crecía 59 puntos los medicamentos se dispararon un 138 por ciento. Cada uno de los afiliados a la Seguridad Social que, en 1994, consumía en medicinas 2.220 pesetas ha pasado a gastar, diez años después, 6.011 pesetas sin que haya nuevas enfermedades ni ninguna epidemia haya azotado al país [20].

No resulta extraño, por tanto, que el gasto farmacéutico le resulte al Gobierno más pesado que un dolor de cabeza. Cada año debe preparar 50.000 millones de pesetas más que en los doce meses anteriores para pagar los 540 millones de recetas que constituyen la factura farmacéutica de los españoles, una cifra que duplica a la de la mayoría de los países del entorno.

Pero el gasto en medicamentos constituye sólo una parte del problema.

* * *

---

[19] Paracetamol y amoxicilina, en sus diversas variedades farmacéuticas, son los dos productos más consumidos. En 1995 se vendieron 27,5 millones de envases de estos analgésicos.

[20] De los 540 millones de recetas expedidas por la Seguridad Social en 1995, cada jubilado utilizó 38,04 mientras que en el segmento de los doce millones de trabajadores activos la cifra se redujo a 5,88 recetas por persona. En valores reales, el consumo de cada pensionista en medicinas es de 54.041 pesetas por año frente a las 18.180 de la población joven.

Una de las grandes cuestiones que estuvo a punto de hacer fracasar las negociaciones de los Presupuestos Generales del Estado entre el Gobierno central y CiU, a mediados de septiembre de 1996, fue la exigencia de que el Estado transfiriera 35.000 millones de pesetas para amortizar el déficit de la sanidad catalana.

La situación es similar en Andalucía, donde el Servicio Andaluz de Salud, dependiente de la Junta, adeuda cerca de 250.000 millones al Estado y a los proveedores.

Y es que tanto en Andalucía como en Cataluña las administraciones autónomas han realizado un esfuerzo considerable para dotar a todos los pueblos de un centro de salud primaria y construir hospitales en todas las poblaciones con más de 150.000 habitantes.

Tamaño sacrificio es loable, máxime cuando el que paga las inversiones no es ni la Generalitat ni la Junta de Andalucía. Aunque a finales de 1996 el 60 por ciento de la sanidad estaba transferido a las comunidades autónomas, los gastos de asistencia primaria, hospitalaria y medicamentos los abonaba la Seguridad Social con cargo a sus presupuestos.

Las exigencias, a la hora de controlar esos gastos, no eran las mismas. La mayoría de los hospitales cedidos a las comunidades autónomas se niega a ser fiscalizada por las autoridades de la Seguridad Social. Por ese motivo, el Estado no sabía a finales de 1996 qué se había hecho con 500.000 millones de pesetas transferidos y de los que no se habían remitido facturas ni comprobantes.

Pese a todo, el 98 por ciento de los españoles tiene hoy derecho a la asistencia sanitaria gratuita y el Servicio Nacional de Salud llega a todos los rincones del país y a todas las capas sociales, sin excepción.

El coste ha sido muy elevado. De los 787.515 millones de pesetas que el Estado destinaba a sanidad en 1982, se ha pasado a 3,5 billones de pesetas en 1996. Las altísimas inversiones no se han visto reflejadas siempre en una mayor calidad en las prestaciones. Una supuesta epidemia de neumonía desatada a finales de agosto de 1996 en Alcalá de Henares (Madrid) tardó varias semanas en ser detectada. En la fecha en que este libro entraba en imprenta aún se desconocía el foco infeccioso, después de haber fallecido diez personas y de haber pasado por el hospital otros dos centenares de afectados.

Lo que permite deducir que si las tasas de mortalidad españolas están hoy entre las más bajas del mundo probablemente no se deba tanto a la calidad de muchos hospitales, donde hay que esperar hasta más de un año para una simple operación quirúrgica, como a la buena alimentación, a la práctica desaparición de las enfermedades endémicas y a las mejores condiciones sanitarias de las ciudades españolas.

Bastante más amenazado que la salud de los españoles parece hallarse el sistema universal de sanidad implantado por los socialistas. Mientras que muchos de los países de la Unión Europea han optado por un sistema mixto, donde coexisten hospitales privados y públicos, los gobiernos de Felipe González optaron por concentrar todo el esfuerzo inversor en centros de asistencia primaria y centros hospitalarios del Estado.

De esa manera, entre 1982 y 1996 se crearon varios miles de ambulatorios y algunas decenas de hospitales en todo el país. Pero el problema que se plantea ahora es el mismo de las autovías: averiguar de dónde va a salir el dinero para pagar a los médicos y al personal sanitario que se precisa para mantener los centros operativos, aunque la política del nuevo gobierno parece encaminada a cerrar o alquilar a empresas privadas los no rentables.

El ministro Romay Beccaría, emulando las tiendas que se han puesto últimamente de moda, encontró la fórmula mágica con sistema «todo a cien», creyendo que si cada enfermo pagaba veinte duros arreglaba el problema. Pero sindicatos y asociaciones de jubilados se han negado a abonar cien pesetas por una simple receta o porque el médico de guardia les tome la tensión.

Y es que el Estado del bienestar puede ser la panacea universal en situaciones de pleno empleo y con una pirámide de población joven, pero deja de ser tan bueno en países como España, con una de las tasas de natalidad más bajas del mundo, algo que también puede apreciarse en la educación.

* * *

En uno de sus viajes a Panamá acompañando a Felipe González para visitar al Presidente de la República Omar Torrijos, el empresario Enrique Sarasola conoció al entonces nuncio del Papa en Centroamérica, el sacerdote español Eduardo Martínez Somalo.

Desde aquella visita no había vuelto a interesarse por él. Hasta que en noviembre de 1982, un mes después de la llegada al poder del PSOE, Felipe González necesitó hacer llegar un mensaje tranquilizador al Vaticano.

Martínez Somalo vestía ya la sotana púrpura y formaba parte de la curia vaticana. Así que Sarasola tomó el primer avión para Roma y pidió una entrevista con el cardenal.

—Vengo como embajador particular de Felipe González a quien Su Eminencia ha tratado en Panamá. El futuro Presidente quiere que la curia vaticana conozca que no es intención del nuevo Gobierno atentar contra la enseñanza privada y, mucho menos, contra el papel que la Iglesia desarrolla en España en materia de educación.

Pero una cosa son las palabras y otra los hechos. González nombró ministro de Educación a José María Maravall Herrero, madrileño, cuarenta años, profesor universitario y editorialista de la revista *Sistema,* órgano de expresión del pensamiento del socialismo radical.

Maravall no atacó directamente la libertad de enseñanza, como reclamaba el ala izquierdista del PSOE que pretendía acabar con los «colegios elitistas». Hubiera sido una flagrante vulneración de la Constitución y el ministro no era precisamente un estúpido.

Asesorado por un gran equipo de intelectuales del partido[21] introdujo la enseñanza mixta en los centros privados,

---

[21] José Torreblanca Prieto como subsecretario de Educación y Ciencia; Carmen Virgili Rodón en la Secretaría de Estado de Universidades e Investigación; Blanca Guelbenzu Valdés como directora general de Educación Básica; José Segovia Pérez como director general de Enseñanza Media; Emilio Lamo de Espinosa, como director general de Enseñanza Universitaria; Manuel Puelles como director general de Coordinación y Alta Inspección y Alfredo Pérez Rubalcaba, Joaquín Arango Vila, Manuel Reyes Mate Rupérez y Javier Fernández Vallina actuando desde los gabinetes.

creó los consejos escolares en los colegios, suprimió la obligatoriedad de la asignatura de religión y eliminó las ayudas estatales a los centros que no cumplieran al pie de la letra la política del Gobierno.

El conjunto de reglamentaciones y normativas actuó, de hecho, como una restricción muy fuerte al artículo 27 de la Constitución, que consagra el derecho de todo ciudadano a la educación y reconoce la libertad de enseñanza. La enseñanza privada que en 1982 representaba el 30 por ciento del total descendió diez puntos en el sistema educativo en los años posteriores. Y es que las leyes restrictivas del socialismo provocaron el cierre de casi dos mil colegios privados.

La idea estatalizadora del PSOE de imponer una enseñanza laica e igualitaria para todo el mundo había conseguido en gran parte su fin a costa de incrementar el presupuesto del Estado en materia de educación. Se había pasado de 1,045 billones de pesetas invertidos por el sector público en 1985 [22] a 3,2 billones en 1995.

El esfuerzo de triplicar en diez años los gastos en educación es el más grande realizado en los quince países de la Comunidad Europea. En porcentaje sobre el PIB supone pasar del 1,3 al 5,8 por ciento, lo que coloca a España prácticamente en la media de los países europeos según la OCDE [23].

El sistema falla, sin embargo, en el reparto del esfuerzo. Mientras que en países con mucha mayor capacidad económica que España, como los Estados Unidos y Japón, con inversiones similares en educación, la iniciativa privada absorbe el 1,6 y el 1,4 por ciento, respectivamente sobre el PIB, este porcentaje en España se sitúa en un módico 0,7 por ciento.

Por lo tanto, al no estar las cargas compartidas entre sector público y privado, el sistema lleva implícito el riesgo de

---

[22] Oficina de Planificación y Estadística del Ministerio de Educación y Ciencia, 1996. Hemos tenido que elegir como primer dato de referencia el del año 1985, al no ser fiables los anteriores por no estar contabilizadas las cifras de los centros transferidos a las comunidades.

[23] El esfuerzo de la enseñanza privada es del 0,7 por ciento del PIB. Por tanto, el gasto total en educación representa el 6,5, que equivale a la media de la UE.

quiebra en cualquier momento. El peligro se presenta mayor en la medida en que no es el Estado sino diecisiete comunidades autónomas las que administran los fondos públicos. Cada una de estas administraciones educativas parece más obsesionada en poner el énfasis en que los alumnos aprendan el hecho diferencial que en garantizar una enseñanza universal de calidad.

* * *

En septiembre de 1996, durante las negociaciones entre PP y CiU para la elaboración de los Presupuestos Generales del Estado de 1997, el consejero de Educación de la Generalitat de Cataluña, José Javier Hernández Moreno visitó al secretario de Estado de Educación, Eugenio Nasarre.

—Un día tenemos que hablar de los colegios militares de Cataluña —le dijo.

—¿Qué es eso de los colegios militares? —preguntó Nasarre.

—Sí, los centros de formación donde se educan los hijos de los militares de las Fuerzas Armadas. ¿Sabes que llevamos quince años pidiendo que se transfieran a la Generalitat y es como si te pegaras contra una pared?

Madrileño, cuarenta y nueve años, ex director general de RTVE, Nasarre pidió inmediatamente un informe sobre el caso. Los colegios militares de Cataluña, gestionados y administrados por profesores del Ministerio de Educación y Ciencia, constituían el último baluarte donde se podía estudiar el bachillerato sin rendir tributo exclusivo al catalán.

La política de «inmersión lingüística» de la Generalitat, impuesta por la vía de los hechos, había borrado cualquier vestigio de enseñanza pública en castellano, salvo en los cuatro centros militares de Barcelona, Tarragona, Lérida y Gerona.

A finales de los setenta, cuando una parte de la comunidad vasco-francesa exigió la enseñanza del euskera en los planes de estudio de la demarcación de los Pirineos atlánticos, el Gobierno francés autorizó la creación de colegios donde se enseñara en vascuence. Pero, a su vez, impuso una medida muy inteligente: creó sus propias *ikastolas,* en las que se emplean las dos lenguas, e impidió que los miembros de la comunidad francoparlante fueran considerados como extranjeros en su propio país.

El mismo reto se le planteó al Gobierno socialista en 1982. Si los gobiernos catalán y vasco, emanados de CiU y del PNV, optaban por impartir la enseñanza en una lengua autóctona vulnerando el principio constitucional que garantiza la cooficialidad del español, catalán, vasco y gallego, el Gobierno central tenía la obligación de mantener un número suficiente de escuelas y universidades donde los castellanoparlantes no fueran discriminados.

Los socialistas estaban tan empeñados en imponer la escuela única al país y en introducir los llamados «temas transversales» [24] en todas las asignaturas y en todos los centros de enseñanza —para meter su ideología en los colegios— como para preocuparse de esas menudencias.

De esta manera se está llegando al absurdo de que, en lugar de un plan general de educación, en la práctica haya diecisiete planes distintos, a cada cual más estrambótico. Cada comunidad autónoma, para fomentar el clientelismo político entre jóvenes y adolescentes, obliga a los centros de enseñanza y a los profesores a poner el acento en los particularismos y localismos frente a las grandes cuestiones y principios de la cultura, universalmente aceptados.

El barómetro que permite medir este cambio se encuentra en los centenares de libros de texto que las comunidades autónomas devuelven a las editoriales por no adecuarse a sus necesidades educativas. Por ejemplo, entre los 167 volúme-

---

[24] Los «temas transversales» son una serie de valores, como la solidaridad, la igualdad, la defensa del medio ambiente, la paz, de los que todos los profesores tienen que hablar en sus clases introduciéndolos a capón en las respectivas asignaturas, aunque se trate de matemáticas o latín. Se intentaba en realidad formar generaciones de jóvenes alienados en la ideología socialista y, por tanto, futuros votantes del PSOE, ya que otros valores también universalmente aceptados como el esfuerzo individual, los derechos del individuo frente al Estado o la libertad de la persona como principios fundamentales no se impartían.

nes no aceptados para el curso 1996-97, el Gobierno de Canarias vetó los textos de geografía porque hablaban de los ríos «y en las islas no hay ríos», y el de Asturias rechazó los de historia y ciencias naturales porque no ponían el suficiente énfasis en don Pelayo y en el caballo asturcón. En la Comunidad de Aragón se impidió la venta de otros libros de texto porque no resaltaban suficientemente el papel del río Ebro en el desarrollo de la región, y de Sevilla se ha devuelto un libro porque no hablaba de la «termodinámica andaluza».

—Como sigamos por este camino, dentro de diez o quince años, los niños de Zaragoza sabrán que el Ebro pasa por Aragón pero ignorarán dónde nace y dónde muere, y los de Andalucía serán eruditos en Blas Infante pero no tendrán idea de quiénes fueron los Reyes Católicos —afirma la ministra Esperanza Aguirre[25].

El punto de partida de este desenfreno parece estar en la Ley de Ordenamiento General del Sistema Educativo (LOGSE), en la que Jordi Pujol obligó al PSOE a que la asignatura de Historia de España fuera suprimida de los planes de estudios. Desde entonces los escolares estudian Historia desde el punto de vista de sus comunidades, sin situarla en el contexto nacional y, mucho menos, en el ámbito de las transformaciones socio-político-económico-culturales del conjunto de naciones.

No resulta extraño así que esta especie de locura nacionalista haya llevado a extremos tales que, en 1996, la Comunidad Autónoma de Andalucía, que preside Manuel Chaves, devolviera hasta los textos de matemáticas. Y no porque fueran malos libros. El quid de la cuestión residía en que los problemas y ejercicios que se ponían como ejemplos a los niños no venían expresados en productos de la tierra, es decir, en las aceitunas de Jaén o en las fresas de Huelva.

La paranoia nacionalista tiene enloquecidos a los editores, que necesitan realizar diecisiete ediciones distintas de cada libro; enfadando a los padres de familia, que cada vez

[25] En entrevista con los autores del libro.

que comienza un nuevo curso escolar necesitan una paga extra para comprar los libros a sus hijos, e impotente al Ministerio de Educación y Ciencia, que no sabe cómo acabar con la caótica situación.

* * *

A comienzos de septiembre de 1996 millares de padres de familia enviaron cartas a los periódicos y llamaron a las emisoras de radio.

Ni uno solo lo hizo para felicitar al Gobierno por la apertura del año escolar. El denominador común de las opiniones de los padres era testimoniar su indignación por las 27.000 pesetas de promedio que cuestan los libros de texto, que deben renovar cada año no porque cambie el profesor de la asignatura, como ocurría antes, sino el Gobierno de la comunidad.

La anarquía y el descontrol conducen a situaciones tan paradójicas y absurdas como que en un radio de cincuenta kilómetros, donde confluyan tres comunidades autónomas, la misma asignatura se imparta con tres textos distintos, con contenidos muchas veces radicalmente diferentes.

Para complicar aún más el panorama, el Gobierno socialista ha permitido que los centros impartan una serie de asignaturas optativas y en el Ministerio de Educación y Ciencia se han recibido entre 1995 y 1996 cerca de 5.300 peticiones de nuevas materias.

El Gobierno socialista informó favorablemente sobre más de 2.600 solicitudes por lo que en el curso 1996-1997 hay niños que dentro de un año serán auténticos expertos en «Lenguaje cheli», «Gramática del pop», «La química de la cocina», «La electricidad de la moto», «Huertos, flores y jardines», «En busca de los dinosaurios», «Maquillajes y peinados» y «Manicura», entre otras muchas materias.

Todas estas reformas lejos de contribuir a mejorar el sistema educativo español le han perjudicado. Si en 1980 estaba considerado malo y once de cada cien alumnos de secundaria tenían que repetir curso, en 1988 la situación había empeorado y en la década de los noventa era, simplemente, pésima [26].

El fracaso escolar se planteaba así como un asunto que demandaba soluciones urgentes. Los dos últimos ministros de Educación y Ciencia, Gustavo Suárez Pertierra y Jerónimo Saavedra, después de dedicar miles de horas a estudiar el asunto creyeron hallar la piedra filosofal. Implantaron la Enseñanza Secundaria Obligatoria, la célebre ESO, cuya gran aportación a las futuras generaciones de estudiantes es que no tendrán que realizar exámenes hasta los dieciséis años.

Así, Suárez Pertierra y Saavedra han resuelto de un plumazo el problema de la baja calidad de la enseñanza y el fracaso escolar. Cuando en 1998 la UNESCO haga públicas las cifras de repetidores del curso 1996-97 España aparecerá como el país con mejor calidad de enseñanza del mundo, nada menos que siete millones de estudiantes todos ellos brillantes y sin un suspenso. Pero siempre habrá quien gane a todo, y especialmente al absurdo. La Generalitat de Cataluña ha tenido una idea mucho más brillante todavía que la del Gobierno central. Para implantar la ESO con éxito el Gabinete de Pujol nombró máximo responsable de la Enseñanza Secundaria Obligatoria al director general de Instituciones Penitenciarias.

¿Qué hacer para poner un poco de orden en el caos educativo español? La legislación vigente permite al Gobierno central realizar la alta inspección de la enseñanza en toda España, y ello debería servir al menos para que hubiera una mayor uniformidad de criterios y una mayor disciplina académica con el fin de impedir que el país se convierta dentro de un cuarto de siglo en la «Torre de Babel».

Los inspectores del Ministerio de Educación y Ciencia se sienten, sin embargo, impotentes. Aunque oficialmente tienen la capacidad inspectora del Estado, en la práctica no pueden entrar en los centros escolares de las comunidades,

---

[26] Según el anuario estadístico de la UNESCO de 1992, doce de cada cien alumnos de secundaria españoles tenían que repetir curso frente a los tres de Alemania, a los siete de Italia o a los cuatro de Grecia.

salvo que quieran exponerse a un grave conflicto con el consejero autonómico del ramo.

No es extraño, por tanto, que la educación sea un coto cerrado donde cada autonomía hace y deshace a su antojo y que el gasto por alumno de primaria se haya triplicado en Canarias[27], Navarra, País Vasco, Cataluña y Galicia, mientras que en el resto de las comunidades el crecimiento ha sido más moderado.

El incremento es más injustificable aún en la medida en que la población escolarizada ha descendido de manera alarmante en los seis últimos años como consecuencia de la baja tasa de natalidad. Los 9.057.381 niños y jóvenes de entre tres y dieciocho años que había en España en 1990 se han convertido en 7.459.363 en 1997 y pasarán a ser 6.538.070 en el año 2001[28]. En ese periodo, el presupuesto de educación para ese segmento de población[29] se incrementa en un 40 por ciento. Los 1,3 billones de pesetas de 1990 se transforman en 1,9 billones de pesetas en 1995.

Todo lo cual indica que si del Estado puede decirse que es bastante manirroto a la hora de gastar el dinero público, de las comunidades autónomas puede decirse lo mismo o más. Y no porque haya aumentado la calidad de la enseñanza con una buena inversión sino por el monumental fraude que se ha montado sobre ella en muchas comunidades. Un ejemplo de ello es que, mientras la población escolarizada descendía en casi 1,6 millones de personas, el número de comidas escolares aumentaba en cien mil servicios sin que conste que haya niños más gruesos ni más altos por consumir doble ración de alimentos.

El derroche, que podría incrementarse cuando se transfiera el 30 por ciento de los ingresos del Tesoro público por

[27] El sueldo del profesorado canario es, por ejemplo, un 30 por ciento más alto que el del resto del Estado.

[28] *Proyecciones de población en base al censo de 1991,* Instituto Nacional de Estadística.

[29] Preescolar, infantil, EGB, primaria, educación especial, enseñanza media, enseñanza secundaria y formación profesional.

IRPF, no hace sino abundar en la idea de que el mal llamado Estado de bienestar es una quimera destinada a desaparecer. Ningún Estado moderno puede soportar por sí mismo el peso de la sanidad, la educación y el sostenimiento de su población jubilada, y modernizar, al mismo tiempo, sus infraestructuras, sistemas de telecomunicaciones y dotar a la comunidad de mejores servicios.

* * *

Entre los años 1990 y 1992 las universidades de Corea del Sur formaron más ingenieros industriales que todos los que trabajaban en la República Federal de Alemania y Francia juntos, los dos países más desarrollados de la Unión Europea [30], y, en el mismo periodo, el casi medio centenar de universidades españolas expidió cerca de medio millón de títulos.

En Corea, casi todos los ingenieros industriales han encontrado trabajo en las tres grandes multinacionales dedicadas a la fabricación en cadena de automóviles, productos electrónicos y barcos de cabotaje y recreo, y en las empresas auxiliares. La tasa de paro juvenil en España se mantenía en 1996 en el 45 por ciento, por lo que es bastante probable que cerca de la mitad de los egresados universitarios estén todavía buscando empleo.

La diferencia entre las universidades coreanas y las españolas es que mientras las primeras están imbricadas en el proceso de desarrollo del país y han sido concebidas para formar los cuadros tecnológicos y los dirigentes políticos y culturales de la nación, las españolas han dado un espectacular salto en los diez últimos años con un único objetivo: el de la *titulitis.*

Frente a la tradicional concepción de que la misión de la universidad es formar las élites dirigentes del país, en 1982 José María Maravall y Emilio Lamo de Espinosa trataron de implantar a cualquier precio su ideología en las aulas.

Así, al mismo tiempo que se obligaba a jubilarse forzosamente a los sesenta y cinco años a los catedráticos e intelectuales, privando a los centros de sus mejores y más brillantes

[30] Paul Kennedy, *Hacia el siglo XXI,* Plaza y Janés, Barcelona, 1993.

cabezas pensantes —lo que supuso un verdadero genocidio cultural para el país—, el número de universidades pasó de treinta y dos en 1982 a cincuenta y dos en 1994[31].

Se trataba así de imponer el igualitarismo y de socializar una institución que históricamente se ha situado en las antípodas de la filosofía predicada por Carlos Marx y Federico Engels, aunque en sus aulas se hayan formado muchos de los mejores pensadores marxistas.

El igualitarismo ha llevado a que casi todas las provincias tengan hoy su universidad, algo que no tiene por qué ser malo, pero que no contribuye en absoluto a la mejora de la calidad de la enseñanza. Con una idea revanchista de la historia, los socialistas pretendían contraponer así la cultura en las nuevas generaciones —las que les iban a votar— frente a otros valores de la derecha, como el patrimonio y la riqueza.

Las consecuencias de esta errónea política se verían muy pronto. De 1992 a 1995 la población universitaria española ha pasado de 692.152 alumnos a 1.445.332[32]. La tasa de estudiantes sobre el nivel de la población aumentó del 1,8 por ciento en 1980 al 3,52 diez años después. España constituye así el segundo país de Europa después de Dinamarca con mayor porcentaje de universitarios, el 40 por ciento, cuando en 1980 ocupaba el séptimo lugar, con un 24 por ciento.

Si al filósofo José Ortega y Gasset le preocupaba hace medio siglo el advenimiento de las masas al poder[33] como factor distorsionador de la vida política, la cultura de masas sólo podía llevar al desprestigio de una institución consagra-

---

[31] Durante los ochenta se crearon las universidades de Castilla-La Mancha, la pública de Navarra, la Carlos III de Madrid, la de La Coruña y la de Vigo. De 1990 a 1994 el mapa universitario se incrementó en otras trece universidades: Pompeu Fabra, Ramón Llull, Gerona, Lérida y Rovira y Virgili en Cataluña; Almería, Huelva y Jaén en Andalucía; Alfonso X el Sabio y San Pablo (CEU) en Madrid; Jaime I en Castellón; Burgos en Castilla y León, y la Universidad de La Rioja.

[32] *Economía, trabajo y sociedad,* editado por el Consejo Económico y Social, 1995.

[33] *La rebelión de las masas,* José Ortega y Gasset, Espasa Calpe, Madrid, 1979.

da durante siglos no sólo a proporcionar una formación cualificada a sus alumnos sino a elevar al mismo tiempo el pensamiento y el espíritu.

Es fácil explicarse que la universalización de la enseñanza superior haya resultado un desastre. Mientras los países de la OCDE se gastan 5.534 dólares por estudiante y año, en España el Estado dedica a la formación universitaria de cada alumno 1.934 dólares, casi la tercera parte.

Y es que la educación no es sólo cuestión de voluntarismo político. Antes y por encima de todo se precisa contar con una excelente plantilla de catedráticos y profesores eméritos capaces de transmitir unos conocimientos y unos valores. Esa plantilla no se puede improvisar de la noche a la mañana. Todo ello tiene, además, una inevitable traducción en dinero.

De esta manera, desde 1985 a 1991, la evolución del número de alumnos y profesores seguía un crecimiento paralelo. Pero a partir de entonces, mientras la cifra de estudiantes seguía su ritmo imparable y se incrementaba en un 35 por ciento, el profesorado descendía en un 20 por ciento como consecuencia de la apertura de los nuevos centros superiores.

* * *

Eduardo García de Enterría está considerado, dentro y fuera de España, uno de los más brillantes eruditos en Derecho Administrativo. Catedrático de la Universidad Complutense de Madrid y abogado en ejercicio, es autor de muchas de las leyes que han desarrollado el Estado de las autonomías.

Hace unos años se mostraba indignado por el sistema impuesto por el PSOE para provisionar las plazas de catedráticos de las distintas universidades españolas.

—Aunque no sé distinguir una molécula de un átomo, mañana mismo presento un currículum y me hago catedrático de Química.

El Gobierno socialista acababa de descubrir la fórmula para paliar las carencias de profesores numerarios y catedráticos en las universidades españolas. Frente al sistema anterior, que obligaba a los aspirantes a una preparación muy concienzuda y a demostrar una curiosidad innata para estar al día en la especialidad de la ciencia que les correspondía impartir, los socialistas, mediante el Decreto 1888/84, cambian el procedimiento e imponen un «concurso de méritos». A partir de entonces, con la presentación de un currículum y con un examen ante un tribunal compuesto de cinco personas se obtiene la plaza.

Como tres de los miembros del tribunal son compañeros del aspirante, el acceso a las cátedras está asegurado de antemano. Pese a la implantación de este procedimiento para «regalar» las plazas de catedráticos y favorecer el amiguismo y la endogamia, la universidad española arrastra una carencia ancestral de personal cualificado. En el curso 1993-1994, sólo el 43,9 por ciento de las materias se impartía por catedráticos. En algunos centros, como la Universidad de La Rioja o la Carlos III de Getafe, el número de profesores numerarios era del 4,65 y del 10,28 por ciento de la plantilla[34], respectivamente, según un estudio del Ministerio de Educación y Ciencia de 1994, elaborado sobre la base de los datos proporcionados por el Consejo de Universidades.

Todo ello se traduce en una pésima calidad de la enseñanza a corto plazo. A medio plazo conduce a que sólo la mitad de los estudiantes de Humanidades acabe sus estudios, tasa que se reduce a la cuarta parte entre los que han elegido las escuelas y universidades técnicas.

El sistema universitario español se convierte de esta manera en el peor de Europa entre un conjunto de quince países estudiados. Resulta además el menos eficiente por la escasa proporción de ingenieros, científicos e investigadores que forma.

La obsesión del Gobierno socialista fomentando la *titulitis* ha conducido a un deterioro general de la formación superior hasta límites no conocidos en el presente siglo.

[34] Según un estudio del Ministerio de Educación y Ciencia de 1994, elaborado sobre la base de los datos proporcionados por el Consejo de Universidades.

De la universidad tradicional concebida como el foco que irradia la cultura universal se ha pasado a las «universidades-*parking*». Del medio millón de jóvenes que ha salido de sus aulas con un diploma bajo el brazo en el pasado lustro, a una media de cien mil titulados por año, el 75 por ciento tiene que trabajar en una actividad distinta a la elegida. En la República Federal de Alemania la tasa es sólo del 29 por ciento.

El Consejo Económico y Social en su informe de 1995 cree que uno de los factores que contribuyen al paro de los jóvenes universitarios es que el mercado de trabajo español no necesita a tantas personas sobrecualificadas. Probablemente sería más serio hablar de que los centros superiores españoles son de una muy deficiente calidad y no responden a las necesidades reales de profesionales cualificados que demanda el país.

Las universidades se han revelado como costosísimos instrumentos y sin otro objetivo aparente que el de mantener ocupados a los jóvenes hasta los veintinueve o treinta años. De hecho, menos del 10 por ciento de los licenciados en Derecho o en Ciencias de la Información acaba encontrando trabajo en los bufetes de abogados o en los medios de comunicación.

Y aquellos que lo logran tienen que pasar antes por un nuevo periodo de formación ya que, de hecho, dos de los periódicos de mayor prestigio de España —*ABC* y *El País*— tienen sus propias escuelas de periodismo para cualificar y seleccionar al personal que trabaja en sus medios. Lo mismo ocurre con los hospitales, donde los médicos necesitan pasarse cinco años haciendo prácticas para entrar en plantilla, y los colegios de abogados quieren imponer un sistema de postformación antes de realizar las clásicas «pasantías».

En los sectores empresarial e industrial el fenómeno es idéntico. Un estudio de la CEOE revela que el 87 por ciento de los directivos de banca y el 79 por ciento de los técnicos de grandes empresas han tenido que ampliar conocimientos en el extranjero o en las escuelas de negocios españolas —IESE, ESADE, etc.— porque la formación impartida en las universidades es insuficiente.

De ahí que los tres billones que se invierten en enseñanza en la práctica sirvan para muy poco y que el esfuerzo privado tenga que ser cada vez mayor para contrarrestar las carencias de la universidad.

La verdadera incógnita reside ahora en comprobar si el Estado podrá seguir dando tantos servicios —sanidad, educación, servicios sociales, jubilaciones, vacaciones a la tercera edad, subsidios de paro— a tantas personas y por cuánto tiempo. O cómo financiar una democracia social tan costosa cuando en España el fraude es inmenso y las cargas del Estado han recaído siempre sobre las mismas personas. Con la paradoja añadida de que muchos de los individuos que tienen su dinero en Suiza —Javier de la Rosa, Enrique Sarasola, Mario Conde y otros grandes financieros que no pagan impuestos— son beneficiarios, en igualdad de condiciones que un esforzado jornalero, de un sistema al que no han contribuido a financiar.

CAPITULO CATORCE

DE LA SOCIALIZACION A LA PRIVATIZACION

Siguiendo el ejemplo de sus colegas franceses, nada más llegar al poder el Partido Socialista Obrero Español inició una política encubierta de nacionalizaciones. Primero se incautó de la red de alta tensión y, acto seguido, decidió poner el sector energético en sus manos. Poco a poco fueron cayendo bajo su control la energía eléctrica, los combustibles líquidos y el gas, hasta entonces en su mayoría en manos privadas. Luego puso las cajas de ahorros bajo las riendas de las autonomías e intentó hacer de la banca pública, dispersa y deficitaria, un gran holding *para competir con el sistema financiero privado. Acabada su etapa, las aguas parecen volver a sus cauces. Telefónica, Retevisión, Endesa, Repsol, Gas Natural y una docena más de sociedades bajo control estatal estarán dentro de poco en manos privadas. Con la política de privatizaciones Aznar no hace otra cosa que seguir la tendencia europea de reducir la presencia del Estado en la economía adelgazando el sector público para disminuir la carga sobre los ciudadanos. Lo peor de todo ello es que sus beneficiarios van a ser la misma oligarquía financiera y empresarial, los mismos banqueros sin escrúpulos que ayudaron a Felipe González a mantenerse en el poder y que utilizaron sus influencias para enriquecerse y los amigos del nuevo Presidente. La única ventaja que el país puede obtener de ello es que por lo menos el peso del sector público va a disminuir, las cargas sobre los españoles se reducirán y, bajo una gestión privada, existen más posibilidades de que se creen empresas auxiliares que tiren de la economía.*

Carmen Mestre Vergara, una economista bilbaína de cincuenta y dos años, pasará a la historia de este país por ser la persona que arruinó la imagen de la Cruz Roja Española. Lo consiguió utilizando los ingresos de la institución benéfica para pagar sueldos millonarios a sus amigos, malvendiendo su patrimonio y empleando las donaciones de sus afiliados y el dinero de los contribuyentes españoles para hacer política socialista en el Tercer Mundo, desde una entidad que por su misma naturaleza es apolítica.

Su currículum profesional oculta otra faceta igualmente negra. La de los años en que estuvo al frente de la Dirección General de la Energía en la etapa en que Carlos Solchaga regía este ministerio.

Como máxima responsable del departamento, Mestre fue la persona encargada de nacionalizar la red de alta tensión, un sector hasta entonces en manos de las eléctricas, y de imponer un parón a la construcción de centrales nucleares en España.

Ambos asuntos eran dos de las medidas más duras que el PSOE llevaba en los cien puntos de su programa electoral que le permitió alcanzar el poder en 1982. Además, tanto el llamado «parón nuclear» como la privatización de la red de alta tensión representaban, en cierta manera, una carga de venganza y resentimiento de los socialistas hacia el sector energético, que jamás había dado un solo duro a los socialistas y cuyos dirigentes no habían querido ni siquiera reunirse con Felipe González.

Así que, al llegar al poder, las primeras medidas que tomó el partido que aspiraba a la modernización de España fueron expropiar Rumasa a José María Ruiz Mateos y poner bajo el control del Estado la red de alta tensión.

Los socialistas creían que la «guerra del kilovatio» iba a resultar muy fácil. Pese a la titularidad privada de la mayoría de las empresas, el sector de las eléctricas está prácticamente controlado por la Administración, que aprueba los planes financieros y de inversión y fija los topes máximos de las tarifas de la luz.

Pese a todo, obligar a sus legítimos propietarios a desprenderse de la infraestructura del transporte energético no fue una operación de hierro en guante de seda. Por el contrario, se convirtió en una de las más duras batallas dadas por el socialismo desde sus comienzos. Alfonso Guerra, Felipe González y Carlos Solchaga, sin embargo, habían humillado a los presidentes de las principales industrias del país obligándolos a negociar con una simple directora general.

En la serie de entrevistas que siguieron con los máximos responsables de Unión Fenosa, Sevillana, Hidrola e Iberduero, empresas ligadas tradicionalmente a los bancos Central, Banesto y Banco de Bilbao, el Gobierno logró su objetivo. La dogmática Carmen Mestre no sólo los humilló. También los ninguneó, los maltrató y los vejó.

Años después de aquellas negociaciones, Manuel Gómez de Pablos, Iñigo Oriol y Juan Alegre Marcet, los negociadores privados, seguían recordando aquella etapa como una dura pesadilla. La «ecologista de hierro» del Gobierno les hacía esperar largas horas en su antedespacho para romperles los nervios mientras entraban y salían a su antojo los representantes de los sindicatos. Luego los recibía en pantalones vaqueros, los saludaba mirando a otra parte y se limitaba a ponerles delante una serie de pliegos de condiciones para que los firmaran sin rechistar.

Los «hombres del kilovatio» rompieron la baraja en más de una ocasión, cuando se levantaron de la mesa de negociaciones dispuestos a abandonarla mientras gritaban con voces destempladas.

—¡Ya está bien! O se persona ahora mismo el ministro aquí o no tenemos más que hablar.

Carlos Solchaga, que tenía su despacho en la planta tercera del Ministerio de Industria, situado en la madrileña zona de Cuzco, bajaba entonces dos pisos y trataba de calmar los ánimos encrespados.

Los dueños de las «autopistas de la energía», cuyos abuelos habían arriesgado sus ahorros a comienzos de siglo, desde que el visionario Thomas Alba Edison inventó la bombilla, y habían apostado por una industria de porvenir incierto ampliando el negocio durante varias generaciones, no se podían creer que el esfuerzo de tantos años pudiera cambiar tan fácilmente de manos.

Pero Felipe González [1] estaba decidido a ello y no daba su brazo a torcer. Así que 23.000 kilómetros de postes y alambres, valorados en 220.650 millones de pesetas, que representaban el 15 por ciento del inmovilizado neto del sector [2], pasaron a manos estatales en un santiamén.

—Ya está bien de que los que cortan el bacalao sean los de siempre. *Too pa'l* pueblo —había proclamado meses antes Alfonso Guerra, con motivo de la expropiación de Rumasa, en un mitin en Sevilla.

* * *

Los principales banqueros del país, Alfonso Escámez, del Central; Pedro Toledo, del Vizcaya; José Angel Sánchez Asiaín, del Bilbao; Luis Valls Taberner, del Popular; Emilio Botín, del Santander, y José María Aguirre Gonzalo, el «patriarca» de Banesto, vivían días de incertidumbre.

Aunque Felipe González les había prometido desde 1977 que no iba a modificar el *statu quo* del sistema financiero, los amos del dinero no se fiaban. A sus oídos había llegado que en el PSOE había venido funcionando desde años antes un comité del que formaban parte el ministro de Sanidad, Ernest Lluch, el ministro de Economía y Hacienda, Miguel Boyer, y Luis Angel Rojo.

El objetivo del «comité Lluch» era preparar un plan para jubilar a la gerontocracia bancaria, poco proclive a las reformas sociales que pretendía introducir el PSOE, y dar paso a una renovación generacional en los consejos de administración de las primeras instituciones financieras del país, en las que debía colocar a algunos de sus hombres de confianza.

El asunto era en el fondo una nacionalización *light* de los templos del dinero, tras el fracaso de la política intervencionista de François Mitterrand en Francia. A comienzos de 1982, instalados en el poder apenas unos meses antes, los

[1] «Nacionalizar los sectores básicos es la única salida que se me ocurre. Que los empresarios del sector me ofrezcan una mejor y yo la aceptaré», había declarado González a la prensa.

[2] Sin contar la participación de las empresas públicas Endesa y Enher.

socialistas franceses habían puesto bajo la órbita del Estado treinta y nueve bancos de una tacada, entre ellos los tres clásicos del sector, Banque Nationale de Paris, Crédit Lyonnais y Société Générale de Banque.

Previendo una hecatombe similar a la francesa, los banqueros españoles trabajaron durante meses a la sombra creando segundas marcas donde refugiarse en caso de intervención y traspasándoles los activos más saneados.

Todo quedó en un susto. La tesis generalmente defendida es que el desastre causado por el Partido Socialista Francés al tratar de gestionar la banca gala y la intervención de Rumasa fueron los dos motivos que vacunaron a los socialistas españoles y les obligaron a cambiar de estrategia. La razón última y más importante que hizo desistir a muchos dirigentes socialistas de cambiar el pantalón de pana por el traje gris oscuro y la camisa blanca de cuello almidonado fue que el Estado, con tres billones de presupuesto consolidado [3] en 1983, no tenía los recursos suficientes para indemnizar a los dueños del dinero. Además intervino la capacidad camaleónica de Felipe González, capaz, como todo buen «caudillo», de renunciar a sus principios ideológicos y adaptarse a las circunstancias del momento cuando no puede transformarlas [4].

González ha pasado en pocos años de ser el apóstol decimonónico del socialismo, que aspira a hacer la revolución proletaria que acabe con el capitalismo explotador, a abdicar de cualquier tipo de ideología y a convertir su liderazgo en un régimen de poder personal. Y cae en el error de todos los dirigentes que le han precedido en la Historia: al carecer de bases económicas sólidas se apoya en una oligarquía financiera que le sostiene en la medida en que sus miembros puedan beneficiarse personalmente.

Así, Miguel Boyer y Carlos Solchaga, los dos principales artífices de la política económica del Gobierno, de acuerdo

---

[3] Presupuestos Generales del Estado, presupuesto de la Seguridad Social y de otros entes autónomos en los que el Estado tenía una participación para ejercer su control.

[4] Ignacio Sotelo en *El desplome de la izquierda,* Akal, Madrid, 1994.

con Felipe González deciden que la mejor manera de controlar la banca es aprovechar la política de fusiones para poner al propio Boyer y a sus amigos de la *beautiful people* —Francisco Luzón, Claudio Boada Villalonga, José María Amusátegui, Jaime Terceiro, Pedro Toledo— al frente de las instituciones financieras del país. Un grupo que con Rafael del Pino, Carlos y Juan March, Javier Benjumea, Javier de la Rosa, Mario Conde y otros pasó a ser durante una época el verdadero amo de España.

Sin embargo, la auténtica aspiración del PSOE era el control de gran parte de los sectores estratégicos del país para convertirlos en un botín a repartir entre el partido y los sindicatos, al igual que hacían desde tiempo atrás sus colegas franceses e italianos [5].

* * *

Nacionalizadas las principales empresas de armamento [6], con los bancos y la Bolsa bajo control por medio de su síndico en Madrid, Manuel de la Concha, y de Mariano Rubio, gobernador del Banco de España y hombre de confianza del equipo económico de Carlos Solchaga, los socialistas colocan entonces sus ojos en el sector energético y eligen para cada caso a las personas adecuadas.

---

[5] Desde la II Guerra Mundial, la Democracia Cristiana y el Partido Socialista Italiano, con Aldo Moro —hasta su muerte— y Giulio Andreotti, de una parte, y Bettino Craxi, de otra, se repartieron, como quien comparte un trozo de tarta con sus amigos, el control de las empresas públicas. Formaron parte de ese vergonzoso acuerdo destinado a esquilmar las arcas públicas, entre otras sociedades, el IRI (Istituto per la Ricostruzione Industriale), con trescientos cincuenta mil empleados; el ENI (Ente Nazionale Idrocarburi); FS (Ferrovie dello Stato); el monopolio de tabacos; ENTEL, la empresa nacional de electricidad; el INA (Istituto Nazionale delle Assicurazioni); el EFIM (Ente per il Finanziamento della Industria Manufatturiera); la Banca Nazionale di Lavoro; la Banca Commerciale e Credito Italiano, y cajas de ahorro y rurales que formaban parte de los Istituti de Diritto Publico, así como las principales empresas de armamento en manos del Estado.

[6] Empresa Nacional Bazán, Empresa Nacional Santa Bárbara, Explosivos Río Tinto, Construcciones Aeronáuticas y otras.

Feliciano Fuster, un mallorquín de sesenta y cinco años, es un socialista convencido, con talla y capacidad para ser a la vez un gran empresario.

Con un cerebro privilegiado para los números y las estrategias empresariales a largo plazo, ha sido una de las personas que con más interés ha seguido la política de nacionalizaciones francesa de 1982, mediante la cual pasaron al sector público la Compagnie Générale d'Electricité; el grupo industrial Saint Gobain, del sector del vidrio; la polémica Péchiney (aluminio), y algunas de las principales industrias de la electrónica como Thomson, de la siderurgia (Usino y Sacilor) y del sector de aviación militar (Marcel Dassault-Breguet) o de misiles (Matra).

Por eso, a finales de los ochenta, cuando lo nombran presidente de la Empresa Nacional de Electricidad (Endesa), uno de sus primeros objetivos es hacer un gran *holding* estatal del sector del kilovatio siguiendo el «modelo francés».

Endesa, en esos momentos, es una empresa prácticamente irrelevante en el mercado. Representa menos del 10 por ciento de la facturación frente al resto de sus competidoras —Unión Fenosa, Sevillana de Electricidad, Iberduero e Hidrola—, que controlan prácticamente el mercado.

La política de Claudio Aranzadi, en ese momento ministro de Industria, un hombre de Solchaga que ha hecho sus armas como presidente del INI, es ampliar la participación del Estado en detrimento de las empresas privadas.

—La atomización del sector privado no es buena ante el reto de la entrada de España en la Unión Europea y el mercado único —asegura el ministro.

Es una manera como otra de justificar las nacionalizaciones encubiertas. En la primavera y verano de 1989 el equipo de Fuster pasa a la acción y adquiere en Bolsa un paquete del 20 por ciento de Sevillana de Electricidad. El «clan de Neguri» que controla la eléctrica pone el grito en el cielo.

Los presidentes del BBV, José Angel Sánchez Asiaín y Pedro Toledo, quieren ver enseguida al ministro de Economía y Hacienda, Carlos Solchaga, para que ate en corto a

Aranzadi. El pacto se sella en septiembre de ese año. Endesa se retira de Sevillana y el *statu quo* vuelve a restablecerse.

La tregua dura muy poco. Como un buen estratega militar, Feliciano Fuster en realidad había replegado su ejército para reagrupar sus tropas y preparar un nuevo asalto. El 26 de marzo de 1991 Endesa compra Electra del Viesgo al Banco Santander, que quiere desprenderse de sus participaciones en empresas, y toma un nuevo paquete accionarial en Sevillana. El 4 de octubre adquiere FECSA, la empresa eléctrica catalana.

La estrategia de crecimiento a costa de ejercer una política de «tiburoneo» contra las empresas del sector se incrementa cuando Juan Manuel Eguiagaray Ucelay se hace cargo de la cartera de Industria y Energía, el 13 de julio de 1993. Endesa compra Hidruña I, Saltos del Nansa, Energías de Aragón y se consolida como la primera compañía eléctrica mayorista de España, con una producción del 52,6 por ciento de la energía y aspiraciones a controlar muy pronto el 70 por ciento.

Los planes de Fuster son claros. Antes de un año Endesa pretende poner cerco a Hidroeléctrica Española, vinculada a la familia Oriol y Urquijo y a los bancos Central, BBV y Banesto, y a Iberduero, bajo el control de las tradicionales familias de Neguri y del BBV, sin ninguna relación con la oligarquía financiera que apoya desde 1982 al Gobierno.

El choque es inevitable. Los presidentes de las dos únicas compañías privadas fuertes que quedan junto con Unión Fenosa, la sociedad que preside José María Amusátegui, ligada al BCH y al Banco Pastor, no están dispuestos a ser víctimas de la voracidad del Estado. Para defenderse mutuamente, en la primavera de 1993 llegan a un acuerdo de fusión. Se materializa mediante una OPA que se presenta ante la Comisión Nacional del Mercado de Valores el 5 de junio, sin tener en cuenta las presiones y amenazas del Gobierno de congelar las tarifas eléctricas para estrangular económicamente a los empresarios que no apoyan sus planteamientos.

La maniobra defensiva de Hidroeléctrica e Iberduero da resultado. Endesa, convertida desde 1993 en la primera compañía del INI en beneficios y la segunda en facturación después de Telefónica, con unos ingresos brutos de 116.813 millones de pesetas, se queda sin mercados interiores que conquistar.

A Fuster no le preocupa. Se lanza entonces a la búsqueda de mercados exteriores. Aspira a convertirse en una de las primeras multinacionales españolas en América del Sur y pone todo su empeño en conseguirlo. A comienzos de los noventa viaja a Venezuela y de la mano del grupo Capriles[7] toma una participación en la CANTV, la empresa de electricidad de Caracas; en Argentina llega a un acuerdo con el Gobierno de Carlos Menem para adquirir un paquete de acciones de Edenor, y en otros países como México, Colombia y Chile alcanza compromisos de colaboración mutua.

El gran sueño de Fuster es convertir a Endesa en la gran suministradora de energía eléctrica barata a todos los países de América Central, desde Guatemala a Panamá, aprovechando los grandes saltos de agua del Orinoco, en Venezuela, y del Magdalena, en Colombia. Pero necesita poner de acuerdo a ocho países para que permitan el paso de una red de alta tensión que una México con Colombia y Venezuela. Algo que no es tan fácil como «expropiar» a un grupo de industriales españoles con el apoyo de un grupo de empresarios y banqueros que, dispuestos a sacar tajada de cualquier acción del «caudillo» González, lo defienden incondicionalmente.

* * *

En 1987, un año después de la entrada de España en la Comunidad Europea, el Gobierno de Felipe González se plantea como una de las políticas prioritarias la de incentivar la creación de un «gigante» en el sector de los hidrocarburos,

---

[7] Miguel Angel Capriles, empresario de prensa fallecido en 1996, propietario de veintiocho publicaciones, y con participaciones en otros sectores de la economía del país como la banca, la telefonía, la minería, el petróleo y los hidrocarburos en general. Se le consideraba una de las primeras fortunas de Venezuela.

capaz de centralizar las importaciones de crudos, su refino y distribución, y de poner orden en las empresas petroquímicas y de gases licuados.

Durante meses, un grupo de expertos del Ministerio de Industria estudia los dos principales modelos europeos: el inglés de la British Petroleum, una de las famosas «siete hermanas» [8] que entronca con la política liberal del mundo empresarial anglosajón [9], y el italiano del Ente Nazionale Idrocarburi (ENI), con sus 124.000 trabajadores ligados al sector público, bajo dependencia estrictamente estatal.

Persuadidos por sus colegas italianos Bettino Craxi y Nerio Nessi, que habían utilizado el comercio mundial del crudo para financiar el Partido Socialista Italiano (PSI) por medio de una serie de sociedades fantasma creadas por Fioro Fiorini en Panamá, Luxemburgo y Suiza, los socialistas optan por la formación de un grupo público.

El proyecto se le encarga a Oscar Fanjul Martín, un economista del partido hijo de una familia de republicanos españoles, nacido en Santiago de Chile y compañero de Carlos Solchaga en el Gabinete de Estudios del Banco de Vizcaya.

Nombrado por Solchaga secretario general técnico y subsecretario del Ministerio de Industria y Energía, en dos etapas sucesivas, Fanjul era el hombre adecuado para crear el *holding* petrolero socialista. Muchos cargos del ministerio —Fernando Maravall, Luis Sempere, Víctor Pérez Pita, Claudio Aranzadi, Miguel Angel Feito, María Luisa Huidobro y otros— habían sido compañeros o subordinados suyos.

El 23 de enero de 1985, un año antes de que España firme el Tratado de Adhesión a la Comunidad Europea,

---

[8] Término acuñado por la prensa internacional para referirse a las siete multinacionales, seis norteamericanas y una británica, que controlan la mayor parte del petróleo que se consume en el mundo —especialmente el comercio mundial de crudos— y tienen capacidad para fijar los precios a los respectivos gobiernos.

[9] A pesar de su política abierta, hasta que la privatizó en 1982, el Gobierno británico mantenía un porcentaje en la compañía.

Fanjul pasa a presidir el Instituto Nacional de Hidrocarburos, el antiguo INH, que transforma en Repsol. Tras adquirir varias empresas pequeñas del sector, su primer gran objetivo es absorber a las tres principales petroleras privadas españolas: Petronor, de las cajas de ahorro de Vizcaya y del BBV; Petromed, bajo la órbita de Banesto, y Cepsa, ligada históricamente a Alfonso Escámez y al Banco Central.

Extraoficialmente, los tres grandes bancos están al tanto de las intenciones del Gobierno y crean una alianza no escrita para defenderse. Sin embargo, la oligarquía financiera que sostiene al Gobierno ve una nueva oportunidad de incrementar sus plusvalías, y no cumple la promesa.

Sin contar con Alfonso Escámez ni con Mario Conde, Pedro Toledo, cuyo banco, el BBV, no deja de recibir favores del Ejecutivo, rompe el pacto y en febrero de 1989 vende a Repsol el 22 por ciento de Petronor. El asunto le crea fuertes problemas con el presidente del Gobierno vasco, José Antonio Ardanza, y con el secretario general del PNV, Xavier Arzalluz, que como buenos nacionalistas lo quieren todo, petrolera incluida.

Toledo, que salva la cartera cuando ese mismo año Repsol sale a Bolsa y encarga al BBV la colocación de 150.000 millones de pesetas en títulos[10], necesita también salvar la cara. La suerte está de su parte. En plena batalla con el Gobierno vasco, la empresa estatal adquiere el 30 por ciento del capital que Pemex (Petróleos Mexicanos) posee en la petrolera vasca. Repsol tiene en sus manos entonces el 85 por ciento del capital de la empresa de refino. Las últimas ilusiones del PNV de controlar parte del «oro negro» español se disipan.

Tras esta nueva ofensiva del Gobierno y de sus socios de la *beautiful people* a la industria nacional del sector de hidro-

---

[10] El negocio le supone al BBV unas plusvalías contables de veinte mil millones de pesetas debido al fuerte alza especulativa de las acciones en la Bolsa. Además, a partir de entonces, Repsol encarga al banco de Sánchez Asiaín y Pedro Toledo la gestión de su tesorería, que mueve varias decenas de miles de millones al año.

carburos, Escámez y Conde saben que los próximos objetivos son las petroleras participadas por sus bancos. Por eso, a comienzos de los noventa los dos presidentes se reúnen en secreto y deciden iniciar un proceso de fusión entre Cepsa y Petromed.

Carlos Solchaga y Claudio Aranzadi, ex ministro y ministro de Industria, el presidente del INI, Javier Salas, y el presidente de la Comisión Nacional del Mercado de Valores, Luis Carlos Croissier, no quieren que en el sector privado haya un grupo fuerte que haga la competencia a Repsol y se oponen a la concentración.

Desde el Gobierno se incentivan entonces las diferencias entre el presidente de Petromed, Juan Herrera Martínez, vinculado a una de las familias tradicionales de Banesto, y Alfonso Escámez, el verdadero hombre fuerte de Cepsa. La alianza se debilita y tanto Petromed como Cepsa tienen que buscar alianzas tácticas fuera de España para defenderse del Ejecutivo.

Petromed llega a un acuerdo de venta de parte de sus acciones con la empresa británica British Petroleum y Cepsa hace lo propio con la multinacional francesa Elf y con la empresa pública Ipic, de Abu Dabhi, en los Emiratos Arabes Unidos. La amenaza socialista estaba conjurada pero el Gobierno controla por medio de Repsol la mayor parte del mercado del «oro negro». Un asunto que comenzaba a crear cada vez mayores reticencias con los vascos y catalanes y que iba a salir a la luz con motivo de la política de concentración energética en la industria del gas.

* * *

A mediados de junio de 1991 Felipe González celebra una reunión secreta con el presidente de la Generalitat catalana, Jordi Pujol.

El entendimiento entre ambos políticos había vuelto a restablecerse tras la crisis del «caso Banca Catalana», que estuvo a punto de ocasionar un enfrentamiento irreversible entre Cataluña y el resto de España cuando en 1986 el partido de Ferraz trató de utilizar partidistamente, con motivo de las elecciones autonómicas de aquel año, las implicaciones de Pujol y de sus socios catalanes en el saqueo a la institución financiera y el presidente de la Generalitat hizo del asunto una agresión a su comunidad[11].

El carisma personal de los dos líderes en sus respectivos feudos electorales, que les hacía aparecer ante la opinión pública como dos «caudillos»[12] que se respetaban mutuamente, contribuía a dar una sensación de solidez y eficacia a unas relaciones marcadas siempre por el recelo y la desconfianza del líder catalán y su formación política, Convergència y Unió, en los demás.

Sin embargo esta vez Pujol tenía razones para fiarse de su interlocutor. El Gobierno de la nación pretendía reordenar el sector gasista español. Felipe González estaba dispuesto a ceder ante los deseos de la burguesía catalana y permitir que el empresariado más afín a Convergència y Unió liderara el proceso de concentración. De esta manera, el secretario general del PSOE quería poner fin a una vieja queja del empresariado catalán, que reprochaba a los socialistas el haberle desplazado de las grandes decisiones económicas.

Este hecho estaba propiciando, además, que los catalanes quedaran al margen en los grandes acuerdos que han de decidir el futuro de la Unión Europea en el próximo siglo.

---

[11] Felipe González llegó a dar órdenes personales al fiscal general del Estado, Luis Burón Barba, para que presentara una querella criminal contra Jordi Pujol y otras diecisiete personas, implicadas todas ellas en actuaciones presuntamente delictivas durante la gestión de Banca Catalana. La quiebra de la entidad en 1983 causó al Estado un «agujero» de trescientos mil millones de pesetas. Pujol, para defenderse, movilizó a la burguesía y a parte del proletariado catalán en contra del Gobierno. La crisis institucional se resolvió con una orden de Alfonso Guerra al fiscal general del Estado para que archivara la querella. Para más datos, consultar *El saqueo de España, op. cit.*

[12] Buscando realzar esa personalidad, en 1993 Sabino Fernández Campo, ex secretario y hombre de confianza del rey Juan Carlos, narró a los autores del libro que Jordi Pujol le había mandado personalmente un manuscrito para que le dijera si estaba dispuesto a presentarlo en Madrid. El libro, una hagiografía del líder catalán, apareció semanas después bajo el sugestivo título de *El virrey*, Planeta, Barcelona, 1993.

Los industriales cercanos a CiU se quejaban de que, en la redacción del «libro blanco» sobre los gigantescos proyectos de infraestructuras energéticas y de transporte previstos para los veinticinco próximos años[13], que afectan de manera directa a los catalanes, Madrid llevaba siempre la voz cantante, sin consultarles.

Por eso la decisión de ponerles en bandeja el monopolio estatal del gas fue un regalo al que Pujol no iba a oponerse. Así, a mediados de 1991 Catalana de Gas, una empresa bajo el control de La Caixa, se fusiona con Gas Madrid y Repsol Butano.

La sociedad resultante pasa a llamarse Gas Natural. Pese a estar participada en un 49 por ciento por Repsol y en un 25 por ciento por La Caixa, el brazo financiero de Pujol, el Ejecutivo entrega su control a la Generalitat, que nombra como presidente a Pedro Durán Farrell, un hombre de CiU, y reserva el cargo de consejero delegado para Juan Badosa, un economista catalán del PSOE.

El objetivo del Gabinete González y de la Generalitat es convertir el gas natural en una alternativa al carbón y al petróleo e implantar su uso en la mayoría de las industrias y en el 92 por ciento de los hogares. Sin embargo, para que La Caixa no tenga que asumir los costes financieros que supone la construcción de un gasoducto que una el cabo de Tarifa con Marruecos y Argelia, Juan Manuel Eguiagaray, último ministro de Industria socialista, toma una decisión tajante.

---

[13] Según las conclusiones del «libro blanco» presentado en el Consejo Europeo de Essen en diciembre de 1994, tras un concienzudo estudio de cuatro años por un grupo de políticos y técnicos bajo la dirección de Christophersen, España deberá acometer antes del 2020 tres grandes proyectos de transporte y cuatro de energía. Los proyectos de transporte son los trenes de alta velocidad Madrid-Barcelona-Perpignan-Montpellier, Madrid-Valladolid-Vitoria-Dax y la autopista Lisboa-Valladolid. En materia de redes energéticas se contempla la interconexión eléctrica Francia-España y España-Portugal, y los gasoductos España-Portugal y Argelia-Marruecos-Unión Europea, uno de cuyos ramales atraviesa el estrecho de Gibraltar hasta la península ibérica y se conecta con las redes europeas en Francia.

Segrega la ejecución de la obra de los objetivos de Gas Natural y la transfiere al Estado.

De esta forma, el Estado central, por medio de la sociedad Europe-Magreb Pipeline, tendrá que desembolsar antes del año 2000 los 180.000 millones que costará el gasoducto. La Caixa, que ostenta desde comienzos de los noventa un poder desproporcionado en Gas Natural, se ahorra además el coste de las infraestructuras y en el futuro sólo tendrá que extender la mano. Es, entre otros, el precio político que Felipe paga para mantener la integridad territorial de la nación.

Sin embargo, la fuerte concentración de empresas en el sector público, que en 1993 daba trabajo a cuatrocientas mil personas y constituía el 6,5 por ciento del PIB, era una política equivocada. Prueba de ello es que mientras González adquiere eléctricas, petroleras y empresas gasistas a costa de incrementar el déficit público pero con el beneplácito de la *beautiful people,* que ve engordar el saldo de sus cuentas corrientes, el resto de los países europeos —Gran Bretaña, Francia e Italia— hace lo contrario desde comienzos de la década de los ochenta.

* * *

Los primeros en romper el fuego fueron los británicos. A finales de los setenta, cuando Margaret Thatcher sustituyó en el poder al líder laborista James Callaghan, comenzó privatizando los centenares de miles de viviendas de los consejos municipales para continuar con British Petroleum, British Aerospatial, Cable and Wireless y Associated British Ports.

En once años de mandato ininterrumpido, Thatcher, la primera mujer que llega al cargo de Primera Ministra en Europa, bautizada por sus correligionarios como «la dama de hierro», lleva a cabo la transformación económica y social más importante del país desde la II Guerra Mundial.

A partir de 1984 saca a la venta British Telecom, British Steel, British Airways, Power Gen, National Gen, Rolls Royce, Jaguar, British Leyland, British Gas y Water Holding. De esta manera, agua, gas, electricidad, automóviles, motores, líneas aéreas, gasolinas, industrias espaciales, telecomunicaciones y algunos puertos pasan del sector público al sector privado.

La política de privatizaciones causa duros enfrentamientos con los sindicatos del carbón y del acero, que no quieren perder los privilegios que les ha otorgado el Estado-providencia desde la ascensión al poder de Winston Churchill. Margaret Thatcher gana la batalla frente a los sindicatos, y su sucesor, el conservador John Mayor, sólo tiene que seguir el camino trazado por «la dama de hierro» [14].

A mediados de los ochenta el sector público controlaba en Francia el 94 por ciento de la energía y el agua, la totalidad de los transportes aéreos y por ferrocarril y el 40 por ciento del sistema financiero (banca y seguros), y tenía una presencia significativa en las industrias metalúrgica y química.

El peso del Estado en la economía, debido a la política de privatizaciones de los gobiernos de François Mitterrand y a la situación heredada por los socialistas, representaba el 17,2 por ciento de la producción nacional. Cuando en 1986 Jacques Chirac asume el cargo de Primer Ministro decide devolver al sector privado los bancos y las empresas metalúrgicas y químicas estatalizadas.

Así el capital privado entra en la empresa de electrónica Thomson; en Renault, dedicada a la automoción; en Aerospatiale, especializada en el segmento de los viajes espaciales; en la petrolera Elf-Aquitaine; en Snecma, fabricante de motores de aviación; en Central d'Assurances y Caisse Nationale de Prevoyance, del sector de los seguros; Crédit Lyonnais, Société Marsellaise de Crédit, y Air France, la compañía bandera de las líneas aéreas francesas [15].

Algunas de estas privatizaciones, como la del Crédit Lyonnais, acaban en verdaderos fiascos cuando en 1994 se descu-

---

[14] *The Political Economy of Privatization,* Thomas Clarke, Routeldge, Londres, 1993.

[15] *Tendances et politiques des privatisations,* editado por la OCDE, París, 1994.

bre que la «era Mitterrand» había generado en la entidad un «agujero» de 50.000 millones de francos, o su equivalente, un billón 250.000 millones de pesetas, en parte por los cuantiosos préstamos a los amigos del Presidente de la República [16]. Sin embargo, desde 1986, el sector público ha adelgazado de forma considerable.

En Italia las empresas públicas eran la recompensa que percibían los partidos políticos por haber ganado las elecciones, y la Democracia Cristiana y el Partido Socialista Italiano se repartían casi a la luz pública las comisiones por los negocios realizados, como los niños se distribuyen una bolsa de caramelos a la salida de la escuela. La etapa de las privatizaciones se impuso allí a partir de 1992, con el Gobierno del socialista Giuliano Amato [17].

Banca Commerciale e Credito Italiano e Istituto Mobiliare Italiano, cuarto y sexto bancos del país; Nuovo Pignore, la empresa mecánica del sector de hidrocarburos; Agip, del segmento de la distribución petrolera; Enel, la mayor empresa pública de electricidad, y la compañía de gas Snam se encontraban en 1994 a punto de dejar de depender del Estado junto a otras muchas.

En conjunto, el proceso de liberalización de las empresas públicas y la transferencia de su titularidad a grupos de empresarios ha representado para estos tres países unos beneficios de setenta y un billones y medio de pesetas en el periodo 93-95, según la OCDE [18].

---

[16] Por indicaciones de François Mitterrand o del Partido Socialista Francés, el Crédit Lyonnais había prestado dinero al magnate de la prensa británica Robert Maxwell, al financiero italiano Giancarlo Parretti para adquirir la Metro Goldwing Mayer, al hombre de negocios francés Bernard Tapie y al magnate italiano Silvio Berlusconi para poner en marcha el canal de televisión Le Cinq, que quiebra a comienzos de los noventa. Todo ello supone la pérdida de decenas de miles de millones de francos. *Le Point,* 14 de enero de 1995.

[17] *Privatizare: come? Spunti da una ricognizione comparata dei casi inglese e francese,* F. Panetta y S. Chiris, Banda d'Italia, Roma, 1994.

[18] Francia ha recaudado 28,7 billones, el Reino Unido, 25, e Italia, 17,8 billones.

En España los ingresos obtenidos por las privatizaciones de empresas públicas durante el periodo socialista son significativamente menores, apenas ocho billones y medio de pesetas que se ingresaron en las arcas del Tesoro entre los años 1985 y 1996[19].

El dato, sin embargo, no es representativo en la medida en que la política privatizadora llevada a cabo hasta comienzos de 1996 por los sucesivos gobiernos de Felipe González se ha realizado procurando que el Estado no perdiera el control de las sociedades.

En consecuencia, la salida al mercado de valores de una serie de participaciones de las empresas públicas de los sectores eléctrico, petrolero, de la electrónica y de la banca, manteniendo los derechos políticos de los títulos bajo control estatal[20], ha desincentivado a diversos grupos privados, entre ellos la banca, a participar en el negocio al no poder intervenir directamente en la gestión y administración de las sociedades.

Muchas de estas enajenaciones, en realidad, no eran tales. De hecho la venta de Seat a la compañía alemana Volkswagen el 27 de diciembre de 1985, que aparece en los libros del INI/Téneo como una privatización por la que el Estado español obtuvo 19.200 millones de pesetas en 1986 y 19.984 en 1990, en realidad supuso para las arcas públicas 430.000 millones en pérdidas. Meses antes de la venta el Estado había tenido que invertir 280.000 millones en modernizar la planta de la Zona Franca y otros 150.000 millones en capitalizar la sociedad para deshacerse de las cargas financieras.

---

[19] Según el informe anual del Consejo Económico y Social correspondiente a 1995.

[20] Según el Ministerio de Industria, desde 1985 a 1996 las principales privatizaciones han sido Textil Tarazona (textiles); Secoinsa y SKF (metalurgia); Viajes Marsans y Entursa (turismo); Gesa y Endesa (electricidad); Seat y Mercedes Benz (automoción); Fovisa, Victorio Luzurriaga y Purolator (alimentación); Ence (papel); MTM y Ateinsa (material ferroviario); Astican y Sodican (astilleros); Enosa (óptica); Fábrica San Carlos (defensa); Acesa (autopistas); Automoción 2000 (automóvil); Indra (electrónica); Auxini (construcción); Bex (banca); Repsol (petróleo); Enagas (gas), y Caivsa y Sagane.

Otro tanto ocurrió con la enajenación de la Empresa Nacional de Autocamiones (Enasa) en favor de la compañía italiana Fiat-Iveco. Tras una brutal política de saneamiento con capital público, el Gobierno acabó vendiendo la sociedad por 2.000 millones cuando sus activos inmobiliarios, especialmente las naves y los solares de Barajas (Madrid), valían cincuenta veces más.

Otros procesos de privatización, como los de Repsol, Endesa o Enagas han supuesto importantes ingresos para el Tesoro. Sin embargo, los recursos drenados por medio de las sucesivas salidas a Bolsa de tramos de estas sociedades en los últimos años han sido insuficientes para sufragar las enormes pérdidas del conjunto de sociedades del sector público. Una valoración realizada a mediados de septiembre de 1996 por el Partido Popular revela que en los diez últimos años las compañías en propiedad del Estado habían generado unas deudas acumuladas superiores a los doce billones de pesetas.

El dato es lo suficientemente grave en la medida en que las empresas del Estado han estado perdiendo dinero a un ritmo de 1,2 billones anuales. De esta manera, el agujero creado por parte de las ochocientas sociedades de capital público en las arcas del Ministerio de Economía y Hacienda en la última década representa casi un tercio de la deuda del Estado. En 1996 su coste era de más de un billón de pesetas anuales en gastos financieros, casi un tercio de los tres billones y medio que aparecen reflejados en los Presupuestos Generales del Estado de ese año.

Todo ello demuestra que la política industrial de los sucesivos gabinetes de Felipe González ha sido nefasta para las empresas del Estado, la mayor parte de las cuales sigue funcionando como hace treinta años, con unas enormes plantillas, una tecnología obsoleta y unos costes energéticos muy altos, lo que ha incidido en una falta de competitividad y, por consiguiente, en una pérdida de mercados dentro y fuera de España.

La entrada de España en la Comunidad Europea en 1986 ha agravado de forma significativa la situación. Al desaparecer las barreras arancelarias muchas de estas compañías, que hasta entonces podían sobrevivir gracias a los mercados internos, han entrado en pérdidas y sólo se sostienen por la presión de los sindicatos y las subvenciones permanentes del Estado.

Todo ello demuestra, además, que la reconversión industrial emprendida por los gobiernos socialistas en la década de los ochenta ha sido insuficiente. En esa época el Estado debía haber tomado drásticas medidas para adelgazar —en lugar de incrementar su volumen— el peso del sector público, que absorbe cincuenta de cada cien pesetas que los contribuyentes aportan al Tesoro tanto en impuestos directos como indirectos.

De ahí que uno de los retos más importantes que tiene el Gobierno salido de las urnas el 3 de marzo de 1996 sea el de privatizar un gran número de sociedades. Y no sólo como vía para obtener unos ingresos con los que enjugar el déficit, sino como medida quirúrgica para frenar el crecimiento de la deuda. Una deuda pública que a mediados de 1996 representaba algo más del 67 por ciento del PIB, lo que situaba al país fuera de los criterios de convergencia de Maastricht.

La privatización de gran parte de las compañías estatales se hace más perentoria aún en la medida en que en 1997 desaparecen algunos monopolios en Europa. Se instaurará así un mercado de libre competencia en todos los países de la Unión, donde las subvenciones y ayudas estatales a los sectores deficitarios pasarán a estar prohibidas.

Por eso, acuciado por sus socios de Convergència y Unió, una de las primeras decisiones tomadas por el Gobierno de José María Aznar fue la desregulación de una serie de sectores estratégicos. Entre ellos los de gas, combustibles y electricidad, a los que han de seguir los de telecomunicaciones, transportes aéreos, banca y otros.

Era sólo la primera de una serie de medidas encaminadas a que en los próximos tiempos las principales empresas españolas bajo control público, incluidas aquellas estatalizadas por los socialistas durante la década de los ochenta, vuelvan a manos privadas.

* * *

Desde el verano de 1996, Antonio Barrera de Irimo, abogado y economista, ex ministro de Hacienda y vicepresidente segundo del Gobierno durante el franquismo y consejero del Banco Central Hispanoamericano, viene reuniéndose en secreto con diversas personalidades del mundo de los negocios y las finanzas.

En los encuentros, de los que no se ha informado en la prensa, han participado altos cargos de la empresa pública Endesa, la petrolera Cepsa, el Banco de Santander, la eléctrica Fenosa y la empresa del sector de las telecomunicaciones Retevisión. El objetivo de Barrera de Irimo es constituir un fuerte núcleo de banqueros y empresarios para adquirir en febrero de 1997 el 40 por ciento de Retevisión y, antes del verano, hacerse con el control del 60 por ciento de la compañía.

De esta manera, en 1998 España tendría en servicio un segundo operador telefónico, dispuesto a competir con Telefónica de España y a servir de barrera frente a la penetración de las multinacionales de las telecomunicaciones cuando se desregule definitivamente el sector.

Al mismo tiempo, Argentaria, BBV y La Caixa junto con Repsol, Gas Natural, Iberdrola y Telefónica de España tratan de formar una segunda alianza estratégica para entrar en el mercado de las telecomunicaciones y el sector energético, las dos grandes áreas donde se puede ganar dinero en el próximo siglo.

La idea del Gobierno es crear en torno a estos dos conglomerados financiero-industriales las dos puntas de lanza de la industria española en los mercados internacionales, de la misma manera que la penetración holandesa en el mundo se realiza por medio de Philips y los coreanos lo hacen en torno a tres multinacionales, Samsung, Hiundai y Daewoo.

Por tanto, la mayor parte de las privatizaciones se van a realizar sobre estas empresas, con vocación de convertirse en un plazo de diez años en dos potentes conglomerados a escala mundial que generen en torno a sí una serie de empresas auxiliares, reactiven la economía y reduzcan las cifras de paro.

Con este fin el Gobierno de José María Aznar va a desprenderse en los próximos meses del 10 por ciento de capital que el Estado mantiene en Telefónica de España y de los porcentajes más importantes que posee en Repsol, Endesa, Gas Natural, Retevisión, Hispasat, Tabacalera, Aldeasa, Inespal y otras, que pasarían a control privado.

Los populares, sin embargo, no quieren quedarse al margen del festín. De ahí que una de las primeras medidas de José María Aznar haya sido la de colocar a sus amigos Juan Villalonga (Telefónica), Francisco González (Argentaria), César Alierta (Tabacalera), Javier Irala (Iberia), Alfonso Cortina (Repsol), Miguel Blesa (Caja Madrid), Fernando Becker (Ico) y Juan Fernández Armesto (Comisión Nacional del Mercado de Valores).

Frente a la burda corrupción generalizada del Partido Socialista, frente al saqueo de los fondos reservados y al reparto de las ayudas a la exportación entre la oligarquía cercana a La Moncloa, el nuevo Gobierno del Partido Popular parece aspirar a poner el sector público en manos privadas. Es de desear que no sean las de unos pocos amiguetes.

CAPITULO QUINCE

EL REINO DE LOS ESPECULADORES

En los trece años de gobierno socialista, decenas de empresarios e industriales presionados por los recaudadores del PSOE acudieron a La Moncloa a exponer sus quejas al Presidente del Gobierno. A Felipe González, situado por encima del bien y del mal, le resultaba mucho más fácil mirar para otro lado y ocuparse de la gran política que limpiar las alcantarillas de su partido. De esa manera, tras abandonar el poder, tiene abiertos frentes judiciales en Andalucía, Navarra, Madrid, País Vasco, Baleares y Cataluña por presuntos casos de corrupción. En la mayoría de estas autonomías las tramas organizadas que se dedicaban al cobro de «peajes» han quedado al descubierto. Sólo en la Comunidad Autónoma Valenciana, el feudo de Joan Lerma, el PSOE ha salido indemne de los escándalos. Y no es porque no haya asuntos turbios —si los constructores pagaban al Partido Popular, que estaba en 1990 en la oposición, como lo demuestra el «caso Naseiro», parece más lógico que cuidaran con mayor esmero al partido gobernante—. Pero la estructura interna del partido ha actuado hasta ahora como un bloque monolítico que ha dificultado la identificación de quienes supuestamente movían en la región los hilos del reino de la corrupción felipista.

Fue una decisión sin precedentes en la historia de España. El jueves 5 de septiembre de 1996 los once miembros de la Sala Segunda del Tribunal Supremo se reunían con un único asunto en el orden del día: determinar si llamaban a declarar al ex presidente Felipe González como testigo o como imputado de los veintiocho asesinatos de los GAL.

Para el Alto Tribunal aquélla era la resolución de mayor trascendencia política en los últimos años. Tras los tribunales de Nuremberg, que juzgaron a los criminales nazis después de la II Guerra Mundial, ningún líder político ni representante de un país europeo, salvo los bosnios, había sido acusado de cometer crímenes por sus propios compañeros de partido.

Presidido por José Augusto de Vega [1], y con sus miembros divididos y sometidos a todo tipo de presiones, el Alto Tribunal debía decidir en unas horas sobre el futuro del líder del principal partido que gobernó España en los últimos trece años.

Un ex dirigente de su formación política y dos ex altos cargos, el ex secretario general de los socialistas vizcaínos Ricardo García Damborenea, el ex director general de la Guardia Civil Luis Roldán y el ex director general de la Seguridad del Estado Julián Sancristóbal, le acusaban, con matices distintos, de haber consentido, organizado, coordinado y dirigido la trama más violenta de terrorismo de Estado creada en España desde la Guerra Civil.

Las declaraciones formaban parte del sumario instruido por los jueces Baltasar Garzón, de la Audiencia Nacional, y Eduardo Móner, del Tribunal Supremo, sobre el secuestro del ciudadano francés Segundo Marey, capturado por un grupo de mercenarios financiados por el Ministerio del Interior en Francia a comienzos de los ochenta al confundirle con un miembro de ETA.

El Tribunal Supremo, sin embargo, decidió quitarse el asunto de encima por un defecto de forma y aplazar su resolución durante un mes, plazo en que el instructor debería cumplimentar determinadas peticiones solicitadas por las partes.

Entre tanto, aparentemente ajeno a la decisión que iba a tomarse sobre su futuro, que podía suponer su inhabilitación

[1] Miembro del Alto Tribunal a propuesta del PSOE.

política para el resto de sus días y acabar con su carrera de líder de la oposición, Felipe González se encontraba de viaje oficial en Chile.

Como es habitual en él, pasó parte del tiempo impartiendo clases de ética y moral a los representantes políticos y culturales de aquel país. Sin embargo, por primera vez en su vida reconoció, ante un foro de más de mil personas, la existencia de casos de corrupción dentro de su partido.

«Estoy en la oposición —señaló ante el numeroso auditorio— porque hemos perdido las elecciones generales debido a que un grupo de sinvergüenzas se aprovechó del poder para enriquecerse.»

González recalcó que uno de los primeros sorprendidos por los escándalos fue él. No podía imaginarse que personas en las que había confiado plenamente y a ciegas fueran a utilizar sus cargos públicos para enriquecerse.

El líder socialista, sin embargo, pasó por alto que, apenas un mes antes, grupos de personas habían irrumpido en la prensa nacional para denunciar sus intentos fallidos de entrevistarse con el Presidente para informarle del saqueo que sus compañeros de partido estaban llevando a cabo en las arcas públicas.

González no sólo no puso remedio a la situación, cuando aún podía haber tomado drásticas medidas. Situado como un señor feudal por encima del bien y del mal, recluido en su celda como un monje trapense, ni siquiera se dignó a recibirlos.

* * *

La tregua duró menos de mes y medio. El tiempo exacto para que José María Aznar tomara posesión de su cargo de Presidente del Gobierno y los nuevos ministros se lucieran en los actos públicos y en el Congreso, rodeados de coches oficiales, chóferes y escoltas. La vida política, por fin, parecía recobrar su tranquilidad.

Sin embargo, el 18 de junio, el fenómeno de la corrupción, el sida de la clase política socialista, irrumpió de nuevo en las primeras páginas de todos los periódicos. Acusado de corrupción, el presidente del Gobierno navarro, Javier Otano, convocaba ese día una rueda de prensa y anunciaba su intención de dimitir de todos sus cargos.

El dirigente socialista no representaba, en aquellos momentos, ni la sombra del político hábil y arrollador que escasamente un mes antes era entrevistado en el programa *La Mañana*, de Antonio Herrero, emitido desde el bello campus de la Universidad de Navarra.

—Si se encontrara ahora a Luis Roldán y a Gabriel Urralburu, ¿los colgaría de un pino? —le preguntó un periodista fuera de antena.

—A tanto tal vez no llegaría. Pero les diría cara a cara que son unos canallas impresentables, que han manchado la imagen del partido y que, junto a otros pocos más, han arruinado una herencia de cien años de honradez.

El 18 de junio de 1996, después de prestar declaración ante el Juzgado de Instrucción número 1 de Pamplona, Otano tenía que reconocer públicamente que él también tenía una cuenta cifrada en Suiza, nutrida con fondos de procedencia ilegal.

—Pero el dinero no es mío; es del partido —se apresuró a añadir para eludir su responsabilidad.

Sólo lograba empeorar las cosas. Por vez primera, un dirigente socialista reconocía en público que el PSOE utilizaba cuentas cifradas en el país helvético, al margen de la Ley de Financiación de los Partidos Políticos, para ocultar fondos de procedencia desconocida.

Fue como un torpedo contra la línea de flotación del barco socialista, tocado desde las elecciones del 3 de marzo de 1996. La comisión ejecutiva del PSOE navarro se vio obligada a dimitir en bloque. Una gestora se encargó de la conducción del partido y la dirección nacional envió a Pamplona al secretario de Coordinación, Francisco Fernández Marugán, a abrir una investigación «caiga quien caiga».

La situación resultaba tan cómica como la del labriego que manda a la zorra a guardar a las gallinas. Como se relata en otro capítulo de este libro, Fernández Marugán acababa de ser acusado por esas fechas, por Joaquín Mundo Aragó, un comisionista del AVE arrepentido, de formar parte del grupo de personas que supuestamente dirigía desde La Moncloa las tramas responsables de allegar fondos ilegales para el PSOE [2]. Aunque sólo fuera por mantener las formas, Marugán no era la persona adecuada.

Hacía menos de dos meses que Felipe González había dejado el poder. Tras el relevo institucional, y cuando en cualquier democracia civilizada lo lógico era que las críticas se centraran en el nuevo Gobierno, la atención de jueces, tribunales y medios de comunicación se volvía hacia el partido perdedor.

Como el Guadiana, los testimonios de casos de sobornos y extorsiones reaparecían de nuevo con más virulencia que nunca. Con un agravante: los denunciantes no eran ahora miembros de la oposición sino los propios militantes del Partido Socialista Obrero Español.

La oleada de denuncias no había hecho nada más que empezar.

* * *

A finales de junio de 1996, Jesús Gil y Gil, presidente del Atlético de Madrid y alcalde de la localidad turística de Marbella (Málaga), se presentó una mañana en la Fiscalía Anticorrupción de la capital de España.

Pidió hablar con el fiscal Carlos Jiménez Villarejo. Cuando lo tuvo enfrente, sacó varios papeles del bolsillo de la chaqueta y los puso sobre la mesa.

—Ahí tiene usted un nuevo caso —le dijo.

Los documentos contenían once fotocopias de otros tantos talones de la Caja Postal entregados al supuesto comisionista José Salinas González, padre del ex vicepresidente de la Junta de Andalucía José Miguel Salinas, e ingresados en el Banco Meridional de Córdoba y en la sucursal de Ecija de la Caja San Fernando de Sevilla.

El presidente del Atlético de Madrid era uno de los escasos españoles que se habían acogido a una especie de

---

[2] Francisco Fernández Marugán convocó ese mismo día una rueda de prensa y desmintió las acusaciones.

amnistía, de diez días, promovida por la Fiscalía Anticorrupción. De esta manera, los ciudadanos dispuestos a denunciar delitos de corrupción y a cooperar con la Justicia podían hacerlo sin resultar inculpados por un supuesto delito de cohecho.

Los once cheques, por un importe de doscientos veinte millones de pesetas, fueron el «peaje» que el alcalde de Marbella tuvo que pagar a mediados de los años ochenta a altos cargos del Partido Socialista Andaluz por una recalificación de terrenos ante la amenaza de que el Ayuntamiento, controlado entonces por el PSOE, le impidiera construir[3].

—Fue un claro caso de extorsión. O pagaba o me paraban las obras y me arruinaba —declaró Gil y Gil en las mismas puertas de la Fiscalía.

Los altos cargos del PSOE andaluz habían logrado salir hasta entonces prácticamente indemnes de los distintos casos de corrupción ocurridos en la comunidad. Los personajes más importantes que habían aparecido hasta entonces implicados en escándalos eran Juan Guerra, el hermano del vicepresidente Alfonso Guerra, y el ex director general de Carreteras Manuel Ollero.

El «caso Gil» representaba un salto cualitativo. Por primera vez, las acusaciones de cobro de comisiones alcanzaban de lleno a ex altos cargos del Gobierno autónomo: el ex vicepresidente José Miguel Salinas, el ex secretario de Asuntos Económicos de la Consejería de la Presidencia Antonio Prieto Durán y el consejero de Obras Públicas, Jaime Montaner.

Todos ellos formaban parte del equipo del ex presidente de la Junta José Rodríguez de la Borbolla, enfrentado políticamente al sector guerrista del partido. De ahí que nada más saltar el asunto a los periódicos el ala izquierda del PSOE acusara a Borbolla, un profesor universitario de cuarenta y nueve años, de ser el eje de la trama.

[3] De los doscientos veinte millones, ochenta y cinco habían ido a parar a empresas cercanas al PSOE y el resto se lo apropiaron los intermediarios.

El asunto tenía repercusiones en el *holding* de prensa del PSOE, en cuyo consejo estaban el secretario general de los socialistas andaluces, Carlos Sanjuán, el ex diputado por Sevilla y ex miembro del aparato de Finanzas Guillermo Galeote, Carlos Navarro y Jesús Bores Sainz, amigo personal de Felipe González.

Uno de los cuatro talones, por un importe de diez millones de pesetas —el número F-193205— había sido ingresado en la cuenta corriente número 38370 que Mundicom, una de las sociedades editoras del PSOE en aquella época, tiene en el Banco Sabadell de Sevilla.

Tras la denuncia, el presidente del Gobierno andaluz, Manuel Chaves, trató de defender en principio la honorabilidad de Montaner. Algunas voces dentro del socialismo se alzaron para pedir su dimisión pero el ex consejero de Obras Públicas se resistía a dejar el cargo de presidente de Cartuja-93.

—Me gustaría —protestó— que el partido me diera a mí por lo mismo el mismo apoyo que se le está prestando a Rafael Vera y a José Barrionuevo en Madrid[4].

Su numantino apego al cargo no le sirvió de mucho. Días más tarde se demostraba que dos de los talones, por un importe de veinte millones, habían ido a parar a manos de Antonio Prieto Durán, ex secretario de Asuntos Económicos de la Presidencia del Gobierno autónomo y administrador electoral del PSOE.

Las presiones del partido sobre Manuel Chaves y los órganos andaluces del PSOE eran de tal calibre que la dirección del partido le suspendió provisionalmente de militancia, mientras que Salinas decidió devolver el carnet y pedir la baja voluntaria.

* * *

El 4 de julio Alfonso Cañas, ex alcalde socialista de Marbella, se sumaba a la catarata de declaraciones de antiguos

---

[4] En esas fechas, la tesis fue defendida por otros muchos socialistas andaluces.

dirigentes del partido dispuestos a denunciar desde dentro la corrupción.

—En 1989 me dirigí a Felipe González en La Moncloa y le pedí una entrevista para contarle la corrupción que había en el partido. No me hizo caso.

Cañas había sido alcalde de Marbella por el PSOE en dos periodos electorales, en 1979 y en 1987. Durante esos años conoció las presiones para que se recalificaran terrenos, estuvo al tanto de las visitas de dirigentes socialistas de Madrid y del País Vasco para que se aceleraran las tramitaciones de expedientes urbanísticos, vio circular frente a su despacho a la gente con maletines y él mismo fue víctima del acoso de los intermediarios que querían licencias urbanísticas[5].

En 1988 denunció los hechos al fiscal jefe de Málaga y al delegado de Hacienda. Habló con los dirigentes del partido a nivel regional, federal y nacional. Nadie le hizo caso. Por el contrario, el vicesecretario regional de los socialistas andaluces, José Asenjo, y el consejero de Gobernación de la Junta, Luciano Alonso, le prohibieron hablar[6].

Por medio de Julio Martino, viejo militante socialista que había vivido varios años exiliado de España y que ahora reside en un chalet de la zona de Guadalmina, consiguió lo que quería. Consejero y amigo de Felipe González, con acceso directo a La Moncloa, adonde acudía muchos domingos en su flamante Mercedes Benz blanco para sacar a pasear a González, era la persona idónea para hacer una gestión discreta. Una semana después le dio la respuesta.

—El Presidente te espera el 2 de octubre.

Escasos días antes de la fecha prevista para la cita recibió una llamada desde la Presidencia del Gobierno. Desde el otro lado del hilo telefónico, Rafael *Fali* Delgado, secretario

[5] Según su versión, el propio Alfonso de Hohenlohe, conocido promotor de Marbella y relaciones públicas de algunos grupos árabes, se plantó en su despacho con un maletín de diez millones, hecho que denunció ante su partido.

[6] Según ha denunciado él mismo.

particular de Alfonso Guerra, le preguntó de qué quería hablar con González:

—De un tema de corrupción —le explicó Cañas.

—¿Qué tipo de corrupción? —inquirió nuevamente Delgado.

Alfonso Cañas decidió ser lo más franco posible.

—De corrupción a todos los niveles, dentro y fuera del partido pero, especialmente, de personas muy próximas al Presidente, cuya conducta deja mucho que desear.

—Pues el Presidente no puede verte en la fecha prevista. Ya te llamaremos y te daremos hora más adelante —le respondió muy serio el secretario particular de Guerra.

La llamada no se produjo. Alfonso Cañas, asqueado por los escándalos urbanísticos y por verse involucrado sin motivo todos los días en la prensa, decidió dimitir y abandonó la alcaldía en 1989.

Alfonso Cañas no sería el último responsable de la Administración socialista dispuesto a poner las cartas sobre la mesa.

* * *

El 5 de mayo de 1994 la prensa madrileña detectó que el ministro de Agricultura, Pesca y Alimentación, Vicente Albero Silla, aparecía entre las personas que tenían invertido su dinero en Ibercorp, el banco de negocios de Manuel de la Concha.

Al saberse descubierto Albero llamó inmediatamente al Presidente del Gobierno y le presentó su dimisión, que hizo pública media hora después en rueda de prensa.

Con Luis Roldán huido, Mariano Rubio y Manuel de la Concha acusados de estafar al Estado por medio de Ibercorp y el caso de los fondos reservados despuntando en los periódicos, La Moncloa era en aquella época una caldera en plena ebullición, a punto de explotar.

No había día en que los españoles no se desayunaran con un nuevo implicado en el «caso Ibercorp». Así que Pedro Piqueras, director-presentador del informativo de las nueve de la noche de Antena 3, descolgó el teléfono y llamó a Manuel de la Concha, dispuesto como todos los buenos periodistas a trabajarse su propia exclusiva.

—Manolo, sabes lo de Albero, ¿no?

—Sí, lo he oído en la radio.

—¿Por qué no pones fin de una vez a este goteo de nombres y datos a diario en la prensa? Dame toda la información que tengas. Te prometo que abro el informativo de las nueve con ella y te olvidas del problema por un tiempo.

Piqueras percibió que su interlocutor se quedaba pensativo un instante, cavilando tal vez qué camino seguir y cómo defender mejor sus intereses.

—Déjame que consulte el ordenador y ahora mismo te llamo —le respondió.

La llamada no se produjo nunca. Con los teléfonos intervenidos por la policía, el Gobierno supo al instante las intenciones del ex síndico de la Bolsa de Madrid. Un cuarto de hora después, el fiscal general del Estado, Eligio Hernández, ordenaba su detención y la de Mariano Rubio, y su internamiento en la cárcel, sin tomarle declaración siquiera, con el argumento de que preparaban la fuga de España.

Felipe González, que al día siguiente debía intervenir en un acto público y, a continuación, dar una rueda de prensa, durmió esa noche tranquilo.

Dos años después, Mariano Rubio se sumaba al ejército de ciudadanos dispuestos a afirmar en público que Felipe González estaba enterado de la corrupción. En lugar de actuar, éste prefirió esperar a enterarse por la prensa.

—A comienzos de los noventa los presidentes de las grandes constructoras vinieron a verme alarmados por lo de las comisiones. Les aconsejé que visitaran al Presidente, que seguramente no estaba enterado y tomaría alguna medida —señaló Rubio el 15 de julio a la cadena SER.

Felipe González recibió, efectivamente, a los responsables de las cinco primeras constructoras españolas. Pero, en lugar de iniciar una investigación en el seno del partido y depurar responsabilidades, se salió por la tangente.

—Si ustedes quieren que el Gobierno actúe, tráiganme pruebas —les propuso.

Lo que era tanto como eludir su responsabilidad de gobernante y poner la soga al cuello de los constructores al enfrentarlos con los comisionistas del PSOE. Sin embargo, las advertencias sobre la corrupción del partido se podían contar por docenas.

La declaración de Rubio fue la gota que colmó el vaso de la paciencia de muchos dirigentes socialistas. Con el responsable del Gobierno foral de Navarra pendiente de la decisión de la Justicia, varios ex altos cargos de la Junta de Andalucía acusados en cadena de actos de corrupción, militantes del partido y antiguos hombres de confianza del Gobierno contando, sin recato, cómo se extorsionaba a empresarios y mientras el Presidente del Gobierno hacía oídos sordos a las quejas de los constructores, Felipe González dejó de ser por unas semanas el líder carismático e indiscutible, el «señor feudal» que hace y deshace en el PSOE.

Los «barones» del partido comenzaron a cuestionar su liderazgo y algunos de los que le votaron en 1974 en el congreso de Suresnes (Francia) se arrepentían públicamente por vez primera de su decisión.

* * *

El presidente de Castilla-La Mancha, José Bono Martínez, albaceteño, cuarenta y cuatro años, abogado por la Universidad de Deusto, rompió el fuego. Al preguntarle por los últimos escándalos del PSOE al final de un acto público, declaró ante las cámaras de televisión:

—No se puede ser socialista si no se es decente. Por eso, hay que llegar hasta el final. Nadie en el partido, ni Felipe González, es imprescindible.

El presidente de la Junta de Extremadura, Juan Carlos Rodríguez Ibarra, miembro del clan guerrista del partido, se manifestaba con la vehemencia y la rotundidad que le caracteriza. Pero esta vez para criticar a los suyos:

—Para quitar las impurezas y salvar al partido es necesario que la dirección del PSOE dimita en el próximo congreso aunque paguemos justos por pecadores. Después de lo ocurrido, Felipe González no puede liderar la renovación, porque sería volver adonde estábamos.

Entre los dirigentes de la formación política, las voces

que exigían abiertamente la necesidad de una «catarsis» interna, que diera lugar a un proceso de regeneración del PSOE, crecían día a día. Nicolás Redondo Terreros, secretario general de los socialistas vizcaínos, y Gregorio Peces-Barba, ex presidente del Congreso de los Diputados y rector de la Universidad Carlos III de Madrid, se unieron enseguida a los que solicitaban la necesidad de adoptar medidas urgentes.

—Debe haber un congreso extraordinario y Felipe González tiene que irse. Sería la única forma de cerrar la crisis del partido —dijo el ex presidente del Congreso.

Transcurría la última semana de julio y el ambiente se caldeaba cada día más en las filas socialistas. Al coro de descontentos se unieron también Fernando Morán López, ex ministro de Asuntos Exteriores, y José Borrell Fontelles, responsable hasta hacía unos meses de la cartera de Obras Públicas, Transporte, Urbanismo y Medio Ambiente. Juan Alberto Belloch, ex ministro de Justicia e Interior; Joan Lerma, que coordinó el departamento encargado de las Administraciones Públicas en el último Gobierno, y Joaquín Almunia, portavoz del Grupo Parlamentario Socialista en el Congreso de los Diputados, acabaron sumándose a los que creían necesario tomar cuanto antes algún tipo de iniciativas.

A medida que avanzaba la semana, el descontento y el desánimo iba en aumento de la misma manera que se incrementaba el número de altos cargos que empezaban a cuestionar a González y al equipo dirigente del partido surgido del congreso de Suresnes de 1974.

Atónitos por la oleada de casos de corrupción que afloraba meses después de abandonar el poder y desorientados ante la debilidad de Ferraz para hacer oposición y la falta de perspectivas de ganar unas elecciones en el futuro, muchos socialistas clamaban por celebrar cuanto antes un congreso extraordinario.

—Es necesario que empecemos a mirar el futuro, ya que nos encontramos en un callejón sin salida, pero la falta de credibilidad del PSOE continuará mientras González siga liderando el partido —señalaba Redondo Terreros.

—El PSOE necesita una regeneración, no una renovación en la que se cambien las caras de la dirección —diagnosticaba Borrell.

El comité ejecutivo estaba convocado para el 27 de junio. Bono, Rodríguez Ibarra, Morán, Peces-Barba, Redondo, Borrell y otros muchos dirigentes del partido tenían al alcance de la mano la oportunidad de dar la batalla interna y conseguir que el socialismo recuperara la buena reputación perdida. Y de paso colmar las aspiraciones sucesorias de algunos de ellos.

La víspera de la reunión las espadas seguían en alto. Pero, ¿estaba alguien dispuesto a cortarle la cabeza a Felipe González y a enfrentarse al resto de sus compañeros para emprender la cruzada de la honradez y la purificación? La respuesta no tardaría en llegar.

* * *

—No habrá «catarsis» ni un nuevo Suresnes. Eso es lo que pretenden nuestros enemigos y no les vamos a dar ese gusto. Yo por lo menos no se lo voy a dar.

La voz de Felipe González se hizo oír sobre la del resto de sus compañeros de la Ejecutiva Federal y acalló algún que otro murmullo aislado que se había producido en la sala.

Los casi cien miembros que integran el máximo órgano de gobierno del PSOE entre congresos habían estado casi dos horas reunidos en un ambiente tenso pero no crispado. En la sala se veían algunas caras largas, algún gesto poco amable como consecuencia de la crisis que atravesaba el primer partido de la oposición. Pero todo acababa ahí.

Felipe González había dejado que los que habían pedido la palabra hablaran antes que él, que se desahogaran dentro de aquellas cuatro paredes, antes de tomar la iniciativa.

Hubo quien lo hizo. Carlos Sanjuán, el hombre de Alfonso Guerra en Andalucía, habló para pedir que se analizaran las causas de la corrupción, que identificó con la financiación del partido, el asunto de los GAL y el enriquecimiento personal de algunos dirigentes. Propuso que se discutiera si sería positivo asumir las responsabilidades por estos asuntos y hasta dónde había que hacerlo para dejar incólume la figura del partido.

José Borrell, Carlos Solchaga, José María Sala y Jordi Solé Tura hablaron en un tono más moderado. Cuando le tocó su turno, Felipe González, en lugar de defenderse, pasó al contraataque.

Aseguró que los casos de corrupción que estaban apareciendo en la prensa no eran producto de la casualidad ni de que algunos militantes se hubieran vuelto locos y se dedicaran a lavar los trapos sucios fuera de su casa. Se trataba de una estrategia orquestada y planificada desde la derecha política y económica para deslegitimar al PSOE e impedirle ejercer como oposición.

Esa derecha política, prisionera de CiU, pretendía adelantar las elecciones generales a 1998, para soltarse de las ataduras de los nacionalistas. Para ello necesitaba a toda costa erosionar la imagen del PSOE, empeño en el que estaba implicado también un amplio sector de la derecha judicial española.

Como un aventajado discípulo de Franco, el secretario general del PSOE no asumió ni una sola de las críticas por no haber atajado a tiempo los casos de corrupción, y continuó un rato más echándole las culpas de sus problemas al «enemigo exterior».

Cuando advirtió que se había ganado a sus interlocutores, que la mayor parte de ellos bajaba la guardia y le observaba entre la incredulidad y la admiración, pidió al comité federal unidad frente al enemigo común y dio por terminado su discurso.

La crisis más grave del PSOE desde el congreso de Suresnes se había resuelto con unos simples juegos florales. El partido entraba en la senda de la obediencia ciega y, de nuevo, el reino de la corrupción quedaba impune.

Lo que González, sin embargo, no podría asegurar en adelante era que se enteraba de la corrupción de su partido por los periódicos.

* * *

Un año antes de ganar las elecciones generales, en 1981, la mitad de la ejecutiva provincial del PSOE de Murcia se presenta en la sede del partido, en la calle de Santa Engracia de Madrid, con un enorme dossier en una maleta.

Los dirigentes socialistas murcianos piden ver al secretario general del PSOE. Cuando lo tienen en frente acusan al presidente de la comunidad autónoma, Andrés Hernández Ros, de cometer una serie de irregularidades y locuras que están a punto de llevar al Gobierno regional a la ruina y a muchos dirigentes del partido a la cárcel.

Convenientemente asesorado por Julio Feo Zarandieta, el presidente socialista Hernández Ros se había dedicado a montar para el partido una serie de empresas que habían acabado en quiebra.

Con mentalidad de visionario, Hernández Ros había creado primero Mármoles de Barinas, para competir con las extracciones de Carrara (Italia). Luego fundó Promural, para la liofilización de los pimientos de la comarca, y a continuación, Muracua, dedicada a la cría y engorde de langostinos en el mar Menor.

El más estrafalario de los negocios fue el de la «energía espontánea», para lo cual constituyó la empresa Thomas Edison, en honor del científico norteamericano que inventó la lámpara incandescente. Como los anteriores, resultó otro fiasco.

Al final, el PSOE perdió más de cuatrocientos millones de pesetas y la comunidad murciana vio comprometidas algunas ayudas oficiales. Aprovechando el desconcierto y los proyectos quiméricos de Hernández Ros, alguien se había llevado aparentemente una suma importante del dinero del partido.

Felipe González ordenó una investigación interna y la secretaria de Organización del PSOE, Carmen García Bloise, se desplazó unas semanas a Murcia. Pero el asunto se resolvió incruentamente. En las elecciones de 1982 Julio Feo Zarandieta se convirtió en jefe de la campaña electoral y «brazo derecho» del líder socialista.

* * *

En 1988, dos años antes de que estallara el «caso Juan Guerra» en Sevilla, el comisario jefe de la Brigada de Información Interior, Alberto Elías, remitió dos sobres cerrados a La Moncloa: uno para Rafael Delgado, secretario particular de Alfonso Guerra, y otro con destino a la secretaría del Presidente del Gobierno, Felipe González.

Los informes relataban por vez primera las actividades poco edificantes del hermano del vicepresidente del Gobierno y la utilización de un despacho situado en la Delegación del Gobierno de Andalucía para realizar actividades cercanas al tráfico de influencias como recalificar terrenos, solicitar licencias de bingos y casinos e intermediar en el negocio de las máquinas tragaperras.

El dossier se había elaborado sobre la base de las investigaciones realizadas por separado por tres grupos de policías dirigidos por el inspector Demetrio Cabello Torres, el comisario Manuel Blanco Benítez, jefe superior de Policía de Sevilla, y un funcionario enviado desde la Brigada de Interior de Madrid para chequear todos los datos.

Los policías llegaron incluso a detectar las reuniones nocturnas que Juan Guerra, propietario ya con otros socios de un entramado de empresas de intermediación, tenía en la finca El Toril de Mairena de Alcor. Una transcripción de las conversaciones, mantenidas a través del teléfono 23 53 00, en las que se hablaba de importantes negocios inmobiliarios, llegó al complejo de La Moncloa.

El Gobierno decidió echar tierra sobre el asunto y recomendar a los responsables de la Brigada de Interior de la Policía que se olvidaran de todo aquello.

* * *

En 1989 la policía volvió a insistir en el «caso Juan Guerra». La amenaza de tirar de la manta si no se le daba algún tipo de satisfacción venía, en este caso, de un proveedor de material sanitario israelí.

Tras tomar parte en un concurso público para vender un litoconstrictor —un aparato para eliminar cálculos renales mediante láser, sin necesidad de intervenciones quirúrgicas y sin dañar los tejidos— a un hospital del Servicio Andaluz de Salud, su oferta, pese a ser la más ventajosa, había sido rechazada.

El empresario israelí —mitad comerciante, mitad espía— realizó una investigación por su cuenta y verificó que se habían abonado comisiones a altos cargos de la Consejería de Salud de la Junta de Andalucía por medio de las sociedades vinculadas a Juan Guerra.

Con las pruebas en la mano acudió a la policía y el informe se hizo llegar a la Presidencia del Gobierno. El industrial recibió la satisfacción que pedía —que se le abonaran sus gastos— y el asunto se archivó para siempre.

* * *

A mediados de la década de los ochenta un grupo de militantes socialistas de Asturias —que luchaban por la conservación del patrimonio de la ciudad— denunciaron ante La Moncloa los planes de José María Calviño y de varios empresarios locales empeñados en construir un casino en Gijón.

Compañeros de partido en Palma de Mallorca, contrarios a que el PSOE se financiara por medio de las máquinas tragaperras, elaboraron un dossier sobre la sociedad Matrama (Máquinas Tragaperras de Mallorca), supuestamente ligada al partido.

Dos sectores pugnaban a finales de los ochenta por hacerse con una licencia para levantar un casino en Alcalá de Guadaira o en Los Naranjos, provincia de Sevilla, antes de la inauguración de la Exposición Universal Sevilla-92.

Uno de los grupos, el del casino de Alcalá de Guadaira, estaba impulsado por Juan Guerra González. Sus oponentes habían elegido a Manuel Domínguez, vicepresidente del Betis y empresario socialista, para crear su *lobby* en Sevilla y en Madrid.

Las guerras entre clanes del partido para controlar un segmento de la suculenta tarta del juego, que movía al año en España más de un billón de pesetas sin contar la Lotería Nacional ni el cupón de la ONCE, acabaron siempre con una denuncia ante la sede de la formación política, en la calle de

Ferraz de Madrid, y otra ante La Moncloa, a la secretaría particular de Felipe González.

Embelesado en la contemplación de la construcción de la unidad europea, al Presidente del Gobierno le parecía que descender a atajar la corrupción era una pérdida de tiempo. Sólo la decidida intervención de la prensa impidió que muchos de estos proyectos fracasaran.

* * *

Aida Alvarez había hecho una carrera meteórica en el PSOE. De cuidar la vestimenta de Alfonso Guerra a finales de los setenta pasó a ocupar un puesto en la secretaría de Finanzas del partido. Por último, cuando Emilio Alonso Sarmiento asume el control de ese departamento la catapulta al cargo de coordinadora general.

La nueva situación la convierte, de hecho, en la «número dos» del organismo que maneja los fondos, lícitos e ilícitos, que permiten a la formación fundada un siglo antes por Pablo Iglesias organizar cuarenta y nueve campañas electorales entre mediados de 1977 y el 16 de mayo de 1991 y ganar la mayoría de ellas[7].

La insólita situación española, pues cada tres meses y medio había alguna campaña electoral en algún lugar del país, obligaba a los miembros de la secretaría de Finanzas a buscar el dinero hasta debajo de las piedras. Y eso es lo que hacía Aida Alvarez.

Cuando el PSOE ganó las elecciones generales de 1982, Aida Alvarez era una de las encargadas de acudir a las empresas del INI a intermediar en distintas operaciones y negocios a favor de los financieros del PSOE, como si el *holding* estatal fuera el botín del partido.

Si los dirigentes del grupo de empresas del Estado se negaban a recibirle, Aida Alvarez amenazaba en público con

---

[7] Entre municipales, autonómicas, generales y referéndums. Ver *España fin de siglo,* Carlos Alonso Zaldívar y Manuel Castells, Alianza Editorial, Madrid, 1991.

descolgar el teléfono y llamar al vicepresidente del Gobierno Alfonso Guerra.

Sin ningún tipo de estudios ni tiempo para reciclarse intelectual y socialmente, la coordinadora de Finanzas del PSOE no se detenía ante nada ni ante nadie. La gente de Manuel Prado y Colón de Carvajal y otros *brokers* no socialistas en contacto permanente con la Administración se lo contaron un día a Enrique Sarasola, amigo y confidente de Felipe González.

Guipuzcoano, sesenta años, Sarasola habló del asunto con el Presidente. La protesta de los empleados del INI y de los empresarios españoles ligados al comercio exterior aparentemente sirvió para algo.

Aida Alvarez dejó de frecuentar las antesalas de los despachos de los ministros y presidentes de empresas públicas. Pero reaparecería años después en el sumario sobre el «caso Filesa» cobrando mordidas por las obras del AVE y supuestamente repartiéndose con el embajador alemán, Guido Brunner, el dinero de las comisiones pagadas por Seat por facilitar la venta de la empresa estatal de automoción a la multinacional alemana Volkswagen.

* * *

De Enrique Ballester Gallego, un alicantino de cincuenta y seis años nacido en la España de la posguerra y criado y educado en Argelia en los duros años de la revolución, no puede decirse lo mismo.

Amigo del desaparecido Presidente de Argelia Huari Boumedienne y de Felipe González y Alfonso Guerra, a los que conoce en los años de la clandestinidad, Ballester jugó un papel trascendental en 1978 en la desarticulación del Movimiento para la Autodeterminación e Independencia del Archipiélago Canario (MPAIAC), que dirigía el abogado tinerfeño Antonio Cubillo.

Siguiendo las instrucciones del entonces Presidente del Gobierno, Adolfo Suárez, organizó en Argel un encuentro secreto entre González y Boumedienne. La reunión fue decisiva para que el Gobierno argelino dejara, en adelante, de prestar su apoyo al MPAIAC, a cambio de una serie de reconocimientos por parte del Gobierno español al Frente Polisario.

El asunto del MPAIAC estaba encauzado políticamente y la capacidad de convocatoria de Cubillo por medio de Radio Argel —donde tenía un programa nocturno—, neutralizada. Pero de forma inesperada, servicios incontrolados del Ministerio del Interior organizaron un atentado contra Cubillo que pudo haber echado por tierra la labor ejercida durante meses por Ballester en Argel[8].

La diplomacia secreta de Ballester y su trabajo callado en el norte de Africa a favor del PSOE indujeron a sus dirigentes a encargarle, a su regreso a España, la creación de una serie de empresas legales, con una actividad económica reconocida, que contribuyeran con sus ingresos a financiar al partido.

No se trataba de sociedades fantasma o compañías instrumentales para cobrar comisiones ilegales y justificar con facturas falsas una serie de ingresos de procedencia ilegítima. El PSOE había estudiado meses antes la estructura de negocios del SPD (partido socialdemócrata) alemán y de la socialdemocracia sueca, que gestionaban agencias de viajes, cadenas de supermercados, constructoras y hasta bancos, y trataba de implantar el modelo en España.

En 1980, el empresario alicantino, siguiendo las instrucciones de Alfonso Guerra, constituye Management S. A. y da vida de esa manera al primer *holding* empresarial socialista, que dirige desde un piso de oficinas situado en el paseo de la Castellana de Madrid.

A esta sociedad se unen muchas otras en los veinticuatro meses siguientes[9]. Un día, en febrero de 1982, Emilio Alonso Sarmiento, un mallorquín encargado de las cuentas del partido, acude a la Secretaría de Finanzas, en el número 90

---

[8] De hecho, tras el atentado a Cubillo, fue el primer sospechoso y estuvo detenido durante veinticuatro horas.

[9] Carynsa (Comercial de Remolques, Automóviles y Material Náutico), Geinco (General Investment Company), Mirsa, Orex, Tabyr, Comyng, Tresbeco, Coopex y otras.

de la calle de Santa Engracia de Madrid, y le exige resultados.

El PSOE, que ha perdido por los pelos las elecciones legislativas del 1 de marzo de 1979, sabe que, tras la intentona del 23 de febrero de 1981 y el juicio a los golpistas, Leopoldo Calvo Sotelo tiene la intención de convocar nuevos comicios. Los socialistas aspiran a convertirse en gobierno y necesitan todo el dinero del mundo para organizar una campaña electoral por todo lo alto.

El secretario de Finanzas del partido se lo explica claramente a Enrique Ballester pero éste no tiene soluciones a corto plazo. Le cuenta a su interlocutor que en España la mayoría de las empresas no obtienen beneficios hasta los tres años. Pero Emilio Alonso Sarmiento no atiende a razones.

Pretende que Management le ponga todos los días sobre la mesa un paquete de talones bancarios, aunque para ello tenga que vérselas con comisionistas. Ballester se niega en redondo. Y el 20 de febrero de 1982 presenta, por carta, su dimisión irrevocable.

«Desde hace algún tiempo la secretaría de Administración (y Finanzas) viene marcando su desacuerdo con mi gestión al frente de las empresas del partido por no generar liquidez al ritmo deseado por las necesidades de tu secretaría. Tú sabes que mi objetivo [...] ha sido crear sociedades con bases sólidas, puestos de trabajo y generar beneficios estables para el futuro, basando toda la actividad [...] en la profesionalidad y la transparencia. Siempre me ha importado más ser que estar, y por ello no voy a dedicar un minuto más a las luchas de pasillo, cuando no estoy nada convencido del rumbo que se quiere dar a las empresas, que no puede desembocar en nada positivo a largo plazo. [...] Pongo, por consiguiente, a tu disposición mi cargo y las acciones que ostento, por considerarme sólo un mero depositario.»

La carta, con una copia a Felipe González, secretario general del PSOE, fue entregada en la sede central del partido. El máximo responsable de los socialistas españoles no podía ignorar, desde antes de llegar al poder, que el PSOE había organizado una trama de recaudadores ilegales de la que formaban parte ya entonces Juan Piña, abogado de Viajes Ceres; Juan Bautista Calatayud, máximo responsable de la entidad, y otros muchos militantes socialistas del núcleo mallorquín, del que procedía Emilio Alonso Sarmiento. Pero hay más datos.

* * *

José Higueras Muñoz, perito industrial, cincuenta y ocho años, diputado del Partido Socialista Obrero Español por Sevilla desde 1982 a 1989, es uno de los hombres de confianza del partido en Andalucía.

Entre otros cargos de responsabilidad, en la década de los ochenta ocupó primero la Secretaría de Organización y, posteriormente, la de Estudios y Programas del PSOE andaluz, lo que le permitía tener una información de primera mano de lo que se cocía en el seno de la formación política.

—El 6 de julio de 1993 me entrevisté personalmente con Felipe González en el palacio de La Moncloa donde le puse al corriente de una serie de escándalos de cobro de comisiones ilegales y de irregularidades en general. González me prometió tomar cartas en el asunto pero finalmente no hizo nada y dejó pudrirse el asunto —declaró Higueras a *ABC*[10].

Serio y honrado a carta cabal, del ex diputado del PSOE no se puede decir que sea precisamente un camicace ni un desestabilizador de la causa socialista. El día 6 de julio de 1996, a la vista del cariz que tomaban los acontecimientos dentro del partido como consecuencia del torbellino de escándalos que amenazaba con barrer como un tifón al partido, añadía:

—Mucho antes, en 1991, ya le hice llegar algunos asuntos a González por medio de su mujer, Carmen Romero. Entonces me cercioré personalmente de que le habían llegado. Lo mismo hice con Alfonso Guerra y con otros líderes del partido en Andalucía.

---

[10] José A. Pérez, en *ABC* de Sevilla, 6 de julio de 1996.

José Higueras lamenta que su partido, en lugar de abrir las investigaciones pertinentes para esclarecer los hechos, prefiriera ocultarlos sin tener en cuenta que una situación de corrupción generalizada tenía que reventar por algún sitio.

—Lo que no es lógico es que los cobros de comisiones ilegales y las irregularidades de los compañeros salgan primero en los periódicos y el partido se vea obligado a intervenir *a posteriori*. Tendría que suceder justo al revés —concluyó.

Como ha ocurrido con Luis Ramallo, Celia Villalobos y otros destacados dirigentes del PP, que han dedicado parte de su vida a luchar por una sociedad más justa y a los que después se les ha vetado el acceso a los mejores cargos políticos, las denuncias le supusieron a José Higueras perder su puesto en la Comisión Ejecutiva del PSOE andaluz. Tampoco figuró en las listas de candidatos al Congreso en las elecciones generales de 1989, mientras los corruptos seguían campando a sus anchas.

Después de trece años practicando la política del avestruz, a Felipe González no debía extrañarle que a mediados de la década de los noventa el PSOE tuviera frentes abiertos en media España y que una docena de juzgados tratara de depurar las responsabilidades criminales de altos cargos del partido. Es lo menos que se puede esperar de una sociedad democrática, donde todas las instituciones deben estar sometidas al imperio de la Ley, aunque Eduardo Serra Rexach, José María Aznar y un limitado grupo de militantes del Partido Popular, en aras de la gobernabilidad del Estado, estén dispuestos a pasar página.

El mismo error lo cometieron en el pasado el Partido Socialista Italiano y la Democracia Cristiana. Durante medio siglo Bettino Craxi, Aldo Moro —hasta su asesinato por las Brigadas Rojas— y Giulio Andreotti formaron cuarenta y nueve gobiernos con la consigna de no mirar al pasado para no poner en peligro la frágil estabilidad del sistema, que veían amenazada por la presencia de un partido comunista fuerte.

La consecuencia fue que la corrupción en Italia creció hasta superar en altura a los miles y miles de toneladas de basura depositados en las cercanías de La Coruña, que en el otoño de 1996 amenazaron con desbordarse y crear el mayor desastre ecológico del siglo en las costas gallegas. Hasta que un día un grupo de fiscales y jueces de Milán y Roma decidió acabar con el estercolero.

Y es que cuando los partidos practican el oscurantismo y el poder absoluto del Gobierno o la connivencia entre los grupos mayoritarios impide —como ocurre en España desde el 3 de marzo de 1996— que se ejerza el control parlamentario, la basura política se desborda. Y tarde o temprano acaba en los tribunales, donde personas cercanas al PSOE tienen a finales de 1996 más de una treintena de procesos abiertos.

* * *

Pedro Arriola, sevillano de cuarenta y seis años, licenciado en Ciencias Políticas, era el «gran gurú» del Partido Popular hasta el 3 de marzo de 1996.

Casado con la alcaldesa de Málaga y parlamentaria europea, Celia Villalobos, Arriola ha hecho gala siempre de una mente analítica y de un cerebro bien amueblado.

En abril de 1990, cuando el juez valenciano Luis Manglano ordenó la detención del secretario de Finanzas del Partido Popular, Rosendo Naseiro, y de otros cinco dirigentes de la formación política en Levante, relacionados con una incipiente organización creada para el cobro de comisiones a las constructoras, no se explicaba por qué había tenido que ocurrirle aquello al PP y no al PSOE.

Porque lo cierto es que, en aquellos momentos, las instituciones autonómicas y municipales valencianas estaban controladas por los socialistas, con Joan Lerma y Clementina Ródenas Villena al frente del Gobierno regional y de la corporación local, respectivamente.

—Lo lógico es que si los constructores pretendían darle un uno por ciento de las contratas al PP, al PSOE, que es el que gobierna, le estén entregando bajo cuerda el tres o el cuatro por ciento —razonaba.

Probablemente no le faltaba razón. Lo cierto es que, salvo en Valencia, Extremadura y Castilla-La Mancha, las principales tramas financieras paralelas del socialismo español se encuentran hoy al descubierto, con el deterioro que eso supone para una organización que pretendía moralizar la vida pública.

Cuatro juzgados investigaban a finales de 1996 en Sevilla las actividades ilegales del partido o de sus miembros en relación con los asuntos de Intelhorce, Juan Guerra, Montaner y Ollero. En Navarra continuaba abierto un sumario en el que estaban incursos dos ex presidentes del Gobierno foral. En Madrid no se había resuelto aún el proceso por la trama de Filesa, controlada, organizada y dirigida desde la ciudad condal pero con ramificaciones en todo el país. Y en Barcelona se instruía un sumario sobre el «caso Movilma».

Otros juzgados de la capital de España mantenían causas abiertas por las comisiones del AVE, el dinero pagado supuestamente por Seat a Aida Alvarez y Guido Brunner, «los papeles del Cesid», el uso ilegal de los fondos reservados, el «caso Roldán», las irregularidades descubiertas en la captura del ex director general de la Guardia Civil, el asunto de Viajes Ceres, el «caso El Gurullero», el «asunto Enatcar», la conexión Suiza del PSOE [11], la investigación de los negocios ilícitos del llamado Grupo 2000, el saqueo a las arcas del *BOE,* el «caso Solidaridad Democrática», el «caso Renfe», el «asunto Fundescoop», el «asunto PSV», el «caso Mariano Rubio» y el «caso Ibercorp».

La espinosa cuestión de los GAL, el problema número uno del anterior Gobierno, ha dado lugar a la apertura de nueve sumarios distintos, entre ellos los de los casos de Segundo Marey, Lasa y Zabala, Oñaederra, García Goena, Pérez de Arenaza y Pérez Revilla [12].

---

[11] Asunto pendiente de ser admitido a trámite.

[12] Segundo Marey fue secuestrado en Bayona el 4 de diciembre de 1983 y José Antonio Lasa y José Ignacio Zabala desaparecieron el 10 de octubre del mismo año. Ramón Oñaederra, Javier Pérez de Arenaza y Tomás Pérez Revilla fueron asesinados en Bayona y Biarritz entre diciembre de 1983 y junio de 1984. Juan Carlos García Goena, la última víctima de los GAL, perdió la vida al explotarle una bomba el 24 de julio de 1987.

Toda una larga lista de asuntos que debería hacer reflexionar a la clase política sobre si es conveniente pasar página o facilitar el trabajo de los tribunales para que actúen en consecuencia.

Claro que para el ministro de Defensa del Partido Popular, Eduardo Serra, éstas deben ser cuestiones superfluas. El viernes 30 de agosto de 1996 el matrimonio Serra ocupaba una mesa junto al matrimonio De la Concha («caso Ibercorp») en el Cenador de Salvador, en la localidad madrileña de Moralzarzal.

¿Desde cuándo un ministro del Gobierno se deja ver en público con un presunto delincuente, procesado, encarcelado y pendiente de juicio, por muy amigos que hayan sido en el pasado?

CAPITULO DIECISEIS

POR QUE AZNAR OCULTO LOS «PAPELES DEL CESID»

El 2 de agosto de 1996, antes de cumplirse los cien primeros días del Gobierno del Partido Popular, José María Aznar tomó una de las decisiones más polémicas de su mandato: no entregar a la Justicia los «papeles del Cesid», una serie de documentos que presuntamente comprometían a su antecesor, Felipe González, en la creación y puesta en marcha de los GAL, una organización de criminales supuestamente organizados, amparados y protegidos desde los poderes del Estado, a la que se acusa de un total de veintiocho asesinatos, un secuestro y más de medio centenar de heridos. El «pacto de silencio», posiblemente encaminado a que la Justicia no llegue al fondo de este tenebroso y macabro asunto, bajo el pretexto de que el Gobierno tiene que pasar página y dedicarse a gobernar, no justifica una decisión política de tal envergadura. Aznar se convierte así en encubridor indirecto de los crímenes presuntamente cometidos por sus enemigos políticos y en escamoteador de la verdad sobre uno de los periodos más negros para las libertades en España. Y, lo que es peor, al asumir la herencia de sus antecesores, plagada de escándalos de corrupción a cada cual más grave, y cubrir con un espeso manto este oscuro periodo de la historia reciente de España, hace suya y de su Gobierno parte de las culpas y de los errores del anterior Gabinete. Así, en una sorprendente operación de «camaleonismo» político, el hombre que se había comprometido a combatir todos los males del felipismo, regenerando la vida política y fomentando la transparencia y la moralidad pública, se convierte a la vez en el aliado y en la víctima de sus oponentes.

El 11 de abril de 1983 la revista *Cambio 16* salió a la calle con una información altamente explosiva. «Un asesino custodia a Fraga», rezaba el titular de portada.

La información interior ponía de relieve sin ningún género de dudas que Adolfo Eduardo Almirón Seña, jefe de seguridad del líder de Alianza Popular, Manuel Fraga Iribarne, el principal partido de la oposición en España, estaba buscado en Argentina. Allí debía responder de diversos crímenes cometidos durante la llamada «guerra sucia» en el periodo en que José López Rega asumió el poder y cuando una espiral de asesinatos, en la que tomaron parte activa las Fuerzas Armadas, se adueñó del país.

El reportaje no era producto del capricho de sus autores[1]. Se apoyaba en documentos de la Asociación Argentina de Derechos Humanos, las Madres de la Plaza del 2 de Mayo y más de cincuenta testimonios de diputados, senadores, jueces, fiscales y miembros de los gobiernos constitucionales del país del Plata. Incluso el presidente, Arturo Frondizi, acusaba en sus páginas a Almirón Seña de haber tomado parte en el asesinato de su hermano.

Ante la dureza de la información, la tremenda y abrumadora contundencia de los datos y testimonios aportados y la relevancia política de los personajes que la respaldaban con sus nombres y apellidos, la reacción de cualquier dirigente hubiera sido abrir una investigación interna y poner de patitas en la calle a su jefe de seguridad. La de Manuel Fraga fue la contraria. Como si estuviera ungido por la verdad, negó tajantemente los hechos supuestamente cometidos por su guardaespaldas —de cuyo pasado lo ignoraba casi todo— y presentó una querella contra *Cambio 16* por calumnias.

El caso, hábilmente llevado por el abogado de Alianza Popular, Alberto Ruiz Gallardón, se planteó por el trámite de urgencia y cayó en el Juzgado de Instrucción número 21 de la plaza de Castilla, en Madrid. Su titular, José Antonio Jimé-

[1] Juan Carlos Algañaraz y José Díaz Herrera.

nez Alfaro[2], sin tomar declaración a los autores de la información ni oír a la empresa periodística, decidió proceder al secuestro cautelar de la revista.

El asunto así planteado dejó de ser una información periodística. Se convirtió, de pronto, en una batalla por la libertad de información consagrada en el artículo 20 de la Constitución. La asesoría jurídica de la revista presentó un recurso de amparo ante la sala. Su editor, Juan Tomás de Salas Castellanos, ante tamaño atropello se personó en el juzgado de guardia y solicitó la protección y tutela de jueces y tribunales al amparo del artículo 24 de la Constitución[3].

La información sobre el guardaespaldas de Fraga, convenientemente presentada, pudo haber dado para una o dos portadas a lo sumo. Pero en el contexto de una lucha en defensa de los intereses de la profesión periodística se convirtió en una cuestión prioritaria para la revista. A la semana siguiente, *Cambio 16* volvió a la carga. Y a la vista de que el líder de la oposición seguía defendiendo a capa y espada al responsable de su seguridad personal, el semanario tituló: «Fraga defiende a un asesino.»

El juez Jiménez Alfaro tuvo que volver a ordenar el secuestro. Y así hasta el cuarto número de la revista dedicado casi monográficamente a la misma historia. Previamente a la salida a la calle, el semanario recusó al magistrado por irregularidades cometidas en otros sumarios. José Antonio Jiménez Alfaro quedó «inhabilitado» para resolver sobre la materia. El asunto recayó en el Juzgado de Instrucción número 5. Su titular, Clemente Auger Liñán, tardó menos de una semana en pronunciarse.

---

[2] En la primavera de 1996, siendo ya presidente de la sección segunda de la Audiencia Nacional, Jiménez Alfaro sufrió un atentado por parte de ETA mediante un paquete bomba que le inutilizó los dedos de una mano.

[3] «Todas las personas tienen derecho a obtener la tutela efectiva de los jueces y tribunales en el ejercicio de sus derechos e intereses legítimos sin que en ningún caso pueda producirse indefensión.»

Lo hizo como todo el mundo, salvo los militantes más recalcitrantes de Alianza Popular y el propio Fraga, esperaba: a favor de la publicación. En una sentencia digna de figurar en cualquier manual del periodismo levantó los tres secuestros de la revista, rehabilitó el buen nombre de sus profesionales y condenó al Estado a resarcir económicamente a *Cambio 16* por los perjuicios económicos sufridos a causa de los tres secuestros injustificados.

Cambio 16 había sido la primera revista secuestrada por un juez en la recién estrenada democracia española. Así que aquella fue una victoria de la libertad frente a la intolerancia, de la libertad de expresión frente a los desmanes injustificados de algunos jueces. Pero en buena parte de la plantilla del semanario no se vivió eso que llaman «el dulce sabor de la victoria».

Durante los dos meses que duró el enfrentamiento periodístico con Alianza Popular, el Gobierno había estado siempre del lado de los periodistas. Pero sólo formalmente. Las autoridades de Interior se limitaban a transmitir las órdenes de secuestro con varias horas de retraso a la policía, para que procediera a recoger los ejemplares distribuidos en los quioscos cuando éstos se hubieran ya acabado, y nada más.

El Ejecutivo y el partido que lo sustentaba —el PSOE— no publicaron ninguna nota en defensa de la libertad de expresión y no dieron la más mínima facilidad al semanario para obtener la información. Es más, muchos de los documentos oficiales que se publicaron, ratificando que el guardaespaldas del líder de la oposición formaba parte de los «escuadrones de la muerte» argentinos, causaron malestar en La Moncloa cuando se supo que habían salido clandestinamente de los archivos de los ministerios del Interior, Defensa y Justicia españoles.

En la revista causaba estupor que el primer Gobierno de Felipe González, que tenía a su máximo oponente acorralado y contra las cuerdas, no hubiera aprovechado la ocasión para apuntillarlo, cuando era obvio que existían documentos sobre la «guerra sucia» en Argentina bastante más comprometedores que no vieron nunca la luz por las carencias de la profesión periodística y la imposibilidad de hacerse con ellos.

La respuesta la facilitaron Rafael Vera y José Barrionuevo, meses más tarde, a un grupo de periodistas de la publicación, entre los que se encontraba uno de los autores del libro.

—Nosotros no podíamos hacer nada para facilitároslos. ¿Qué pretendíais, que nos cargásemos políticamente a Fraga?

—Tampoco era eso. Pero de ahí a «secuestrar» la información e impedir su divulgación...

—Si no hubiéramos obrado así era como tirar piedras contra nuestro tejado. Fraga es el único líder político que no representa una alternativa seria frente a los diez millones de votos del PSOE. Nunca sacará más de seis millones de votos. Al Gobierno le interesa que se mantenga su liderazgo al frente de Alianza Popular.

Los socialistas, de esta manera, preferían proteger a un político sin carisma, autoritario, de modales algo estrafalarios y poco escrupuloso a la hora de elegir a sus guardaespaldas a facilitar las cosas para que la prensa lo pusiera en la picota y contribuir con ello a la regeneración generacional del partido de la oposición, lo que a la larga les hubiera perjudicado en las urnas.

* * *

Trece años después, la situación se produce a la inversa. Tras una serie de escándalos que habían llevado al PSOE contra las cuerdas, el líder renovado del Partido Popular, José María Aznar, gana el 3 de marzo de 1996 las elecciones generales y es Felipe González quien se encuentra pendiente de ser llamado ante los tribunales.

En el momento en que Aznar tiene que formar gobierno el país vive todavía conmocionado por las secuelas de la huida del director general de la Guardia Civil, Luis Roldán Ibáñez, después de convertir la institución en fuente de su «negocio» privado, por el encarcelamiento del gobernador del Banco de España, Mariano Rubio, y por las dimisiones del vicepresidente del Gobierno, Narcís Serra, y del ministro de Defensa, Julián García Vargas, y por las implicaciones del Cesid (Centro Superior de Información de la Defensa) en escuchas ilegales a numerosos ciudadanos, incluido el Rey de España.

Los hechos que más profundamente han calado en la opinión pública son, sin embargo, la imputación de la cúpula del Ministerio del Interior en el secuestro y asesinato de veintiocho personas en el sur de Francia a manos de la organización terrorista GAL y el saqueo de los fondos reservados realizado por la plana mayor del departamento, esparciendo las prácticas ilegales en todos los niveles.

A raíz de las investigaciones judiciales, a punto de culminarse a finales de 1996, González aparece imputado en la formación de la más terrorífica máquina de matar organizada desde las instituciones públicas. Uno de los testigos, el entonces secretario general de los socialistas vizcaínos y hombre de confianza del Gobierno, Ricardo García Damborenea, le acusa públicamente de haber asistido a comienzos de los ochenta en La Moncloa a la creación de la banda terrorista.

Los testimonios que implican al anterior Presidente del Gobierno como responsable directo de los crímenes de Estado se contienen en un sumario instruido por el juez Baltasar Garzón en la Audiencia Nacional a raíz del secuestro del ciudadano francés Segundo Marey en San Juan de Luz. La operación la realizaron mercenarios pagados con fondos del Ministerio del Interior español, al confundir a Marey con un dirigente de ETA.

A lo largo de la investigación de la causa por el juez Garzón dos altos cargos de Interior, el ex director general de la Guardia Civil, Luis Roldán, y el ex director general de la Seguridad del Estado, Julián Sancristóbal, junto con el secretario general de los socialistas vascos, acusaban a González y a su ministro del Interior, José Barrionuevo, de dirigir el terrorismo de Estado o de estar al corriente y tolerar las actividades de los GAL.

Al aparecer dos personas aforadas por el Parlamento —González y Barrionuevo— como imputadas, el juez Garzón se vio obligado, por su condición de diputados, a remitir el expediente a la Sala Segunda del Tribunal Supremo. Así el magistrado Eduardo Móner se encontró entre las manos con uno de los casos más complejos, polémicos y llenos de aristas de su vida.

Tras varios meses de pesquisas, realizadas con un cuidado exquisito, poco antes de las elecciones generales de 1996 Móner tomó una decisión largamente esperada. El 26 de enero ordenó el procesamiento de José Barrionuevo Peña por tres delitos de pertenencia a banda armada como dirigente, detención ilegal y malversación de caudales públicos al utilizar el dinero de los contribuyentes para financiar a los GAL.

En la etapa en que el juez Móner elabora el pliego de cargos contra el ministro del Interior socialista se descubren unos hechos, hasta entonces desconocidos por los instructores, que pueden dar un nuevo vuelco al desarrollo del proceso.

Durante un registro llevado a cabo en la celda que el coronel del Cesid Juan Alberto Perote Pellón ocupa en la cárcel de Alcalá de Henares se encuentra una serie de documentos oficiales de la inteligencia española que, a juicio de los investigadores, implican al Presidente del Gobierno en las fases de planificación y desarrollo de la trama de terrorismo de Estado.

Máximo responsable de la Agrupación Operativa de Misiones Especiales del Cesid en la etapa de los GAL, Juan Alberto Perote había sido uno de los enlaces entre el Gobierno y los cuerpos policiales encargados de programar los asesinatos y secuestros. A través del espionaje militar, el ex coronel era una de las personas que estaban al corriente de los entresijos de la «guerra sucia» contra ETA.

Los documentos hallados en su celda eran, ni más ni menos, los informes periódicos que elaboraba con destino al general Emilio Alonso Manglano, máximo responsable del centro, para que mantuviera informado de las actividades del centro, algunas presuntamente relacionadas con los GAL, al ministro de Defensa, Narcís Serra, y al Presidente del Gobierno, Felipe González. Constituían para la acusación particular la principal prueba de cargo que podía conducir al presidente González y a algunos de sus ministros directamente a la cárcel.

La aparición de las nuevas pruebas iba a dar lugar automáticamente a un nuevo episodio en la desigual batalla que vienen librando desde hace años tres jueces —Baltasar Garzón y Javier Gómez de Liaño, de la Audiencia Nacional, y

Eduardo Móner, de la Sala Segunda del Tribunal Supremo— y un puñado de fiscales independientes contra la poderosa máquina del Gobierno, bastante predispuesta a echar tierra sobre este asunto, con lo que la condena y el encarcelamiento de sus máximos responsables resultaba bastante dificultosa.

Poco después de que fueran conocidos públicamente y los periódicos informaran de algunos fragmentos, el último Gobierno de González decidió clasificar los informes como secretos basándose en una Ley de Secretos Oficiales de 1963. Elaborada en la época del franquismo, esta norma otorga al Gobierno capacidad para decidir arbitraria y partidistamente de qué materias se informa a los ciudadanos y cuáles se sustraen del conocimiento de la opinión pública[4].

El último Gabinete de González dio un paso más. Apoyándose en los testimonios de un grupo de ex compañeros del militar, que le acusaban de haber sustraído los documentos de las cajas fuertes del Centro Superior de Información de la Defensa coincidiendo con su salida de la institución, presentó una denuncia ante un juzgado militar y consiguió el encarcelamiento del coronel Perote.

El hombre que había decidido colaborar con los tribunales civiles en el esclarecimiento de los crímenes cometidos en los últimos quince años acababa, de esta rocambolesca manera, con sus huesos en prisión, encarcelado por un tribunal militar, por traicionar la confianza de sus jefes y ayudar a que resplandeciera la verdad y la justicia.

Esto fue considerado como la última maniobra del Ejecutivo[5] socialista para sustraerse a la acción de la Justicia y

[4] En la mayoría de los países democráticos la decisión de clasificar determinados documentos como secretos depende de una comisión de expertos para que la ley no se pueda utilizar abusivamente, como en el caso español, para encubrir delitos. Además, la desclasificación de los informes depende, en última instancia, de los tribunales de Justicia.

[5] Previamente se había tratado de amordazar al juez Baltasar Garzón inventándole asuntos de faldas, cuentas corrientes en Suiza, fincas en Andalucía, viajes a la República Dominicana pagados con los fondos reservados del Ministerio del Interior y otros falsos escándalos. Como las

colocar una barrera entre los responsables de los GAL y los tribunales que dejara impunes sus supuestos crímenes.

La desclasificación de los «papeles del Cesid» se convirtió, desde entonces, en la piedra angular del sistema de libertades. Los partidos políticos de la oposición, salvo Convergència y Unió, jueces y la mayoría de los periodistas, cada uno en su foro correspondiente, convirtieron el caso en el eje central del sistema democrático y en la pieza esencial para su regeneración. Lo contrario suponía admitir, ni más ni menos, que todos los españoles no eran iguales ante la Justicia.

Al margen de ideologías y del rechazo que todo el mundo siente frente al terrorismo de ETA, el asunto sublevaba a muchos españoles que se sentían burlados y ninguneados por el Gobierno. En tertulias radiofónicas y charlas de café muchas personas encabezaban cada día una rebelión pacífica contra una decisión injusta, que con la excusa de preservar los intereses generales encubría algunos de los delitos más condenables desde el punto de vista moral que cualquier ser humano pudiera cometer.

El Partido Popular supo conectar con esa conciencia colectiva. A finales de 1995 se convirtió en el abanderado de la cruzada regeneracionista. En el Congreso de los Diputados, en las emisoras de radio, en las universidades, en los centros de trabajo, en los debates televisivos y en la campaña electoral del 3 de marzo de 1996, sus principales dirigentes anteponían la desclasificación de los «papeles del Cesid» a cualquier otra iniciativa cuando asumieran las funciones de gobierno.

Fue un reto claro y contundente, que quedó impreso a fuego en la memoria de muchos españoles y escrito y grabado para siempre en las hemerotecas y fonotecas de toda España.

* * *

---

maniobras para desacreditarle no dieron el resultado que buscaban sus promotores se pasó a intervenirle el teléfono y a allanar su vivienda particular para amedrentarle a él y a su familia. Para más detalles, consultar *El saqueo de España, op. cit.*

Cuando acudieron por todos los pueblos de España a pedir el voto en la campaña electoral de las elecciones generales del 3 de marzo de 1996, ni un solo dirigente popular habló de conceder una amnistía general encubierta para los máximos responsables de los desmanes que habían asolado España en años precedentes.

El 28 de enero de 1996, dos meses antes de las elecciones generales, José María Aznar había declarado: «No creo que haya una sola persona con sentido común que piense que actuaciones como la de los GAL puedan ocurrir, durante tanto tiempo, al margen del conocimiento del Presidente del Gobierno [...] La doctrina de nuestro partido es que la Ley de Secretos Oficiales no puede utilizarse para amparar delitos.» [6]

En plena campaña moderó un poco más su lenguaje pero reiteró los mismos argumentos y las mismas frases incluso para referirse al *affaire* de los GAL. «Ese es un asunto que a nosotros no nos afecta como partido y, si llegamos al Gobierno de España, de la misma manera que no vamos a hacer nada para alentarlo tampoco moveremos un dedo para entorpecer la acción de la Justicia», señaló casi al final de la contienda en Madrid.

El 19 de enero de 1996, Francisco Alvarez Cascos pronuncia un duro y brillante discurso ante el XII Congreso del Partido Popular. Entre otras cosas, dice: «Rechazamos las apelaciones [del Gobierno] a la seguridad nacional para ocultar a los controles democráticos, de modo injustificable, documentos que sólo comprometen al Gobierno de González y que pueden ser decisivos para esclarecer conductas penalmente sospechosas. Por eso, no es posible en un Estado de Derecho que la Justicia vea paralizadas sus investigaciones por la decisión de un gobierno de ocultar presuntos delitos bajo el manto del secreto oficial.»

El 24 de enero de 1996, Federico Trillo, entonces vicepresidente del Congreso de los Diputados y uno de los hombres de confianza de José María Aznar, era entrevistado por

---

[6] *El Mundo* y *El País*, marzo de 1995 y enero de 1996.

el periodista Antonio Herrero en el programa *El primero de la mañana*.

—Si el Partido Popular accede al Gobierno de la nación ya no habrá necesidad de una comisión de investigación. Porque las dificultades que tanto Izquierda Unida como el Partido Popular como el resto de los partidos que hemos estado frente a los GAL queriendo investigar, las dificultades que hemos tenido del Gobierno de la nación ya no van a existir —afirmaba rotundamente el entonces vicepresidente del Congreso. Y añadía, sin ninguna concesión a la duda, sin la más mínima vacilación:

—Si el PP llega al Gobierno todos los documentos, testimonios, indicios o cualquier conexión que pueda haber dejado el Gabinete de Felipe González, si es que deja algo, en relación con hechos criminales no será ya nuestro derecho sino nuestro deber ponerlos de inmediato en conocimiento de la Justicia y de los tribunales, en conocimiento del Parlamento y de la opinión pública.

—Pues ahí le tomo la palabra en un compromiso. ¿Si ustedes llegan a gobernar no habrá materia clasificada que sea ocultada a los tribunales para evitar que se investiguen los crímenes de los GAL, los desmanes y todo este terrorismo de Estado? —le pregunta el director del programa.

—¿Cómo lo puede dudar, señor Herrero? —replica Trillo, indignado—. Le voy a explicar y no quiero tener ninguna modestia en esto: yo he conseguido en el Tribunal Supremo por el famoso auto de los fondos reservados que se reconociera por primera vez en la jurisprudencia española que la ley de secretos no puede ocultar lo que se ha hecho contrariamente a la ley con carácter criminal.

—Esa es la doctrina por la que hemos estado luchando para acabar con el Estado monolítico y autocrático en que se estaba convirtiendo España. Como además hemos presentado una denuncia ante los tribunales y lo hemos dicho ante el Parlamento, usted no cree que a mí, a mis compañeros, y muy especialmente al que me ha dado los poderes para que presentáramos ese pleito, que es el mismísimo presidente del partido, don José María Aznar, no sólo se nos podía ya caer la cara no de vergüenza sino a trozos, porque ustedes nos la partirían y con razón —concluye Federico Trillo.

* * *

En relación con la sentencia del Supremo al diputado del Partido Popular por Alicante no le faltaba razón. El 6 de diciembre de 1994, el alto tribunal de la nación adoptaba una resolución histórica en el terreno de las libertades. El secreto de Estado no podía ser un escudo ni un parapeto para amparar u ocultar crímenes como pretendían Felipe González y su Gabinete.

La sentencia, cuyo ponente era el magistrado José Antonio Martín Pallín, dejaba claro que frente a los abusos, a las arbitrariedades o a la vulneración de la ley por parte del Gobierno y los poderes públicos, a los españoles les quedaba siempre el recurso de acudir a los tribunales. Y lo que era realmente una aportación novedosa: a la hora de investigar un delito, para la Justicia no había cotos vedados ni asuntos que se sustrajeran al conocimiento de sus miembros a fin de amparar situaciones que pudieran resultar irregulares, incómodas o delictivas para el poder.

La decisión del alto tribunal, en consonancia con la Declaración Universal de Derechos del Hombre y las resoluciones del Tribunal de Derechos Humanos de Estrasburgo, era un reconocimiento claro y explícito a las tesis mantenidas por el juez Garzón. Desde que en 1988 se incorporó al Juzgado de Instrucción número 5 y abrió el primer sumario sobre los GAL, el magistrado venía sosteniendo en todas sus providencias y autos que el esclarecimiento de casi una treintena de asesinatos no podía tener limitaciones. El Gobierno, por tanto, debía explicar el destino de los fondos reservados del Ministerio del Interior para determinar si con ese dinero se había pagado a mercenarios convictos y confesos de esos crímenes.

Apoyándose en esa doctrina, el 16 de enero de 1996 Baltasar Garzón solicitó al Gobierno socialista que desclasificara los «papeles del Cesid» que tuvieran relación con el «caso GAL». Pero el Ejecutivo se negó a ello afirmando que tales documentos afectaban a la seguridad nacional.

El 16 de mayo de 1996, once días después de la llegada de José María Aznar a La Moncloa, el veterano instructor vuelve a la carga. Para que no queden dudas de que no pretende arrancar ningún secreto al Gobierno, Garzón se adelanta a la posible respuesta del Consejo de Ministros.

En su escrito al Ejecutivo reproduce textualmente algunos de los dieciocho documentos que el 8 de febrero de 1996 ha incautado en la celda del ex jefe de la Agrupación Operativa del Cesid, Juan Alberto Perote, y que involucran a algunas personas en la «guerra sucia» contra ETA. «Como puede deducirse de su contenido —agrega el juez— desde este juzgado no se busca atacar, ni alterar, ni perturbar mínimamente la seguridad del Estado, salvo que ésta se confunda con la de determinadas personas.»

Para demostrar su rectitud de intenciones, el instructor admite que entre el material intervenido a Perote existen otros documentos «cuya desclasificación sí afectaría a terceras personas, por lo que no se solicitan». Garzón quiere dejar claro que tampoco pretende poner en peligro las relaciones con otros países. «Por eso —arguye— no hemos preguntado por las bases del Cesid en el sur de Francia, ni por las operaciones [clandestinas] "Urbión", "Shuto" y "Mudo"», supuestamente realizadas en territorio francés [7].

Su argumentación es tan sólida y contundente como irrebatible. «La no entrega de los documentos —finaliza Garzón— dificulta a la Justicia la búsqueda de la verdad cuando no la impide. Y, desde luego, no refuerza la seguridad del Estado. La destruye al crear una especie de impunidad al menos aparente para los beneficiados.»

Al día siguiente, cuando el escrito fue entregado en la

[7] Consistían en el seguimiento de los dirigentes de HB y de colectivos pacifistas Ignacio Aldecoa, Ignacio Esnaola, José Luis Elkoro y otros con el fin de llegar al dirigente de ETA José Urruticoechea Bengoechea, «Josu Ternera», y secuestrarlo e interrogarlo tras inyectarle pentotal sódico y otras sustancias para debilitar su voluntad.

Secretaría General de la Presidencia, José María Aznar habría tenido en qué pensar si la respuesta del Gobierno no hubiera estado elaborada de antemano.

* * *

El 10 de abril de 1996, treinta y ocho días después de celebradas las elecciones generales que han dado la victoria al Partido Popular con un escaso margen de 300.000 votos con respecto al Partido Socialista Obrero Español, Felipe González Márquez y José María Aznar se reúnen por primera vez a almorzar.

El encuentro, celebrado en uno de los comedores privados del palacio de La Moncloa a propuesta de González, tenía como objetivo preparar el terreno para llevar a cabo el relevo en el poder en las semanas siguientes.

Hasta unos días antes, el dirigente popular hallaba graves problemas para formar gobierno con la exigua mayoría de escaños —ciento cincuenta y seis— que le habían otorgado las urnas. Sin embargo, tras una serie de negociaciones del portavoz del Grupo Parlamentario Popular en el Congreso de los Diputados con Joaquín Molins y Macià Alavedra, de Convergència y Unió, y con José Carlos Mauricio y Luis Mardones, por parte de los nacionalistas canarios, el Partido Popular había aglutinado una mayoría estable.

En estas circunstancias, la alternancia era inevitable, y después de casi catorce años en el poder Felipe González comenzaba a encajar que su ciclo como Primer Ministro estaba a punto de llegar a su fin.

Al almuerzo de La Moncloa estaba también invitado un personaje de especial relevancia en la vida política nacional, el ex presidente Adolfo Suárez, el hombre que había encarnado la transición y que, tras el golpe de Estado del 23-F y la traición de muchos miembros de su partido, se sacrifica por su país y se retira de la política activa tras un efímero paso por el CDS, una formación política que no llegó a arraigar en la opinión pública.

Con el país convulsionado por los graves casos de corrupción protagonizados por varios dirigentes del PSOE y los recuerdos de la contienda electoral aún vivos, la presencia de Suárez se hacía necesaria para aportar un punto de vista neutral y desapasionado en el diálogo entre los dos adversarios políticos. Por eso, días antes, Felipe González le había sugerido al Monarca lo importante que podía resultar la intervención de Suárez como hombre pragmático y moderador.

Porque Felipe González quería arrancar a su oponente, en el transcurso de aquel almuerzo, el compromiso formal de que una vez que el PP asumiera el poder nadie iba a pasarle factura, ni a él ni al resto de los dirigentes de su partido. Los errores cometidos y los graves escándalos de corrupción, que tenían al país crispado y al borde de un ataque de nervios, debían entenderse, según González, como una cosa del pasado.

Esa era, además, la pauta de comportamiento habitual de los países democráticos occidentales. Cuando se produce un relevo en el poder, el gobernante entrante asume la herencia de sus antecesores como un lastre inevitable y emprende las tareas de gobierno como si no hubiera pasado nada.

Indudablemente, esa era una de las servidumbres más pesadas de la democracia parlamentaria. Pero el revanchismo político con el adversario caído, el ensañamiento innecesario con el líder destronado, se consideraba un estilo propio de los países «bananeros» de América Latina y de los regímenes dictatoriales africanos, a caballo entre la miseria más atroz y el autoritarismo más exacerbado.

José María Aznar estuvo de acuerdo en la necesidad de no mirar al pasado, de olvidarse de los últimos acontecimientos. Cuanto antes se pasara página en mejor disposición se encontrarían todas las fuerzas políticas, económicas y sociales para encaminar todos los esfuerzos a conseguir los objetivos de integración europea suscritos años antes en Maastricht (Holanda).

El dirigente del Partido Popular renunciaba así a una de las más importantes promesas electorales que había hecho durante la campaña pasada a millones de españoles que le votaron: la regeneración de la vida política cuando llegara al poder.

La renuncia a este solemne compromiso, del que muchos ciudadanos tuvieron conocimiento mediante las cámaras de televisión, hubiera sido un asunto sin relevancia en circunstancias normales. En España, sin embargo, habían pasado demasiadas cosas, todas ellas al mismo tiempo y a la vez demasiado graves: desde los asesinatos de los GAL al saqueo de los fondos reservados pasando por el «caso Filesa», la huida de Luis Roldán, el *affaire* de Mariano Rubio, ex gobernador del Banco de España, o el espionaje al Rey. La opinión pública, en estas circunstancias, no parece dispuesta a olvidar.

Pero esta era una cuestión que a José María Aznar, empeñado en alcanzar el poder cuanto antes al coste que fuera, se le pasó por alto en aquella entrevista. El máximo responsable de los populares aceptó la pesada carga de una herencia cuyo hedor era insoportable como parte del traspaso de poderes, probablemente sin darse cuenta de que al hacerlo se convertía automáticamente cuando menos en cómplice de la situación anterior.

Resuelta esta cuestión, el líder socialista planteó la necesidad de buscar una persona de consenso que se ocupara, durante un periodo de transición, de resolver los asuntos del Cesid, el verdadero «Talón de Aquiles» del Gobierno socialista.

Este tipo de pactos no son muy habituales en política, pero algunas veces se alcanzan. En 1982, cuando abandonó la cartera de Interior, Juan José Rosón había sugerido a González que su sucesor debía ser José Barrionuevo, frente a las tesis del sector «guerrista» del partido que abogaba por entregar el mando de la Policía a Carlos Sanjuán. El Presidente en funciones había aceptado. Barrionuevo fue ministro, y Sanjuán, subsecretario.

El asunto no quedó resuelto del todo a lo largo de más de tres horas de distendida conversación. Sin embargo, aquel 10 de abril de 1996, cuando pasadas las cinco de la tarde los tres comensales se pusieron en pie y se estrecharon las manos en señal de concordia y de haber llegado a un pacto de no agresión en el futuro, el dirigente de la derecha española ignoraba seguramente que acababa de hipotecar y de echar por la borda la imagen de su partido.

Los acontecimientos posteriores se encargarían de demostrarlo con creces.

* * *

A comienzos de mayo de 1996, a medida que se acercaba el solemne acto de investidura como Presidente del Gobierno, José María Aznar ordenó al grupo de colaboradores en los que había pensado para formar su primer Gabinete que tomaran contacto con los ministros socialistas en funciones e iniciaran el traspaso de poderes.

Una de las personas que recibió el encargo fue Rafael Arias Salgado, uno de los políticos españoles con mejor «currículum» en los últimos quince años.

—Tú tienes que encargarte de hacer las transferencias en Asuntos Exteriores y Defensa —le encomendó el líder del Partido Popular.

—¿Y por qué a mí me tocan dos ministerios? —protestó Arias Salgado.

—¡Ah! Ya lo sabrás a su debido tiempo.

Abogado de profesión, separado y con dos hijos, Arias Salgado asumió su tarea con discreción. En los días siguientes entró en contacto con el ministro de Defensa, Gustavo Suárez Pertierra, al que conocía de su etapa en la UCD, y con el titular de Asuntos Exteriores, Carlos Westendorp Cabeza, y, en una serie de *breafings* interminables, comenzó a tomarle el pulso a la Administración.

Las reuniones se celebraban en las sedes de los respectivos ministerios, en horas habitualmente fuera de trabajo, cuando las secretarias ya se habían marchado o no habían llegado todavía. El secreto duró poco tiempo. Cuarenta y ocho horas después de entrar por vez primera en el palacio de Santa Cruz, sede del Ministerio de Asuntos Exteriores, Carlos Westendorp lo contó a la prensa en un intento de «quemarlo».

La actitud hacia su adversario político, además de poco elegante, resultó inútil. Una semana antes de su toma de posesión como cuarto Presidente constitucional tras la muerte de Franco, José María Aznar le reveló sus planes.

—He decidido que te encargues del Ministerio de Defensa. No lo comentes con nadie, comienza a preparar tu equipo cuanto antes y cuando tengas una lista de personas me la enseñas.

Convencido del futuro que le esperaba en los próximos cuatro años, Arias Salgado tanteó, unas veces personalmente y otras por medio de amigos comunes, a varios militares y civiles que debían compartir con él su suerte hasta el año 2000. En esos días los autores del libro nos entrevistamos con uno de sus colaboradores. El nombre de Rafael Arias Salgado salió a relucir.

—El pobre está hecho un flan. Su gran problema es encontrar la persona adecuada para ocupar el cargo de secretario de Estado de Defensa.

—¿Tan difícil resulta? ¿Tiene algo de especial ese puesto?

—¡Hombre, te parece poco con la corrupción que ha habido! El secretario de Estado de Defensa es la persona de la que dependen, en última instancia, todas las compras de armamento de los tres ejércitos.

La candidatura de Arias Salgado para dirigir el Ministerio de Defensa se mantiene hasta el último fin de semana de abril de 1996.

El martes día 30, las páginas de huecograbado del diario madrileño *ABC* recogen por primera vez la noticia y reflejan, al mismo tiempo, las presiones que existen para meter a Serra con calzador en el nuevo Gobierno. Escribía *ABC:* «Frente a las especulaciones de varios comentaristas y al intento de influir de algún medio, la candidatura de Eduardo Serra, aunque todavía no hay decisión definitiva, se perfila como la más firme para la cartera de Defensa, ministerio que el señor Serra conoce a fondo, de forma especial en lo concerniente al Cesid.»

¿Qué pasó el fin de semana comprendido entre el viernes 26 y el lunes 29 de abril de 1996? ¿Con quién se reunió el candidato a la Presidencia del Gobierno a lo largo de esas setenta y dos horas? ¿Quién o quiénes le convencieron para que cambiara de actitud y pusiera al frente del Ministerio de

Defensa a una persona con la misión de echar tierra al asunto de los GAL?

* * *

Leopoldo Calvo Sotelo juró su cargo como Jefe del Gobierno a las diez de la mañana del 26 de febrero de 1981, ante el Rey, el Presidente saliente, Adolfo Suárez González, y el ministro de Justicia, Francisco Fernández Ordóñez, que actuaba de notario mayor del Reino.

Esa tarde, como responsable del Ejecutivo, tuvo que volver a La Zarzuela para asistir a la reunión habitual de la Junta de Defensa Nacional, que preside el Monarca. Como necesitaba formar Gobierno ese mismo día don Juan Carlos le prestó su despacho oficial para que realizara las consultas oportunas con los que serían los futuros ministros de su Gabinete.

Dos horas después había elaborado la lista definitiva que sometió a la consideración del Monarca, siguiendo una norma de cortesía preestablecida desde los tiempos de Carlos Arias Navarro[8].

El Rey leyó atentamente el folio que tenía delante y reparó en que la cartera de Defensa iba a recaer en Alberto Oliart Sausol, un abogado en ejercicio y profesional de gran prestigio. Las referencias de don Juan Carlos no debían ser demasiado buenas. Así lo expuso:

—¿Y por qué no colocas en la cartera de Defensa a Ignacio Bayón? —sugirió.

—Porque tengo, señor, una gran confianza en Oliart. Es un gran político, un hombre leal, y sé que sabrá ser también un gran ministro.

Ante la firmeza y rotundidad de sus argumentos el Rey no puso más objeciones. Alberto Oliart asumió la cartera de Defensa, en sustitución de Agustín Rodríguez Sahagún, y desempeñó su papel con profesionalidad y dignidad. Se con-

---

[8] *Memoria viva de la transición*, Leopoldo Calvo Sotelo, Plaza y Janés/Cambio 16, Barcelona, 1990.

sagró a preparar el juicio a los golpistas del 23-F, tal y como le había encomendado el Presidente, y consiguió el objetivo de sentar en el banquillo a treinta y un militares y un civil, entre ellos tres generales de gran prestigio en las Fuerzas Armadas.

El fin de semana del 26 al 28 de abril de 1996 Aznar acudió a La Zarzuela para despachar con el Jefe del Estado. En su bolsillo llevaba el primer borrador del que iba a ser su primer Gobierno. En la lista de futuros ministros, Rafael Arias Salgado Montalbo ocupaba hasta entonces la cartera de Defensa.

Cuando volvió de regreso a su chalet de la calle de Hoyarasa, en La Moraleja, Arias Salgado había pasado a ocupar la cartera de Fomento. En Defensa figuraba el nombre de Eduardo Serra Rexach, un hombre ajeno al partido, presidente de la compañía de teléfonos digitales Airtel, presidente de la Fundación de Ayuda contra la Drogadicción —cuya presidencia de honor ostenta la Reina—, y consejero de Renault-Talbot[9].

Como indicaba el diario *ABC*, Serra era un gran conocedor del Cesid y del Ministerio de Defensa del que había formado parte, como secretario de Estado, en los gobiernos de Adolfo Suárez y Felipe González. Era, además, un hombre de confianza de los dos ex Presidentes que prepararon el relevo en la cúpula del Gobierno.

Lo que nadie se explicaba entonces era por qué había dejado un puesto de la máxima responsabilidad en la empresa privada, en el que ganaba casi 100 millones de pesetas al año, para formar parte con unos desconocidos de un Gobierno que le reportaría unos ingresos diez veces más bajos.

La solución a esta incógnita, incomprensible para muchas personas, no tardaría muchos meses en despejarse.

* * *

El 2 de agosto de 1996 el Gobierno de José María Aznar sorprende al país con la decisión más polémica tomada en los cien primeros días de mandato.

---

[9] Una hora después, Suárez visitaba a Felipe González en su casa de Pozuelo de Alarcón para explicarle la lista del nuevo Gobierno.

El Consejo de Ministros, en su reunión de ese día, decide no desclasificar los «papeles del Cesid» con lo que se cerraba provisionalmente una de las posibles vías de investigación de los GAL.

El asunto llevaba implícita una gran carga de profundidad. Con esta decisión, el Gabinete —al no autentificar unos documentos publicados en la prensa y conocidos por la opinión pública— entorpecía y dificultaba la acción de la Justicia, colocaba un obstáculo casi insalvable para determinar la posible responsabilidad de Felipe González en la trama, e impedía que cinco procesos abiertos sobre los GAL y los malos tratos a presos de ETA, cuatro en Madrid y uno en un juzgado de San Sebastián, se desarrollaran con la celeridad debida.

La entrega de los «papeles del Cesid» a la Justicia se había convertido desde la llegada del PP al poder en la verdadera prueba de fuego sobre el compromiso de los populares de regenerar la vida política del país. El Gobierno se hallaba dividido al respecto y, para retrasar el debate, José María Aznar había solicitado al Consejo de Estado un dictamen sobre la conveniencia de acceder a la petición de los jueces.

La víspera de la reunión del Gabinete, José María Aznar tiene ya las maletas preparadas para salir de vacaciones a la playa de Oropesa (Castellón), donde se encuentran, desde hace tres días, su mujer Ana Botella y sus tres hijos. El ambiente en Madrid está caldeado y no por los casi treinta y ocho grados que marcan los termómetros, sino por las consecuencias del acto que se avecina.

Uno de los dos vicepresidentes, Francisco Alvarez Cascos, y los ministros Loyola de Palacio, de Agricultura; Ana Mariscal de Gante, de Justicia; Jaime Mayor Oreja, del Interior; Esperanza Aguirre, de Educación y Ciencia; Mariano Rajoy, de Administraciones Públicas; Rafael Arias Salgado, de Fomento, e Isabel Tocino, de Medio Ambiente, son partidarios de que los documentos se entreguen a los jueces.

Pero con su decisión final, pronunciándose claramente en contra de la recuperación de la moral pública y la transparencia que debe regir en un Estado democrático, el Gobierno acababa de arruinar su crédito regeneracionista. Para explicarlo, a la habitual rueda de prensa que sigue a la reunión del Consejo de Ministros no asiste ninguno de los «pesos pesados» del Ejecutivo.

La misión de defender la medida se deja en manos del ministro de Defensa, Eduardo Serra Rexach, un político que no es del Partido Popular, que comparece acompañado del portavoz del Gobierno, Miguel Angel Rodríguez.

Serra justifica la no entrega de los documentos reservados a los jueces porque afectan a la seguridad del Estado. Además los Estados modernos necesitan que algunos asuntos no salgan a la luz pública para facilitar las tareas del Gobierno. Según el ministro, el Gabinete había realizado un sondeo en las naciones de nuestro entorno político y cultural, y no existían precedentes de país alguno que sacara a la luz sus secretos.

—Además hay una serie de acuerdos internacionales que nos impiden divulgar los asuntos que se nos confían para su custodia. Si actuáramos de otra manera, ¿qué iban a pensar de nosotros nuestros vecinos? —se pregunta ante la prensa el ministro de Defensa.

—El Gobierno sólo ha cumplido con su deber: ningún país occidental va contando por ahí sus secretos —agrega Miguel Angel Rodríguez.

Las justificaciones y excusas del Ejecutivo eran meros pretextos para, a un nivel más amplio, cubrir con un espeso manto de silencio una de las páginas de la reciente historia. Otros hechos, como el excarcelamiento del general Galindo, ocurridos paralelamente y de forma sincronizada a la negativa a entregar los «papeles del Cesid» a los jueces, lo demostraban.

* * *

El 29 de julio de 1996, la mayoría de los miembros que componen la Junta de Fiscales de la Audiencia Nacional están indignados. Dos días antes de que se interrumpa la actividad en los juzgados por las vacaciones veraniegas, el fiscal general del Estado, Carlos Granados, ha dado una orden tajante: que se pida la libertad condicional para el general de la Guardia Civil Enrique Rodríguez Galindo, en prisión desde el 23 de mayo de 1996 por su posible implicación en el «caso Lasa-Zabala»..

La orden firmada por el fiscal jefe de la Audiencia, José Aranda, llega a la planta tercera del edificio de los juzgados en unos momentos en que el responsable de la acusación pública en el caso, Jesús Santos, se encuentra de vacaciones y cuando el resto de sus compañeros está a punto de hacer lo mismo.

La decisión de Granados se interpreta en el ministerio público como el último favor a Felipe González antes de que el Gabinete de José María Aznar lo sustituyera por Juan Ortiz Urculo.

Los fiscales están por ello doblemente perplejos. Esa misma mañana celebran una reunión improvisada para discutir el asunto. Después de intercambiar impresiones durante media hora llegan a la conclusión de que lo que se les está pidiendo es manifiestamente ilegal.

El general Galindo está procesado por detención ilegal, torturas y asesinato de dos supuestos simpatizantes de ETA, José Antonio Lasa y José Ignacio Zabala. Ambos, relacionados con el «comando Gorky» de ETA, pero sin delitos de sangre, desaparecieron de Bayona (Francia) el 16 de octubre de 1983. Sus restos habían sido hallados en 1985 en Busot (Alicante) enterrados en una fosa de cal viva. Desde entonces habían permanecido abandonados en un cementerio hasta que en 1995 fueron identificados mediante la prueba del ADN.

El asunto había caído en el Juzgado de Instrucción número 1 de la Audiencia Nacional. Su titular Carlos Bueren ralentizó la investigación durante meses hasta que pidió la excedencia. Su sucesor, el magistrado Javier Gómez de Liaño, imprimió, en cambio, un nuevo impulso al sumario. Varios testigos protegidos por el juez declararon que Lasa y Zabala habían sido secuestrados en Francia por miembros de la Guardia Civil del cuartel de Intxaurrondo, salvajemente torturados y, por último, trasladados a Busot donde, después de cavar su propia fosa, se les asestó un tiro de gracia en la nuca.

Como principales responsables de la matanza aparecían el jefe del cuartel de Intxaurrondo, Rodríguez Galindo; el teniente del Cesid, Pedro López Nieto; los guardias civiles Enrique Dorado Villalobos y Felipe Bayo, y, como responsable político y encubridor, el ex gobernador civil de San Sebastián Julen Elgorriaga.

Al estar acusado el general Galindo de detención ilegal, torturas y doble asesinato, los fiscales de la Audiencia Nacional calculan que la pena para estos delitos es superior a los treinta años. Por esa razón, si fuera puesto en libertad se estaría cometiendo un agravio comparativo con otros presos preventivos implicados en delitos menos graves, cuya libertad condicional parecía interesar bastante menos al fiscal general del Estado.

Los representantes de la acusación pública que esos días siguen en activo —Ignacio Gordillo, María Dolores Márquez de Prado y Pedro Rubira— se muestran en un principio dispuestos a no acatar la orden. Pero, en el caso de tener que hacerlo, deciden elevar un escrito a sus superiores solicitando instrucciones sobre la actitud que deben tomar cuando tengan que actuar en relación con presos de ETA a los que se les pide igual o inferior pena.

El 1 de agosto de 1996 la sección segunda de la Sala de lo Penal de la Audiencia Nacional se reúne a deliberar sobre la cuestión. El asunto a dilucidar es si, a la vista de los recursos de apelación interpuestos por el defensor de Galindo, cabría dejar en libertad condicional.bajo fianza al inculpado.

El fiscal Pedro Rubira, encargado de intervenir en la vista en sustitución de su compañero Jesús Santos, se pronuncia claramente a favor de la prisión incondicional. Sin embargo, para cumplir con el Estatuto del Ministerio Público, que le obliga a acatar las órdenes de sus superiores, señala que de acuerdo con la Ley de Enjuiciamiento Criminal cabría también la libertad bajo fianza.

Esta solución salomónica le permite eludir un expediente sancionador. Pero la suerte estaba echada. Pocos días después, el general Galindo abandonaba la prisión para regresar tranquilamente a su domicilio casi al mismo tiempo que el Gobierno se niega a entregar a los jueces los «papeles del Cesid».

La forma en que se resuelven ambos asuntos —por sorpresa y poco antes del verano— y su coincidencia en el tiempo hacen pensar a los fiscales que los «poderes fácticos» están presionando a Aznar. Moviendo los hilos desde la sombra, han coordinando la acción del Gobierno, de la Fiscalía General del Estado y de la Audiencia Nacional para echar tierra sobre el «caso GAL». Es la forma de evitar que Felipe González tenga que comparecer ante la Sala Segunda del Tribunal Supremo, decisión sobre la que debían haberse pronunciado los miembros del alto tribunal a comienzos de septiembre de 1996.

La no entrega de los documentos del Cesid iba a resultar un nuevo revés en la investigación de la causa. El fiscal Santos, que había basado parte de sus acusaciones en contra del teniente Pedro Gómez Nieto en los papeles incautados en la celda de Perote, se vio obligado a pedir su libertad condicional.

En la Audiencia Nacional, sin embargo, no hay tiempo para el desaliento. El juez Gómez de Liaño trata de autentificar los informes del Cesid que guarda en una caja fuerte por una nueva vía. Mediante un escrito oficial a la Cámara, solicita la comparecencia voluntaria como testigos de los miembros de la Comisión de Secretos Oficiales del Congreso de los Diputados. Meses antes, todos ellos habían tenido acceso a esos papeles en una reunión secreta con el ex ministro Gustavo Suárez Pertierra, y su testimonio es suficiente para dar validez a los papeles.

La petición del magistrado del Juzgado de Instrucción número 1 saca de sus casillas por unos días al presidente de la Cámara, Federico Trillo. La persona que había manifestado públicamente poco antes que se le caería «la cara de vergüenza si no colaboraba con la Justicia» consideraba ahora que los diputados no podían violar los secretos que se les confiaban «ni siquiera para el esclarecimiento de un crimen».

Un acto de travestismo político tan descarado no era habitual en la historia de España. En el Congreso de los

Diputados, muchos de los dirigentes del partido no se explicaban las razones del cambio. Cada día era mayor el número de votantes populares desencantados que se dirigían a las emisoras de radio y a los periódicos para manifestar su desilusión y frustración sobre el Gobierno de Aznar, que tantas expectativas había despertado [10].

El Gobierno, que había echado por la borda parte de su capital político en cuatro meses, tenía que recurrir para recuperar el prestigio perdido a la convocatoria de un acto de adhesión a Aznar en el Palacio de Deportes de Madrid al estilo de los organizados por Franco en la Plaza de Oriente tras la II Guerra Mundial, cuando las potencias occidentales sometieron a un férreo bloqueo económico al país.

* * *

El jurado encargado de conceder uno de los premios Príncipe de Asturias se reunió en Oviedo el 13 de septiembre de 1996.

Los miembros del concurso, integrado por los empresarios, políticos y banqueros Sergio Márquez Fernández, José Ramón Alvarez Rendueles, Gabino Lorenzo, Juan Abelló, Adolfo Barthe Aza, Javier Benjumea, José Celma, Ramón Colao, José Ramón Fernández Cuevas, Manuel Gómez de Pablos, Martín González del Valle, Francisco Prada y Román Suarez Blanco, no tuvieron que esforzarse mucho para llegar a un acuerdo.

Dos ex presidentes de Gobierno, Leopoldo Calvo Sotelo y Felipe González, y el jefe del gabinete, José María Aznar, apoyaban la candidatura del político que condujo acertadamente la transición política. Así que esa misma tarde Adolfo Suárez era elegido premio Príncipe de Asturias a la Concordia, «teniendo en cuenta su aportación personal a la concordia entre los españoles, que se proyecta como ejemplo en el ámbito internacional».

---

[10] Una encuesta de *El País* revelaba el 14 de octubre de 1996 que, a causa del desgaste, el PSOE aventajaba en cinco puntos al PP, cuando tan sólo habían transcurrido cinco meses de Gobierno.

El galardón era, pues, el reconocimiento a toda una trayectoria vital pero, especialmente, a su esfuerzo y dedicación de los últimos meses para que el Partido Popular pasara página de los graves escándalos de corrupción vividos por el país entre 1991 y 1996 en lugar de actuar como lo hizo el PSOE con el «caso Almirón», a comienzos de los ochenta.

Aznar prefirió callar. Y si el que calla otorga, consiente, dispensa o condesciende, en el fondo se hace solidario en el sostenimiento de un sistema corrupto, cuya regeneración se hacía inevitable.